westermann

Autoren: Markus Heisterkamp, Jens Peters
Unter Mitarbeit von: Dr. Kuno Füssel, Reinhard Jansen,
Dr. William Middendorf, Dietmar Mrusek, Artur Philippi

D1919106

# Mathematik Lernbaustein 2

Rheinland-Pfalz

1. Auflage

Bestellnummer 14558

Die in diesem Produkt gemachten Angaben zu Unternehmen (Namen, Internet- und E-Mail-Adressen, Handelsregistereintragungen, Bankverbindungen, Steuer-, Telefon- und Faxnummern und alle weiteren Angaben) sind i. d. R. fiktiv, d. h., sie stehen in keinem Zusammenhang mit einem real existierenden Unternehmen in der dargestellten oder einer ähnlichen Form. Dies gilt auch für alle Kunden, Lieferanten und sonstigen Geschäftspartner der Unternehmen wie z. B. Kreditinstitute, Versicherungsunternehmen und andere Dienstleistungsunternehmen. Ausschließlich zum Zwecke der Authentizität werden die Namen real existierender Unternehmen und z. B. im Fall von Kreditinstituten auch deren IBANs und BICs verwendet.

Die in diesem Werk aufgeführten Internetadressen sind auf dem Stand zum Zeitpunkt der Drucklegung. Die ständige Aktualität der Adressen kann vonseiten des Verlages nicht gewährleistet werden. Darüber hinaus übernimmt der Verlag keine Verantwortung für die Inhalte dieser Seiten.

BiBox westermann

**inkl. E-Book**

Dieses Lehrwerk ist auch als BiBox erhältlich. In unserem Webshop unter www.westermann.de finden Sie hierzu unter der Bestellnummer des Ihnen vorliegenden Bandes weiterführende Informationen zum passenden digitalen Schulbuch.

**service@westermann.de**
**www.westermann.de**

Bildungsverlag EINS GmbH
Ettore-Bugatti-Straße 6–14, 51149 Köln

ISBN 978-3-427-**14558**-5

*westermann* GRUPPE

© Copyright 2020: Bildungsverlag EINS GmbH, Köln

Das Werk und seine Teile sind urheberrechtlich geschützt. Jede Nutzung in anderen als den gesetzlich zugelassenen Fällen bedarf der vorherigen schriftlichen Einwilligung des Verlages.

# Vorwort

Der vorliegende Band gehört zur Reihe „Lernbausteine Mathematik“, die für den überarbeiteten Lehrplan in Rheinland-Pfalz konzipiert ist. Dieser Band deckt die Inhalte des Lernbausteins 2 des Faches Mathematik ab und ist damit auf die Schulformen abgestimmt, die zur Fachhochschulreife führen: die Berufsoberschule I, die Fachoberschule, sowie die duale Berufsoberschule und den Fachhochschulreifeunterricht in der Berufsschule.

Die Lehrplaninhalte wurden in vier Kapitel unterteilt. Im ersten Kapitel werden die zu behandelnden Funktionenklassen vorgestellt, das zweite Kapitel führt die Differenzialrechnung ein, die im dritten Kapitel angewendet wird. Im vierten Kapitel wird die Integralrechnung behandelt. Jedem Kapitel ist eine Einstiegsseite vorangestellt, die einen Überblick sowohl über die Inhalte als auch über die angestrebten Kompetenzen und Lernziele gibt.

Auch methodisch werden die curricularen Vorgaben umgesetzt: Der Einstieg in einen neuen Themenbereich erfolgt mit einer anschaulichen Lernsituation und ihrer ausführlichen Bearbeitung. Anschließend werden die mathematischen Inhalte aufgegriffen und vertieft. Dieses Vorgehen wird sowohl dem Kompetenzgedanken als auch der Fachsystematik gerecht.

In jedes Kapitel ist eine Vielzahl an Aufgaben integriert, die der Einübung und Festigung des Stoffs dienen. Lernsituationsaufgaben mit Lösungen ermöglichen eine selbstständige Erarbeitung oder Wiederholung durch die Lernenden. Komplexere Lernsituationen bieten den Schülerinnen und Schülern[1] die Möglichkeit, die Kompetenzen anzuwenden und zu erweitern. Am Ende eines Kapitels finden Sie eine Zusammenfassung, in der die wichtigsten Inhalte komprimiert dargestellt sind, sowie vertiefende Aufgaben zur Festigung der Lerninhalte.

Die Verfasser bitten alle Kollegen und Schüler, das Buch zu prüfen und durch Kritik zur weiteren Verbesserung beizutragen.

[1] Die Autoren und der Verlag haben sich im weiteren Verlauf dieses Titels für die Verwendung der männlichen Form entschieden, um die bessere Lesbarkeit der Texte zu gewährleisten. Angesprochen sind selbstverständlich alle Geschlechter.

# Inhaltsverzeichnis

# 1 Funktionenklassen

Aus dem *Lernbaustein 1* ist bekannt, dass eine Funktion jedem Argument $x$ aus dem Definitionsbereich genau einen Funktionswert bzw. $y$-Wert aus dem Wertebereich zuordnet. Eine Funktion stellt somit eine Beziehung zwischen einer unabhängigen und einer davon abhängigen Größe her.

Leicht zu ermitteln ist diese Beziehung beispielsweise dann, wenn der Zusammenhang linear ist. Ist der Preis $p$ bei einem Produkt vorgegeben, so lässt sich der Erlös in Abhängigkeit von der Menge durch das Produkt Preis $\cdot$ Menge berechnen. Die zugehörige Erlösfunktion ist durch $E(x) = p \cdot x$ darstellbar. Nachvollziehbar ist die Funktionsgleichung für eine Erlösfunktion auch dann, wenn das Produkt auf einem monopolistischen Markt gehandelt wird. Die sogenannte Preis-Absatzfunktion, die der nachgefragten Menge $x$ den Preis $p$ zuordnet, wird für die Ermittlung der Erlösfunktionsgleichung mit der Menge $x$ multipliziert. Das Ergebnis dieser Rechnung ist eine nicht lineare Erlösfunktion.

Häufig werden Funktionsgleichungen jedoch mithilfe von Messwerten ermittelt. Dabei möchte man von einzelnen Messergebnissen auf eine Funktion schließen. Dafür muss die Gesetzmäßigkeit, die sich hinter den Messwerten verbirgt, festgestellt und in eine Funktionsgleichung überführt werden. So lassen sich fehlende Messwerte mithilfe der Funktionsgleichung berechnen. Eine wesentliche Voraussetzung für ein solches Vorgehen ist es, die charakteristischen Eigenschaften der verschiedenen Funktionenklassen zu kennen.

In diesem Kapitel werden die Eigenschaften der vier Funktionenklassen „ganzrationale Funktionen", „gebrochen-rationale Funktionen", „trigonometrische Funktionen" und „Exponentialfunktionen" behandelt. Anhand mehrerer Lernsituationen werden die wesentlichen Merkmale der Funktionenklassen und die verschiedenen Verfahren zur Berechnung der Nullstellen an alltagsnahen Beispielen aufgezeigt.

Zunächst werden ausgehend von einer Lernsituation die Besonderheiten der ganzrationalen Funktionen erläutert. Nachdem mit unterschiedlichen Verfahren eine ganzrationale Funktion konkret bestimmt wird, stehen im Anschluss daran die Verfahren zur Nullstellenberechnung einer ganzrationalen Funktion im Mittelpunkt.

Das dann folgende Unterkapitel widmet sich den gebrochen-rationalen Funktionen. Die Funktionsgleichung einer gebrochen-rationalen Funktion beinhaltet einen Bruch, dessen Nenner die Variable $x$ enthält. Mithilfe von speziellen Verfahren wie der Polynomdivision werden in diesem Unterkapitel insbesondere Grenzwerte und Funktionen untersucht, die sich der ursprünglichen Funktion annähern.

Im darauffolgenden Unterkapitel geht es um die trigonometrischen Funktionen. Vor allem die Sinus- sowie die Kosinusfunktion werden näher betrachtet. Ähnlich wie in den beiden Unterkapiteln zuvor werden auch hier die Nullstellen bestimmt.

Im letzten Unterkapitel wird die aus dem *Lernbaustein 1* bekannte Exponentialfunktion eingehend beleuchtet. Unter der Voraussetzung des sogenannten stetigen Wachstums wird die e-Funktion hergeleitet. Zudem werden unterschiedliche Wachstumsarten anhand zweier Lernsituationen veranschaulicht.

Nach dem Bearbeiten dieses Kapitels sind Sie in der Lage

- Funktionsterme ganzrationaler Funktionen mithilfe unterschiedlicher Verfahren zu bestimmen,
- die vorhandenen Nullstellen von ganzrationalen Funktionen mithilfe des Ausklammerverfahrens, der Polynomdivision oder des Substitutionsverfahrens zu berechnen,
- die Definitionslücken einer gebrochen-rationalen Funktion ausfindig zu machen und sie auf ihr Verhalten hin zu untersuchen (Polstelle oder hebbare Definitionslücke),
- die Asymptotengleichung einer gebrochen-rationalen Funktion zu bestimmen,
- bei gegebenen Daten (z. B. Amplitude, Frequenz) die zugehörige trigonometrische Funktion zu ermitteln,
- die Menge der Nullstellen einer trigonometrischen Funktion zu berechnen,
- die abschnittsweise definierten Umkehrfunktionen zu ausgewählten trigonometrischen Funktionen grafisch zu ermitteln,
- exponentielle Funktionsgleichungen zu alltäglichen Problemstellungen mit stetigem Wachstum zu bestimmen,
- die Umkehrfunktion zu einer exponentiellen Funktion zu ermitteln und
- unterschiedliche Wachstumsarten zu unterscheiden.

# 1.1 Zentrale Begriffe für alle Funktionenklassen

Die Inhalte der folgenden Kapitel basieren auf zentralen Begriffen, die zum Teil bereits im *Lernbaustein 1* erläutert wurden. Im Folgenden werden die Definitionen dieser Begriffe noch einmal kurz wiederholt und neue Begriffe definiert.

### Definition

Eine **Funktion** ist eine Relation, die jedem Element $x$ einer Ausgangsmenge genau ein Element $y$ einer Zielmenge zuordnet (eindeutige Zuordnung).

Eine Funktion kann auf unterschiedliche Art und Weise dargestellt werden, zum Beispiel in Form einer Funktionsgleichung, ausschnittsweise durch eine Wertetabelle oder punktuell durch den Funktionsgraphen.

Werden alltagsnahe Situationen durch Funktionen modelliert, wie es bei den Lernsituationen im *Lernbaustein 1* der Fall ist, so fallen immer wiederkehrende Stellen oder Punkte auf, auf die man genauso auch bei innermathematischen Fragestellungen trifft:

### Definition

Haben die Graphen zweier Funktionen $f$ und $g$ gemeinsame Punkte, so nennt man diese Punkte **Schnittpunkte** von $f$ und g. Das Argument $x$ heißt **Schnittstelle**.

Die Stellen, an denen die $x$-Achse geschnitten wird, heißen **Nullstellen** der Funktion. Für eine Nullstelle wird häufig die Schreibweise $x_0$ verwendet.

In Sonderfällen lassen sich Verfahren zur Nullstellenberechnung bei Funktionen deutlich vereinfachen: Bei symmetrischen Funktionen beispielsweise vereinfacht sich die Berechnung aufgrund der Struktur der Funktionsgleichung. So gibt es symmetrische Funktionen, deren Funktionsterme nur gerade Exponenten aufweisen, die für die Nullstellenberechnung durch geeignetes Umformen bzw. Ersetzen in einfachere, bereits bekannte Problemstellungen überführt werden können. Dieser Sonderfall ist bereits für den Graphen einer Funktion bekannt: die Achsensymmetrie zur $y$-Achse.

### Definition

Der Graph einer Funktion $f$ ist **achsensymmetrisch** bezüglich der $y$-Achse, wenn $f(x) = f(-x)$ gilt.

Der Graph einer Funktion $f$ ist **punktsymmetrisch** zum Ursprung $(0|0)$, wenn $-f(x) = f(-x)$ gilt.

Zur Veranschaulichung zeigt die linke Abbildung einen achsensymmetrischen Graphen zur y-Achse und die rechte Abbildung einen zum Ursprung punktsymmetrischen Graphen.

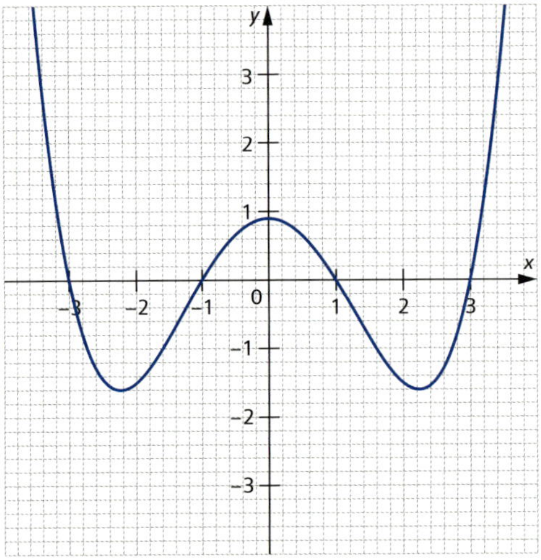


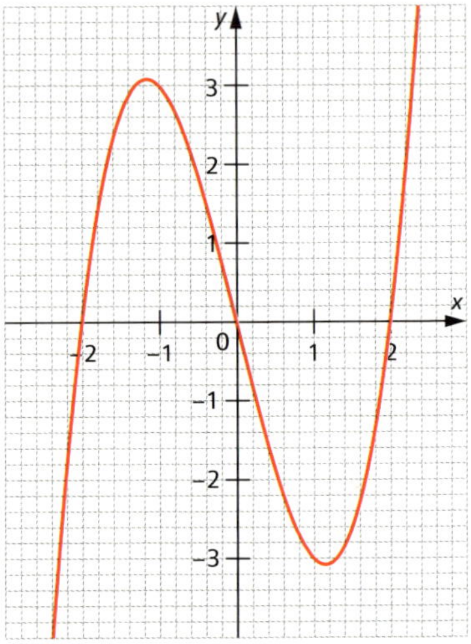


Erweitert man das Zahlenverständnis um den Begriff **unendlich** mit dem Zeichen „$\infty$", so wird deutlich, dass es bei Rechenoperationen nun zu Schwierigkeiten kommen kann: Zum Beispiel ist im Gegensatz zur bekannten Berechnung des Doppelten einer Zahl das Doppelte von $\infty$ nicht zweimal $\infty$. Genauso ist $\infty$ minus $\infty$ nicht zwangsläufig 0!

Entsprechend lässt sich der Funktionswert einer Funktion $f$ für $x$ gegen unendlich nicht einfach als $f(\infty)$ bestimmen. Stattdessen muss ein Grenzwert ermittelt werden. Der mathematische Ausdruck $\lim\limits_{x \to \infty} f(x) = g$ beschreibt diesen Grenzwert $g$ für den Fall, dass $x$ gegen unendlich strebt.

### Definition

Nähern sich die Funktionswerte $f(x)$ einer Funktion $f$ für beliebig große $x$-Werte einer Zahl $g$ an, so heißt dieser Wert **Grenzwert** der Funktion $f$ für $x \to +\infty$.

Man schreibt: $\lim\limits_{x \to +\infty} f(x) = g$ oder alternativ: für $x \to +\infty$ gilt $f(x) \to$ g.

Die Gerade mit der Gleichung $y = g$ heißt **waagerechte Asymptote** des Graphen von $f$ für $x \to +\infty$.

Analog wird der Grenzwert von $f$ für $x \to -\infty$ definiert.

# 1.2 Ganzrationale Funktionen

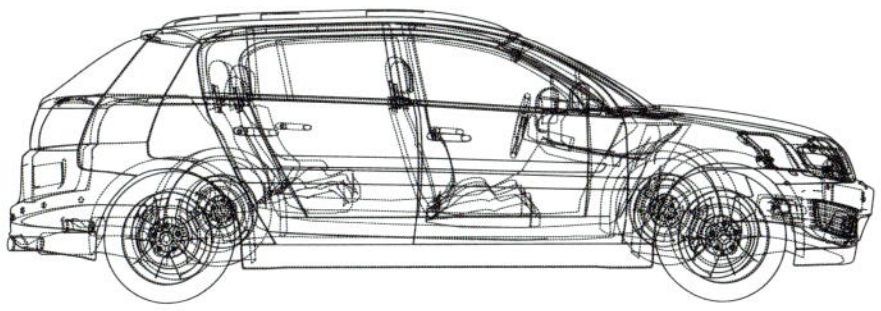

In vielen Bereichen wie etwa in der Automobilindustrie finden sogenannte Splines Anwendung. Ein Spline ist eine Funktion, die stückweise aus unterschiedlichen ganzrationalen Funktionen zusammengesetzt sein kann. Mit ihrer Hilfe müssen Bauteile nicht mehr von Hand gezeichnet werden, sondern können als unendliche Punktfolge programmiert werden. Die Erstellung einer solchen Bauteilzeichnung mithilfe von Splines hat viele Vorteile: Es können schnell Änderungen vorgenommen werden, es lässt sich eine dreidimensionale Ansicht erstellen oder es kann mithilfe eines 3D-Druckers ein Modell des Bauteils gefertigt werden.

Der ursprüngliche Begriff **Spline** stammt aus dem Englischen und bedeutet „biegsames Kurvenlineal“. Auf die heutige Nutzung übertragen, versteht man unter einem Spline die Kurve einer ganzrationalen Funktion, die wie folgt definiert ist:

### Definition

Für ein beliebiges $n \in \mathbb{N}$ und $a_n \neq 0$ heißt die Funktion $f$ mit der Gleichung

$$f(x) = a_n x^n + a_{n-1} x^{n-1} + \ldots + a_1 x + a_0$$

**ganzrationale Funktion** mit dem Grad $n$.

Die reellen Werte $a_n, a_{n-1}, \ldots, a_1, a_0$ heißen **Koeffizienten**.

Bei einer ganzrationalen Funktion muss nicht jedes in der Definition enthaltene Glied vertreten sein. Setzt man an der entsprechenden Stelle den Koeffizienten gleich 0, wird klar, dass zum Beispiel $f$ mit $f(x) = x^3 + 0 \cdot x^2 + 2x + 0 = x^3 + 2x$ ebenfalls eine ganzrationale Funktion ist.

Betrachtet man ganzrationale Funktionen, die nur gerade Exponenten haben, so lässt sich ein besonderes Aussehen an den Graphen feststellen. Ähnlich verhält es sich bei ganzrationalen Funktionen, die nur ungerade Exponenten haben (siehe Abbildungen zur Symmetrie in Kapitel 1.1).

### Satz

Der Graph einer ganzrationalen Funktion, deren Glieder nur gerade Exponenten haben, ist **achsensymmetrisch** zur $y$-Achse.

Der Graph einer ganzrationalen Funktion, deren Glieder nur ungerade Exponenten haben, ist **punktsymmetrisch** zum Ursprung.

**Beweis**

Der Beweis ist mithilfe der Definition einfach. Die Tatsache, dass für gerade $n$ gilt:

$(-x)^n = (+x)^n$

führt zu:

$$f(-x) = a_n(-x)^n + a_{n-2} \cdot (-x)^{n-2} + \ldots + a_2(-x)^2 + a_0$$
$$= a_n(+x)^n + a_{n-2} \cdot (+x)^{n-2} + \ldots + a_2(+x)^2 + a_0$$

Für eine Funktion mit nur ungeraden Exponenten ist zu bedenken, dass für ungerade $m$ gilt:

$$(-x)^m = (-x) \cdot \overbrace{(-x)^{m-1}}^{\text{gerade!}} = (-x) \cdot (+x)^{m-1} = -(+x)^m$$

Die Bedingung für einen punktsymmetrischen Graphen einer ganzrationalen Funktion ist somit erfüllt:

$$f(-x) = a_m(-x)^m + a_{m-2} \cdot (-x)^{m-2} + \ldots + a_3(-x)^3 + a_1(-x)^1 = -a_m(+x)^m - a_{m-2} \cdot (+x)^{m-2} - \ldots - a_3(+x)^3 - a_1(+x)^1 = -f(+x)$$

## 1.2.1 Funktionstermermittlung

Eine Funktion dritten Grades kann durch eine Gleichung wie etwa $f(x) = x^3 + 2x^2 - 4x - 7$ dargestellt werden. Doch wie lässt sich aus gegebenen Daten eine solche Funktionsgleichung ermitteln? Das soll in diesem Unterkapitel näher untersucht werden.

Es gibt verschiedene Möglichkeiten, um einen ganzrationalen Funktionsterm zu ermitteln: Häufig werden Messwerte für die Bestimmung genutzt. In solchen Fällen muss zunächst der Grad der Funktion festgestellt werden. Dies ist jedoch nicht immer einfach. Aufgrund des hohen Rechenaufwandes bei Funktionen höheren Grades beschränkt sich dieses Lehrbuch auf ganzrationale Funktionen bis zum vierten Grad.

In der folgenden Lernsituation wird an geeigneter Stelle der Grad der Funktion festgestellt. Dabei wäre ein höherer Funktionsgrad als der festgestellte auch möglich gewesen. Bei Betrachtung der Modellierung (siehe Abbildung auf Seite 11) wird aber deutlich, dass der Funktionsgraph den realen Verlauf einer Achterbahn an vielen Stellen präzise abbildet, weshalb er geeignet erscheint.

### Lernsituation: Achterbahn – Teil 1

Familie Klempert arbeitet als Schausteller auf Jahrmärkten. Gerade hat die Familie in eine neue Achterbahn investiert.

Die Monteure sind momentan mit dem Aufbau der Anlage beschäftigt und benötigen Informationen, auf welcher Höhe und mit welchem Abstand sie die unterschiedlichen Achterbahnabschnitte montieren müssen. Für einen sicheren Aufbau wäre es hilfreich, wenn sie eine Darstellung des Kurvenverlaufs einzelner Achterbahnabschnitte zur Verfügung hätten.

Vor dem ersten Einsatz macht sich Herr Klempert Gedanken über die Fahrpreise: Welchen Betrag soll er für eine Fahrt nehmen? Außerdem möchte er wissen, wie der Verlauf der Erlöse ist.

Bei der Preisgestaltung kann die Familie auf die langjährigen Erfahrungen mit ihrer alten Achterbahn zurückgreifen: Bei dieser hat die Familie die Fahrpreise im Verlauf eines Jahrmarktes variiert. Die Erfahrungswerte der Familie sind der folgenden Tabelle zu entnehmen. Die Ergebnisse beziehen sich jeweils auf den Zeitraum eines Jahrmarktes (4 Tage). Dabei hat die Familie 10 000 Fahrten zu einer Mengeneinheit (= 1 ME) zusammengefasst, 1 Geldeinheit (GE) entspricht 10 000,00 €.

| **Menge der Einzelfahrten** | 20 000 | 30 000 | 40 000 | 45 000 |
|---|---|---|---|---|
| **Menge in ME** | 2 | 3 | 4 | 4,5 |
| **Preis in GE pro ME** | 6,90 | 3,40 | 1,10 | 0,40 |

a) Bestimmen Sie für Herrn Klempert die Funktionsgleichung zur Preis-Absatzfunktion $p$, die der nachgefragten Fahrkartenmenge (in ME) den zugehörigen Preis (in GE pro ME) zuordnet.

b) Bestimmen Sie die Gleichung der Erlösfunktion $E$, die die Anzahl der Fahrten (in ME) auf die Erlöse (in GE) abbildet.

Für einen Achterbahnabschnitt hat Herr Klempert eine Skizze des Herstellers erhalten (siehe Abbildung). Wichtige Punkte für Stützen oder Auflagen der Achterbahn können so bestimmt werden, damit die Monteure vor Ort an den richtigen Stellen für einen sicheren Untergrund sorgen können. Für die Modellierung wurde die $y$-Achse durch den höchsten Punkt des Kurvenverlaufs gelegt. Da Herr Klempert hier sowohl einen linearen als auch einen quadratischen Kurvenverlauf ausschließt und der Graph achsensymmetrisch zur $y$-Achse zu sein scheint, geht er von der Kurve einer ganzrationalen Funktion vierten Grades aus.

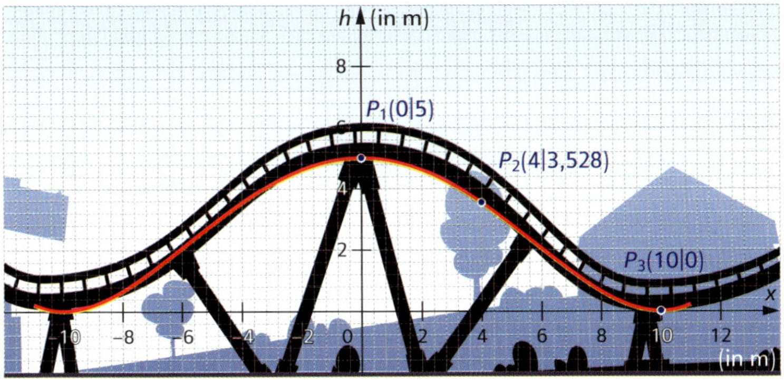


c) Bestimmen Sie für den abgebildeten Abschnitt der Achterbahn eine Funktionsgleichung mithilfe der gegebenen Punkte.

## Lösungen

a) Anhand der Tabellendaten ist nicht sofort ersichtlich, welche Funktionenklasse für die Modellierung geeignet ist. Aus diesem Grunde ist es sinnvoll, die Daten als Punkte in einem Koordinatensystem darzustellen.

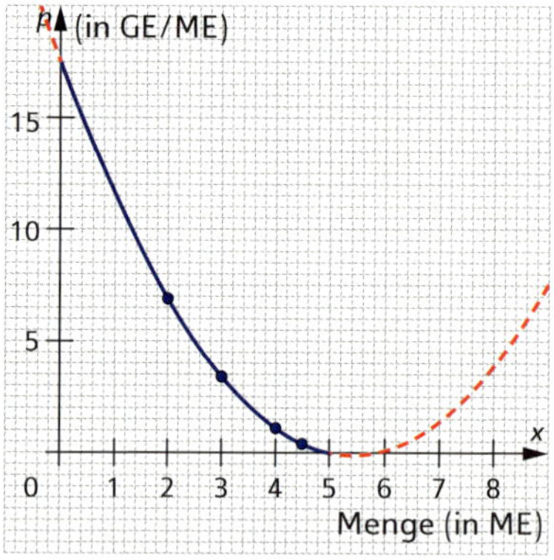


Mithilfe der Abbildung lässt sich nun vermuten, dass sich die Kurve einer ganzrationalen Funktion 2. Grades (also eine quadratische Funktion) für eine Modellierung eignet. Zwar ist für den Sachverhalt nur der schwarz eingezeichnete Teil des Graphen interessant, der insgesamt rot gefärbte Graph zeigt jedoch, dass es sich hier um eine Parabel zweiter Ordnung handeln könnte.

Da der konkrete Funktionsterm für die Preis-Absatzfunktion $p$ noch unbekannt ist, müssen ausgehend von der allgemeinen Funktionsgleichung einer quadratischen Funktion

$$p(x) = a_2 x^2 + a_1 x + a_0$$

weitere Überlegungen angestellt werden.

Letztlich wird eine Funktionsgleichung von $p$ gesucht, die durch eine Punktprobe überprüfbar sein muss. Es muss also gewährleistet sein, dass gilt:

$p(2) = 6{,}90$, $p(3) = 3{,}40$, $p(4) = 1{,}10$ sowie $p(4{,}5) = 0{,}40$

Genau diese Punktproben können nun genutzt werden, um durch Einsetzen in die allgemeine Funktionsgleichung ein lineares Gleichungssystem (LGS) zu entwickeln:

$$p(2) = a_2 2^2 + a_1 2 + a_0 = 6{,}90$$

$$p(3) = a_2 3^2 + a_1 3 + a_0 = 3{,}40$$

$$p(4) = a_2 4^2 + a_1 4 + a_0 = 1{,}10$$

$$p(4{,}5) = a_2 4{,}5^2 + a_1 4{,}5 + a_0 = 0{,}40$$

Um die drei noch unbekannten Koeffizienten $a_2$, $a_1$ und $a_0$ bestimmen zu können, reichen drei Gleichungen des linearen Gleichungssystems aus, da drei nicht auf einer Gerade liegende Punkte eine Parabel zweiter Ordnung eindeutig bestimmen.

Die vierte Gleichung dient anschließend der Punktprobe.

Die drei Gleichungen des LGS sind durch eine „und"-Verknüpfung miteinander verbunden. Statt das mathematische Zeichen $\wedge$ eines logischen „und" zu verwenden, können die Gleichungen auch durch senkrechte Striche am linken und am rechten Rand logisch zusammengefasst werden.

$$\left|\begin{array}{l} a_2 \cdot 4 + a_1 \cdot 2 + a_0 = 6{,}90 \\ a_2 \cdot 9 + a_1 \cdot 3 + a_0 = 3{,}40 \\ a_2 \cdot 16 + a_1 \cdot 4 + a_0 = 1{,}10 \end{array}\right|$$

Das aus drei Gleichungen bestehende lineare Gleichungssystem kann nun beispielsweise mithilfe des **gaußschen Eliminationsverfahrens** gelöst werden. Dazu werden jeweils zwei Gleichungen äquivalent umgeformt und miteinander verrechnet.

Als Eselsbrücke kann man sich beim Lösen des LGS einen Showmaster vorstellen, der eine Showtreppe hinunterläuft: Er steht auf der „Stufe" des LGS, die in der Berechnung unten rot eingekreist ist. Senkrecht unter ihm beginnen die Lampen der Showtreppe zu leuchten (in der Berechnung blau gekennzeichnet). Für das Lösen des LGS heißt dies, dass man den rot umkreisten Wert fixiert, um damit beginnend die blau markierten Werte zu verändern. Diese müssen nun auf einen Wert, hier 0, gebracht werden. Dies erfolgt durch geeignete Äquivalenzumformungen.

$$\left|\begin{array}{l} a_2 \cdot 4 + a_1 \cdot 2 + a_0 = 6{,}90 \\ a_2 \cdot 9 + a_1 \cdot 3 + a_0 = 3{,}40 \\ a_2 \cdot 16 + a_1 \cdot 4 + a_0 = 1{,}10 \end{array}\right| \begin{array}{l} \cdot 9 \\ \cdot (-4) \\ \phantom{0} \end{array} \Big) +$$

In der vorliegenden Lernsituation werden die Gleichungen dabei so verrechnet, dass der erste Koeffizient $a_2$ eliminiert wird. Dies erreicht man beispielsweise, indem die erste Gleichung mit 9 und die zweite mit −4 multipliziert und beide anschließend miteinander addiert werden, denn:

$$a_2 \cdot 4 \cdot 9 + a_2 \cdot 9 \cdot (-4) = 0$$

Die anderen Terme lassen sich analog bestimmen; so erhält man z. B.:

$$a_1 \cdot 2 \cdot 9 + a_1 \cdot 3 \cdot (-4) = a_1 \cdot 6$$

$$a_0 \cdot 9 - a_0 \cdot 4 = a_0 \cdot 5$$

$$6{,}90 \cdot 9 + 3{,}40 \cdot (-4) = 48{,}5$$

Genauso wird bei der Verrechnung der ersten mit der dritten Gleichung vorgegangen: Addiert man das (−4)-Fache der ersten Gleichung zur dritten Gleichung, so eliminiert man auf diese Weise auch den ersten Koeffizienten, denn $a_2 \cdot 4 \cdot (-4) + a_2 \cdot 16 = 0$.

$$\left|\begin{array}{l} a_2 \cdot 4 + a_1 \cdot 2 + a_0 = 6{,}90 \\ a_2 \cdot 9 + a_1 \cdot 3 + a_0 = 3{,}40 \\ a_2 \cdot 16 + a_1 \cdot 4 + a_0 = 1{,}10 \end{array}\right| \begin{array}{l} \cdot 9 \\ \cdot (-4) \\ \phantom{0} \end{array} \Big) + \quad \begin{array}{l} \cdot (-4) \\ \phantom{0} \\ \phantom{0} \end{array} \Bigg) +$$

Für das resultierende LGS kann die erste Gleichung exakt übernommen werden, was aufgrund der geringeren Fehleranfälligkeit zu empfehlen ist. Die zweite und die dritte Gleichung verändern sich durch die Verrechnung, sodass sich folgendes LGS ergibt:

$$\left|\begin{array}{l} a_2 \cdot 4 + a_1 \cdot 2 + a_0 = 6{,}90 \\ 0 \quad + a_1 \cdot 6 + a_0 \cdot 5 = 48{,}5 \\ 0 \quad - a_1 \cdot 4 - a_0 \cdot 3 = 26{,}5 \end{array}\right| \begin{array}{l} \phantom{0} \\ \cdot 2 \\ \cdot 3 \end{array} \Big) +$$

Nun geht der Showmaster eine Treppenstufe weiter (siehe rote Markierung im abgebildeten LGS) und die Berechnung wiederholt sich – allerdings wird mit geeigneten Äquivalenzumformungen jetzt der Koeffizient $a_1$ eliminiert.

Für das jetzt folgende LGS werden die oberen beiden Gleichungen unverändert übernommen, lediglich die letzte Gleichung verändert sich um die Verrechnung der zweiten und der dritten Gleichung.

$$\begin{vmatrix} a_2 \cdot 4 + a_1 \cdot 2 + a_0 & = 6{,}90 \\ 0 \quad + a_1 \cdot 6 + a_0 \cdot 5 & = 48{,}5 \\ 0 \quad + 0 \quad + a_0 & = 17{,}5 \end{vmatrix}$$

Nun ist das LGS fast gelöst. Mit dem jetzt bekannten Koeffizienten $a_0 = 17{,}5$ wird zunächst durch Einsetzen in die zweite Gleichung der Koeffizient $a_1$ ermittelt.

Aus $a_1 \cdot 6 + 17{,}5 \cdot 5 = 48{,}5$ wird $a_1 = -6{,}5$.

Setzt man $a_1 = -6{,}5$ und $a_0 = 17{,}5$ in die erste Gleichung ein, erhält man den noch fehlenden Koeffizienten:

$a_2 \cdot 4 + (-6{,}5) \cdot 2 + 17{,}5 = 6{,}90 \Leftrightarrow a_2 = 0{,}6$

Die vierte Gleichung ist auch erfüllt, denn: $p(4{,}5) = 0{,}6 \cdot 4{,}5^2 - 6{,}5 \cdot 4{,}5 + 17{,}5 = 0{,}40$.

Für die Gleichung der Preis-Absatzfunktion $p$ folgt also: $p(x) = 0{,}6x^2 - 6{,}5x + 17{,}5$.

b) Der Erlös, der sich aus dem Verkauf der Achterbahnfahrkarten ergibt, bestimmt sich durch die verkaufte Menge, die mit dem Preis multipliziert wird. Da sich der Preis aus der Preis-Absatzfunktion ermitteln lässt, ist die Gleichung der Erlösfunktion $E$ gegeben durch:

$E(x) = x \cdot p(x) = x \cdot (0{,}6x^2 - 6{,}5x + 17{,}5) = 0{,}6x^3 - 6{,}5x^2 + 17{,}5x$

c) Herr Klempert geht von einer ganzrationalen Funktion vierten Grades aus, deren Graph achsensymmetrisch ist. Da die Funktion die Höhe in Abhängigkeit vom horizontalen Abstand zur Maximalstelle angibt, wird die Funktion mit $H$ benannt.

Wie in Kapitel 1.1 bereits beschrieben, haben Funktionen wie $H$ aufgrund ihrer Symmetrieeigenschaft nur gerade Exponenten. Es ist also eine Funktionsgleichung zu ermitteln, die auf die Form

$H(x) = a_4x^4 + a_2x^2 + a_0$

reduzierbar ist.

Ähnlich wie in Teilaufgabe a) kann mithilfe der Daten, die in Form von Punkten gegeben sind, ein lineares Gleichungssystem aufgestellt werden:

$$\begin{vmatrix} a_4 \cdot 0^4 + a_2 \cdot 0^2 + a_0 = 5 \\ a_4 \cdot 4^4 + a_2 \cdot 4^2 + a_0 = 3{,}528 \\ a_4 \cdot 10^4 + a_2 \cdot 10^2 + a_0 = 0 \end{vmatrix}$$

Zur Vereinfachung wird zunächst die erste mit der dritten Gleichung getauscht. Nun lässt sich das LGS mithilfe des gaußschen Eliminationsverfahrens auf die folgende Form bringen:

$$\left| \begin{array}{llll} a_4 \cdot 10000 + a_2 \cdot 100 + a_0 & & = 0 \\ 0 & -8400 a_2 - 609 a_0 & = -2205 \\ 0 & 0 \qquad a_0 & = 5 \end{array} \right|$$

Auch hier gelangt man durch Einsetzen zu den gesuchten Koeffizienten:

$-8400 a_2 - 609 \cdot 5 = -2205 \Leftrightarrow a_2 = -0{,}1$

und:

$a_4 \cdot 10000 + (-0{,}1) \cdot 100 + 5 = 0 \Leftrightarrow a_4 = 0{,}0005$

Der Achterbahnabschnitt kann somit durch den Graphen der Funktion $H$ mit $H(x) = 0{,}0005 x^4 - 0{,}1 x^2 + 5$ modelliert werden.

In der Lernsituation wurde das gaußsche Eliminationsverfahren genutzt, um einen Funktionsterm zu ermitteln. Dieses Verfahren soll nun definiert und seine Anwendung anschließend in Form eines Merksatzes zusammen mit anderen Verfahren dargestellt werden.

## Definition: Gaußsches Eliminationsverfahren

Das gaußsche Eliminationsverfahren (kurz auch Gauß-Verfahren) ist ein Algorithmus, der zum Lösen von linearen Gleichungssystemen angewendet werden kann.

Bei dem Verfahren wird die erste Zeile des linearen Gleichungssystems mit den darunterliegenden Zeilen so verrechnet, dass die jeweils erste Unbekannte ab der zweiten Zeile Null wird. Dies erfolgt durch äquivalente Umformungen:

- durch Multiplikation und Division einer Zahl mit einer Gleichung sowie
- durch Addition und Subtraktion zweier Gleichungen oder
- durch Ändern der Reihenfolge der Gleichungen.

Nachdem die erforderlichen Nullen erzeugt wurden, geht man zur zweiten Gleichung und zur zweiten Unbekannten über. Das Verfahren wird nun bei den darunterliegenden Gleichungen erneut angewendet.

Führt man das Verfahren bei allen vorhandenen Gleichungen durch, erhält man bei einer eindeutigen Lösung des linearen Gleichungssystems zunächst die letzte Unbekannte. Durch sukzessives Einsetzen, begonnen bei der vorletzten Zeile, können nun die restlichen gesuchten Parameter ermittelt werden.

Voraussetzungen für die Bestimmung einer Funktionsgleichung sind die Einordnung in die richtige Funktionenklasse sowie im Fall ganzrationaler Funktionen die Wahl des richtigen Funktionsgrades. Im Folgenden wird die Anwendung des gaußschen Eliminationsverfahrens beispielhaft durch einen Merksatz festgehalten.

**Merke**

**Funktionstermermittlung mithilfe eines linearen Gleichungssystems**

Bei festgelegtem Grad $n$ einer ganzrationalen Funktion $f$ mit $f(x) = a_n \cdot x^n + \ldots + a_2x^2 + a_1x^1 + a_0$ sind die $n$ gegebenen Daten, die beispielsweise in Form von Punkten vorliegen, wie bei einer Punktprobe in die allgemeine Funktionsgleichung einzusetzen.

Das resultierende lineare Gleichungssystem, bei dem die unbekannten Größen die späteren Koeffizienten darstellen, kann dann mithilfe des **gaußschen Eliminationsverfahrens** gelöst werden.

Durch Einsetzen der ermittelten Koeffizienten in die allgemeine Funktionsgleichung erhält man die gesuchte Funktionsgleichung.

Deutlich komfortabler ist die Bestimmung einer Funktionsgleichung, wenn bekannt ist, dass der gesuchte Funktionsterm durch Multiplikation oder durch andere Rechenoperationen zweier Funktionen ermittelt werden kann. Dies ist bei der Erlösfunktion aus der Lernsituation „Achterbahn – Teil 1“ der Fall, deren Gleichung sich als Produkt der beiden Faktoren Preis bzw. Preis-Absatzfunktion und Menge bestimmen lässt.

**Merke**

**Funktionstermermittlung durch Addition, Subtraktion oder Multiplikation**

Durch Addition, Subtraktion oder Multiplikation zweier ganzrationaler Funktionen $f$ und $g$ entsteht eine neue ganzrationale Funktion. Es ist somit $h$ mit

$h(x) = f(x) + g(x)$ oder $h(x) = f(x) - g(x)$ oder $h(x) = f(x) \cdot g(x)$

eine ganzrationale Funktion.

Zu beachten ist aber, dass die Division von $f$ durch $g$ nicht zu einer ganzrationalen Funktion führt. Bei der resultierenden Funktion muss insbesondere der Definitionsbereich neu bestimmt werden. Dies wird in Kapitel 1.3 gezeigt.
Besonderheiten bei der Funktionstermermittlung ergeben sich für ganzrationale Funktionen vor allem dann, wenn der Graph achsen- oder punktsymmetrisch ist.

**Merke**

**Funktionstermermittlung bei achsen- oder punktsymmetrischen Funktionsgraphen**

- Ist der Graph einer ganzrationalen Funktion $f$ mit geradem Grad $n$ **achsensymmetrisch**, so reduziert sich die allgemeine Funktionsgleichung wie folgt:

  $f(x) = a_nx^n + a_{n-2}x^{n-2} + \ldots + a_2x^2 + a_0$.
- Ist der Graph einer ganzrationalen Funktion $f$ mit ungeradem Grad $m$ **punktsymmetrisch**, so reduziert sich die allgemeine Funktionsgleichung wie folgt:

  $f(x) = a_mx^m + a_{m-2}x^{m-2} + \ldots + a_3x^3 + a_1x^1$.

## AUFGABEN

**1** Bestimmen Sie die Gleichungen der quadratischen Funktionen, auf deren Graphen die Punkte $P_1$, $P_2$ und $P_3$ liegen.

a) $P_1(0|-1)$, $P_2(2|5)$ und $P_3(4|15)$
b) $P_1(1|-3)$, $P_2(2|-3)$ und $P_3(5|-33)$
c) $P_1(-3|32)$, $P_2(0|8)$ und $P_3(5|128)$
d) $P_1(-4|-18)$, $P_2(2|-3)$ und $P_3(-1|-1{,}5)$

**2** Bestimmen Sie die Gleichungen der Funktionen dritten Grades, auf deren Graphen die Punkte $P_1$, $P_2$, $P_3$ und $P_4$ liegen.

a) $P_1(-1|-4)$, $P_2(1|0)$, $P_3(2|2)$ und $P_4(0|-4)$
b) $P_1(-4|-37)$, $P_2(-2|-7)$, $P_3(1|0{,}5)$ und $P_4(4|35)$
c) $P_1(-3|-40)$, $P_2(-1|-4)$, $P_3(0|-1)$ und $P_4(4|51)$
d) $P_1(4|48)$, $P_2(0|0)$, $P_3(-4|16)$ und $P_4(-2|6)$

**Hinweis:** Hier sind jeweils vier Gleichungen notwendig. Das Prinzip des gaußschen Eliminationsverfahrens ist entsprechend anzuwenden.

**3** Bestimmen Sie die Gleichungen der Funktionen, auf deren achsen- bzw. punktsymmetrischen Graphen die folgenden Punkte liegen.

a) Grad 4; $P_1(-4|225)$, $P_2(-1|0)$ und $P_3(2|9)$
b) Grad 5; $P_1(-2|14)$, $P_2(1|-2{,}5)$ und $P_3(4|260)$
c) Grad 3; $P_1(-2|-6)$ und $P_2(1|-3)$

**4** Geben Sie für den parabelförmigen Torbogen zuerst eine Funktionsgleichung an und berechnen Sie dann die fehlende Größe, wenn folgende Werte bekannt sind:

a) $B$, $H$ und $b$ ($B = 10\,\text{m}$, $H = 12\,\text{m}$ und $b = 6\,\text{m}$)
b) $B$, $b$ und $h$ ($B = 8\,\text{m}$, $b = 4\,\text{m}$ und $h = 5\,\text{m}$)
c) $H$, $h$ und $b$ ($H = 9\,\text{m}$, $h = 7{,}5\,\text{m}$ und $b = 3\,\text{m}$)

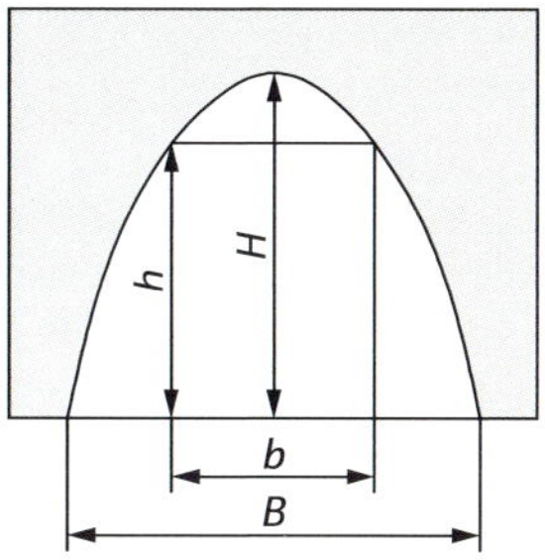


**5** Eine Dachkonstruktion besteht aus sichelförmigen Trägern, deren Begrenzungslinien Parabeln sind.

a) Stellen Sie die Funktionsgleichungen der Parabeln auf.
b) Welche Breite hat der Träger 6 m vom Rand entfernt?

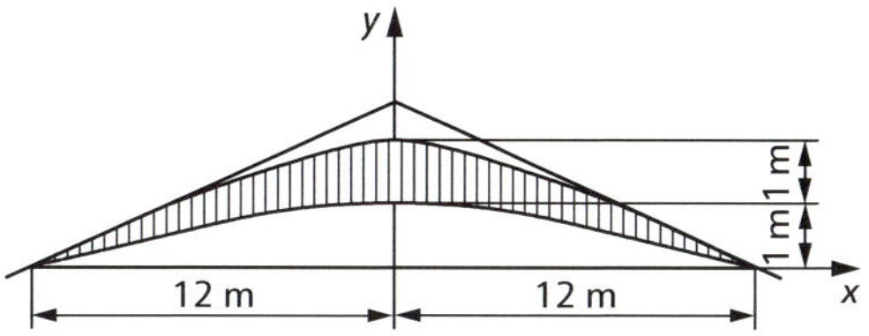

**6** Beim Öffnen von Kühl- oder Gefrierschränken dringt Außenluft in das Gerät und das sich niederschlagende Kondenswasser bildet eine Eisschicht. Der Energieverbrauch des Gerätes nimmt quadratisch mit der Dicke der Eisschicht zu.

Es wurden folgende Werte gemessen:

| ***d* in mm** | 0 | 2 | 5 | 10 |
|---|---|---|---|---|
| ***E* in kWh/24 h** | 0,6 | 0,66 | 0,78 | 1,06 |

a) Stellen Sie die Funktionsgleichung auf, die den Zusammenhang zwischen dem Energieverbrauch $E$ und der Eisdicke $d$ darstellt. $E = f(d)$

b) Wie hoch ist der Energieverbrauch, wenn die Eisschicht 2 cm dick ist?

**7** Die Wurfbahn eines Steins verläuft parabelförmig. Folgende Werte sind bekannt:
$H = 18\,\text{m}$, $h = 8\,\text{m}$ und $a = 10\,\text{m}$

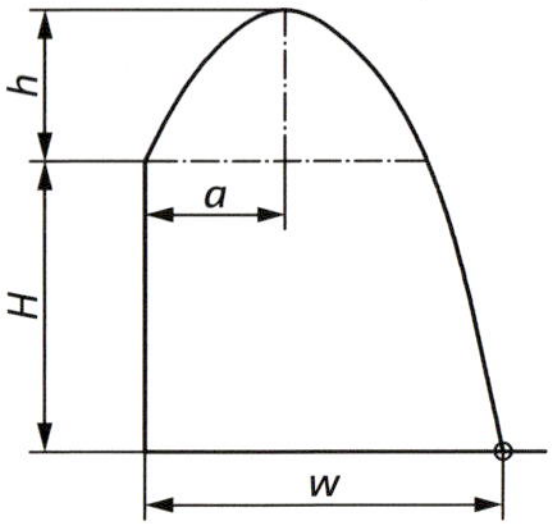


a) Übertragen Sie die Zeichnung in ein geeignetes Koordinatenkreuz und geben Sie die Funktionsgleichung an.

b) Bestimmen Sie die Entfernung $w$ von der Abwurfkante bis zum Aufschlagpunkt.

**8** Ein Monopolist kann sein Produkt entsprechend folgender Preis-Absatzfunktion absetzen: $p(x) = 6 - 0{,}5x$.

Die Produktion seines Produkts verursacht Kosten, die sich zum einen aus einem Fixkostenblock in Höhe von 9 GE und zum anderen aus Kosten pro Stück in Höhe von 0,02 GE zusammensetzen.

a) Bestimmen Sie die Kosten-, die Erlös- und die Gewinnfunktion.

b) Zeichnen Sie die Graphen dieser Funktionen.

c) Errechnen Sie das Erlösmaximum.

**9** Die Unternehmensleitung des Schuhherstellers Nima möchte die Gewinnsituation des Unternehmens untersuchen und hat die Controlling-Abteilung daher um Informationen zum Gewinn gebeten. Die zuständigen Mitarbeiter im Controlling konnten auf diese Anfrage jedoch nur ermitteln, dass die Gewinnfunktion G, die in Abhängigkeit von der verkauften Menge (in ME) den Gewinn (in GE) abbildet, durch eine ganzrationale Funktion vierten Grades modelliert werden kann. Von der im mathematischen Definitionsbereich achsensymmetrischen Gewinnkurve ist lediglich bekannt, dass auf ihr die Punkte $P_1(-3\,|\,0)$ und $P_2(-4\,|\,73{,}5)$ liegen und dass die Fixkosten 108,9 GE betragen.

Bestimmen Sie die Gleichung der ganzrationalen Gewinnfunktion vierten Grades.

**10** Eine in Konkurrenz stehende Eisengießerei sieht sich für die Produktion von Edelstahl einer kubischen Kostenfunktion $K$ gegenüber, die die Menge $x$ auf die Kosten abbildet. Die Fixkosten betragen 1,8 Geldeinheiten (GE). Für die Produktion von 1 Mengeneinheit (ME) Edelstahl fallen Kosten in Höhe von 3,8 GE an. Bei einer Produktion von 3 ME entstehen Kosten in Höhe von 13,8 GE, bei 2 ME mehr betragen die Kosten insgesamt 71,8 GE. Dem gegenüber steht ein Stahlpreis in Höhe von 4,6 GE/ME. Die Kapazitätsgrenze[1] liegt bei 8 ME.

a) Zeigen Sie, dass die Kostenfunktion, die die hergestellte Menge auf die Kosten in GE abbildet, durch die Gleichung $K(x) = x^3 - 3x^2 + 4x + 1{,}8$ gegeben ist.
b) Geben Sie den Definitionsbereich $D_{ök}$ und den Wertebereich $W_{ök}$ für $K$ an.
c) Bestimmen Sie für die Herstellung von Edelstahl die Gleichung zur Erlösfunktion $E$ und zeigen Sie, dass die Gewinnfunktion $G$ durch die Gleichung $G(x) = -x^3 + 3x^2 + 0{,}6x - 1{,}8$ gegeben ist.
**Hinweis:** $G(x) = E(x) - K(x)$.

## 1.2.2 Nullstellen ganzrationaler Funktionen

Bei den in Unterkapitel 1.2.1 ermittelten Funktionsgleichungen lässt sich an einer beliebigen Stelle leicht der entsprechende Funktionswert ($y$-Wert) berechnen. Dafür muss lediglich für jedes Argument $x$ des Funktionsterms der gewählte Wert eingesetzt werden.

Umgekehrt ist das Verfahren zur Berechnung bestimmter Stellen $x$ bei gegebenem Funktionswert, wie es beispielsweise bei der Nullstelle der Fall ist, etwas komplexer.

In der folgenden Lernsituation werden drei mögliche Verfahren zur Berechnung von Nullstellen einer ganzrationalen Funktion vorgestellt:

[1] Kapazitätsgrenze = Menge, die ein Unternehmen maximal produzieren kann

## Lernsituation: Achterbahn – Teil 2

Schaustellerfamilie Klempert möchte in Kürze die neue Achterbahn in einer größeren rheinland-pfälzischen Stadt bei einem 4-tägigen Jahrmarkt aufstellen. Im Vorfeld muss sich Herr Klempert noch um einige Dinge kümmern, die zu bearbeiten sind. Zum einen ist er sich noch unsicher bei der Preisgestaltung, zum anderen muss er noch einige Maße der Achterbahn ermitteln, um sicherzugehen, dass sie auf der zugewiesenen Stellfläche aufgebaut werden kann.

Herr Klempert möchte wissen, wie hoch er den Fahrkartenpreis maximal legen kann. Die Familie ist zwar der einzige Anbieter mit einer Achterbahn auf dem Jahrmarkt, dennoch weiß Herr Klempert, dass er den Preis als Monopolist nicht ausreizen darf. Unter Beachtung der in der Lernsituation „Achterbahn – Teil 1“ ermittelten Erlösfunktion $E$ mit der Gleichung $E(x) = 0{,}6x^3 - 6{,}5x^2 + 17{,}5x$ und einer noch zu ermittelnden Gewinnfunktion $G$ möchte Herr Klempert Antworten auf unterschiedliche betriebswirtschaftliche Fragen finden. Bekannt sind ihm neben der Gewinngrenze $x = 4$ ME, bei der letztmalig kein Verlust erzielt wird, auch die zukünftigen Kosten. Die Fixkosten, die beispielsweise durch den Auf- und Abbau entstehen, veranschlagt er mit 4 Geldeinheiten (GE). Durchschnittlich rechnet er mit variablen Stückkosten in Höhe von 0,10 GE pro ME.

Eine weitere Aufgabe, um die sich Herr Klempert noch kümmern muss, sind die zu ermittelnden Maße der Achterbahn. Er braucht insbesondere die Information, wie weit die Aufsetzpunkte (in der Abbildung grün markiert) der Achterbahn voneinander entfernt liegen, weil sie einen besonders stabilen Untergrund benötigen.

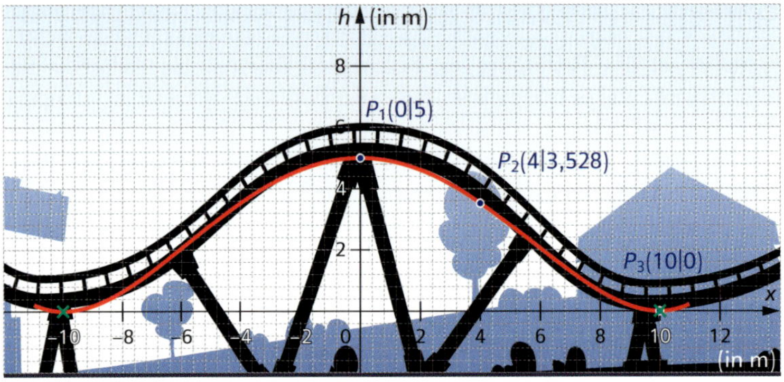


Die Aufgaben, die noch auf dem Schreibtisch von Herrn Klempert liegen, sollen nun gelöst werden.

a) Berechnen Sie die Menge, bei der der Erlös Null ist.

b) Zeigen Sie, dass die Gleichung der Gewinnfunktion $G$, die der Anzahl an verkauften Fahrkarten den Gesamtgewinn in Geldeinheiten zuordnet, durch die Gleichung $G(x) = 0{,}6x^3 - 6{,}5x^2 + 17{,}4x - 4$ gegeben ist.

c) Berechnen Sie die Gewinnschwelle für den Betrieb der Achterbahn auf dem Jahrmarkt, d. h., es ist die Anzahl der Fahrkarten (in ME) zu ermitteln, bei der erstmals kein Verlust mehr entsteht.

d) Berechnen Sie den Abstand der beiden in der Abbildung grün gekennzeichneten Stellen, an denen die Achterbahn auf dem Boden aufsetzt.

## Lösungen

a) Im Vorfeld kann die folgende Überlegung angestellt werden:

*Wenn der Erlös 0 ist, kann dies zwei Ursachen haben: Entweder wurde keine Achterbahnfahrkarte verkauft ($x = 0$) oder die Jahrmarktbesucher sind gesättigt, d. h., man hätte die Fahrten zu einem Preis von 0 GE pro ME verschenken müssen ($p(x) = 0$).“*

Für die Nullstellenberechnung von $E(x) = x \cdot p(x)$ können die einzelnen Faktoren $x$ und $p(x)$ damit getrennt voneinander betrachtet werden.

Aus $E(x) = x \cdot p(x) = 0$ wird also: $x = 0$ oder $p(x) = 0$.

Die erste Nullstelle von $E$ ist folglich $x = 0$. Die weiteren ergeben sich aus $p(x) = 0$:

$$p(x) = 0{,}6x^2 - 6{,}5x + 17{,}5 = 0 \quad \overset{\text{a-b-c-Formel}}{\Leftrightarrow} \quad x_1 = 5 \text{ oder } x_2 = \frac{35}{6}$$

Mathematisch hat die Erlösfunktion die Nullstellen $x_0 = 0$ oder $x_1 = 5$ oder $x_2 = \frac{35}{6}$.

Für $x_1 = 5$ ME ist der Markt gesättigt; selbst bei einem Preis von Null würde es keine Nachfrage für eine Achterbahnfahrt geben. Da $x_1 < x_2$ gilt, ist die größte Nullstelle von $E$ für den Sachverhalt nicht mehr interessant, da der Markt zuvor bereits gesättigt war.

b) Aus der Lernsituation „Achterbahn – Teil 1“ ist die Gleichung der Erlösfunktion $E$ bekannt:

$$E(x) = 0{,}6x^3 - 6{,}5x^2 + 17{,}5x$$

Mithilfe der Angaben aus dem Text dieser Lernsituation lässt sich die Gleichung der Kostenfunktion $K$ ermitteln:

$$K(x) = 0{,}1x + 4$$

Die Gleichung der Gewinnfunktion ist dann als Differenz von $E$ und $K$ zu bestimmen:

$$G(x) = E(x) - K(x) = 0{,}6x^3 - 6{,}5x^2 + 17{,}5x - (0{,}1x + 4)$$

$$\overset{\text{Minusklammer auflösen!}}{=} \quad 0{,}6x^3 - 6{,}5x^2 + 17{,}5x - 0{,}1x - 4 = 0{,}6x^3 - 6{,}5x^2 + 17{,}4x - 4$$

c) Für die Berechnung der Gewinnschwelle ist $G(x) = 0$ zu setzen. Allerdings lässt sich die Nullstelle von $G$ hier nicht direkt, also beispielsweise mit der $p$-$q$-Formel, berechnen, da die Gleichung nicht quadratisch ist. Im Rückgriff auf Teilaufgabe a) ist nun bekannt, dass für eine Funktion, deren Gleichung nur aus Faktoren besteht, die Nullstellen der jeweiligen Faktoren die Nullstellen der gesamten Funktion sein können.

Ist bei der Gewinnfunktion eine Nullstelle bekannt, so taucht der zugehörige Linearfaktor in der Gleichung von $G$ wieder auf. Der Linearfaktor hat die Form $(x - x_0)$. Da die Gewinngrenze in der Lernsituation bekannt ist ($x_0 = 4$ ME), muss die Gleichung der Gewinnfunktion also folgendes Aussehen haben:

$G(x) = (x - 4) \cdot (ax^2 + bx + c)$;

$a$, $b$, $c$ müssen noch ermittelt werden.

Mithilfe der sogenannten Polynomdivision kann der Linearfaktor herausgelöst werden. Der Linearfaktor ist hier $(x - 4)$. Übrig bleibt der quadratische Term $(ax^2 + bx + c)$, dessen Nullstellen mit den bekannten Verfahren berechnet werden können.

Zum Verfahren der **Polynomdivision**:

Nullstelle: $x_0 = 4$

Linearfaktor: $(x - 4)$

Polynomdivision:

$$
\begin{array}{l}
(0{,}6x^3 - 6{,}5x^2 + 17{,}4x - 4) : (x - 4) = \underbrace{0{,}6x^2 - 4{,}1x + 1}_{\text{Restpolynom}} \\
-(0{,}6x^3 - 2{,}4x^2) \\
\hline
\quad 0 \quad -4{,}1x^2 + 17{,}4x \\
\qquad -(-4{,}1x^2 + 16{,}4x) \\
\hline
\qquad\quad 0 \qquad\quad 1x - 4 \\
\qquad\qquad\qquad -(x - 4) \\
\hline
\qquad\qquad\qquad\quad 0 \quad 0
\end{array}
$$

Die Polynomdivision erfolgt nach dem Prinzip: *„Höchste Potenz geteilt durch höchste Potenz"*. Das bedeutet, man schaut sich zunächst nicht alle Terme an, die dividiert werden müssen, sondern nur die mit dem höchsten Grad.

Hier werden also zunächst nur der Term $0{,}6x^3$ und der Term $x$ des Linearfaktors berücksichtigt. Der Quotient aus $\frac{0{,}6x^3}{x} = 0{,}6x^2$ ist ein Teilergebnis des Restpolynoms und wird hinter dem Gleichheitszeichen notiert. Man nutzt diesen Term $0{,}6x^2$ nun für die Rückrechnung: Dazu multipliziert man ihn mit dem Linearfaktor $(x - 4)$. Das Ergebnis $0{,}6x^3 - 2{,}4x^2$ wird unter dem ursprünglichen Funktionsterm von $G$ notiert und von diesem abgezogen.
Anschließend wiederholt man das Verfahren, bis das Ergebnis der Polynomdivision Null ist.

Das Restpolynom $(0{,}6x^2 - 4{,}1x + 1)$ ist nun ebenso wie der Linearfaktor $(x - 4)$ ein Faktor der Funktionsgleichung von $G$. Entsprechend können die Nullstellen des Restpolynoms die Nullstellen von $G$ sein. Jetzt muss also die folgende Gleichung gelöst werden:

$0{,}6x^2 - 4{,}1x + 1 = 0$

Mithilfe der $a$-$b$-$c$-Formel erhält man die Lösung: $x_1 = 0{,}2533$ oder $x_2 = 6{,}58$. Mit der bekannten Gewinngrenze $x_0 = 4$ ergeben sich drei Nullstellen. Aufgrund der Marktsättigung bei $x = 5$ ME sind für den Sachverhalt allerdings nur $x_0$ und $x_1$ relevant. Es ist bekannt, dass bei $x_0 = 4$ ME letztmalig kein Verlust mehr erzielt wird. Daraus lässt sich schließen, dass zuvor einer erzielt worden ist. Daher muss $x_1 = 0{,}2533$ ME die Gewinnschwelle sein.

d) Der zu untersuchende Achterbahnabschnitt lässt sich durch den Funktionsgraphen von $H$ mit $H(x) = 0{,}0005x^4 - 0{,}1x^2 + 5$ beschreiben. Bei den Aufsetzpunkten berührt der Graph die $x$-Achse, sodass die Nullstellen von $H$ berechnet werden müssen, um die horizontale Entfernung zwischen zwei Stützen zu bestimmen:

$H(x) = 0$

Auffällig sind bei $H$ die Exponenten der Terme: 4 – 2 – 0. Sie haben jeweils einen Abstand von 2.

Bei quadratischen Funktionen, deren Nullstellen mithilfe der $a$-$b$-$c$-Formel bestimmt werden können, kann der Abstand der Exponenten auch gleich sein: 2 – 1 – 0. In diesem Fall ist der Abstand jeweils 1.

Die Eigenschaft der gleichen Abstände zwischen den Exponenten macht man sich beim **Substitutionsverfahren** zunutze. Dabei wird jedes $x^2$ beispielsweise durch $z$ ersetzt. So wird aus der Gleichung:

$0{,}0005x^4 - 0{,}1x^2 + 5 = 0$

$\Leftrightarrow 0{,}0005(x^2)^2 - 0{,}1(x^2)^1 + 5 = 0$

$\Leftrightarrow 0{,}0005(z)^2 - 0{,}1(z)^1 + 5 = 0$

bzw.

$0{,}0005z^2 - 0{,}1z + 5 = 0$

Nun wird mithilfe der $a$-$b$-$c$-Formel die letzte Gleichung gelöst:

$$z_1 = -\frac{b}{2a} + \frac{\sqrt{b^2 - 4ac}}{2a} \overset{\substack{a = 0{,}0005;\\ b = -0{,}1;\\ c = 5}}{=} -\frac{-0{,}1}{2 \cdot 0{,}0005} + \frac{\sqrt{(-0{,}1)^2 - 4 \cdot 0{,}0005 \cdot 5}}{2 \cdot 0{,}0005} = 100 + \frac{0}{0{,}001} = 100$$

oder

$$z_2 = -\frac{b}{2a} - \frac{\sqrt{b^2 - 4ac}}{2a} \overset{\substack{a = 0{,}0005;\\ b = -0{,}1;\\ c = 5}}{=} 100 - 0 = 100$$

Das Ziel ist aber nicht, die neue Gleichung nach $z$ aufzulösen, sondern die ursprüngliche Gleichung $H(x) = 0$ nach $x$. Daher muss resubstituiert werden, d.h., das $z$ wird wieder durch $x^2$ ersetzt:

$z_1 = x^2 = 100 \quad | \sqrt{\ }$

$\Leftrightarrow x_1 = -10$ oder $x_2 = 10$

Da auch $z_2 = 100$, ist $x_3 = -10$ sowie $x_4 = 10$.

Für den Sachverhalt bedeutet dies, dass die Aufsetzpunkte jeweils zehn Meter von der $y$-Achse entfernt sind. Voneinander sind die beiden Aufsetzpunkte 20 Meter entfernt, sodass der Boden in einem Abstand von 20 Metern jeweils besonderen Halt für die Verankerung bieten muss.

Die unterschiedlichen Verfahren zur **Nullstellenberechnung bei ganzrationalen Funktionen** sollen nun durch Merksätze festgehalten werden:

**Merke**

**Satz vom Nullprodukt**

Besteht die Gleichung einer Funktion $f$ aus mehreren Faktoren $f_1, f_2, \ldots, f_m$, so kann die Nullstellenberechnung für $f$ mittels der Nullstellenberechnung der einzelnen Faktoren durchgeführt werden. Es gilt für $f(x) = f_1(x) \cdot f_2(x) \cdot \ldots \cdot f_m(x)$:

$f(x) = 0 \Leftrightarrow f_1(x) = 0$ oder $f_2(x) = 0$ oder ... oder $f_m(x) = 0$

Bei Teilaufgabe a) der Lernsituation „Achterbahn – Teil 2" ist der Sonderfall betrachtet worden, dass die Variable $x$ ausgeklammert werden musste. Falls jeder Term der Funktionsgleichung nicht nur $x$, sondern z. B. $x^2$ enthält, kann auch dieser Bestandteil ausgeklammert werden. Aus beispielsweise $x^3 - x^2 = 0$ wird so $x^2 \cdot (x - 1) = 0$ und daraus lässt sich die Lösung $x^2 = 0$ bzw. nach Wurzelziehen $x = 0$ sowie $x - 1 = 0$ bzw. $x = 1$ bestimmen.

Das Prinzip des Satzes vom Nullprodukt führt besonders einfach zu den Nullstellen einer Funktion $f$, wenn diese in der Linearfaktordarstellung vorliegt. In dem Fall lassen sich die Nullstellen aus den einzelnen Linearfaktoren $(x - x_i)$ ablesen. Aus $x - x_i = 0$ folgt, dass $x = x_i$ eine Nullstelle von $f$ ist.

Umgekehrt ist bei einer bekannten Nullstelle $x = x_i$ einer Funktion auch sicher, dass die Funktionsgleichung den zugehörigen Linearfaktor $(x - x_i)$ hat. Genau diese Erkenntnis nutzt die Polynomdivision, um so auf die restlichen Faktoren zu schließen.

**Merke**

**Polynomdivision**

Für eine Funktion $f$ mit der Nullstelle $x = x_i$ können gegebenenfalls weitere Nullstellen mithilfe der Polynomdivision ermittelt werden:

1. Es muss eine Nullstelle $x = x_i$ von $f$ ausfindig gemacht werden.
2. Der Funktionsterm wird durch den Linearfaktor $(x - x_i)$ dividiert.
3. Es wird nach dem Prinzip *„Höchste Potenz durch höchste Potenz"* dividiert; alle anderen Terme werden vorerst nicht berücksichtigt.
4. Der resultierende Quotient wird mit dem Linearfaktor (zurück-)multipliziert und das Produkt entsprechend der Grade unter den Funktionsterm geschrieben.
5. Nun wird das Ergebnis vom Funktionsterm subtrahiert.
6. Die resultierende Differenz wird jetzt wieder durch den Linearfaktor nach dem Prinzip *„Höchste Potenz durch höchste Potenz"* dividiert.
7. Das Verfahren wird so lange wiederholt, bis am Ende als Differenz lediglich eine Null übrigbleibt.
8. Das Restpolynom dient nun der weiteren Nullstellenberechnung.

Auch bei der Berechnung der Aufsetzpunkte der Achterbahn aus der Lernsituation „Achterbahn – Teil 2" hätte man die Polynomdivision nutzen können. Dabei hätte das Verfahren allerdings zweimal hintereinander ausgeführt werden müssen. Die Nullstelle der ersten Polynomdivision, die man zuvor für den abzutrennenden Linearfaktor benötigt, muss eine andere sein als bei der zweiten Polynomdivision. Da die Exponenten der

Terme aber jeweils den gleichen Abstand hatten, konnte ein einfacheres Verfahren – nämlich das Substitutionsverfahren – angewendet werden.

**Merke**

**Substitutionsverfahren**

Für eine Funktion mit der Gleichung $f(x) = a x^{2n} + b x^n + c$, $n \in \mathbb{N}$, können vorhandene Nullstellen mithilfe des Substitutionsverfahrens[2] berechnet werden:

1. Man substituiert $x^n$ durch $z$, sodass aus $a x^{2n} + b x^n + c = 0$ die Gleichung $a z^2 + b z + c = 0$ wird.
2. Die Gleichung $a z^2 + b z + c = 0$ wird nach $z$ mit den bekannten Verfahren für quadratische Gleichungen aufgelöst.
3. Die möglichen Lösungen $z = z_1$ sowie $z = z_2$ werden durch den Term $x^n$ resubstituiert, sodass $x^n = z_1$ bzw. $x^n = z_2$ ist.
4. Kann die $n$-te Wurzel gezogen werden, erhält man die Nullstellen von $f$.

Für die Bestimmung der Aufsetzpunkte der Achterbahn war die Gleichung $0{,}0005x^4 - 0{,}1x^2 + 5 = 0$ zu lösen. Mit $n = 2$ bzw. $z = x^2$ folgte aus der vorgegebenen Gleichung $0{,}0005\,(x^2)^2 - 0{,}1\,(x^2)^1 + 5 = 0$ bzw. $0{,}0005\,z^2 - 0{,}1\,z + 5 = 0$. Nach Anwenden der *a*-*b*-*c*-Formel ergab sich $z_1 = z_2 = 100$. Die Resubstitution führte zu $x^2 = 100 \Leftrightarrow x_1 = 10$ oder $x_2 = -10$.

Sollen nicht die Schnittstellen einer Funktion $f$ mit der $x$-Achse, also die Nullstellen, berechnet werden, sondern die Schnittstellen zweier Funktionen $f$ und $g$, so kann dafür auch ein Verfahren für die Nullstellenberechnung genutzt werden:

**Merke**

**Schnittstellenberechnung**

Die Schnittstellen zweier Funktionen $f$ und $g$ lassen sich durch ein Verfahren für die Nullstellenermittlung berechnen. Es gilt:

$$f(x) = g(x) \Leftrightarrow f(x) - g(x) = 0$$

Bildet man die Differenz der beiden Funktionen $f$ und $g$, so wird deutlich, dass sich die beiden Funktionen bei einer Differenz von Null schneiden müssen.

[2] Substitution (lat.) = Ersetzen eines Objektes durch ein anderes

## AUFGABEN

**1** Berechnen Sie die Nullstellen der Funktion $f$ mit den folgenden Gleichungen durch geeignetes Ausklammern.

a) $f(x) = x^3 - x^2 - 6x$
b) $f(x) = -x^3 - 4x^2 + 5x$
c) $f(x) = 2x^3 - 2x$
d) $f(x) = -3x^3 - 6x^2$
e) $f(x) = 0{,}5x^3 - 2x$
f) $f(x) = -2x^4 + 6x^3 + 8x^2$

**2** Berechnen Sie die Nullstellen der Funktion $f$ mit den folgenden Gleichungen durch Polynomdivision mit der gegebenen Nullstelle.

a) $f(x) = x^3 + 2x^2 - 5x - 6$; Nullstelle $x_0 = 2$
b) $f(x) = -2x^3 - 6x^2 + 12x + 16$; Nullstelle $x_0 = -1$
c) $f(x) = 0{,}5x^3 + 2{,}5x^2 - x - 12$; Nullstelle $x_0 = -3$
d) $f(x) = x^3 - x^2 - 6x$; Nullstelle $x_0 = 3$
e) $f(x) = -x^3 - 4x^2 + 5x$; Nullstelle $x_0 = -5$
f) $f(x) = 2x^3 - 2x$; Nullstelle $x_0 = 1$

**3** Berechnen Sie mithilfe des Substitutionsverfahrens die Nullstellen der Funktion $f$ mit den folgenden Gleichungen.

a) $f(x) = x^4 - 5x^2 + 4$
b) $f(x) = -x^4 + 2x^2 - 1$
c) $f(x) = 2x^4 - 40x^2 + 128$
d) $f(x) = -2x^4 + 34x^2 - 32$
e) $f(x) = x^6 - 9x^3 + 8$
f) $f(x) = -2x^6 + 130x^3 - 128$

**4** Ein Produzent von exklusiver Feinkost kann eines seiner Produkte unter monopolistischen Bedingungen absetzen. Der Preis, den er auf dem Markt realisieren kann, richtet sich nach der quadratischen Funktion $p_N$ mit der Gleichung $p_N(x) = -0{,}5x^2 + 8$.

a) Zeichnen Sie den Graphen von $p_N$ in ein geeignetes Koordinatensystem. Beschriften Sie die Achsen geeignet.
b) Bestimmen Sie den Höchstpreis und berechnen Sie die Menge, bei der das Produkt verschenkt werden müsste (Sättigungsmenge).
c) Zeigen Sie, dass die Erlösfunktion $E$ durch $E(x) = -0{,}5x^3 + 8x$ darstellbar ist.
d) Berechnen Sie $E(x) = 0$ und interpretieren Sie das Ergebnis ökonomisch.

**5** Die Gewinnsituation für ein Produkt eines Unternehmens lässt sich durch die Funktion $G$ mit $G(x) = -0{,}5x^3 + 4x^2 + 4{,}5x - 36$ beschreiben. Zusätzlich ist bekannt, dass die Gewinngrenze bei $x = 8$ ME liegt. Mehr sollte das Unternehmen also nicht produzieren.

a) Geben Sie einen Linearfaktor der Gewinnfunktion an.
b) Berechnen Sie die Menge, bei der erstmalig kein Verlust durch den Verkauf des Produktes entsteht (Gewinnschwelle).

**6** Ein Produzent von Bildschirmen erzielt durch den Verkauf seines Premiumproduktes einen Gewinn in Geldeinheiten (GE), dessen Höhe sich in Abhängigkeit von der verkauften Menge (in ME) durch $G$ mit $G(x) = -0{,}1x^4 + 13x^2 - 108{,}9$ darstellen lässt.

a) Zeichnen Sie den Graphen der Gewinnfunktion in [0; 13] in ein Koordinatensystem und beschriften Sie die Achsen geeignet.
b) Berechnen Sie die Gewinnschwelle und die Gewinngrenze[3] für das Premiumprodukt.

## 1.2.3 Zusammenfassung

- Eine **Funktion** ist eine Relation, die jedem Element einer Ausgangsmenge $x$ genau ein Element einer Zielmenge $y$ zuordnet (eindeutige Zuordnung).
- Haben die Graphen zweier Funktionen $f$ und $g$ gemeinsame Punkte, so nennt man diese Punkte **Schnittpunkte** von $f$ und $g$. Das Argument $x$ heißt Schnittstelle.
  Die Stellen, an denen die $x$-Achse geschnitten wird, heißen **Nullstellen** der Funktion. Für Nullstellen wird häufig die Schreibweise $x_0$ verwendet.
- Der Graph einer Funktion $f$ ist **achsensymmetrisch** bezüglich der $y$-Achse, wenn $f(x) = f(-x)$ gilt.
  Der Graph einer Funktion $f$ ist **punktsymmetrisch** zum Ursprung $(0|0)$, wenn $-f(x) = f(-x)$ gilt.
- Nähern sich die Funktionswerte $f(x)$ einer Funktion $f$ für beliebig große $x$-Werte einer Zahl $g$ an, so heißt dieser Wert **Grenzwert** der Funktion $f$ für $x \to +\infty$.
  Man schreibt: $\lim\limits_{x \to +\infty} f(x) = g(x)$ oder alternativ: für $x \to +\infty$ gilt $f(x) \to g$.
  Die Gerade mit der Gleichung $y = g$ heißt **waagerechte Asymptote** des Graphen von $f$ für $x \to +\infty$.
  Analog wird der Grenzwert von $f$ für $x \to -\infty$ definiert.
- Für ein beliebiges $n \in \mathbb{N}$ und $a_n \neq 0$ heißt die Funktion $f$ mit der Gleichung
  $f(x) = a_n x^n + a_{n-1} x^{n-1} + \ldots + a_1 x + a_0$
  eine **ganzrationale Funktion** mit dem Grad $n$. Die reellen Werte $a_n, a_{n-1}, \ldots, a_1, a_0$ heißen **Koeffizienten**.
- Der Graph einer ganzrationalen Funktion, die nur gerade Exponenten in ihren Gliedern hat, ist **achsensymmetrisch** zur $y$-Achse.
  Der Graph einer ganzrationalen Funktion, die nur ungerade Exponenten in ihren Gliedern hat, ist **punktsymmetrisch** zum Ursprung.

[3] Gewinngrenze = Menge, bei der nach einer Gewinnphase erstmalig kein Gewinn mehr erzielt wird

- **Gaußsches Eliminationsverfahren:**
  - Das gaußsche Eliminationsverfahren ist ein Algorithmus, der zum Lösen von linearen Gleichungssystemen angewendet werden kann.
  - Dabei wird die erste Zeile des linearen Gleichungssystems (LGS) mit den darunterliegenden Zeilen so verrechnet, dass die jeweils erste Unbekannte ab der zweiten Zeile Null wird. Dies erfolgt durch äquivalente Umformungen:
    - durch Multiplikation und Division einer Zahl mit einer Gleichung sowie
    - durch Addition und Subtraktion zweier Gleichungen.
    - Zudem kann die Reihenfolge der Gleichungen geändert werden.
  - Nachdem die erforderlichen Nullen erzeugt wurden, geht man zur zweiten Gleichung und betrachtet die zweite Unbekannte. Das Verfahren wird nun auf die darunterliegenden Gleichungen erneut angewendet.
  - Führt man das Verfahren auf alle vorhandenen Gleichungen durch, erhält man bei einer eindeutigen Lösung des linearen Gleichungssystems zunächst die letzte Unbekannte. Durch sukzessives Einsetzen, begonnen bei der vorletzten Zeile, können nun die restlichen gesuchten Parameter ermittelt werden
- **Funktionstermermittlung mithilfe eines linearen Gleichungssystems:**
  - Bei festgelegtem Grad $n$ einer ganzrationalen Funktion $f$ mit $f(x) = a_n \cdot x^n + \ldots + a_2 x^2 + a_1 x^1 + a_0$ können die $n$ gegebenen Daten, die in Form von Punkten vorliegen können, wie bei einer Punktprobein die allgemeine Funktionsgleichung eingesetzt werden.
  - Das resultierende lineare Gleichungssystem, bei dem die unbekannten Größen die späteren Koeffizienten darstellen, kann mithilfe des gaußschen Eliminationsverfahrens gelöst werden.
  - Durch Einsetzen der ermittelten Koeffizienten in die allgemeine Funktionsgleichung erhält man die gewünschte Funktionsgleichung.
- **Funktionstermermittlung durch Addition, Subtraktion oder Multiplikation:**
  - Durch Addition, Subtraktion oder Multiplikation zweier ganzrationaler Funktionen $f$ und $g$ entsteht eine neue ganzrationale Funktion. Es ist somit $h$ mit
    $h(x) = f(x) + g(x)$ oder $h(x) = f(x) - g(x)$ oder $h(x) = f(x) \cdot g(x)$
    eine ganzrationale Funktion.
- **Funktionstermermittlung bei achsen- oder punktsymmetrischen Funktionsgraphen:**
  - Ist der Graph einer ganzrationalen Funktion $f$ mit geradem Grad $n$ **achsensymmetrisch**, reduziert sich die allgemeine Funktionsgleichung wie folgt:
    $f(x) = a_n x^n + a_{n-2} x^{n-2} + \ldots + a_2 x^2 + a_0$.
  - Ist der Graph einer ganzrationalen Funktion $f$ mit ungeradem Grad $m$ **punktsymmetrisch**, reduziert sich die allgemeine Funktionsgleichung wie folgt:
    $f(x) = a_m x^m + a_{m-2} x^{m-2} + \ldots + a_3 x^3 + a_1 x^1$.

- **Satz vom Nullprodukt:**
  Besteht die Gleichung einer Funktion $f$ aus mehreren Faktoren $f_1, f_2, \ldots, f_m$, so kann die Nullstellenberechnung für $f$ mittels der Nullstellenberechnung der einzelnen Faktoren durchgeführt werden. Es gilt für $f(x) = f_1(x) \cdot f_2(x) \cdot \ldots \cdot f_m(x)$:
  $f(x) = 0 \Leftrightarrow f_1(x) = 0$ oder $x_2(x) = 0$ oder ... oder $f_m(x) = 0$

- **Polynomdivision:**
  Für eine Funktion $f$ mit der Nullstelle $x = x_i$ können gegebenenfalls weitere Nullstellen mithilfe der Polynomdivision ermittelt werden:

  1. Es muss eine Nullstelle $x = x_i$ von $f$ ausfindig gemacht werden.
  2. Der Linearfaktor $(x = x_i)$ wird durch den Funktionsterm dividiert.
  3. Es wird nach dem Prinzip *„Höchste Potenz durch höchste Potenz"* dividiert; alle anderen Terme werden vorerst nicht berücksichtigt.
  4. Der resultierende Quotient wird mit dem Linearfaktor (zurück-)multipliziert und das Produkt entsprechend der Grade unter den Funktionsterm geschrieben.
  5. Nun wird das Ergebnis vom Funktionsterm subtrahiert.
  6. Die resultierende Differenz wird jetzt wieder durch den Linearfaktor nach dem Prinzip *„Höchste Potenz durch höchste Potenz"* dividiert.
  7. Das Verfahren wird solange wiederholt, bis am Ende als Differenz lediglich eine Null übrigbleibt.
  8. Das Restpolynom dient nun der weiteren Nullstellenberechnung.

- **Substitutionsverfahren:**
  Für eine Funktion mit der Gleichung $f(x) = a x^{2n} + b x^n + c,\ n \in \mathbb{N}$, können vorhandene Nullstellen mithilfe des Substitutionsverfahrens[4] berechnet werden:

  1. Man substituiert $x^n$ durch z, sodass aus $a x^{2n} + b x^n + c = 0$ die Gleichung $a z^2 + b z + c = 0$ wird.
  2. Die Gleichung $a z^2 + b z + c = 0$ wird nach $z$ mit den bekannten Verfahren für quadratische Gleichungen aufgelöst.
  3. Die möglichen Lösungen $z = z_1$ sowie $z = z_2$ werden durch den Term $x^n$ resubstituiert, sodass $x^n = z_1$ bzw. $x^n = z_2$ ist.
  4. Kann die $n$-te Wurzel gezogen werden, erhält man die Nullstellen von $f$.

- **Schnittstellenberechnung:**
  Die Schnittstellen zweier Funktionen $f$ und $g$ lassen sich durch ein Verfahren für die Nullstellenermittlung berechnen. Es gilt:
  $f(x) = g(x) \Leftrightarrow f(x) - g(x) = 0$

[4] Substitution (lat.) = Ersetzen eines Objektes durch ein anderes

### 1.2.4 Vermischte Aufgaben

**1** Bestimmen Sie die Gleichungen der Funktionen dritten Grades, auf deren Graphen die Punkte $P_1$, $P_2$, $P_3$ und $P_4$ liegen.

a) $P_1(-2|-41)$, $P_2(1|4)$, $P_3(3|34)$ und $P_4(5|176)$
b) $P_1(-5|156)$, $P_2(-3|40)$, $P_3(0|1)$ und $P_4(1|0)$
c) $P_1(3|-43{,}5)$, $P_2(-1|-3{,}5)$, $P_3(0|0)$ und $P_4(-2|4)$
d) $P_1(3|9{,}5)$, $P_2(0|-1)$, $P_3(-6|-49)$ und $P_4(7{,}5|160{,}25)$

**2** Bestimmen Sie die Gleichungen der Funktionen, auf deren achsen- bzw. punktsymmetrischen Graphen die folgenden Punkte liegen.

a) Grad 4; $P_1(-2|-3)$, $P_2(1|-0{,}75)$ und $P_3(4|33)$
b) Grad 5; $P_1(3|141)$, $P_2(-4|-776)$ und $P_3(2|4)$
c) Grad 3; $P_1(4|108)$ und $P_2(1|-3)$

**3** Das Unternehmen BabyCarriage ist ein erfolgreicher Hersteller von Kinderwagen. Der Gewinnverlauf für den Verkauf der Kinderwagen kann in Abhängigkeit von der verkauften Menge in Mengeneinheiten (ME) durch den Graphen einer kubischen[5] Funktion $G$ dargestellt werden. Die Fixkosten für die Herstellung betragen 12 Geldeinheiten (GE). Die Gewinnschwelle liegt bei $x = 3$ ME; werden 4 ME verkauft, so erzielt BabyCarriage 6 GE Gewinn. An der Kapazitätsgrenze von 10 ME würde das Unternehmen 42 GE Verlust erwirtschaften.

a) Geben Sie den Definitionsbereich $D_{ök}(G)$ an, der ökonomisch Sinn macht.
b) Bestimmen Sie die Gleichung zur beschriebenen Gewinnfunktion $G$.
Hinweis: $G(x) = E(x) - K(x)$.
c) Begründen Sie, welchen Grad die Kostenfunktion haben muss, wenn bekannt ist, dass die Erlösfunktion quadratisch ist.

**4** Das Unternehmen Aquaglas hat sich als einer von vielen Anbietern von Wassergläsern einen Marktanteil von 25 % sichern können. Aus diesem Grund ist der Geschäftsführer Herr Meyer der Ansicht, einen monopolistischen Preis für das Produkt auf dem Markt realisieren zu können. Die Leiterin der Controlling-Abteilung Frau Hartmann erklärt ihm die polypolistische Marktsituation zum Produkt. Dazu stellt sie das ermittelte zusammengefasste Angebot aller Anbieter für Wassergläser vor. Dieses richtet sich nach einer linearen Funktion $p_A$, die in Abhängigkeit von der angebotenen Menge den Angebotspreis abbildet. Die Gleichung ist $p_A(x) = 3 + 0{,}25x$. Frau Hartmann erläutert, dass sich der Preis eines Wasserglases, der sich in Abhängigkeit von der nachgefragten Menge ergibt, mithilfe einer quadratischen Funktion beschreiben lässt. Der Höchstpreis für eine Mengeneinheit des Produktes liegt bei 12 GE/ME, die Sättigungsmenge ist $x = 8$ ME und der eingependelte Gleichgewichtspreis beträgt 4 GE/ME.

5 Eine kubische Funktion ist eine ganzrationale Funktion dritten Grades.

a) Stellen Sie die Marktsituation grafisch in einem Koordinatensystem dar. Beachten Sie dazu den ökonomischen Definitionsbereich für das Produkt.
b) Berechnen Sie Menge Wassergläser, die die gesamte Konkurrenz von Aquaglas verkauft.
c) Bestimmen Sie die quadratische Nachfragefunktion $p_N$.

**5** Berechnen Sie die Nullstellen der Funktionen $f$ mit den folgenden Gleichungen durch geeignetes Ausklammern.

a) $f(x) = x^3 - 2x^2 - 8x$
b) $f(x) = -x^3 - 5x^2 - 6x$
c) $f(x) = 2x^3 - 8x$
d) $f(x) = -4x^3 - 6x^2$
e) $f(x) = 0{,}25x^3 - 4x$
f) $f(x) = -2x^4 + 12x^3 - 10x^2$

**6** Berechnen Sie die Nullstellen der Funktionen $f$ mit den folgenden Gleichungen durch Polynomdivision mit der gegebenen Nullstelle.

a) $f(x) = x^3 - 8x^2 - 4x + 32$; Nullstelle $x_0 = -2$
b) $f(x) = x^3 - 7x^2 + 7x + 15$; Nullstelle $x_0 = 3$
c) $f(x) = -2x^3 + 14x^2 + 2x - 14$; Nullstelle $x_0 = 7$
d) $f(x) = -3x^3 + 27x^2 - 24x$; Nullstelle $x_0 = 1$
e) $f(x) = -x^3 + 4x^2 + 12x$; Nullstelle $x_0 = -2$
f) $f(x) = 0{,}25x^3 - 4x$; Nullstelle $x_0 = -4$

**7** Berechnen Sie mithilfe des Substitutionsverfahrens die Nullstellen der Funktionen mit den folgenden Gleichungen.

a) $f(x) = x^4 - 10{,}25x^2 + 25$
b) $f(x) = -2x^4 + 50x^2 - 288$
c) $f(x) = 2x^4 - 20{,}5x^2 + 50$
d) $f(x) = -3x^4 + 63{,}75x^2 - 60{,}75$
e) $f(x) = 2x^6 - 18x^3 + 16$
f) $f(x) = -x^6 + 35x^3 - 216$

**8** Landwirt Kai Schmidt ist der einzige in der Region, der für sein Getreide ein Speziallager hat. Daher kann er das Getreide auch im Winter anbieten. Den Erlös, den er so in dieser Jahreszeit erzielt, lässt sich durch die Funktion $E$ mit $E(x) = -0{,}5x^3 + 8x$ beschreiben. Berechnen Sie $E(x) = 0$ und interpretieren Sie Ihre Lösung im Sachzusammenhang.

**9** Die Biber GmbH stellt unter anderem Strümpfe her. Das Premiumprodukt hat dabei die Gewinnfunktion $G$, die durch die Gleichung $G(x) = -x^3 + 3x^2 + 0{,}6x - 1{,}8$ beschrieben werden kann.

a) Zeichnen Sie den Graphen von $G$ in ein geeignetes Koordinatensystem.
b) Bestimmen Sie $G(1)$ und interpretieren Sie das Ergebnis ökonomisch.
c) Berechnen Sie die Menge, ab der die Biber GmbH mit dem Produkt erstmalig keinen Verlust mehr erzielt.

**10** Ein Produzent exklusiver Tiefkühlkost kann sein Produkt „Königsberger Klopse spezial“ unter monopolistischen Bedingungen absetzen. Den Erlös, den er mit seinem Produkt erzielt, lässt sich durch die Funktion $E$ mit $E(x) = -0{,}2x^2 + 10x$ darstellen. Der Kostenverlauf für die Herstellung orientiert sich an der Funktion $K$ mit $K(x) = x^3 - 6{,}2x^2 + 13x + 10$.

a) Zeigen Sie, dass die Gewinnfunktion $G$ durch $G(x) = -x^3 + 6x^3 - 3x - 10$ gegeben ist.
b) Der Unternehmer möchte wissen, ab welcher Menge sich die Produktion für ihn lohnt. Berechnen Sie die gewünschte Menge für den Monopolisten.

**11** Matthias Maier ist in Rheinland-Pfalz ein bekannter Kerzenzieher. Aus einem besonderen Bienenwachs und einem Spezialdocht stellt er für seine Kundschaft erlesene Kerzen her. Aufgrund der Exklusivität hat Herr Maier eine monopolistische Marktstellung inne. Den Erlös, den er durch den Verkauf seiner Kerzen erzielt, lässt sich durch die Funktion $E$ mit $E(x) = -0{,}5x(x^2 - 16)$ beschreiben.

Die Fixkosten, die sich für die Herstellung der Kerzen ergeben, werden mit 4 GE beziffert, die variablen Stückkosten mit 3,50 GE/ME.

a) Berechnen Sie $E(x) = 0$.
b) Zeigen Sie, dass die Gewinnfunktion $G$ durch $G(x) = -0{,}5x^3 + 4{,}5x - 4$ gegeben ist und bestimmen Sie $G(1)$.
c) Bestimmen Sie die Gewinngrenze und die Gewinnschwelle.

## 1.3 Gebrochen-rationale Funktionen

Aus dem Merksatz „*Funktionstermermittlung durch Addition, Subtraktion oder Multiplikation*" aus Kapitel 1.2.1 geht hervor, dass die Addition, die Subtraktion und die Multiplikation ganzrationaler Funktionen wieder zu ganzrationalen Funktionen führen. Anders ist dies bei der Division ganzrationaler Funktionen: Hierbei gelangt das Argument $x$ als Divisor in den Nenner. Die aus der Division resultierende neue Funktionsgleichung gehört zur Funktionenklasse der gebrochen-rationalen Funktionen.

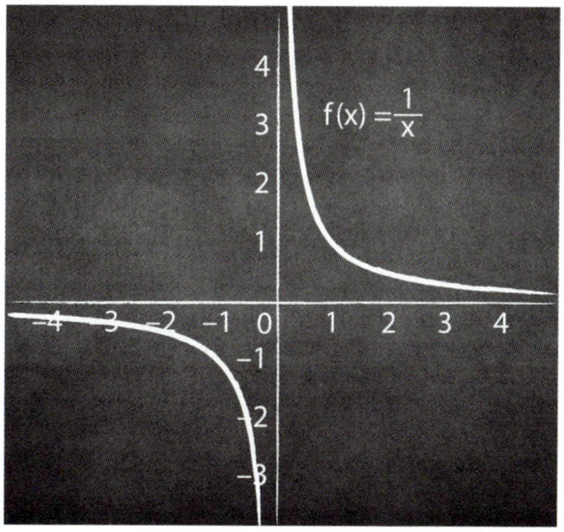


Gebrochen-rationale Funktionen sind auch im Alltag relevant: Bereits im *Basislernbaustein* wurden in Kapitel 4 in den Lernsituationen „Fahrscheine" und „Seilbahn" Elemente einer gebrochen-rationalen Funktion verwendet. In der Lernsituation „Fahrscheine" erhält man aus der Information, dass beim Kauf eines Gruppentickets fünf Personen jeweils 2,28 € pro Fahrt zahlen müssen, die folgende Produktgleichung:

$5 \text{ Personen} \cdot 2{,}28\,€ = x \text{ Personen} \cdot y\,€$

Durch entsprechende Umformung lässt sich daraus die Gleichung

$$y = \frac{5 \cdot 2{,}28}{x}$$

ermitteln, die sich der Klasse der gebrochen-rationalen Funktionen zuordnen lässt. Auf diese Weise können Problemstellungen, die sich mithilfe eines antiproportionalen Dreisatzes lösen lassen, in eine Gleichung umformuliert werden, die der Funktionenklasse der gebrochen-rationalen Funktionen zuzuordnen ist.

In diesem Kapitel wird die Funktionenklasse der gebrochen-rationalen Funktionen auf Besonderheiten näher untersucht. Da das Argument $x$ wie oben dargestellt im Nenner vorkommt, müssen mögliche Nullstellen des Divisors ausgeschlossen werden. Auch die Auswirkungen der Nenner-Nullstellen auf die Funktionswerte in ihrer Umgebung stehen in Form von Polstellen und hebbaren Definitionslücken im Fokus dieses Abschnitts.

Für das weitere Vorgehen ist es sinnvoll, zunächst die oben beschriebene Funktionenklasse zu definieren.

### Definition: Gebrochen-rationale Funktionen

Eine Funktion $f$ mit $f(x) = \frac{Z(x)}{N(x)}$ heißt gebrochen-rationale Funktion, wenn der Funktionsterm ein Quotient der beiden ganzrationalen Funktionen $Z$ und $N$ ist.

Die ganzrationale Funktion $Z$ heißt auch Zählerfunktion, die ganzrationale Funktion $N$ Nennerfunktion. Letztere muss mindestens den Grad 1 haben.

Im Folgenden wird zunächst die einfachste Form einer gebrochen-rationalen Funktion näher untersucht, bevor in den darauffolgenden zwei Unterkapiteln weitere Formen dieser Funktionenklasse anhand unterschiedlicher Problemstellungen vorgestellt werden.

### 1.3.1 Gebrochen-rationale Funktionen der Form $f(x) = \frac{a}{x^n}$, $a \neq 0$, $n \in \mathbb{N}$ beliebig

Die einfachste Darstellungsform einer gebrochen-rationalen Funktion ist $f(x) = \frac{a}{x}$ mit $a \neq 0$. Bereits im elementaren Bereich der mathematischen Bildung werden Problemstellungen wie „Wie groß ist das Stück eines jeden Einzelnen, wenn man einen Kuchen auf $x$ Personen gleichmäßig aufteilt?“ mithilfe einer Gleichung beantwortet, die der gebrochen-rationalen Funktion $f$ mit $f(x) = \frac{1}{x}$ zuzuordnen ist.

Betrachtet man den Graphen einer Funktion $f$ mit $f(x) = \frac{a}{x}$, $a \neq 0$, $n \in \mathbb{N}$ beliebig, so stellt man deutliche Unterschiede zu dem Graphen einer ganzrationalen Funktion (blau eingezeichnet) fest.

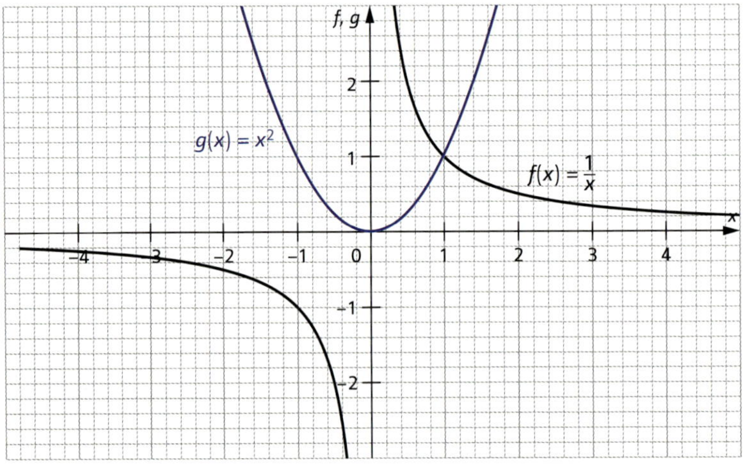


Zum einen scheint der Graph in zwei Teile zerlegt zu sein, zum anderen ist das Globalverhalten ($x \to \pm\infty$) anders. Zur besseren Abgrenzung von Graphen ganzrationaler Funktionen sollen die Graphen einer Funktion $f$ mit $f(x) = \frac{a}{x}$ nun definiert werden:

**Definition:**

Der Graph einer gebrochen-rationalen Funktion $f$ mit $f(x) = \frac{a}{x^n}$, $a \neq 0$, $n \in \mathbb{N}$ beliebig, heißt **Hyperbel *n*-ten Grades**.

In der folgenden Lernsituation werden konkrete Bezüge einer gebrochen-rationalen Funktion der einfachsten Darstellungsform zur Realität hergestellt.

## Lernsituation: Die Sommerrodelbahn

In einer rheinland-pfälzischen Stadt hat Familie Fugger eine neue Sommerrodelbahn errichtet und möchte diese in Kürze für Besucher öffnen. Da die Rodelwagen in einem Kreislaufsystem rotieren, können bis zu vier Fahrgäste im Minutentakt abgefertigt werden. Die insgesamt 800 Meter lange Strecke verfügt über mehrere Hochgeschwindigkeitsschleifen, über ein Gefälle mit bis zu 45 % und über eine Kamera, die mithilfe mehrerer Sensoren automatisch Fotos macht und gleichzeitig die Geschwindigkeit des vorbeifahrenden Rodelwagens misst.

Für diese Geschwindigkeitsmessung ist die hochauflösende Kamera mit zwei Sensoren ausgestattet, die einen Meter auseinanderliegen. Erreicht ein Rodelwagen den ersten Sensor, so wird eine Stoppuhr gestartet. Diese wird angehalten, sobald der Rodelwagen den zweiten Sensor passiert hat. Die verwendete Technik ist derart präzise, dass die Messung auf tausendstel Sekunden genau ist.

Die Einstellung der Sensoren wurde vorgenommen, indem ein elektronisch angetriebener Rodelwagen die beiden Sensoren mit unterschiedlichen Geschwindigkeiten passiert hat. Die Geschwindigkeit wurde dann als Quotient der Distanz von 1 m und der benötigten Zeit $t$ in Sekunden berechnet. Die resultierende Funktion $v$, die in Abhängigkeit von der Zeit $t$ in Sekunden die Geschwindigkeit des Wagens in Meter pro Sekunde (m/s) abbildet, kann somit durch $v(t) = \frac{1}{t}$ angegeben werden.

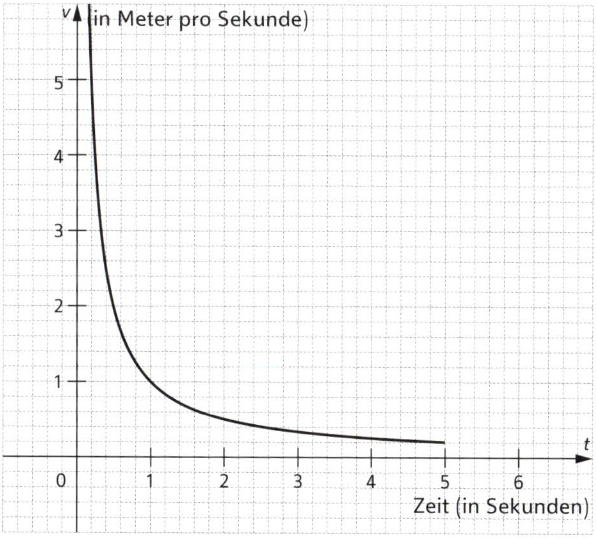

a) Berechnen Sie die jeweilige Geschwindigkeit in m/s, wenn der elektronische Rodelwagen für die 1-m-Distanz 1 Sekunde, 0,5 Sekunden, 0,2 Sekunden und 0,05 Sekunden benötigt hat.

b) Eine Rakete kann laut Medienberichten eine Endgeschwindigkeit von bis zu 7800 Meter pro Sekunde erreichen. Bestimmen Sie die Zeit, die der Rodelwagen theoretisch bräuchte, wenn er die 1-m-Distanz mit Raketengeschwindigkeit zurücklegen würde.

c) Bestimmen Sie für die Funktion $v$ den anwendungsbezogenen und den mathematischen Definitionsbereich.

d) Beschreiben Sie, was Ihnen am Graphen der Funktion $v$ auffällt.

## Lösungen

a) Wenn der elektronische Rodelwagen die 1-m-Distanz in 1 s schafft, so hat er eine Geschwindigkeit von

$$v(1) = \frac{1}{1}\,\frac{\text{m}}{\text{s}} = 1\,\frac{\text{m}}{\text{s}}.$$

Zur Info: $1\,\frac{\text{m}}{\text{s}} \mathrel{\hat{=}} 3{,}6\,\frac{\text{km}}{\text{h}}$

Schafft der Rodelwagen die Distanz in 0,5 Sekunden, so beträgt seine Geschwindigkeit:

$$v(0{,}5) = \frac{1}{0{,}5}\,\frac{\text{m}}{\text{s}} = 2\,\frac{\text{m}}{\text{s}}.$$

Bei 0,2 Sekunden ergibt sich die Geschwindigkeit: $v(0{,}2) = \frac{1}{0{,}2}\,\frac{\text{m}}{\text{s}} = 5\,\frac{\text{m}}{\text{s}}.$

Benötigt der Rodelwagen für die 1-m-Distanz 0,05 Sekunden, ergibt sich die Geschwindigkeit:

$$v(0{,}05) = \frac{1}{0{,}05}\,\frac{\text{m}}{\text{s}} = 20\,\frac{\text{m}}{\text{s}}.$$

b) Die Zeit, die ein Rodelwagen mit Raketengeschwindigkeit für die 1-m-Distanz bräuchte, lässt sich mithilfe der Gleichung $v(t) = 7800$ bestimmen.

Daraus folgt eine Zeit von:

$$\frac{1}{t} = 7800 \Leftrightarrow t = \frac{1}{7800} \approx 0{,}0001 \text{ Sekunde}$$

c) Der **anwendungsbezogene Definitionsbereich** der Funktion $v$ ist die Menge der möglichen Fahrzeiten des Rodelwagens. Rückwärtsfahrten der Rodelwagen sind ausgeschlossen, da der erste Sensor vor dem zweiten Sensor passiert wird. Es können somit keine „negativen" Zeiten gemessen werden, entsprechend enthält der anwendungsgezogene Definitionsbereich keine negativen Elemente.

Eine exakte Zeit von $t = 0$ kann kein Rodelwagen schaffen, selbst mit Lichtgeschwindigkeit nicht. Entsprechend muss die 0 aus dem Definitionsbereich ausgeschlossen werden.

Für den Sachverhalt ist keine positive Zeit ausgeschlossen. Daher gilt für den anwendungsbezogenen Definitionsbereich: $D_{\text{Anw}}(v) = (0; \infty)$.

Der **mathematische Definitionsbereich** lässt „Rückwärtsfahrten“ zu, die Zeit $t = 0$ allerdings nicht (siehe Begründung oben). Entsprechend gilt: $D(v) = \mathbb{R}\setminus\{0\}$. Ausgesprochen heißt dies, dass alle reellen Zahlen außer Null im mathematischen Definitionsbereich liegen.

d) Auffälligkeiten am Graphen:

- Wenn sich die Abszissenwerte von rechts kommend immer mehr an Null annähern ($t \to 0$ für $t > 0$), scheinen die Funktionswerte gegen unendlich zu verlaufen. Es gilt: $\lim\limits_{t \to 0} v(t) = \infty$. Da der Grenzwert hier nur von rechts betrachtet wird, schreibt man auch $\lim\limits_{t \to 0^+} v(t) = \infty$.
- Wenn die Abszissenwerte beliebig groß werden ($t \to \infty$), scheinen sich die Funktionswerte einem festen Wert, hier Null, zu nähern. Es gilt: $\lim\limits_{t \to \infty} v(t) = 0$.

Der Rodelwagen könnte die Distanz von 1 m mit Anlauf in 0,1 Sekunden schaffen. Mit einem Motor wäre er vermutlich noch schneller. Bei einem Raketenantrieb liegt die für die Distanz benötigte Zeit noch näher an Null. Es wird jedoch nie möglich sein, die Distanz in 0 Sekunden ($t = 0$) zu überwinden. Die Funktion kann die Stelle $t = 0$ somit nicht auf eine Geschwindigkeit abbilden, weshalb sie aus dem Definitionsbereich ausgeschlossen werden muss.

### Merke

Bei einer gebrochen-rationalen Funktion muss überprüft werden, ob der Nenner Null werden kann. Ist dies der Fall, so müssen

- alle Nullstellen des Nenners bestimmt und
- die berechneten Stellen aus dem Definitionsbereich der Funktion ausgeschlossen werden.

Je schneller der Rodelwagen die 1-m-Distanz zurücklegt, umso höher ist seine Geschwindigkeit. Entsprechend werden die Funktionswerte für geringer werdende Zeiten immer größer. Dies lässt sich auch am Funktionsgraphen ablesen.

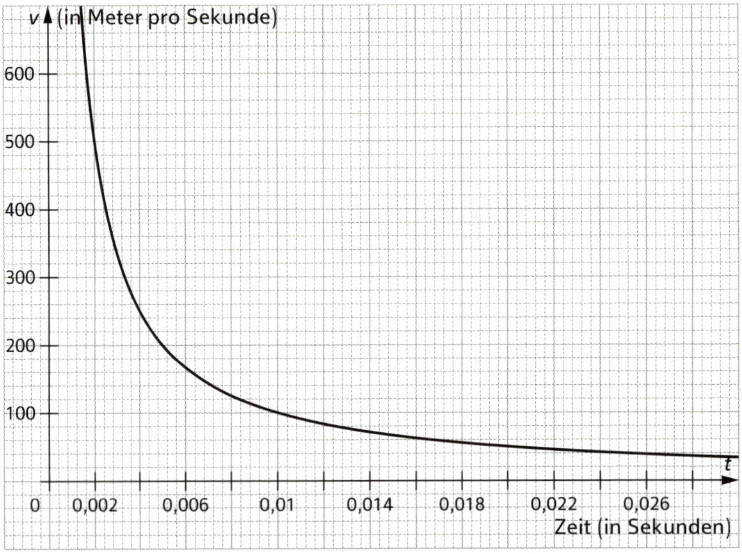


An der Stelle $t = 0$ scheint es, als würden die Funktionswerte wie von einem Magneten angezogen werden. Entsprechend sagt man, dass bei $t = 0$ eine **Polstelle** vorliegt. Bei Betrachtung negativer Argumente ($t < 0$) würde man in diesem Beispiel feststellen, dass $\lim\limits_{t \to 0^-} v(t) = -\infty$ gilt. Daher ist $t = 0$ eine Polstelle mit **Vorzeichenwechsel**.

## Definition: Polstelle

Eine Definitionslücke $x = x_0$ heißt Polstelle einer gebrochen-rationalen Funktion $f$, wenn

- für $x < x_0$ gilt: $\lim\limits_{x \to x_0} f(x) = \pm\infty$
  oder wenn
- für $x > x_0$ gilt: $\lim\limits_{x \to x_0} f(x) = \pm\infty$.

Für $x < x_0$ schreibt man auch $\lim\limits_{x \to x_0^-} f(x) = \pm\infty$ (linksseitige Grenzwertbetrachtung) bzw.

für $x > x_0$ schreibt man $\lim\limits_{x \to x_0^+} f(x) = \pm\infty$ (rechtsseitige Grenzwertbetrachtung).

Zur Veranschaulichung werden in der Tabelle zwei Arten von Polstellen beispielhaft abgebildet:

**$f(x) = \frac{1}{x^n}$ mit $n$ ungerade**

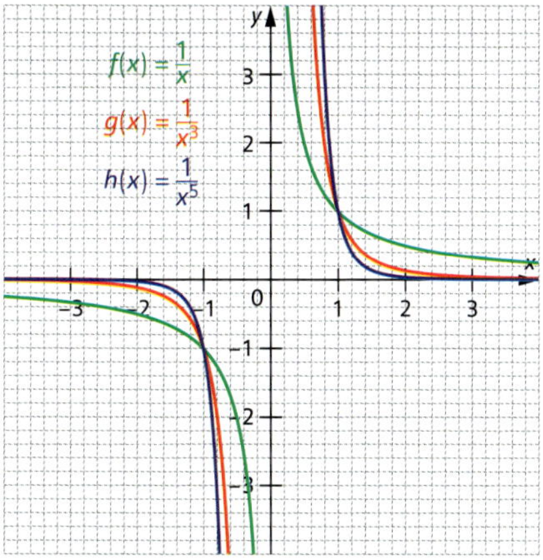


Besonderheiten der abgebildeten Graphen:

- verlaufen punktsymmetrisch zum Ursprung,
- verlaufen im 3. und im 1. Quadranten,
- verlaufen durch $(-1|-1)$ und $(1|1)$ und
- $x = 0$ ist eine Polstelle mit Vorzeichenwechsel.

**$f(x) = \frac{1}{x^n}$ mit $n$ gerade**

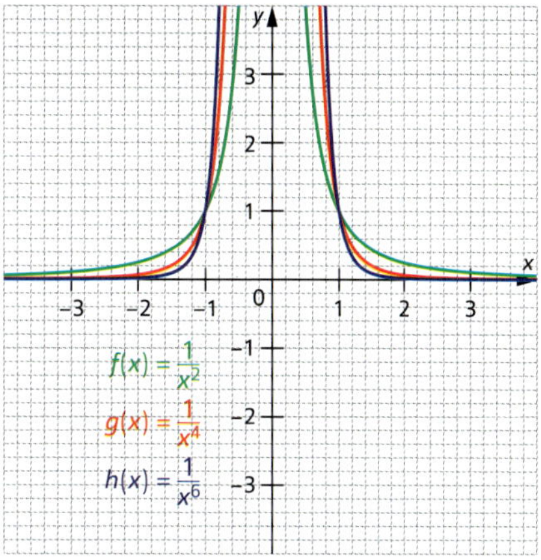


Besonderheiten der abgebildeten Graphen:

- verlaufen achsensymmetrisch zur $y$-Achse,
- verlaufen im 2. und im 1. Quadranten,
- verlaufen durch $(-1|1)$ und $(1|1)$ und
- $x = 0$ ist eine Polstelle ohne Vorzeichenwechsel.

## AUFGABEN

**1** Zeichnen Sie die Hyperbeln folgender Funktionen in $I = [-3; 3]\setminus\{0\}$ und beschreiben Sie wie die Vorzeichen bei der Polstelle wechseln.

a) $f(x) = \frac{2}{x}$ b) $f(x) = -\frac{1}{x^2}$

c) $f(x) = -\frac{5}{x}$ d) $f(x) = \frac{10}{x^3}$

**2** Berechnen Sie die Grenzwerte für $x \to +\infty$ und für $x \to -\infty$ der folgenden gebrochen-rationalen Funktionen.

a) $f(x) = \frac{5}{x}$ b) $f(x) = \frac{10}{x^2}$

c) $f(x) = -\frac{50}{x}$ d) $f(x) = -\frac{8}{x^3}$

e) $f(x) = \frac{1}{x^4}$ f) $f(x) = -\frac{5}{x^3}$

**3** Für eine Funktion $v$, die in Abhängigkeit von der Zeit $t$ in Stunden die Geschwindigkeit eines Wagens in Kilometer pro Stunde (km/h) abbildet, gilt $v(t) = \frac{80}{t}$.

a) Beschreiben Sie den Zählerwert 80 im Sachzusammenhang.

b) Erstellen Sie eine Wertetabelle für die Funktion $v$ mit den Abszissenwerten $t = 1$; $t = 0{,}5$; $t = 0{,}1$; $t = 0{,}04$; $t = 0{,}0001$ sowie $t = 0{,}000005$.

c) Bestimmen Sie $\lim\limits_{t \to 0^+} v(t)$.

**4** Die Schreinerei Holzwurm hat sich auf die Herstellung von Tischen spezialisiert. Dazu hat die Geschäftsführerin Jule Wicherts eine Werkstatt samt Büroräumen angemietet, die fixe Kosten in Höhe von 4000,00 € pro Monat verursachen. Die Planung für das nächste Jahr steht an und Frau Wicherts fragt sich, ob wieder die maximale Produktionskapazität ausgeschöpft oder eine geringere angestrebt werden soll. Sie überlegt, dass bei voller Auslastung die anzurechnenden fixen Kosten pro Tisch niedriger sind als bei einer geringeren Herstellmenge.

Beurteilen Sie die Überlegung von Jule Wicherts und berechnen Sie für die anteiligen Stückfixkosten den Grenzwert, wenn die herzustellende Menge theoretisch unendlich groß wird ($x \to \infty$).

## 1.3.2 Gebrochen-rationale Funktionen der Form $f(x) = \frac{ax + b}{x}$ mit $a, b \neq 0$

Im Vergleich zu einer gebrochen-rationalen Funktion der Form $f(x) = \frac{a}{x}$ mit $a \neq 0$ ist bei der Funktion $f$ mit $f(x) = \frac{ax + b}{x}$ mit $a, b \neq 0$ der Grad der Zählerfunktion genauso groß wie der Grad der Nennerfunktion. Dies hat zur Folge, dass die Funktion $f$ in zwei Terme aufgeteilt werden kann: in einen ganzrationalen Anteil und in einen echt gebrochen-rationalen Anteil:

$$f(x) = \frac{ax + b}{x} = \frac{ax}{x} + \frac{b}{x} = a + \frac{b}{x}$$

Der Term $\frac{b}{x}$ ist der echt gebrochen-rationale Anteil, $a$ ist ganzrational. Die folgende Definition erläutert dies:

### Definition

Eine gebrochen-rationale Funktion $f$ mit $f(x) = \frac{Z(x)}{N(x)}$ heißt **echt gebrochen-rational**, wenn der Grad der Nennerfunktion $N$ größer ist als der Grad der Zählerfunktion $Z$:

Grad von $N$ > Grad von Z

Andernfalls heißt $f$ **unecht gebrochen-rational**.

In der folgenden Lernsituation wird die Bedeutung der einzelnen Terme näher betrachtet und betriebswirtschaftlich interpretiert.

## Lernsituation: Betriebswirtschaftliche Überlegungen zur Sommerrodelbahn

Vor der Inbetriebnahme der Sommerrodelbahn muss Familie Fugger noch einige betriebswirtschaftliche Entscheidungen treffen. Insbesondere der Fahrpreis für eine Person ist noch zu bestimmen. Die Familie möchte diesen in Abstimmung mit der Kostensituation festlegen. Das Ergebnis einer ausführlichen Kostenanalyse ergab, dass täglich 1000,00 € Fixkosten anfallen werden und der Durchlauf eines Rodelwagens mit einer Person ca. 20 Cent kosten wird. Die resultierende Kostenfunktion K, die in Abhängigkeit von der Anzahl der durchgeführten Fahrten die gesamten Kosten (in €) für einen Tag abbildet, kann durch die Gleichung $K(x) = 0{,}2x + 1000$ dargestellt werden.

a) Bestimmen Sie die Stückkostenfunktion $k$, die in Abhängigkeit von der Anzahl der durchgeführten Fahrten die Kosten pro Fahrt für einen Tag angibt.

b) Bestimmen Sie die Stückkosten pro Fahrt, wenn an einem Tag 50 Fahrten, 500 Fahrten, 2000 Fahrten oder 4000 Fahrten durchgeführt werden.

c) Beschreiben Sie den Verlauf der Stückkosten, wenn die Anzahl der Fahrten an einem Tag ansteigt.

### Lösungen:

a) Für die Ermittlung der Stückkosten werden die Gesamtkosten durch die Menge dividiert. Konkret teilt man also den Abszissenwert $x$ durch die Funktion $K$:

$$k(x) = \frac{K(x)}{x} = \frac{0{,}2x + 1000}{x} = 0{,}2 + \frac{1000}{x}$$

b) Die Stückkosten der einzelnen Fahrten werden übersichtlich in einer Wertetabelle dargestellt:

| **Anzahl der Fahrten (*x*)** | 50 | 500 | 2000 | 4000 |
|---|---|---|---|---|
| **Stückkosten *K* in € pro Fahrt** | 20,20 | 2,20 | 0,70 | 0,45 |

c) Es fällt auf, dass die Stückkosten bei steigender Anzahl der Fahrten sinken. Betriebswirtschaftlich lässt sich das so erklären, dass die Stückkostenfunktion in die variable Stückkostenfunktion $k_v$ mit $k_v(x) = 0{,}2$ und in die Stückfixkostenfunktion $k_{Fix}$ mit $k_{Fix}(x) = \frac{1000}{x}$ aufgeteilt wird. Werden noch so viele Fahrtkarten verkauft, die variablen Stückkosten bleiben trotzdem konstant. Mathematisch entspricht $k_v$ dem ganzrationalen Anteil der Stückkostenfunktion $k$. Der echt gebrochen-rationale Anteil $k_{Fix}(x) = \frac{1000}{x}$ sinkt bei größer werdender Anzahl der Fahrten. Die Fixkosten werden auf immer mehr Fahrten aufgeteilt; der Anteil, den jede Fahrt an den Fixkosten hat, wird also immer geringer. Diesen Effekt nennt man auch Fixkostendegression. Mathematisch betrachtet strebt der echt gebrochen-rationale Anteil dabei gegen Null.

Bei steigender Anzahl der Fahrten fällt auf, dass der Anteil der Fixkosten pro Fahrt immer geringer wird. Bei einer als **Fixkostendegression** beschriebenen Situation nähern sich die Stückkosten so immer mehr den variablen Stückkosten an.

Mathematisch ausgedrückt nähert sich eine unecht gebrochen-rationale Funktion $f$ bei größer werdenden Argumenten $x$ ihrem ganzrationalen Anteil. Die Differenz zwischen $f$ und dem ganzrationalen Anteil strebt gegen 0.

Bei einer echt gebrochen-rationalen Funktion streben bei größer werdenden Argumenten $x$ die Funktionswerte gegen 0.

Bezogen auf die Lernsituation bedeutet dies, dass sich die Stückkostenfunktion $k$ mit $k(x) = \frac{0{,}2x + 1000}{x} = 0{,}2 + \frac{1000}{x}$ dem ganzrationalen Anteil $k_v(x) = 0{,}2$ nähert. Für die Differenz $k(x) - k_v(x) = \frac{1000}{x}$ gilt:

$$\lim_{x \to \infty} \frac{1000}{x} = 0$$

Eine Funktion $a$, die sich einer gebrochen-rationalen Funktion $f$ für $x \to \pm\infty$ derart nähert, dass die Differenz zwischen den beiden Funktionen $a$ und $f$ gegen Null strebt, soll nun definiert werden:

## Definition Asymptote

Eine Funktion $a$ heißt Asymptote einer gebrochen-rationalen Funktion $f$, wenn gilt:

$$\lim_{x \to \pm\infty} (f(x) - a(x)) = 0$$

Bei einer echt gebrochen-rationalen Funktion $f$ ist $a$ mit $a(x) = 0$ eine waagerechte Asymptote der Funktion $f$. Dies ist bei allen gebrochen-rationalen Funktionen der Form $f(x) = \frac{a}{x}$ mit $a \neq 0$ der Fall.

Für den in diesem Unterkapitel vorliegenden Typ der gebrochen-rationalen Funktion $f$ mit $f(x) = \frac{ax+b}{x}$ mit $a,\ b \neq 0$ ist die Polstelle immer $x = 0$. Die Asymptotengleichung kann variieren, sie ist durch $a(x) = a$ gegeben, da $f(x) = \frac{ax+b}{x} = \frac{ax}{x} + \frac{b}{x} = a + \frac{b}{x}$ den ganzrationalen Term $a$ hat. Die Auswirkungen der Parameter $a$ und $b$ sollen nun beispielhaft verdeutlicht werden.

| $f(x) = \frac{x+1}{x}$ | **Also: $a = 1$, $b = 1$** |
|---|---|
| 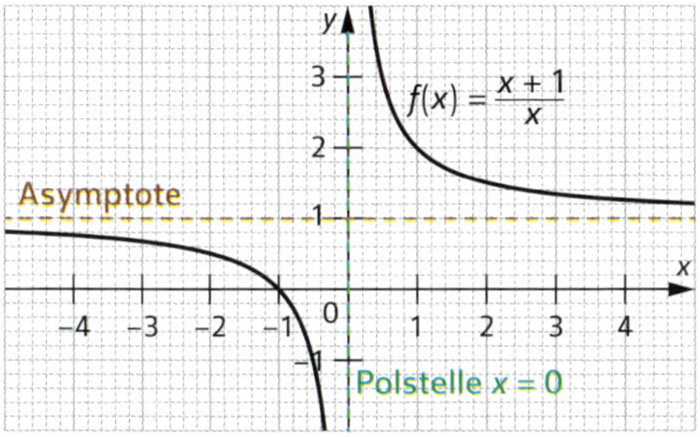 | Die Polstelle ist $x = 0$.<br>Da $a = 1$ ...<br>■ ist die Gleichung der Asymptote $a$ durch $a(x) = 1$ gegeben.<br>Da $b > 0$ ...<br>■ fällt die Hyperbel für $x < 0$,<br>■ fällt die Hyperbel für $x > 0$. |



| $f(x) = \frac{-2x+2}{x}$ | **Also: $a = -2$, $b = 2$** |
|---|---|
| 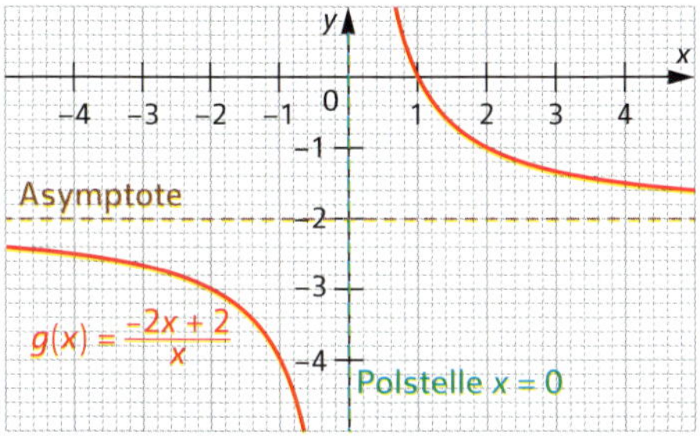 | Die Polstelle ist $x = 0$.<br>Da $a = -2$ ...<br>■ ist die Gleichung der Asymptote $a$ durch $a(x) = -2$ gegeben.<br>Da $b > 0$ ...<br>■ fällt die Hyperbel für $x < 0$,<br>■ fällt die Hyperbel für $x > 0$. |



| $f(x) = \frac{x-1}{x}$ | **Also: $a = 1$, $b = -1$** |
|---|---|
| 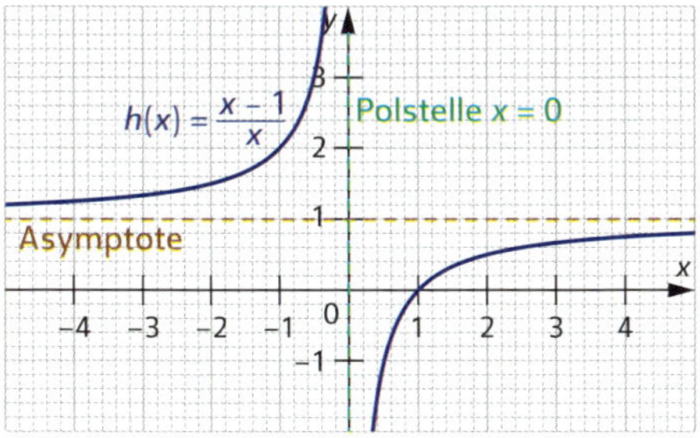 | Die Polstelle ist $x = 0$.<br>Da $a = 1$...<br>■ ist die Gleichung der Asymptote $a$ durch $a(x) = 1$ gegeben.<br>Da $b < 0$...<br>■ steigt die Hyperbel für $x < 0$,<br>■ steigt die Hyperbel für $x > 0$. |

## AUFGABEN

**1** Zeichnen Sie in $I = [-3; 3]\setminus\{0\}$ die Hyperbeln von folgenden Funktionen und beschreiben Sie wie die Vorzeichen bei der Polstelle wechseln.

a) $f(x) = \frac{2x-1}{x}$

b) $f(x) = \frac{-3x+2}{x}$

c) $f(x) = \frac{x+2}{x}$

d) $f(x) = \frac{-x-1}{x}$

**2** Berechnen Sie die Grenzwerte für $x \to +\infty$ und für $x \to -\infty$ der folgenden gebrochen-rationalen Funktionen.

a) $f(x) = \frac{6x-10}{x}$

b) $f(x) = \frac{-4x+20}{x}$

c) $f(x) = \frac{33x+1}{x}$

d) $f(x) = \frac{-4x-6}{x}$

e) $f(x) = \frac{-8x+6}{x}$

f) $f(x) = \frac{12x-7}{x}$

**3** Das Unternehmen LaChemise plant das neue Produkt Camicia, ein hochwertiges Stretch-Herrenhemd. Die Geschäftsleitung von LaChemise möchte prüfen, ob sich der Verkauf des Hemdes bei einem Verkaufspreis von 45 GE pro Stück lohnt. Das Hemd Camicia soll im Direktvertrieb verkauft werden. Auf diese Weise spart sich das Unternehmen die Handelsspanne der Zwischenhändler.

Zusätzlich zu den unterschiedlichen Daten aus vorangegangenen Marktforschungen nutzt die Geschäftsleitung die Kostenanalyse aus dem Controlling. Die Mitarbeiter haben eine monatliche Kostenfunktion $K$ ermittelt, die in Abhängigkeit von der hergestellten Menge (in Stück) die täglichen Kosten (in GE) abbildet. Die Gleichung der Kostenfunktion $K$ kann durch $K(x) = 5x + 1000$ angegeben werden.

a) Zeigen Sie, dass die Stückkostenfunktion $K$ durch $k(x) = \frac{5x+1000}{x}$ gegeben ist.

b) Geben Sie die Polstelle an und bestimmen Sie die Asymptote. Beschreiben Sie im ökonomischen Sachzusammenhang, was die Asymptote hier bedeutet.

c) Berechnen Sie die Mindestherstellmenge von Camicia.

d) Bestimmen Sie den Mindestpreis für das Produkt Camicia, wenn absehbar ist, dass 200 Stück verkauft werden können.

**4** Die Herstellung eines Produktes ist in 14 Arbeitstagen mit 9 Arbeitern möglich. Ein Sonderauftrag soll schneller erledigt werden. Welche Zeit wird für die Herstellung eines Produktes benötigt, wenn 2, 3, 4 oder 5 Arbeiter hinzugezogen werden?

a) Stellen Sie die Funktionsgleichung auf ($x$ Arbeiter schaffen in $y$ Tagen).
b) Grenzen Sie den Definitionsbereich sinnvoll ein.
c) Erstellen Sie eine Wertetabelle und zeichnen Sie den Graphen.
d) Entnehmen Sie die Lösung dem Graphen. Vergleichen Sie diese mit den Werten der Wertetabelle.

**5** Um ein Quadrat mit der Kantenlänge $a$ soll ein gleichschenkliges Dreieck gezeichnet werden. Der Flächeninhalt des Dreiecks ist abhängig von der Höhe $x$.

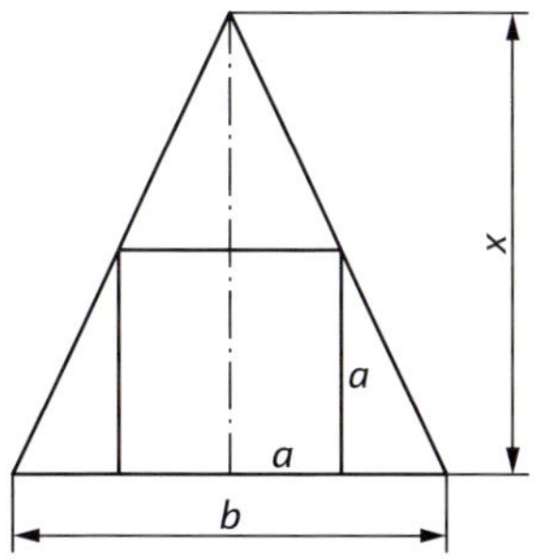


a) Geben Sie die Funktionsgleichung an, die den Zusammenhang zwischen dem Flächeninhalt $A$ und der Höhe $x$ angibt.
b) Zeichnen Sie den Graphen der Funktion $A$ für $a = 10\,\text{cm}$. Geben Sie den Definitionsbereich an.
c) Für welchen $x$-Wert wird der Flächeninhalt am kleinsten?

**6** Beim Bearbeiten von Werkstücken sollten Arbeitszeiten planbar sein. Die Hauptzeit für das Langdrehen eines Werkstücks ist dabei eine Berechnungsgrundlage:

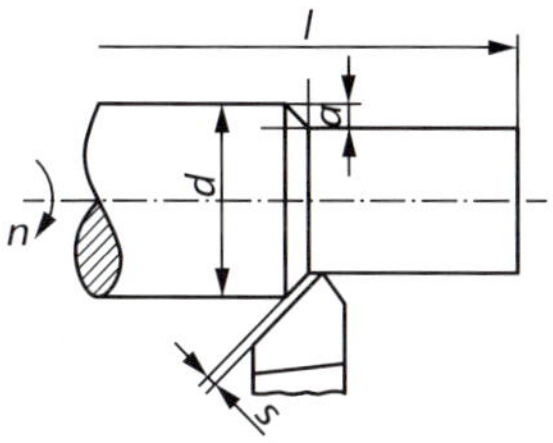


$$t_h = \frac{l}{s \cdot n} \cdot i$$

$d$ = Durchmesser des Werkstücks in mm
$l$ = Länge des Werkstücks in mm
$n$ = Drehzahl in 1/min
$s$ = Spanbreite in mm bzw. Drehmeißelvorschub
$a$ = Spantiefe in mm
$i$ = Anzahl der Schnitte

a) Die Hauptzeit der Arbeitsmaschine ist sowohl von der Drehzahl als auch vom Vorschub abhängig. Was muss über den jeweiligen Definitionsbereich gesagt werden?
b) Zeichnen Sie den Graphen von $t_h = f(n)$ für $n \leq 1000$ 1/min und einen Arbeitsgang ($i = 1$), wenn $l = 500\,\text{mm}$ und $s = 2\,\text{mm}$ sind.
c) Zeichnen Sie zusätzlich in das Koordinatensystem von Aufgabe b) Kurven für $s_2 = 1\,\text{mm}$ und $s_3 = 2{,}5\,\text{mm}$ ein.
Welche Auswirkung haben die unterschiedlichen Spanbreiten auf die Hauptzeit, wenn die Drehzahl z. B. $n = 360$ 1/min beträgt?
d) Zeichnen Sie den Graphen von $t_h = f(s)$ für $s \leq 3\,\text{mm}$ und einen Arbeitsgang ($i = 1$), wenn $l = 500\,\text{mm}$ und $n = 400$ 1/min sind.
e) Zeichnen Sie zusätzlich in das Koordinatensystem von Aufgabe d) Kurven für $n_2 = 100$ 1/min und $n_3 = 600$ 1/min ein.
Welche Auswirkung haben die unterschiedlichen Drehzahlen auf die Hauptzeit, wenn der Vorschub z. B. $s = 1{,}8\,\text{mm}$ beträgt?

## 1.3.3 Gebrochen-rationale Funktionen der Form $f(x) = \frac{Z(x)}{N(x)}$ mit $N(x) \neq 0$

Laut Definition sind die Zählerfunktion $Z$ und die Nennerfunktion $N$ einer gebrochen-rationalen Funktion nicht zwangsläufig lineare Funktionen – sie können auch andere Grade haben.

Der Merksatz aus Kapitel 1.3.1 (Seite 37) gilt ebenfalls für $f$ mit $f(x) = \frac{Z(x)}{N(x)}$ mit $N(x) \neq 0$; es sind alle Nullstellen der Nennerfunktion $N$ aus dem Definitionsbereich auszuschließen. Es muss jedoch untersucht werden, ob das Verhalten der Funktionswerte an der Definitionslücke anders ist als bei gebrochen-rationalen Funktionen der Form $f(x) = \frac{a}{x}$ bzw. $f(x) = \frac{ax + b}{x}$ mit $a \neq 0$. Als mathematisches Beispiel sei hier die Funktion $f$ mit $f(x) = 1$ genannt, die auf $f(x) = 1 \cdot \frac{(x-2)}{(x-2)}$ erweitert werden kann. Durch die Erweiterung muss $x = 2$ aus dem Definitionsbereich ausgeschlossen werden, die Funktionswerte streben aber für $x \to 2$ nicht gegen positiv oder negativ unendlich.

In diesem Unterkapitel werden Stellen betrachtet, die nicht zum Definitionsbereich gehören und keine Polstellen sind. Anhand der folgenden Lernsituation wird gezeigt, warum eine solche Lücke keine Polstelle sein muss. Zudem wird mithilfe der Polynomdivision die Gleichung einer Asymptote bestimmt, deren Graph nicht waagerecht ist.

### Lernsituation: Besucherandrang bei der Sommerrodelbahn

Familie Fugger hat den Betrieb ihrer Sommerrodelbahn aufgenommen. Die Rodelbahn kommt bei den Kunden gut an, der Besucherandrang ist für den Anfang ziemlich hoch. Stichprobenartig hat Familie Fugger an einigen Tagen gemessen, wie viele Kunden um welche Uhrzeit schon eine Fahrkarte gekauft haben. Dabei hat sie nicht jeden Kunden, sondern jede verkaufte Karte gezählt. Das Ergebnis eines repräsentativen Tages ist der folgenden Tabelle zu entnehmen:

| **Uhrzeit $t$** | 10:00 Uhr ($t = 10$) | 12:00 Uhr ($t = 12$) | 14:00 Uhr ($t = 14$) | 16:00 Uhr ($t = 16$) | 18:00 Uhr ($t = 18$) |
|---|---|---|---|---|---|
| **Verkaufte Fahrkarten insgesamt** | 0 | 176 | 576 | 1008 | 1280 |

Mit den aus Kapitel 1.2.1 bekannten Verfahren zur Ermittlung einer ganzrationalen Funktion hat Frau Fugger die Funktion $A$ ermittelt, die in Abhängigkeit von der (Uhr-)Zeit die bis dahin verkaufte Gesamtanzahl der Fahrkarten abbildet. Die Gleichung von $A$ kann sie mit $A(t) = -4t^3 + 172t^2 - 2240t + 9200$ angeben.

Die Familie hat sich einen Werbeslogan überlegt, um die Rodelbahn noch bekannter zu machen: *„Beliebte Rodelbahn – durchschnittlich fahren stündlich bis zu 160 Personen“.* Bevor der Slogan auf der eigenen Internetseite und auf Werbeflyern veröffentlicht wird, möchte Frau Fugger die Aussage auf Richtigkeit überprüfen. Nach einigen Überlegungen stellt sie die Gleichung zur Funktion $f$ auf, die gemessen ab 10:00 Uhr den durchschnittlichen Fahrkartenverkauf pro Stunde zu einer beliebigen Zeit t angibt:

$$f(t) = \frac{A(t) - A(10)}{t - 10} = \frac{-4t^3 + 172t^2 - 2240t + 9200 - 0}{t - 10} = \frac{-4t^3 + 172t^2 - 2240t + 9200}{t - 10}$$

Beispielhaft erklärt sie ihrem Sohn Bastian, dass der Funktionswert $f(12) = 88$ bedeutet, dass an diesem Tag bis 12:00 Uhr durchschnittlich 88 $\left(= \frac{176 - 0}{12 - 10}\right)$ Fahrkarten pro Stunde verkauft wurden.

Bastian versteht zwar die Bedeutung der Funktion $f$, findet sie aber viel zu umständlich. Viel lieber hätte er eine einfache „Faustformel“ zur Verfügung, mit der er den durchschnittlichen Fahrkartenverkauf pro Stunde berechnen kann.

a) Erklären Sie die Bedeutung des Ausdrucks $f(14) = 144$.

b) Zeichnen Sie den Graphen von $f$. Erstellen Sie dazu eine Wertetabelle für $t \in (10; 23]$.

c) Überprüfen Sie anhand Ihres Graphen, ob die Aussage des Werbeslogans richtig ist.

d) Bestimmen Sie das Verhalten von $f$ für $t \to 10^+$.

e) Bestimmen Sie für Bastian Fugger eine Faustformel in Form einer Asymptotengleichung.

## Lösungen

a) Der Ausdruck $f(14) = 144$ bedeutet, dass an diesem Tag bis 14:00 Uhr durchschnittlich 144 $\left(= \frac{576 - 0}{14 - 10}\right)$ Fahrkarten pro Stunde verkauft wurden.

b)

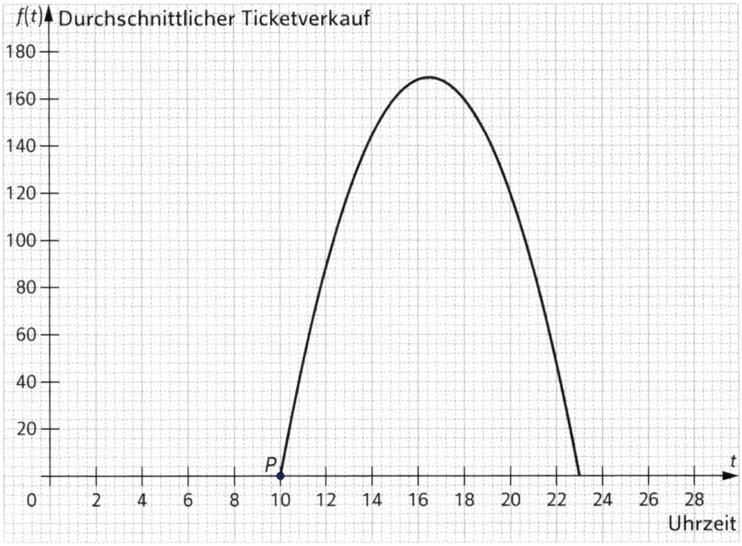

| $t$ | 11 | 12 | 13 | 14 | 15 | 16 | 17 | 18 | 19 | 20 | 21 | 22 | 23 |
|---|---|---|---|---|---|---|---|---|---|---|---|---|---|
| $f(t)$ | 48 | 88 | 120 | 144 | 160 | 168 | 168 | 160 | 144 | 120 | 88 | 48 | 0 |

Der Punkt $P = (10\,|\,0)$ liegt nicht (!) auf dem Graphen von $f$. Das heißt, um 10:00 Uhr lässt sich noch kein durchschnittlicher Ticketverkauf ermitteln; dies liegt auf der Hand, da es genau zu diesem Zeitpunkt noch keine Vergleichswerte gibt.

c) Die Angaben im Werbeslogan *„Beliebte Rodelbahn – durchschnittlich fahren stündlich bis zu 160 Personen"* können sogar übertroffen werden, da laut Wertetabelle zwischen 15 Uhr und 18 Uhr im Durchschnitt sogar mehr als 160 Personen mit der Rodelbahn fahren. Zwar ist zu den anderen Zeiten die durchschnittliche Anzahl an Fahrten geringer, im Slogan wird allerdings lediglich die Obergrenze der durchschnittlichen stündlichen Fahrten genannt.

d) Für das Verhalten von $f$ für $t \to 10^+$ liegt nach dem Erstellen der Wertetabelle die Vermutung nahe, dass aufgrund einer vorhandenen Symmetrie gilt: $\lim\limits_{t \to 23^-} f(t) = f(23) = \lim\limits_{t \to 10^+} f(t) = 0$.

Dies kann durch die Annäherung $t \to 10^+$ verdeutlicht werden:

| $t$ | $f(t)$ |
|---|---|
| 11 | 48 |
| 10,5 | 25 |
| 10,1 | 5,16 |
| 10,002 | 0,103984 |
| 10,00003 | 0,00156 |
| 10,0000001 | 0,000005 |
| $\to 10^+$ | $\to 0$ |

Nach der Annäherung der Abszissenwerte an $t = 10$ mit beispielhaften Werten festigt sich die Vermutung, dass $\lim\limits_{t \to 10^+} f(t) = 0$ gilt.

e) Bereits in der Lernsituation „Betriebswirtschaftliche Überlegungen zur Sommerrodelbahn" konnte festgestellt werden, dass sich der unecht gebrochen-rationale Funktionsterm bei größer werdendem Argument $x$ seinem ganzrationalen Anteil annähert. Diesen Anteil, der laut Definition der Funktionsterm der Asymptote von $f$ ist, kann man mithilfe der Polynomdivision von dem echt gebrochen-rationalen Term trennen. Dazu wird die Nennerfunktion $N$ durch die Zählerfunktion $Z$ dividiert:

$$
\begin{array}{l}
(-4t^3 + 172t^2 - 2240t + 9200) : (t - 10) = \underbrace{-4t^2 + 132t - 920}_{\substack{\text{ganzrationaler Anteil} \\ \triangleq \\ \text{Term der Asymptote}}} + \dfrac{0}{t - 10} \\
\underline{-(-4t^3 + \ 40t^2)} \\
\quad 0 \quad 132t^2 - 2240t \\
\qquad \underline{-(132t^2 - 1320t)} \\
\qquad\quad 0 \quad -920t + 9200 \\
\qquad\qquad \underline{-(-920t + 9200)} \\
\qquad\qquad\quad 0 \qquad 0
\end{array}
$$

Somit kann die Gleichung der Asymptote von $f$ durch $a(t) = -4t^2 + 132t - 920$ angegeben werden. Zwar vereinfacht die Asymptotengleichung den Sachverhalt im Vergleich zur Gleichung der Funktion $f$, als „Faustformel“ könnte sie aber dennoch zu komplex sein.

Wie in Teilaufgabe d) deutlich wird, scheint die Stelle $t = 10$ laut Definition keine Polstelle der Funktion $f$ zu sein. Die Zeichnung des Funktionsgraphen von $f$ bestätigt die Vermutung zusätzlich. Es scheint, als gäbe es einen Grenzwert für den Funktionswert an der Stelle $t = 10$.

Neben den Polstellen kann es weitere Stellen geben, die aus dem Definitionsbereich auszuschließen sind. Diese sollen nun definiert werden.

## Definition Definitionslücken

Für eine gebrochen-rationale Funktion $f$ mit $f(x) = \dfrac{Z(x)}{N(x)}$, die in $D(f) = \mathbb{R}\setminus\{x_0\}$ definiert ist, heißt $x = x_0$ **Definitionslücke**.

Gilt zusätzlich $\lim\limits_{x \to x_0} f(x) = g$, so heißt $x = x_0$ **hebbare Definitionslücke** von $f$.

Die stetige Fortsetzung von $f$ sei durch

$$f(x) = \begin{cases} f(x) & \text{für } x \in \mathbb{R}\setminus\{x_0\} \\ g & x = x_0 \end{cases}$$

definiert.

Bei genauerer Betrachtung der Funktionsgleichung von $f$ fällt auf, dass sowohl der Zähler als auch der Nenner für $t = 10$ Null ist. Im Anwendungsbezug ist dieser Umstand klar, da zum Zeitpunkt der Öffnung um exakt 10:00 Uhr ($t = 10$) noch keine Fahrkarte verkauft wurde. Der Verkauf startet frühestens eine Sekunde später ($t > 10$). Würde die Rodelbahn bereits um 09:00 Uhr öffnen, müsste nicht $t = 10$, sondern $t = 9$ aus dem Definitionsbereich der Funktion $f$ ausgeschlossen werden, da sich die Gleichung zu $f(t) = \dfrac{A(t) - A(9)}{t - 9}$ geändert hätte.

Zusammenfassend kann festgestellt werden, dass in diesem Fall die Definitionslücke $t = 10$ durch die Öffnungszeit künstlich erzeugt wurde. Sie kann auf andere Stellen „gehoben“ werden, dazu müsste Familie Fugger in der Lernsituation nur die Öffnungszeit der Rodelbahn ändern. Entsprechend ist $t = 10$ für $f$ eine hebbare Definitionslücke. Ist eine solche Lücke identifiziert, folgt daraus, dass die Zählerfunktion genauso wie die

Nennerfunktion an dieser Stelle 0 ist. Dazu sollte die Vielfachheit der Nullstellen genauer betrachtet werden, d.h., es sollte untersucht werden, wie häufig ein und dieselbe Stelle auch Nullstelle der Funktion ist.

Für $f$ mit $f(x) = \frac{x}{(x)(x)}$ gilt sowohl für die Zähler- als auch für die Nennerfunktion: $Z(0) = N(0) = 0$. Jedoch ist $f$ durch Kürzen auch durch $f(x) = \frac{1}{x}$ darstellbar. Dann ist laut Kapitel 1.3.1 die Stelle $x = 0$ eine Polstelle. Die Nennerfunktion hat zweimal $x = 0$ als Nullstelle, während das Zählerpolynom $x = 0$ als einfache Nullstelle besitzt. Berücksichtigt man, dass der Linearfaktor zu einer Nullstelle gegebenenfalls gekürzt werden kann, ist der folgenden Satz eine logische Schlussfolgerung der bisherigen Überlegungen:

### Satz

Eine **Definitionslücke** $x = x_0$ einer gebrochen-rationalen Funktion $f$ ist

- eine hebbare Definitionslücke, wenn die Vielfachheit der Nullstelle $x = x_0$ der Nennerfunktion höchstens genauso groß ist wie die Vielfachheit dieser Nullstelle bei der Zählerfunktion,
- ansonsten ist $x = x_0$ eine Polstelle von $f$.

Statt Polstelle wird in der Mathematik auch der Begriff der **senkrechten Asymptote** verwendet. Allerdings ist damit keine Funktion gemeint – anders als bei dem Begriff der Asymptote in Kapitel 1.3.2 (siehe S. 42).
Bei der senkrechten Asymptote wird das Verhalten der Funktionswerte an einer Definitionslücke $x = x_0$ beschrieben. Bei Annäherung der Abszissenwerte an die Lücke streben die Funktionswerte ($y$-Werte) entweder immer mehr ins positiv oder ins negativ Unendliche.

In Kapitel 1.3.2 wird mit dem Begriff **Asymptote** das Verhalten der Funktionswerte am Definitionsrand ($x \to \pm\infty$) beschrieben. Zur Erinnerung: Es wurde die Funktionsgleichung der Asymptote einer gebrochen-rationalen Funktion ermittelt, sodass die Differenz der beiden Funktionen für $x \to \pm\infty$ gegen Null strebt.

In der vorangegangenen Lernsituation wurde zur Ermittlung der Asymptotengleichung die Polynomdivison genutzt. Das Vorgehen wird nun in einem Merksatz festgehalten:

### Merke

Für die **Bestimmung der Asymptotengleichung** einer unecht gebrochen-rationalen Funktion kann die Polynomdivision angewendet werden.

Der nach der Division verbleibende ganzrationale Anteil der Funktion ist die Gleichung der Asymptote.

Aus $f(t) = \frac{A(t) - A(10)}{t - 10} = \frac{-4t^3 + 172t^2 - 2240t + 9200 - 0}{t - 10} = \frac{-4t^3 + 172t^2 - 2240t + 9200}{t - 10}$ wurde durch Anwendung der Polynomdivision der echt gebrochene Anteil $\frac{0}{t - 10} = 0$ und der verbleibende ganzrationale Anteil $-4t^2 + 132t - 920$.

Entsprechend konnte die Gleichung der Asymptote $a$ von $f$ abgelesen werden: $a(t) = -4t^2 + 132t - 920$.

In der nächsten Lernsituation wird die betriebswirtschaftliche Kennzahl der Wirtschaftlichkeit näher betrachtet. Dabei werden die Erlöse in Relation zu den Kosten gesetzt. Vor allem dann, wenn die Menge $x$ einen großen Wert annimmt, bietet sich eine Vereinfachung der Berechnung der Wirtschaftlichkeit durch Ermitteln einer Asymptote an. Daneben wird in der Lernsituation die Nullstellenberechnung aufgegriffen, die sich im Falle der Wirtschaftlichkeit auf die Betrachtung der Nullstellenberechnung der Erlösfunktion reduzieren lässt.

## Lernsituation: Die Wirtschaftlichkeit der Sommerrodelbahn

Die Sommerrodelbahn der Familie Fugger hat gegenüber der Konkurrenz einen Wettbewerbsvorteil: Weil die Rodelbahn technisch auf dem neusten Stand ist, kann die Rutschgefahr bei Nässe minimiert werden. Aus diesem Grund kann Familie Fugger ihre Rodelbahn am Beginn der Saison zwei Wochen früher als die umliegenden Konkurrenten öffnen. Familie Fugger erhofft sich, dass eingefleischte Rodelbahnfans die Saison auf ihrer Rodelbahn beginnen und per Multiplikatoreffekt weitere Kunden mitbringen.

Auch bei der Preisgestaltung versucht die Familie, den richtigen Weg zu finden: Eine Befragung unter 100 Personen ergab, dass bei einem Preis von 1,45 € pro Fahrt keiner frühzeitig die Saison beginnen und die Sommerrodelbahn der Familie Fugger nutzen würde. Kostet eine Fahrt 1,20 €, würde jeder Kunde ca. zehn Fahrten unternehmen, sodass insgesamt 1000 Fahrten nachgefragt würden. Würde der Preis nochmals um 0,25 € pro Fahrt gesenkt, würde sich die nachgefragte Menge auf 2000 Fahrten verdoppeln. Der vermutete lineare Verlauf der Preis-Absatzfunktion $p$ bestätigt sich bei weiterer Betrachtung der Kundenreaktionen: Es darf von der Funktionsgleichung $p(x) = -0{,}00025x + 1{,}45$ ausgegangen werden.

Im Weiteren soll es darum gehen, den Preis so zu gestalten, dass Familie Fugger zumindest wirtschaftlich arbeitet. Die betriebswirtschaftliche Kennzahl **Wirtschaftlichkeit** sagt aus, um wie viel Prozent die Kosten durch die Erlöse gedeckt werden. So bedeutet eine Wirtschaftlichkeit von 0,6, dass die Erlöse nur zu 60 % die Kosten decken. Die Folge wäre, dass der Betrieb nicht wirtschaftlich arbeitet.

Für die weiteren Berechnungen der Familie Fugger sei nochmals die ermittelte Kostenfunktion $K$ mit der Gleichung $K(x) = 0{,}2x + 1000$ genannt, die die Anzahl der Fahrten auf die Kosten abbildet.

a) Bestimmen Sie sowohl die Gleichung der Erlösfunktion $E$, die die Anzahl der Fahrten auf den Erlös abbildet, als auch die Funktion $W$, bei der die Anzahl der Fahrten auf den Wert der Wirtschaftlichkeit abgebildet wird.

b) Berechnen Sie die Anzahl der Fahrten, die zu einer Wirtschaftlichkeit von 0 führt.

c) Berechnen Sie die Anzahl der Fahrten, die erstmalig dazu führt, dass der Familienbetrieb wirtschaftlich arbeitet.

d) Begründen Sie, warum die Asymptote von $W$ als „Faustformel" zur Berechnung der Wirtschaftlichkeit eine schlechte Annäherung bietet.

## Lösungen

a) Aus Kapitel 1.2.1 ist bekannt, dass Erlöse das Ergebnis von Preis mal Menge sind. Der Preis ist wegen der beschriebenen Situation der Rodelbahn abhängig von den Kundenwünschen bzw. von der nachgefragten Menge. Ist der Preis hoch, werden weniger Fahrten nachgefragt; wird der Preis gesenkt, so steigt die nachgefragte Menge. Um den Erlös zu berechnen, muss also die Anzahl der Fahrten ($x$) mit der Preis-Absatzfunktion ($p$) multipliziert werden. Für die Erlösfunktion ($E$) ergibt sich so die folgende Gleichung:

$$E(x) = x \cdot p(x) = x \cdot (-0{,}00025x + 1{,}45) = -0{,}00025x^2 + 1{,}45x$$

Die Funktion $W$, bei der die Anzahl der Fahrten auf den Wert der Wirtschaftlichkeit abgebildet wird, setzt die Erlöse in Relation zu den Kosten. Da die Kosten die Basis der Betrachtung sind (100 %), lässt sich die Gleichung zur Funktion $W$ als Quotient aus den Erlösen und den Kosten darstellen:

$$W(x) = \frac{E(x)}{K(x)}$$

Für den Sachverhalt ergibt sich konkret:

$$W(x) = \frac{-0{,}00025x^2 + 1{,}45x}{0{,}2x + 1000}$$

b) Eine Wirtschaftlichkeit von 0 bedeutet, dass die Erlöse zu 0 % die Kosten decken. Dies kann (betriebswirtschaftlich gesehen) nur dann der Fall sein, wenn auch die Erlöse 0 sind.

Um dies mathematisch zu berechnen, wird die Gleichung $W(x) = \frac{E(x)}{K(x)} = 0$ mit der Nennerfunktion $K$ multipliziert. Dies ist erlaubt, da die Kosten zumindest für diesen Sachverhalt nicht 0 werden können. Unter der Voraussetzung $K(x) \neq 0$ ergibt sich, dass die zu $W(x) = 0$ äquivalente Gleichung $E(x) = 0$ zu lösen ist.

Die Lösung der Gleichung $E(x) = -0{,}00025x^2 + 1{,}45x = 0$ lässt sich mit den aus Kapitel 1.2.2 bekannten Verfahren lösen: $x_1 = 0$ oder $x_2 = 5800$.

Es ist nun ersichtlich, dass in zwei Fällen kein Erlös erzielt wird: wenn keine Fahrt unternommen wird ($x_1 = 0$) oder wenn die Kunden gesättigt sind und die Fahrten verschenkt werden müssten ($x_2 = 5800$). Die Erlöse decken dann zu 0 % die Kosten, sodass die Wirtschaftlichkeit für die genannte Anzahl der Fahrten jeweils 0 ist.

c) Wenn der Familienbetrieb erstmalig wirtschaftlich arbeitet, decken die erzielten Erlöse die Kosten exakt. Dies ist bei einer Wirtschaftlichkeit von 1 der Fall, wie auch äquivalente Termumformungen zeigen:

$$W(x) = \frac{E(x)}{K(x)} = 1 \quad | \cdot K(x)$$

$$E(x) = K(x) \quad | - K(x)$$

$$E(x) - K(x) = 0$$

Eine Wirtschaftlichkeit von 1 heißt also, dass der Gewinn ($G(x) = E(x) - K(x)$) Null ist. Die Gleichung von $\frac{-0{,}00025x^2 + 1{,}45x}{0{,}2x + 1000} = 1$ wird also umgeformt zu $-0{,}00025x^2 + 1{,}45x = 0{,}2x + 1000$ bzw. $-0{,}00025x^2 + 1{,}25x - 1000 = 0$. Mithilfe der bekannten Verfahren erhält man die Lösungen $x_1 = 1000$ oder $x_2 = 4000$.

Ab 1000 Fahrten arbeitet der Betrieb erstmalig wirtschaftlich, die Erlöse sind mindestens genauso hoch wie die anfallenden Kosten. Jedoch können die Erlöse wieder sinken. Möchte man beispielsweise viele Achterbahnfahrten verkaufen, müsste der Preis gesenkt werden, was zur Senkung der Erlöse führen kann. Ein zu niedriger Preis kann somit dazu führen, dass der Betrieb wieder unwirtschaftlich arbeitet; dies ist bei mehr als 4000 Fahrten der Fall.

d) Um die Asymptotengleichung zu ermitteln, wird die Polynomdivision angewendet:

$$\frac{-0{,}00025x^2 + 1{,}45x}{0{,}2x + 1000} = (-0{,}00025x^2 + 1{,}45x) : (0{,}2x + 1000) = \underbrace{-0{,}00125x + 13{,}5}_{\text{ganzrational}} - \underbrace{\frac{13\,500}{0{,}2x + 1000}}_{\text{echt gebrochen rational}}$$

$$\begin{array}{l} -(-0{,}00025x^2 - 1{,}25x) \\ \hline 0 \qquad 2{,}7x \\ \qquad -(2{,}7x + 13\,500) \\ \hline \qquad 0 \quad -13\,500 \end{array}$$

Die Asymptote von $W$ hat die Gleichung $a(x) = -0{,}00125x + 13{,}5$. Die Differenz zwischen den Funktionswerten der Asymptote ($y$-Werte) zu den Ordinatenwerten ($y$-Werte) der vorausgegangenen gebrochen-rationalen Funktion $W$ strebt für große $x$-Werte gegen Null. Statt der komplexen Funktionsgleichung von $W$ könnte also vereinfachend als Annäherung die Gleichung zur Asymptote $a$ genutzt werden. Den Fehler, den man durch diese Annäherung macht, lässt sich durch den echt gebrochen-rationalen Anteil bestimmen. Eine Wertetabelle gibt eine Übersicht über die für den Sachverhalt relevanten Anzahlen an Fahrten:

| Anzahl der Fahrten $x$ | Wirtschaftlichkeit $W(x)$ | Angenäherter Wert $a(x)$ | Fehler $W(x) - a(x)$ |
|---|---|---|---|
| 0 | 0 | 13,5 | −13,5 |
| 1000 | 1 | 12,25 | −11,25 |
| 2000 | 1,3571 | 11 | −9,6429 |
| 3000 | 1,3125 | 9,75 | −8,4375 |
| 4000 | 1 | 8,5 | −7,5 |
| 5000 | 0,5 | 7,25 | −6,75 |
| 5800 | 0 | 6,25 | −6,25 |

Bei Betrachtung der Fehlerwerte fällt auf, dass der kleinste Fehler bei −6,25 liegt. Konkret bedeutet dies, man würde für 5800 Fahrten eine Wirtschaftlichkeit von 6,25 einschätzen, die Erlöse wären somit das 6,25-Fache der Kosten, obwohl die Wirtschaftlichkeit für den Fall tatsächlich bei 0 liegt. Eine solche betriebswirtschaftliche Fehleinschätzung könnte sich ruinös auswirken, weshalb die Nutzung der Asymptotengleichung für diesen Sachverhalt als „Faustformel" ungeeignet ist.

Die beispielhafte Berechnung der Nullstellen von $W$ in Teilaufgabe b) der Lernsituation hat gezeigt, dass sich das Berechnungsverfahren auf die Nullstellenberechnung der Zählerfunktion reduzieren lässt. Unter der Voraussetzung, dass die Nullstellen der Zählerfunktion nicht Nullstellen der Nennerfunktion sind, lässt sich folgender Satz formulieren:

### Satz: Nullstellenberechnung bei gebrochen-rationalen Funktionen

Ist eine gebrochen-rationale Funktion $f$ mit $f(x) = \dfrac{Z(x)}{N(x)}$ gegeben, so gilt für eine Stelle $x = x_0$ mit $N(x_0) \neq 0$:

Die Stelle $x = x_0$ ist genau dann eine Nullstelle von $f$, wenn sie eine Nullstelle von $Z$ ist.

Unter der Voraussetzung, dass die gesuchten Nullstellen keine Nullstellen der Nennerfunktion sind, reicht es also für die Nullstellenberechnung einer gebrochen-rationalen Funktion aus, lediglich die Nullstellen der Zählerfunktion zu ermitteln.

Wie in Teilaufgabe c) gezeigt, kann die Schnittstellenberechnung durch äquivalente Umformungen zu einer Nullstellenberechnung verändert werden. Gegebenenfalls vereinfacht sich die Berechnung auf Verfahren mit ganzrationalen Funktionen, wie das Ausklammerverfahren, das Substitutionsverfahren oder die Polynomdivision, die aus Kapitel 1.2 bekannt sind.

Für den Fall, dass die Zählerfunktion eine Nullstelle hat, die gleichzeitig eine Nullstelle der Nennerfunktion ist, handelt es sich bei der Stelle entweder um eine Polstelle oder um eine hebbare Definitionslücke. In diesem Unterkapitel ist bereits gezeigt worden, dass in einem solchen Fall die Vielfachheit der Nullstelle sowohl für die Zähler- als auch für die Nennerfunktion untersucht werden muss.

Betrachtet man wie in der Lernsituation „Die Wirtschaftlichkeit der Sommerrodelbahn" nur eine bestimmte Anzahl an Fahrten, erkennt man nicht immer mathematische Besonderheiten wie Asymptoten oder Polstellen. Letztere charakterisieren aber den Graphen einer gebrochen-rationalen Funktion. Durch einen Blick auf einen größeren Definitions- und Wertebereich lässt sich sowohl die Asymptote als auch die Polstelle der Funktion $W$ deutlicher erkennen (siehe Abbildung). Die Achsenbeschriftung, die hier zur Wiedererkennung der Lernsituation eingetragen wurde, gilt aber nur für den 1. Quadranten des Koordinatensystems.

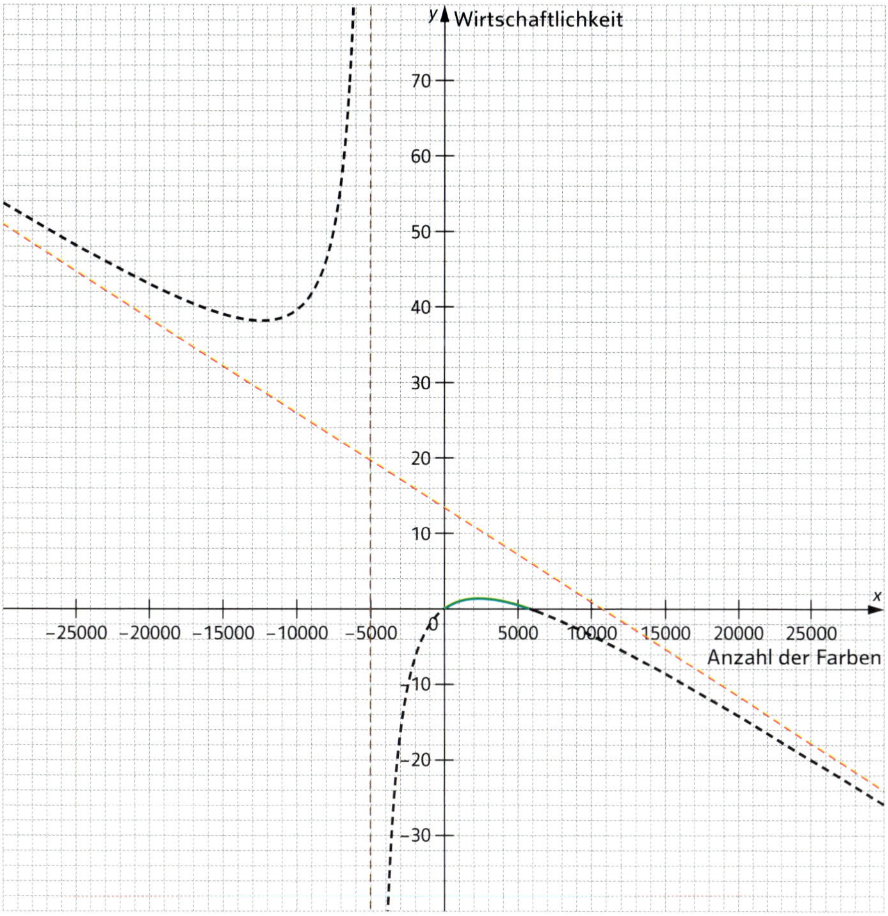


Der für die Lernsituation relevante Graph von $W$ ist grün eingezeichnet; der restliche Graph ist schwarz gestrichelt. Erkennbar ist, dass sowohl die rot eingezeichnete Polstelle $x = -5000$, auch senkrechte Asymptote genannt, als auch die rot eingezeichnete Asymptote $a$ für die ursprüngliche Betrachtung kaum relevant sind. Insbesondere in Teilaufgabe d) der Lernsituation wurde deutlich, dass die Asymptote für bis zu 5800 Fahrten eine schlechte Annäherung darstellt. Mithilfe der Abbildung erkennt man für eine Anzahl an Fahrten, die deutlich größer ist als die Sättigungsmenge $x_2 = 5800$, dass sich die Asymptote immer mehr dem Graphen von $W$ annähert.

## AUFGABEN

**1** Zeichnen Sie die Graphen folgender gebrochen-rationaler Funktionen in $I = [a; b]$.

a) $f(x) = \frac{2x}{x-2}$; $I = [-1; 6]$

b) $f(x) = \frac{4x}{2x-6}$; $I = [-1; 8]$

c) $f(x) = \frac{x^2+x}{x-2}$; $I = [-1; 7]$

d) $f(x) = \frac{x-2}{x^2+x}$; $I = [-4; 2]$

e) $f(x) = \frac{x^3-x}{x^2-1}$; $I = [-2; 2]$

f) $f(x) = \frac{x^2-x}{x^2+1}$; $I = [-2; 4]$

**2** Bestimmen Sie die Asymptotengleichungen für die Funktionen aus Aufgabe 1.

**3** Bestimmen Sie – falls vorhanden – die Definitionslücken von $f$ und stellen Sie fest, ob es sich um eine hebbare Definitionslücke oder um eine Polstelle handelt.

a) $f(x) = \frac{5x}{x-4}$

b) $f(x) = \frac{5x^2}{3x-9}$

c) $f(x) = \frac{x^2+x}{5-2x}$

d) $f(x) = \frac{x-4}{x^2+x}$

e) $f(x) = \frac{x^3+x}{x^2+4}$

f) $f(x) = \frac{x^2+x}{x^2-1}$

**4** Bestimmen Sie die Nullstellen der gebrochen-rationalen Funktionen aus Aufgabe 3.

**5** Das Unternehmen LaChemise hat das Stretch-Herrenhemd Camicia inzwischen auf den Markt gebracht. Das Produkt war ein solcher Erfolg, dass es sich gegenüber der Konkurrenz deutlich durchsetzen konnte. Die Erlösfunktion $E$, die in Abhängigkeit von der verkauften Menge den Erlös in Geldeinheit angibt, hat die Gleichung $E(x) = -0{,}01x^2 + 60x$. Die Kostenfunktion $K$ hat die Gleichung $K(x) = 5x + 1000$. Die Geschäftsleitung möchte erreichen, dass die Erlöse der verkauften Menge doppelt so hoch sind wie die entstandenen Kosten.

a) Bestimmen Sie die Funktion zur Wirtschaftlichkeit $W$, die in Abhängigkeit von der verkauften Menge die Relation der Erlösfunktion zur Kostenfunktion herstellt.
b) Bestimmen Sie den ökonomischen Definitionsbereich.
c) Bestimmen Sie die Mengen, bei denen das Unternehmen wirtschaftlich handelt.
d) Bestimmen Sie die Mengen, die den Wunsch der Geschäftsleitung erfüllen.
e) Bestimmen Sie die Asymptote für die Funktion $W$.

**6** Erwin Sauter hat einen landwirtschaftlichen Kleinbetrieb mit drei Angestellten und bewirtschaftet 10 ha Land, auf dem er Kartoffeln anbaut. In den letzten 20 Jahren hat er getestet, wie viele Arbeitsstunden in Zeiteinheiten (ZE) er durch den Einsatz von Maschinen (in ZE) ersetzen kann. Im Laufe der Zeit konnte er seine Vermutung bestätigen, dass seine Mitarbeiter und er umso weniger Arbeitsstunden leisten müssen, je mehr Maschinenstunden er einsetzt.

Für weitere Analysen nimmt Herr Sauter die Ergebnisse seiner Ernten der letzten 20 Jahre (in Tonnen) in Abhängigkeit des Arbeitseinsatzes ($x$) und des Maschineneinsatzes ($y$). Er notiert sie in der folgenden Tabelle:

| Arbeitseinsatz *x* in ZE / Maschineneinsatz *y* in ZE | x = 5 | x = 6 | x = 8 |
|---|---|---|---|
| y = 3 | 90 | 105 | 112 |
| y = 4 | 105 | 112 | 120 |
| y = 5 | 112 | 120 | 133 |
| y = 6 | 120 | 133 | 140 |

Für dieses Jahr rechnet er damit, insgesamt ca. 112 Tonnen Kartoffeln zu ernten. Laut Tabelle hat er mehrere Möglichkeiten, um dieses Ergebnis zu erzielen, da er Arbeitseinsatz und Maschineneinsatz unterschiedlich kombinieren kann. Betrachtet man die Kombinationen aus Arbeitseinsatz und Maschineneinsatz für dieselbe Erntemenge funktional, so spricht man von einer Isoquante, hier $I_{112}$. Die Isoquante $I_{112}$ bildet somit für eine Erntemenge von 112 t Kartoffeln den Arbeitseinsatz $x$ auf den Maschineneinsatz $y$ ab.

Da Herr Sauter den Arbeitseinsatz weiterhin reduzieren möchte, plant er für seine Mitarbeiter und sich einen Arbeitseinsatz von $x = 4$ ZE ein. Der Arbeitslohn pro Zeiteinheit liegt momentan bei 36 Geldeinheiten pro Zeiteinheit (GE/ZE). Auf Grundlage seiner Erfahrungen nimmt er an, dass er in diesem Fall $y = 7$ ZE der Maschinen einsetzen muss. Jede Stunde Maschineneinsatz kostet 48 GE. Insgesamt plant Herr Sauter ein Budget von 420 GE ein.

a) Zeigen Sie durch eine Punktprobe, dass die Isoquante $I_{112}$ mit $I_{112}(x) = \frac{x+10}{x-2}$ den Maschineneinsatz (in ZE) durch Einsetzen des Arbeitseinsatzes (in ZE) für eine Erntemenge von 112 t angibt.

b) Bestimmen Sie den ökonomischen Definitions- und den ökonomischen Wertebereich der Isoquante.

c) Bestimmen Sie das asymptotische Verhalten der Isoquante.

d) Die Isokostenfunktion $I_{K=420}$ kann durch $I_{K=420}(x) = -\frac{36}{48} \cdot x + \frac{420}{48}$ angegeben werden. Auf ihrem Graph liegen alle Kombinationen aus Arbeitseinsatz und Maschineneinsatz, die die gleichen Kosten in Höhe von 420 GE verursachen. Geben Sie drei Beispiele an, die auf der Geraden von $I_{K=420}$ liegen.
e) Zeichnen Sie die Graphen von $I_{112}$ und $I_{K=420}$ in ein geeignetes Koordinatenkreuz.
f) Berechnen Sie $I_{112}(x) = I_{K=420}(x)$ und interpretieren Sie das Ergebnis im Sachzusammenhang.

## 1.3.4 Zusammenfassung

- Eine Funktion $f$ mit $f(x) = \frac{Z(x)}{N(x)}$ heißt **gebrochen-rationale Funktion**, wenn der Funktionsterm ein Quotient der beiden ganzrationalen Funktionen $Z$ und $N$ ist.
  Die ganzrationale Funktion $Z$ heißt auch Zählerfunktion, die ganzrationale Funktion $N$ Nennerfunktion. Letztere muss mindestens den Grad 1 haben.
- Der Graph einer gebrochen-rationalen Funktion $f$ mit $f(x) = \frac{a}{x^n}$, $a \neq 0$, $n \in \mathbb{N}$ beliebig, heißt **Hyperbel *n*-ten Grades**.
- Bei einer gebrochen-rationalen Funktion muss überprüft werden, ob der Nenner Null werden kann. Ist dies der Fall, so müssen
  - alle Nullstellen des Nenners bestimmt und
  - die berechneten Stellen aus dem Definitionsbereich der Funktion ausgeschlossen werden.
- Eine Definitionslücke $x = x_0$ heißt **Polstelle** einer gebrochen-rationalen Funktion $f$, wenn
  - für $x < x_0$ gilt: $\lim\limits_{x \to x_0} f(x) = \pm\infty$

    oder wenn
  - für $x > x_0$ gilt: $\lim\limits_{x \to x_0} f(x) = \pm\infty$.

  Für $x < x_0$ schreibt man auch $\lim\limits_{x \to x_0^-} f(x) = \pm\infty$ (linksseitige Grenzwertbetrachtung) bzw. für $x > x_0$ schreibt man $\lim\limits_{x \to x_0^+} f(x) = \pm\infty$ (rechtsseitige Grenzwertbetrachtung).
- Eine gebrochen-rationale Funktion $f$ mit $f(x) = \frac{Z(x)}{N(x)}$ heißt **echt gebrochen-rational**, wenn der Grad der Nennerfunktion $N$ größer ist als der der Zählerfunktion $Z$:
  Grad von $N$ > Grad von $Z$
  Andernfalls heißt $f$ **unecht gebrochen-rational**.
- Eine Funktion $a$ heißt **Asymptote** einer gebrochen-rationalen Funktion $f$, wenn gilt:
  $\lim\limits_{x \to \infty} (f(x) - a(x)) = 0$
- Für eine gebrochen-rationale Funktion $f$ mit $f(x) = \frac{Z(x)}{N(x)}$, die in $D(f) = \mathbb{R} \setminus \{x_0\}$ definiert ist, heißt $x = x_0$ **Definitionslücke**.
  Gilt zusätzlich $\lim\limits_{x \to x_0} f(x) = g$, so heißt $x = x_0$ **hebbare Definitionslücke** von $f$.
  Die stetige Fortsetzung von $f$ sei durch
  $$f(x) = \begin{cases} f(x) & \text{für } x \in \mathbb{R} \setminus \{x_0\} \\ g & x = x_0 \end{cases}$$
  definiert.

- Eine **Definitionslücke** $x = x_0$ einer gebrochen-rationalen Funktion $f$ ist
  - eine hebbare Definitionslücke, wenn die Vielfachheit der Nullstelle $x = x_0$ der Nennerfunktion höchstens genauso groß ist wie die Vielfachheit dieser Nullstelle bei der Zählerfunktion,
  - ansonsten ist $x = x_0$ eine Polstelle von $f$.
- Für die **Bestimmung der Asymptotengleichung** einer unecht gebrochen-rationalen Funktion kann die Polynomdivision angewendet werden.
  Der nach der Division verbleibende ganzrationale Anteil der Funktion ist die Gleichung der Asymptote.
- **Nullstellenberechnung bei gebrochen-rationalen Funktionen:**
  Ist eine gebrochen-rationale Funktion $f$ mit $f(x) = \frac{Z(x)}{N(x)}$ gegeben, so gilt für eine Stelle $x = x_0$ mit $N(x_0) \neq 0$: Die Stelle $x = x_0$ ist genau dann eine Nullstelle von $f$, wenn sie eine Nullstelle von $Z$ ist.

## 1.3.5 Vermischte Aufgaben

**1** Zeichnen Sie in einem Koordinatenkreuz in $I = [-3; 3]$ die Graphen der folgenden Funktionen ein. Bestimmen Sie gegebenenfalls die Art der Definitionslücken, die Gleichung der zugehörigen Asymptote und die Nullstellen der jeweiligen Funktion $f$.

a) $f(x) = \frac{x^2 - 1}{x}$

b) $f(x) = \frac{x}{2x - 2}$

c) $f(x) = \frac{x^2 - 1}{x^2 - x}$

d) $f(x) = \frac{x + 1}{x}$

e) $f(x) = \frac{2x^2 + 1}{x}$

f) $f(x) = \frac{6x}{2x^2 + 1}$

**2** Ein Betrieb hat sich durch die Herstellung von Streichhölzern eine monopolistische Marktstellung gesichert. Für die Produktion der Streichhölzer entstehen Fixkosten in Höhe von 250 Geldeinheiten (GE). Jede verkaufte Mengeneinheit (ME) der Streichhölzer verursacht variable Kosten in Höhe von 0,05 GE. Der Erlös, der durch den Verkauf der Streichhölzer entsteht, kann durch die Funktion $E$ mit $E(x) = -0{,}001x^2 + 1{,}5x$ angegeben werden.

a) Bestimmen Sie die Gesamtkostenfunktion $K$ und zeigen Sie, dass die Stückkostenfunktion k, die in Abhängigkeit von der hergestellten Menge die Stückkosten in GE pro ME angibt, durch $k(x) = \frac{0{,}05x + 250}{x}$ dargestellt werden kann.
b) Bestimmen Sie den mathematischen und den ökonomischen Definitionsbereich für $k$.
c) Bestimmen Sie die Gleichung der Asymptote von $k$.
d) Ermitteln Sie die Funktion zur Wirtschaftlichkeit.
e) Berechnen Sie die Menge, ab der der Betrieb wirtschaftlich arbeitet.
f) Berechnen Sie die Menge, ab der der Betrieb eine Wirtschaftlichkeit von 2 erreicht hat. Interpretieren Sie Ihr Ergebnis im ökonomischen Sachzusammenhang.

**3** Für die Weizenernte setzt der landwirtschaftliche Betrieb der Familie Laux die beiden Faktoren $x$ = Arbeitseinsatz in Zeiteinheiten (ZE) und $y$ = Maschineneinsatz in ZE ein. Der Faktor $x$ kostet die Familie 30 Geldeinheiten (GE) pro ZE, der Faktor $y$ 10 GE/ZE. Für die letztjährige Ernte hat Herr Laux ermittelt, dass 4 ZE Arbeitseinsatz und 16 ZE Maschineneinsatz zum selben Ernteertrag in Tonnen geführt haben wie 6 Arbeitszeiteinheiten und 8 Maschinenzeiteinheiten. Erfahrungsgemäß liegen diese Punkte auf einem Graphen, dessen Funktion vom Typ $I(x) = \frac{a}{x+b} + 4$ ist. Für die Berechnungen im aktuellen Jahr werden die Werte aus dem letzten Jahr als Richtwerte angenommen.

a) Zeigen Sie durch eine Punktprobe, dass die Informationen von Herrn Laux auf dem Graphen der Isoquante mit $I_{300}(x) = \frac{12}{x-3} + 4$ wiederzufinden sind.
b) Geben Sie an, wie viel ZE Maschineneinsatz mindestens nötig waren, um die letztjährige Ernte einfahren zu können. Bestimmen Sie sowohl den mathematischen als auch den ökonomischen Definitionsbereich der Isoquante $I_{300}$.
c) Die Kosten der letztjährigen Ernte hat Familie Laux mit 280 GE beziffert, die zugehörige Isokostenfunktion konnte durch $I_{K=280}(x) = -\frac{30}{10}x + \frac{280}{10}$ angegeben werden. Berechnen Sie alle möglichen Mengenkombinationen, die der landwirtschaftliche Betrieb eingesetzt haben könnte.

**4** Die Fläche eines Rechteckfensters mit aufgesetztem Rundbogen ist mit dem Wert $A$ vorgegeben.

Das Umfangsmaß $U$ des Fensters hängt von $a$ und $b$ ab.

a) Ermitteln Sie die Funktion $U = f(a)$. Geben Sie den Definitionsbereich an.
b) Zeichnen Sie den Graphen für $A = 1\,\text{m}^2$.
c) Für welche Maße ist die Umrahmung minimal?

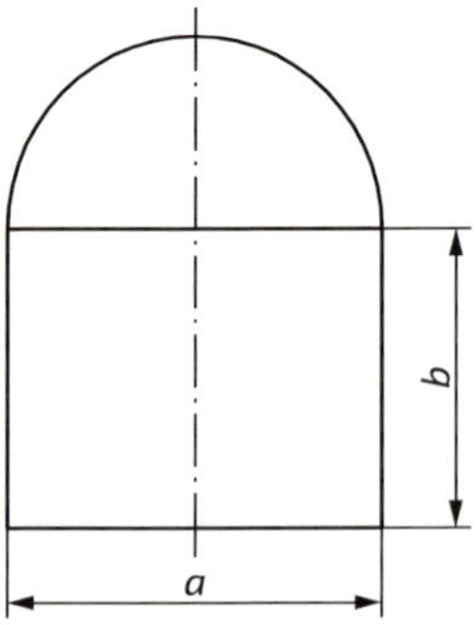

**5** Die Querschnittsfläche einer Rinne ist mit demWert $A$ vorgegeben. Die zur Herstellung notwendige Materialmenge für die Rinne ist von den Abmessungen $b$ und $h$ abhängig. (Hinweis: Es gilt $A = b \cdot h$; $O = U \cdot I$; $U = b + 2h$; $I$ = Länge der Rinne; $O$ = Fläche des Materials)

a) Geben Sie den Definitionsbereich der Funktion $U$ und die Gleichung $U = f(b)$ an.
b) Zeichnen Sie den Graphen für $A = 2\,\text{m}^2$.
c) Welche Maße müssen $b$ und $h$ haben, wenn der Umfang möglichst klein sein soll?

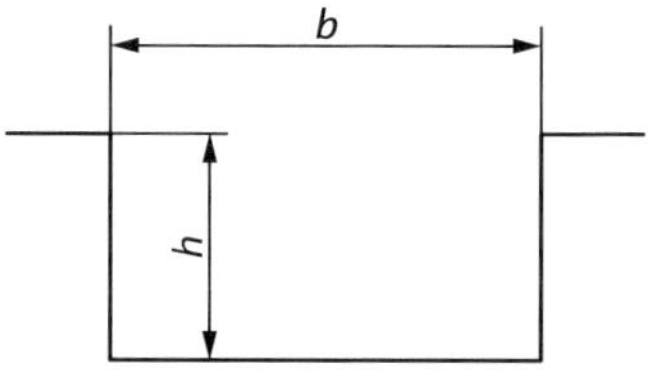


**6** Eine nach oben offene zylindrische Dose soll 10 l Flüssigkeit aufnehmen. Die Blechmenge (Oberfläche der Dose), die zur Herstellung benötigt wird, ist von der Größe des Radius $r$ abhängig.

a) Ermitteln Sie die Funktion $O = f(r)$ und geben Sie den Definitionsbereich an.
b) Zeichnen Sie den Graphen von $O$ für $V = 10\,\text{dm}^3$.
c) Für welche Abmessungen wird die geringste Materialmenge verbraucht?

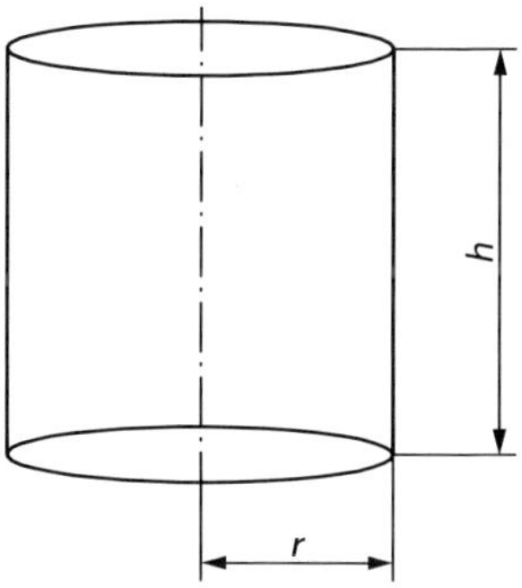


**7** Ein Hebel hat einen Lastarm von 30 cm und eine Last von 250 N. Wie ändert sich die Kraft $F$ mit dem Hebelarm $I$, wenn Gleichgewicht herrschen soll?

a) Stellen Sie die Funktionsgleichung $F = f(I)$ auf.
b) Geben Sie den Definitionsbereich an.
c) Zeichnen Sie den Funktionsgraphen.

## 1.4 Trigonometrische Funktionen

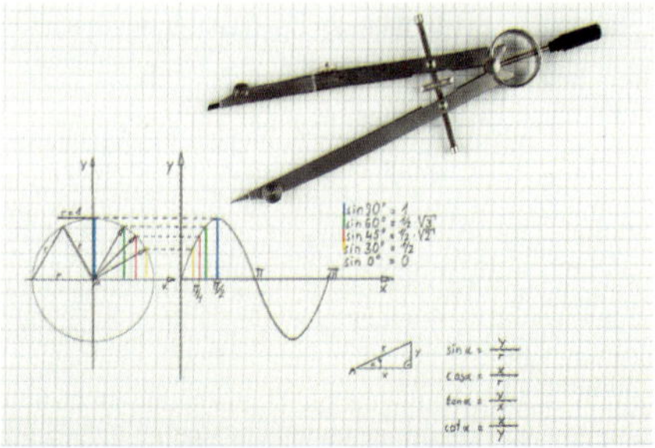

Im *Lernbaustein 1* wurden bereits trigonometrische Funktionen vorgestellt, die in geometrischer Hinsicht eine Beziehung zwischen den Seitenlängen eines Dreiecks und den vorhandenen Winkeln herstellen. Auch andere Anwendungsfelder von trigonometrischen Funktionen wurden aufgezeigt. Diese Anwendungsfelder sind alle gekennzeichnet durch periodische Vorgänge, also durch sich in einem bestimmten (zeitlichen) Abstand wiederholende Abläufe. Beispielhaft wurde die Tageslänge zum Zeitpunkt $t$ genannt, die durch eine Sinusfunktion beschrieben werden kann.

Zur Wiederholung werden hier die Sinus- und die Kosinusfunktion noch einmal definiert:

**Definition**

Eine Funktion $f$ mit $f(x) = a \cdot \sin(bx + c) + d$ $(a, b, c, d \in \mathbb{R})$ heißt Sinusfunktion. Der Graph von $f$ heißt Sinuskurve.

Eine Funktion $f$ mit $f(x) = a \cdot \cos(bx + c) + d$ $(a, b, c, d \in \mathbb{R})$ heißt Kosinusfunktion. Der Graph von $f$ heißt Kosinuskurve.

Die Parameter $a$, $b$, $c$ und $d$ sind in ihrer Auswirkung auf die Sinus- bzw. Kosinuskurve bereits im *Lernbaustein 1* dargestellt worden. Im nun folgenden Unterkapitel wird die anwendungsbezogene Bedeutung dieser Parameter näher untersucht.

### 1.4.1 Eine Anwendung der Sinusfunktion

Wie bereits erwähnt findet die Sinusfunktion bei vielen periodischen Vorgängen Anwendung. Insbesondere im technischen Bereich gibt es Prozesse, die sich durch eine Sinusfunktion modellieren lassen. In der folgenden Lernsituation wird anhand der Wechselspannung die Bedeutung der Sinusfunktion im elektrotechnischen Bereich aufgezeigt.

## Lernsituation: Ein Energieversorger und der Verlauf der Netzspannung

Der rheinland-pfälzische Energieversorger MEV hat sich auf den Verkauf von regenerativem Strom spezialisiert. Die in Photovoltaik- und Windkraftanlagen erzeugte elektrische Energie ist jedoch nicht netzkonform und muss an den Erzeugungsanlagen zunächst aufbereitet werden, damit sie über die Hochspannungsnetze verteilt werden kann. Vor Ort in den Wohn- oder Industriegebieten wird diese Hochspannung in unsere in Deutschland übliche Netzwechselspannung von 230 Volt mit einer Frequenz von 50 Hertz[6] gewandelt. Der Energieversorger MEV muss bei der Einspeisung seiner elektrischen Energie die Einhaltung der Netzwechselspannung gewährleisten.

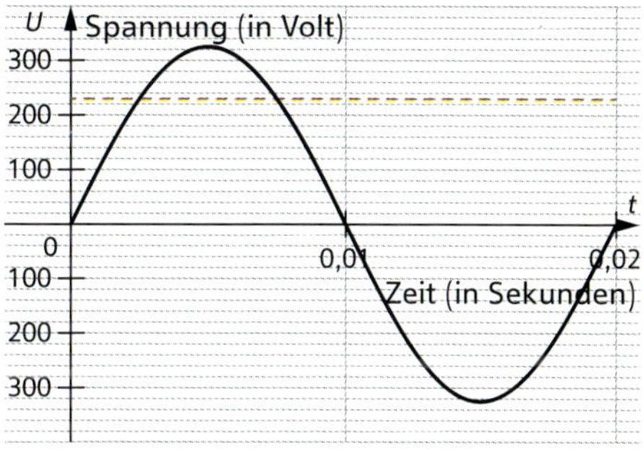


Bei Wechselspannung liegt kein kontinuierlicher Spannungswert vor, sondern die Spannungswerte ändern sich ständig. Die Spannungskurve einer Wechselspannung hat dabei die Form einer Sinuskurve (siehe Abbildung).

Die Angabe „230 V" bei der Netzspannung bezieht sich auf den sogenannten Effektivwert der Spannung (rote Linie in der Abbildung). Der Spitzenwert der Spannung im Haushaltsnetz liegt bei 325 V. Die Angabe „50 Hz" steht für die Anzahl der Perioden pro Sekunde, umgerechnet dauert eine Periode $t = 0{,}02$ s. Eine Periode bezeichnet die Zeit von einer Nullstelle zur übernächsten Nullstelle.

Zwar gibt es bei der Einspeisung der Wechselspannung ins Stromnetz Toleranzen von 207 Volt bis 253 Volt, dennoch muss der Energieversorger MEV gewährleisten, dass die eigenen Stromlieferanten diese Toleranzgrenzen einhalten. Daher ist es für die Geschäftsleitung von MEV wichtig, nähere Informationen über den Verlauf der Wechselspannung zu erhalten.

a) Beschreiben Sie für die Geschäftsleitung den Begriff „Amplitude", wenn bekannt ist, dass diese den Wert 325 annimmt.

b) Beschreiben Sie unter Angabe einer Zeit, was der Begriff „periodisch" im Sachzusammenhang bedeutet.

c) Bestimmen Sie für die Geschäftsleitung von MEV die Gleichung der Sinusfunktion $U$, die in Abhängigkeit von der Zeit die Wechselspannung in Volt abbildet.

d) Ermitteln Sie die elektrische Spannung zum Zeitpunkt $t = 0{,}03$ Sekunden.

e) Beurteilen Sie die Aussage des Geschäftsführers von MEV: *„Die Spannung ist im zeitlichen Mittel gleich Null".*

[6] Hertz = nach Heinrich Rudolf Hertz benannte Einheit der Frequenz eines periodischen Vorgangs

## Lösungen

a) Die Amplitude beschreibt die Schwingungsweite, die sich beim Verlauf der Wechselspannung ergibt. Damit ist sie identisch mit der maximalen Auslenkung der Funktionswerte vom arithmetischen Mittel der Funktionswerte. Das arithmetische Mittel ist hier Null (siehe auch *Lernbaustein 1*). Entsprechend ist die Amplitude 325 (Volt).

b) Die Spannung zu einem beliebigen Zeitpunkt $t_1$ tritt nach einer Periode von $p = 0{,}02$ Sekunden zum Zeitpunkt $(t_1 + 0{,}02)$ Sekunden in gleicher Höhe wieder auf. Der Verlauf der Wechselspannung wiederholt sich also nach 0,02 Sekunden.

c) Im *Lernbaustein 1* wurde für eine Sinusfunktion $f$ der Form $f(x) = a \cdot \sin(bx + c) + d$ festgehalten, dass

- die Amplitude durch den Parameter $a$ gegeben ist und
- die Periodenlänge $p = \frac{2\pi}{b}$ beträgt.

In den Teilaufgaben a) und b) wurde festgestellt, dass die Amplitude $a = 325$ und die Periodenlänge $p = 0{,}02$ betragen. Verschiebungen der Sinuskurve in $x$- bzw. in $y$-Richtung gibt es in der Lernsituation nicht, weshalb gilt: $c = d = 0$.

Da $0{,}02 = \frac{2\pi}{b} \Leftrightarrow b = \frac{2\pi}{0{,}02} = 100\pi$ gilt, ist die unterstellte Sinusfunktion $U$ durch die Gleichung $U(t) = 325 \cdot \sin(100\pi \cdot t + 0) + 0 = 325 \cdot \sin(100\pi \cdot t)$ gegeben.

d) Aufgrund der Symmetrieeigenschaften des Graphen von $U$ ist der Funktionswert zum Zeitpunkt $t_1 = 0{,}03$ der gleiche wie zum Zeitpunkt $t_2 = 0{,}01$:
$U(0{,}03) = U(0{,}01) = 0$

e) Auch hier kann mit Rückgriff auf den *Lernbaustein 1* festgestellt werden, dass für eine Sinusfunktion $f$ der Form $f(x) = a \cdot \sin(bx + c) + d$ der Parameterwert $d$ den Mittelwert der Funktionswerte von $f$ angibt. Da hier der Parameterwert $d = 0$ ist, trifft die Aussage „*Die Spannung ist im zeitlichen Mittel gleich Null*“ zu.

Die in der Lernsituation verwendeten Begriffe Periode und Amplitude wurden zwar bereits im *Lernbaustein 1* definiert; die Definitionen werden hier aber noch einmal wiederholt:

### Definition

Als **Periode $p$** einer Funktion $f$ bezeichnet man die kleinste Zahl $p$, für die $f(x + p) = f(x)$ gilt.

Als **Amplitude** $a$ einer periodischen Funktion $f$ bezeichnet man die maximale Auslenkung der Funktionswerte vom arithmetischen Mittel der Funktionswerte.

Bei technischen Anwendungen sind die Begriffe Amplitude, Periodenlänge und Frequenz von großer Bedeutung. Wie diese bei einer gegebenen Sinusfunktion zu bestimmen sind, ist im folgenden Merksatz festgehalten.

**Merke**

**Bestimmen von Amplitude, Periodenlänge und Frequenz**

Eine Sinusfunktion $f$ der Form $f(x) = a \cdot \sin(bx + c) + d$ hat

- die Amplitude $a$,
- die Periodenlänge $p = \frac{2\pi}{b}$ und
- die Frequenz $\frac{1}{p}$ Hertz.

## AUFGABEN

**1** Bestimmen Sie die Sinusfunktion $f$ vom Typ $f(x) = a \cdot \sin(bx)$, für die gilt:

a) die Amplitude ist $a = 10$, die Frequenz beträgt 50 Hertz;
b) die Amplitude ist $a = 5$, die Frequenz beträgt 125 Hertz;
c) die Amplitude ist $a = 3$, die Frequenz beträgt 25 Hertz;
d) die Amplitude ist $a = 4$, die Frequenz beträgt 200 Hertz.

**2** Bestimmen Sie für die folgenden Sinusfunktionen die Amplitude, die Periodenlänge und die Frequenz.

a) $f(x) = 2\sin(4x)$
b) $f(x) = \sin(\pi x)$
c) $f(x) = 5\sin\left(\frac{\pi}{2}x + 2\right)$
d) $f(x) = 10\sin(x - 1)$
e) $f(x) = 4\sin(2x + 4) - 3$
f) $f(x) = \sin(x + \pi) + 1$

**3** Lesen Sie bei den abgebildeten Graphen jeweils die Amplitude, die Periodenlänge und die Frequenz ab.

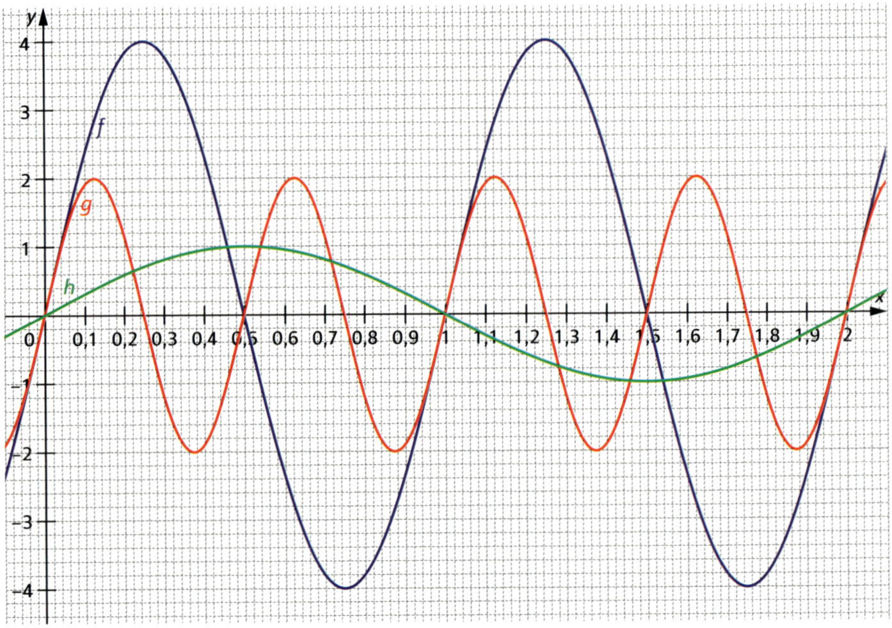


**4** Der Profi-Radfahrer Paul Biekl hat zu Werbezwecken bei einem Test für Fahrraddynamos mitgemacht. Zum Testeinsatz kamen zwei Dynamos: Der eine Dynamo hatte eine statistisch ausgewertete Amplitude $a_1 = 8$ Volt, der andere Dynamo hatte die Amplitude $a_2 = 6$ Volt. Die Frequenz des ersten Dynamos betrug 40 Hertz, die des anderen 60 Hertz.

a) Bestimmen Sie die Gleichung der Sinusfunktion $f_1$, die in Abhängigkeit von der Zeit die Wechselspannung des ersten Dynamos abbildet.

b) Bestimmen Sie die Gleichung der Sinusfunktion $f_2$, die in Abhängigkeit von der Zeit die Wechselspannung des zweiten Dynamos abbildet.

## 1.4.2 Eine Anwendung der Kosinusfunktion

Betrachtet man den Sinus und den Kosinus im rechtwinkligen Dreieck am Beispiel eines Winkels, so wird schnell klar, dass die beiden trigonometrischen Größen voneinander abhängig sind. Deutlich wird das an einem Einheitskreis, in den rechtwinklige Dreiecke eingezeichnet werden können. Verschiebt man den dem Winkel gegenüberliegenden Punkt auf dem Einheitskreis um 90° gegen den Uhrzeigersinn, so tauschen Sinus und Kosinus ihre betragsmäßigen Größen. Dieser Zusammenhang soll für das Bogenmaß nun in einem Satz festgehalten und am Einheitskreis bewiesen werden:

### Satz über den Zusammenhang zwischen Sinus und Kosinus

Für beliebige Sinus- und Kosinusfunktionen gilt:

$$a \cdot \sin\left(bx + \frac{\pi}{2} + c\right) + d = a \cdot \cos(bx + c) + d$$

$x \in \mathbb{R}$; $a, b, c, d \in \mathbb{R}$

### Beweis

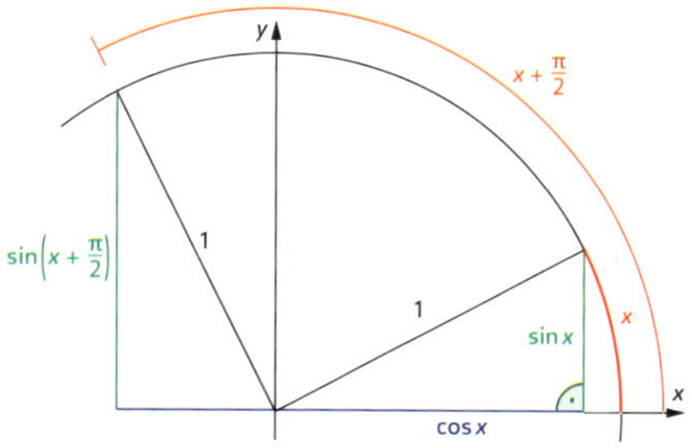


Zunächst soll nur die Verschiebung der Sinuskurve in $x$-Richtung um $\frac{\pi}{2}$ Einheiten mit den Parametern $a = 1$, $b = 1$, $c = 0$ und $d = 0$ gezeigt werden. Als Hilfestellung dient der abgebildete Einheitskreis mit den beiden eingezeichneten rechtwinkligen Dreiecken.

Für das Bogenmaß $x$ ist die Länge der grün eingezeichneten Kathete $\sin x$, die Länge der blauen Kathete $\cos x$. Verlängert man nun das Bogenmaß um $\frac{\pi}{2}$, so ergibt sich das linke Dreieck. Die Länge der Gegenkathete des auf diese Weise neu entstandenen Dreiecks ist durch $\sin\left(x + \frac{\pi}{2}\right)$ gegeben. Dies ist aber auch die Länge der Ankathete des nicht veränderten Dreiecks, also $\cos x$.

Es gilt somit die Gleichheit:

$$\sin\left(x + \frac{\pi}{2}\right) = \cos x$$

Eine Vervielfachung des Argumentes $x$ mit dem Faktor $b$ bedeutet für den Einheitskreis, das $b$-Fache des Bogenmaßes abzutragen. Es ergibt sich ein neues rechtwinkliges Dreieck und das zugehörige Bogenmaß $v$ mit $v = b \cdot x$. Entsprechend muss nun auch $\sin\left(v + \frac{\pi}{2}\right) = \cos v$ und somit auch $\sin\left(bx + \frac{\pi}{2}\right) = \cos bx$ gelten.

Verschiebt man im gleichen Maße die Kurven von $\sin\left(bx + \frac{\pi}{2}\right)$ und $\cos bx$ um den Wert $\frac{c}{b}$ in $x$- Richtung, so ist dies äquivalent zur Gleichheit von $\sin\left(bx + \frac{\pi}{2}\right) = \cos bx$.

Es folgt: $\sin\left(b\left(x + \frac{c}{b}\right) + \frac{\pi}{2}\right) = \cos\left(b\left(x + \frac{c}{b}\right)\right) = \sin\left(bx + c + \frac{\pi}{2}\right) = \cos(bx + c)$

Ähnlich verhält es sich mit den Parametern $a$ und $d$; so würde man auf beiden Seiten der Gleichung mit $a$ multiplizieren bzw. $d$ addieren.

Es folgt die Behauptung des Satzes.

Im Zusammenhang mit Stromstärke und Spannung in einem Wechselstromkreis ist in der Elektrotechnik häufig von der sogenannten **Phasenverschiebung** die Rede. Mathematisch wird dabei beispielsweise die Sinuskurve aus der Lernsituation „Ein Energieversorger und der Verlauf der Netzspannung" um 90° verschoben. Dies ist gleichbedeutend mit einer Verschiebung in $x$-Richtung. Die resultierende neue Sinusfunktion kann laut dem vorangegangenen „Satz über den Zusammenhang zwischen Sinus und Kosinus" auch als Kosinusfunktion aufgefasst werden. An einem Beispiel aus dem elektrotechnischen Anwendungsgebiet wird dies nochmals verdeutlicht.

## Lernsituation: Die Funktionsweise eines Kondensators[7] bei Wechselspannung

Der Energieversorger MEV hat ein Problem: Auf dem Weg von der Energieerzeugung bis zum Verbraucher kommt es zu Energieverlusten. Das hat verschiedene Ursachen; eine davon ist der sogenannte kapazitive Widerstand, der vor allem beim Stromtransport in Überlandleitungen auftritt. Die Geschäftsleitung von MEV möchte gerne nähere Erläuterungen zu diesem Problem und bittet aus diesem Grund den verantwortlichen Mitarbeiter Tim Rosenfeld zu einem Gespräch. Um der Geschäftsleitung das Problem anschaulich zu machen, zieht Tim Rosenfeld einen Vergleich zu einem Kondensator. Auch bei diesem elektrischen Bauelement tritt der kapazitive Widerstand auf.

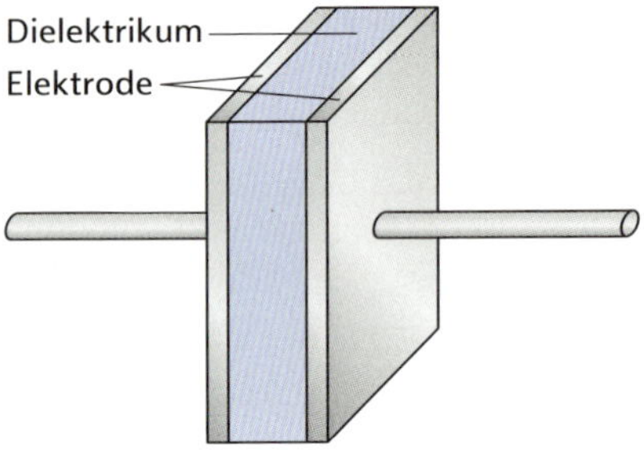


Im Gespräch wird zunächst noch einmal die Funktionsweise eines Kondensators thematisiert. Ein Kondensator ist ein Bauelement, das im Wesentlichen aus zwei elektrisch leitfähigen Elektroden besteht, die durch ein isolierendes Element, das Dielektrikum, voneinander getrennt sind.

Tim Rosenfeld erläutert, dass anders als im Gleichstromkreis ein Kondensator im Wechselstromkreis Wechselspannungen und Wechselströme weiterleitet. Jedoch kann erst dann eine Spannung U in ihm vorliegen, wenn zuvor Strom[8] geflossen ist. Man sagt auch: *„Bei Kondensatoren eilt der Strom der Spannung vor"*. Nimmt man die sinusförmige Netzspannung und misst zum Vergleich den Strom *I*, der durch den Kondensator fließt, so stellt man eine sogenannte Phasenverschiebung um 90° fest. Mathematisch kommt dies einer Linksverschiebung der aus der Lernsituation „Ein Energieversorger und der Verlauf der Netzspannung" bekannten Kurve der Funktion $U$ um 0,005 Einheiten gleich, da eine Periodenlänge von $p = 0{,}02$ ($\hat{=}$ 360°) für 90° geviertelt werden muss: $0{,}02 \cdot \frac{90°}{360°} = \frac{0{,}02}{4} = 0{,}005$.

Eine wichtige Information für MEV ist zudem, dass für den Fall einer gleichbleibenden Amplitude der Spannung $U$ die Frequenz von 50 Hertz auf 100 Hertz erhöht wird, sich die Amplitude des Stroms I auf das Doppelte erhöht.

Ähnlich wie ein Kondensator mit zwei Elektroden verhält sich eine Überlandleitung in Bezug zur Erde. Daher treten auch hier eine Phasenverschiebung auf. Immer dann, wenn Strom und Spannung nicht phasengleich sind, wird neben der Wirkleistung[9] auch Blindleistung erzeugt. Beim Verbraucher abrechnen kann der Energieversorger MEV jedoch nur die Wirkleistung, die Blindleistung ist für MEV ein Verlust, der minimiert werden soll.

[7] Kondensator aus dem Lateinischen: condensare = verdichten
[8] Die Intensität des elektrischen Stroms wird physikalisch durch die elektrische Stromstärke beschrieben. Diese wird durch das Formelzeichen *I* gekennzeichnet und hat die Einheit Ampere.
[9] Wirkleistung ist hier die elektrische Leistung, die dem Verbraucher zur Verfügung steht.

Die Geschäftsleitung von MEV möchte von Tim Rosenfeld nun Näheres über den Verlauf des Stroms *I* beim Kondensator wissen.

a) Bestimmen Sie die Kosinusfunktion *I*, die den Strom in Abhängigkeit von der Zeit abbildet. Nutzen Sie für die Herleitung die Funktion *U* aus der Lernsituation[10] „Die Sache mit der Wechselspannung“.

b) Bestimmen Sie die Menge der Nullstellen der Funktion *I*.

## Lösungen

a) Für die Ermittlung der Funktion *I*, die in Abhängigkeit von der Zeit *t* den Strom abbildet, muss die Verschiebung der Wechselspannung, also die Verschiebung der Sinuskurve von *U*, betrachtet werden.

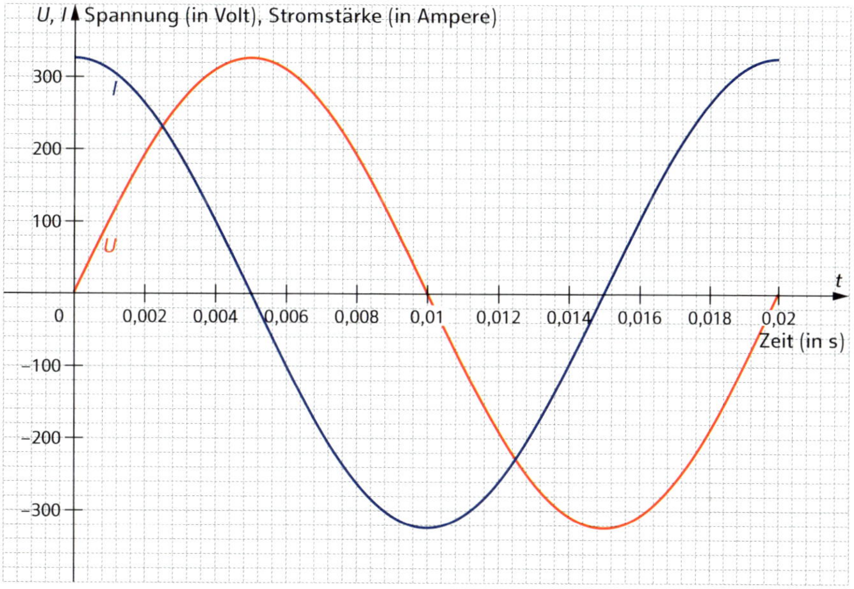


Wenn die Gleichung von *I* wie oben erklärt durch eine Linksverschiebung von *U* um $\frac{0{,}02}{4} = 0{,}005$ Einheiten ermittelt werden kann, muss statt t nun $(t + 0{,}005)$ in die Funktion eingesetzt werden:

$$I(t) = 325 \cdot \sin\left(100\pi \cdot (t + 0{,}005)\right)$$
$$= 325 \cdot \sin(100\pi \cdot t + 100\pi \cdot 0{,}005)$$
$$= 325 \cdot \sin\left(100\pi \cdot t + \frac{\pi}{2}\right)$$

Mit dem *„Satz über den Zusammenhang zwischen Sinus und Kosinus“* folgt die gewünschte Kosinusfunktion:

$$I(t) = 325 \cdot \sin\left(100\pi \cdot t + \frac{\pi}{2}\right) = 325 \cdot \cos(100\pi \cdot t)$$

[10] Die Gleichung der Funktion *U* ist durch $U(t) = 325 \cdot \sin(100\pi \cdot t)$ gegeben.

b) Die Nullstellenberechnung der Funktion $I$ sollte zunächst auf die Nullstellenberechnung einer Sinusfunktion zurückgeführt werden. Bereits im *Lernbaustein 1* ist gezeigt worden, dass die Funktion $f_1$ mit $f_1(x) = \sin x$ unendlich viele Nullstellen hat, denn $f_1(k\pi) = 0$ für jede ganze Zahl $k \in \mathbb{Z}$. Überträgt man diese Erkenntnis auf den *Satz über den Zusammenhang zwischen Sinus und Kosinus*, so muss für die Kosinusfunktion $f_2$ mit $f_2(x) = \cos x$ gelten: $f_2\left(k\pi - \frac{\pi}{2}\right) = 0$.

Also lassen sich die Nullstellen von $I$ wie folgt berechnen:

$$0 = 325 \cdot \cos(100\pi \cdot t) \quad |:325\ (\triangleq \text{Amplitude})$$

$$0 = \cos(100\pi \cdot t) \quad |\ (\textit{Überlegung siehe oben})$$

$$k\pi - \frac{\pi}{2} = 100\pi \cdot t \quad |:100\pi$$

$$\frac{k}{100} - \frac{1}{200} = t$$

Die Menge der Nullstellen von $I$ ist gegeben durch:

$$N = \left\{\frac{k}{100} - \frac{1}{200};\ k \in \mathbb{Z}\right\}$$

Die Werte der Nullstellen eines periodischen Vorganges werden bei Verdoppelung der Frequenz halbiert, da sich die Periodenlänge $p$, die für die Bestimmung der Frequenz $f$ benötigt wird $\left(f = \frac{1}{p}\right)$, durch den Abstand zwischen einer Nullstelle einer Sinus- oder Kosinuskurve und der zugehörigen übernächsten Nullstelle ermitteln lässt.

**Satz: Menge der Nullstellen der Sinus- und Kosinusfunktion**

Die Menge der Nullstellen für eine in $\mathbb{R}$ definierte trigonometrische Funktion $f_1$ mit $f_1(x) = a \cdot \sin(bx + c)$ $(a, b, c \in \mathbb{R})$ ist gegeben durch:

$$N = \left\{\frac{\pi k - c}{b};\ k \in \mathbb{Z}\right\}$$

Die Menge der Nullstellen für eine in $\mathbb{R}$ definierte trigonometrische Funktion $f_2$ mit $f_2(x) = a \cdot \cos(bx + c)$ $(a, b, c \in \mathbb{R})$ ist gegeben durch:

$$N = \left\{\frac{\pi k + \frac{\pi}{2} - c}{b};\ k \in \mathbb{Z}\right\}$$

Auf den Beweis soll an dieser Stelle verzichtet werden. In der Lernsituation „Die Funktionsweise eines Kondensators bei Wechselspannung“ wurde in Teilaufgabe b) beispielhaft die Menge der Nullstellen einer Sinus- und einer Kosinusfunktion durch den Vergleich der jeweiligen Argumente bestimmt.

Mit $b = 100$ bzw. $b = 200$ und $c = 0$ bestätigt sich die Nullstellenmenge von $I$ bzw. $I_{100}$ nämlich:

$$N = \left\{\frac{\pi k + \frac{\pi}{2} - 0}{100} = \frac{\pi}{100}k + \frac{\pi}{200};\ k \in \mathbb{Z}\right\}$$

## AUFGABEN

**1** Stellen Sie die folgenden Sinusfunktionen als Kosinusfunktionen dar.

a) $f(x) = \sin x$
b) $f(x) = 2\sin 3x$
c) $f(x) = -\sin(x+1)$
d) $f(x) = 4\sin(x-2)$
e) $f(x) = \sin(2x+1) - 3$
f) $f(x) = -2\sin(4x-1) + 5$

**2** Stellen Sie die folgenden Kosinusfunktionen als Sinusfunktionen dar.

a) $f(x) = \cos x$
b) $f(x) = 2\cos x$
c) $f(x) = -\cos 3x$
d) $f(x) = 4\cos(x+1)$
e) $f(x) = -2\cos(3x-1) + 4$
f) $f(x) = 5\cos(-2x+4) + 6$

**3** Ermitteln Sie die Nullstellen der folgenden Sinus- bzw. Kosinusfunktionen.

a) $f(x) = \sin(2x)$
b) $f(x) = 50\sin(2x)$
c) $f(x) = 25\sin(4x+2)$
d) $f(x) = \cos(4x)$
e) $f(x) = 30\cos(4x+2)$
f) $f(x) = 3\cos(5x+10)$

**4** Ein Kondensator wird an zwei unterschiedliche Wechselstromquellen angeschlossen. Die Wechselspannung der ersten Energiequelle hat eine Amplitude von $a = 60$ Volt und eine Frequenz von 20 Hertz. Bei der zweiten Energiequelle ist bei gleicher Amplitude die Frequenz der Wechselspannung doppelt so hoch wie bei der ersten.

a) Ermitteln Sie eine Funktion $I_1$, die in Abhängigkeit von der Zeit $t$ den Strom der ersten Energiequelle abbildet.
b) Ermitteln Sie eine Funktion $I_2$, die in Abhängigkeit von der Zeit $t$ den Strom der zweiten Energiequelle abbildet.
c) Bestimmen Sie rechnerisch die Periodenlänge von $I_1$ und von $I_2$.

### 1.4.3 Arkussinus, die Umkehrfunktion der Sinusfunktion in einem eingeschränkten Definitionsbereich

In diesem Unterkapitel wird gezeigt, wie sich ein gesuchter Abszissenwert ($x$-Wert) bei gegebenem Ordinatenwert einer ausgewählten Sinusfunktion grafisch mithilfe der Umkehrfunktion ermitteln lässt. Da sowohl die Sinusfunktion als auch die Kosinusfunktion periodisch sind, ist die Auswahl des Definitionsbereichs der genannten Funktionen dabei von besonderer Bedeutung.

## Lernsituation: Eine präzise Pendeluhr

Uhrmachermeister Rudolf Klock aus Kaiserslautern ist besonders stolz auf seine Sammlung außergewöhnlicher Pendeluhren. Er legt Wert darauf, dass seine Schmuckstücke immer die richtige Zeit anzeigen. Für die Zeiteinstellung zieht er jeweils ein Gewicht auf, das mit einem sogenannten Steigrad verbunden ist (siehe Abbildung). An einem bestimmten Punkt seines Weges löst das Pendel eine Aktion im Uhrwerk aus, sodass die Zeiger durch das Steigrad weitergestellt werden.

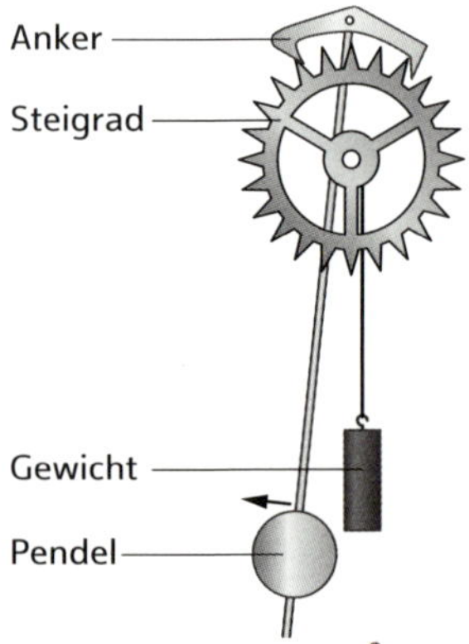


Im Besitz von Herrn Klock befindet sich eine besonders wertvolle, antike Pendeluhr, die ganz ohne Elektronik arbeitet. Diese für frühere Verhältnisse sehr präzise Uhr hat eine Ungenauigkeit von ± 10 Sekunden pro Tag. Das Pendel mit einer Länge von 99,4 cm schwingt in einer Sekunde von der einen Seite zur anderen. Gemessen von der Ruheposition (0) in der Mitte beträgt der längste gleichgerichtete Weg des Pendels 14 cm.

Seit kurzem hat Herr Klock jedoch den Eindruck, dass die Zeitanzeige seiner antiken Pendeluhr nicht mehr ganz so genau ist. Daher möchte er mithilfe einer hochauflösenden Videokamera Messungen durchführen. Die Kamera soll den Weg aufzeichnen, den das Pendel in Abhängigkeit von der Zeit in Sekunden zurücklegt. Bei seinen Messungen schlägt das Pendel jeweils von rechts (+) beginnend nach links (–).

Folgende Messergebnisse hat Herr Klock durch Einzelbildwiedergabe der Kamera schließlich ermittelt:

| Zeit $t$ in Sekunden | 0 | 0,1 | 0,2 | 0,3 | 0,4 | 0,5 | 0,75 | 1 |
|---|---|---|---|---|---|---|---|---|
| Pendelweg in cm | 14 | 13,3 | 11,3 | 8,2 | 4,3 | 0 | –9,9 | –14 |

a) Herr Klock vermutet, dass der Weg, den das Pendel in Abhängigkeit von der Zeit zurücklegt, durch eine Sinusfunktion modelliert werden kann. Nennen Sie neben den Tabellenwerten ein weiteres Argument, das die Vermutung von Herrn Klock bestätigt.

b) Nach einer kurzen Instandsetzung der antiken Pendeluhr sollen Sie das Pendel wieder anstoßen. Dazu schieben Sie das Pendel so nach rechts, dass es bis zur Ruheposition einen Weg von 14 cm zurücklegen würde. Bestimmen Sie eine Sinus- und eine Kosinusfunktion, die in Abhängigkeit von der Zeit $t$ den Pendelweg in Zentimetern abbildet.

c) Zeigen Sie durch Punktvergleich, dass Ihre in Teilaufgabe b) ermittelte Sinus- bzw. Kosinusfunktion eine gute Annäherung an die Tabellenwerte darstellt.

d) Zeichnen Sie den Graphen der in Teilaufgabe b) bestimmten Sinusfunktion.

e) Herr Klock möchte neben seiner hochauflösenden Kamera auch einen Sensor für seine Messungen nutzen. Diesen bringt er so an, dass das Pendel von seiner Ruheposition aus einen Weg von 10 cm zurückgelegt hat, wenn es den Sensor passiert. Ermitteln Sie grafisch, zu welchem Zeitpunkt der zurückgelegte Weg des Pendels 10 cm (nach rechts) beträgt. Zeichnen Sie dafür die Umkehrfunktion der in Teilaufgabe b) bestimmten Sinusfunktion.

## Lösungen

a) Mithilfe der Tabellenwerte ließe sich eine ganzrationale Funktion zweiten oder höheren Grades zur Modellierung verwenden, doch ist der Verlauf einer solchen Funktion nicht periodisch. Dies muss man bei dem Weg eines Pendels jedoch unterstellen. Der Pendelweg kann sowohl positiv orientiert sein, wenn das Pendel nach rechts ausschlägt, als auch negativ orientiert, wenn das Pendel nach links ausschlägt. Der geschilderte periodische Vorgang sollte somit mit einer Sinus- oder Kosinusfunktion beschrieben werden.

b) Da der längste Weg des Pendels 14 cm ist und das Pendel genauso weit nach rechts angehoben wird, ist die Amplitude mit $a = 14\,\text{cm}$ anzunehmen.

Das Pendel schlägt innerhalb einer Sekunde von der einen Seite zur anderen. Die Periode wiederholt sich nach zwei Sekunden; es gilt $p = 2$. Für eine Sinusfunktion der Form $f(x) = a \cdot \sin(bx + c) + d$ ist also $b = \frac{2\pi}{p} = \frac{2\pi}{2} = \pi$.

Gestartet wird zum Zeitpunkt $t_0 = 0$ mit dem Amplitudenwert, der genau in der Mitte zweier Nullstellen liegt. Der Abstand zweier Nullstellen ist eine Sekunde, da das Pendel von der einen Ruheposition bis zur nächsten ebenfalls genau eine Sekunde benötigt. Der Weg von der Ruheposition bis zur rechten Auslenkung ist manuell vorweggenommen worden, weshalb die Sinuskurve um 0,5 Sekunden nach links verschoben wurde. Daraus ergibt sich zunächst $\frac{c}{b} = 0{,}5$ und mit $b = \pi$ dann $c = 0{,}5\pi$.

Das arithmetische Mittel der Funktionswerte von $f$ ist Null, da das Pendel gleichmäßig genauso weit nach rechts (positiv orientiert) wie nach links (negativ orientiert) ausschlägt. Entsprechend gilt: $d = 0$.

Setzt man die Parameterwerte für eine Sinusfunktion der oben genannten Form zusammen, erhält man die Gleichung:

$f(t) = 14 \cdot \sin(\pi t + 0{,}5\pi) + 0$

Nach dem *„Satz über den Zusammenhang zwischen Sinus und Kosinus"* gilt zudem:

$f(t) = 14 \cdot \cos(\pi t + 0{,}5\pi - 0{,}5\pi) + 0 = 14 \cdot \cos(\pi t)$

c) Für einen übersichtlichen Punktevergleich ist das Anlegen einer Tabelle sinnvoll:

| **Zeit *t* in Sekunden** | 0 | 0,1 | 0,2 | 0,3 | 0,4 | 0,5 | 0,75 | 1 |
|---|---|---|---|---|---|---|---|---|
| **Pendelweg in cm** | 14 | 13,3 | 11,3 | 8,2 | 4,3 | 0 | –9,9 | –14 |
| **$f(t) = 14 \cdot \sin(\pi t + 0{,}5\pi)$** | 14 | 13,31 | 11,33 | 8,23 | 4,33 | 0 | –9,90 | –14 |
| **$f(t) = 14 \cdot \cos(\pi t)$** | 14 | 13,31 | 11,33 | 8,23 | 4,33 | 0 | –9,90 | –14 |

Es ist erkennbar, dass die Funktionswerte von $f$ die Tabellenwerte relativ gut annähern.

d) und e)
Zur grafischen Ermittlung der Umkehrfunktion muss die Sinusfunktion in ihrem Definitionsbereich derart eingeschränkt werden, dass sie entweder monoton steigend oder monoton fallend ist. Da der Zeitpunkt $t = 0$ der Beginn des Experimentes darstellt, sind für die spätere Umkehrfunktion die Abszissenwerte $t \geq 0$ relevant. Die Funktion ist im Intervall [0; 1] fallend, sodass der Graph der Sinusfunktion aus Teilaufgabe b) einschränkend nur im genannten Intervall gezeichnet werden muss.

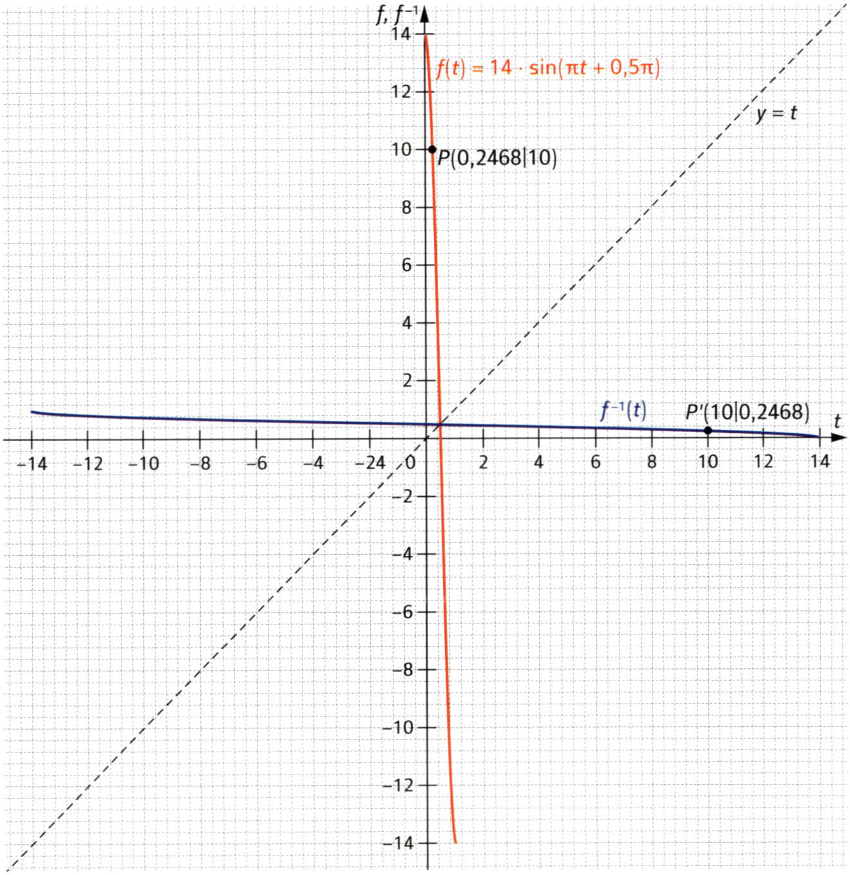


Die Umkehrfunktion ist mithilfe der Achsenhalbierenden einzuzeichnen. Interessant ist nun ein Pendelweg von 10 cm, da das Pendel dann den Sensor erreicht. Durch Einsetzen des Pendelweges (10 cm) in die Umkehrfunktion bzw. durch Ablesen des Graphen erhält man den gesuchten Zeitpunkt. Zum Zeitpunkt $t = 0{,}2468$ beträgt der zurückgelegte Pendelweg 10 cm.

Die in der Teilaufgabe e) bestimmte Umkehrfunktion zur gegebenen Sinusfunktion sowie die Umkehrfunktion zur Kosinusfunktion sollen nun genauer definiert werden.

### Definition: Umkehrfunktion der Sinus- und der Kosinusfunktion

Für eine im eingeschränkten Definitionsbereich $D = -\left[\frac{\pi}{2}; \frac{\pi}{2}\right]$ definierte eineindeutige Funktion $f_1$ mit $f_1(x) = \sin x$ ist die Umkehrfunktion $f_1^{-1}$ durch $f_1^{-1}(x) = \arcsin x$ definiert.

Für eine im eingeschränkten Definitionsbereich $D = [0; \pi]$ definierte eineindeutige Funktion $f_2$ mit $f_2(x) = \cos x$ ist die Umkehrfunktion $f_2^{-1}$ durch $f_2^{-1}(x) = \arccos x$ definiert.

Die Funktionen $f_1^{-1}$ und $f_2^{-1}$ gehören zu den **Arkusfunktionen**, die die Umkehrfunktionen zu den zugehörigen trigonometrischen Funktionen sind.

Da bei den trigonometrischen Funktionen der Lernsituation „Eine präzise Pendeluhr" Verschiebungen um $\frac{\pi}{2}$ nach links vorgenommen wurden, stimmt der aufgrund der Steigung einzuschränkende Definitionsbereich nicht mit dem einer Sinusfunktion $f$ der Form $f(x) = \sin x$ überein. Entsprechendes gilt für eine Kosinusfunktion $f$ der Form $f(x) = \cos x$.

## AUFGABEN

**1** Frauke Audiomann ist Hörgeräteakustikerin und verkauft, wartet und repariert in ihrem Mainzer Geschäft Hörgeräte der unterschiedlichsten Art. Die Bauform eines Hörgerätes ist für die meisten Kunden ausschlaggebend für den Tragekomfort. Daher richtet sich der Preis eines Hörgerätes nicht nur nach seinen Leistungsmöglichkeiten, sondern auch nach der Passgenauigkeit. Umso wichtiger ist das richtige Einmessen eines solchen Gerätes. Dazu führt Frauke Audiomann Hörtests bei ihren Kunden durch, bei denen sogenannte Sinustöne verwendet werden. Diese lassen sich mathematisch durch die Funktionsgleichung $f(x) = a \cdot \sin(bx)$ beschreiben. Sinustöne kommen in reiner Form zwar nicht in der Natur vor, finden aber beispielsweise in der Telekommunikation Anwendung (z. B. als Freizeichen vor einem Telefonat; dieses entspricht einem Sinuston mit der Frequenz 425 Hertz). Da die Tonhöhe hauptsächlich durch die Frequenz der Grundschwingungen bestimmt wird, testet Frauke Audiomann mithilfe mehrerer Sinustöne von 100 Hertz bis 10 000 Hertz die Hörfähigkeit ihrer Kunden. Bei Verdacht auf eine mittlere Schwerhörigkeit nutzt sie eine Amplitude von $a = 40$ Dezibel[11] (dB); testet sie auf eine sehr starke Schwerhörigkeit, so ist eine Amplitude von $a = 70$ dB angemessen.

a) Bestimmen Sie die Funktion $s_1$, die bei dem Test auf mittlere Schwerhörigkeit in Abhängigkeit von der Zeit $t$ den tiefsten Sinuston in Dezibel abbildet.

b) Bestimmen Sie die Funktion $s_2$, die bei dem Test auf sehr starke Schwerhörigkeit in Abhängigkeit von der Zeit $t$ den höchsten Sinuston in Dezibel abbildet.

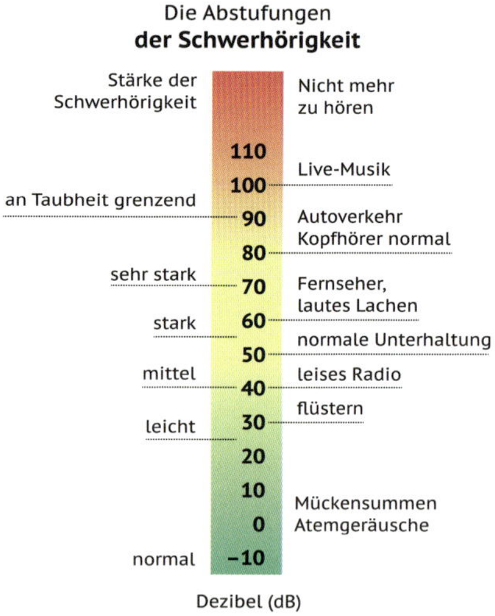


[11] Dezibel (dB) ist das Zehntel der Einheit Bel; Pegelmaß für die Dämpfung oder Verstärkung zweier physikalischen Größen, beim Schalldruckpegel wird das Verhältnis zwischen dem Schalldruck und der Hörschwelle (0 dB) in dB angegeben.

**2** Oma Marie hat eine Drehpendeluhr. Das Pendel der Uhr besteht aus vier Massen, die jeweils in einem rechten Winkel zueinander angeordnet sind. Befestigt sind sie an einer Achse, die mit einem Federelement verbunden ist. Dreht sich das Pendel in eine Richtung, so wird das Federelement gespannt – es hat auf diese Weise Energie gespeichert. Ist die maximal mögliche Energie aufgenommen, kommt es kurzeitig zum Stillstand des Pendels. Danach ändert das Pendel seine Richtung und Energie wird freigesetzt. Durch die Trägheit der Massen dreht das Pendel auch nach der Entspannung der Feder weiter, sodass dadurch erneut Energie aufgenommen werden kann.

Die Periodenlänge von Oma Maries Pendeluhr beträgt $p = 20$ Sekunden. Dabei legt das Pendel einen gesamten Weg von 40 cm zurück. Bestimmen Sie in Abhängigkeit von der Zeit t eine Funktion $w$, die den Weg des Pendels (in Zentimetern) beschreibt. Gestartet wird in der Ruheposition.

**3** In der Theorie lassen sich harmonische Schwingungen durch Sinusfunktionen der Form $f(x) = a \cdot \sin(bx + c)$ beschreiben. Im Physiklabor der TU Kaiserslautern führen einige Studierende ein Experiment durch: Dabei ziehen sie ein Federpendel vor dem Start 16 cm nach unten und messen anschließend eine Frequenz von 3 Hertz.

a) Bestimmen Sie die Funktion $f$, die in Abhängigkeit von der Zeit $t$ den Weg des Federpendels (in Zentimetern) beschreibt.
b) Bestimmen Sie die Menge der Nullstellen von $f$.

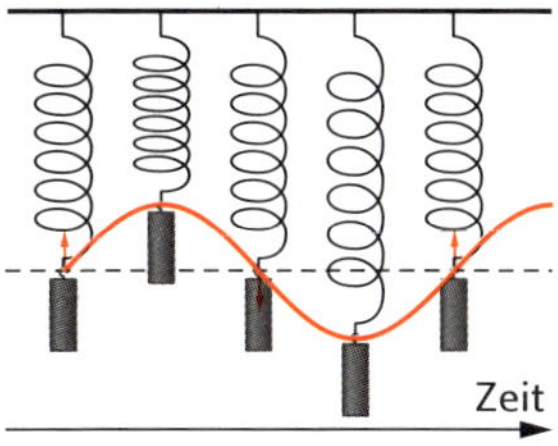

### 1.4.4 Zusammenfassung

- Eine Funktion $f$ mit $f(x) = a \cdot \sin(bx + c) + d$ ($a, b, c, d \in \mathbb{R}$) heißt Sinusfunktion. Der Graph von $f$ heißt Sinuskurve.

  Eine Funktion $f$ mit $f(x) = a \cdot \cos(bx + c) + d$ ($a, b, c, d \in \mathbb{R}$) heißt Kosinusfunktion. Der Graph von $f$ heißt Kosinuskurve.
- Als **Periode $p$** einer Funktion $f(x)$ bezeichnet man die kleinste Zahl $p$, für die $f(x + p) = f(x)$ gilt.
- Als **Amplitude $a$** einer periodischen Funktion $f(x)$ bezeichnet man die maximale Auslenkung der Funktionswerte vom arithmetischen Mittel der Funktionswerte.
- **Bestimmen von Amplitude, Periodenlänge und Frequenz:**
- Eine Sinusfunktion $f$ der Form $f(x) = a \cdot \sin(bx + c) + d$ hat
  - die Amplitude $a$,
  - die Periodenlänge $p = \frac{2\pi}{b}$ und
  - die Frequenz $\frac{1}{p}$ Hertz.
- **Satz über den Zusammenhang zwischen Sinus und Kosinus:**

  Für beliebige Sinus- und Kosinusfunktionen gilt:

  $a \cdot \sin\left(bx + \frac{\pi}{2} + c\right) + d = a \cdot \cos(bx + c) + d$

  $x \in \mathbb{R}, a, b, c, d \in \mathbb{R}$
- **Menge der Nullstellen der Sinus- und Kosinusfunktion:**

  Die Menge der Nullstellen für eine in $\mathbb{R}$ definierte trigonometrische Funktion $f_1$ mit $f_1(x) = a \cdot \sin(bx + c)$ ($a, b, c \in \mathbb{R}$) ist gegeben durch:

  $N = \left\{\frac{\pi k - c}{b}; k \in \mathbb{Z}\right\}$

  Die Menge der Nullstellen für eine in $\mathbb{R}$ definierte trigonometrische Funktion $f_2$ mit $f_2(x) = a \cdot \cos(bx + c)$ ($a, b, c \in \mathbb{R}$) ist gegeben durch:

  $N = \left\{\frac{\pi k + \frac{\pi}{2} - c}{b}; k \in \mathbb{Z}\right\}$
- **Umkehrfunktion der Sinus- und der Kosinusfunktion:**

  Für eine im eingeschränkten Definitionsbereich $D = \left[-\frac{\pi}{2}; \frac{\pi}{2}\right]$ definierte eineindeutige Funktion $f_1$ mit $f_1(x) = \sin x$ ist die Umkehrfunktion $f_1^{-1}$ durch $f_1^{-1}(x) = \arcsin x$ definiert.

  Für eine im eingeschränkten Definitionsbereich $D = [0; \pi]$ definierte eineindeutige Funktion $f_2$ mit $f_2(x) = \cos x$ ist die Umkehrfunktion $f_2^{-1}$ durch $f_2^{-1}(x) = \arccos x$ definiert.

  Die Funktionen $f_1^{-1}$ und $f_2^{-1}$ gehören zu den **Arkusfunktionen**, die die Umkehrfunktionen zu den zugehörigen trigonometrischen Funktionen sind.

## 1.4.5 Vermischte Aufgaben

**1** Ein Federpendel schwingt 12-mal in zehn Sekunden. Die Schwingungsweite beträgt 5 cm.

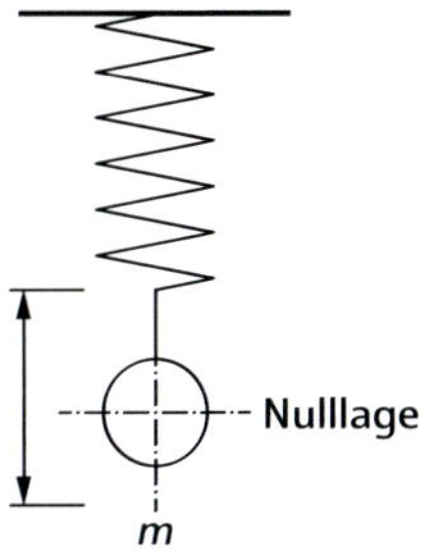


a) Ermitteln Sie die Zeit $t$ für eine Schwingung und die Frequenz $f$, mit der die Masse schwingt.
b) Zeichnen Sie den ungedämpften Schwingungsvorgang ab dem Zeitpunkt, für den die gedehnte Feder mit der Masse losgelassen wird.
c) Welchen Abstand zur Nulllage hat die Masse nach $t = 1$ Sekunde?
d) Nach welcher Zeit beträgt der Abstand zur Nulllage 2 cm?

**2** Die Darstellung zeigt den Weg-Zeit-Zusammenhang einer harmonisch schwingenden-Masse.

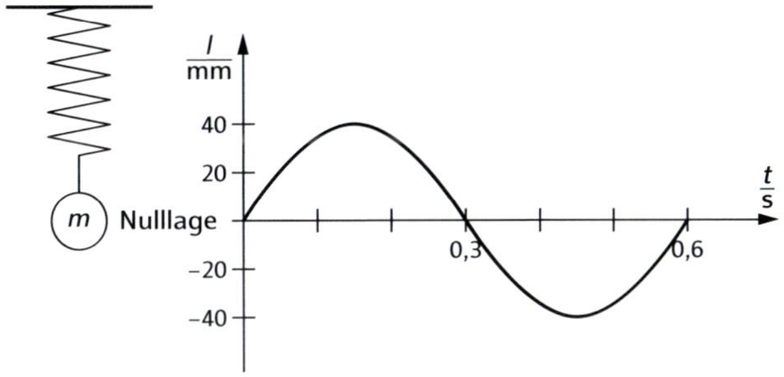


a) Geben Sie anhand der graphischen Darstellung die Periodenlänge $p$ und die Amplitude $a$ der Schwingung an.
b) Geben Sie die Funktionsgleichung $l(t)$ an.
c) Wie groß ist die Auslenkung der Masse nach 100 ms (und nach 4 s)?

**3** Bei einem Fadenpendel (mathematischem Pendel) gilt für die Schwingungsdauer:

$p = 2\pi\sqrt{\frac{l}{g}}$

$l$ = Länge des Fadenpendels
$g$ = Erdbeschleunigung = 9,81 $m/s^2$

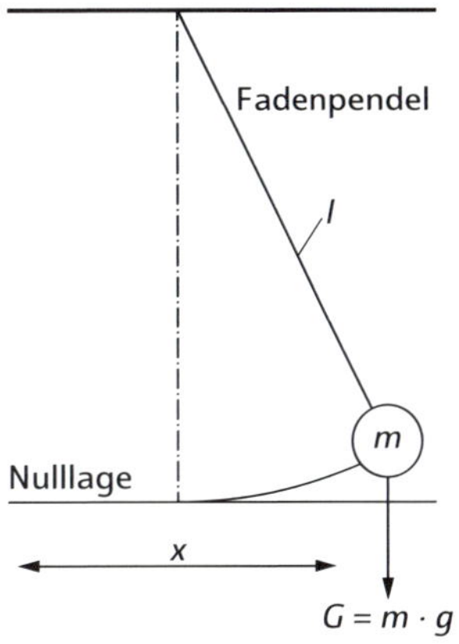


a) Berechnen Sie die Periodendauer des Fadenpendels, wenn der Faden 50 cm lang ist.
b) Wie lang muss der Faden sein, wenn das Pendel mit einer Frequenz von 1 Hz schwingen soll?
c) Geben Sie für die Teilaufgaben a) und b) die Funktionsgleichungen der Schwingungsvorgänge an. Die Schwingungsweite soll jeweils $x = 5$ cm betragen.
d) Zeichnen Sie zwei Perioden der beiden Funktionen in einem Diagramm.

**4** Bestimmen Sie die Sinusfunktionen $f$ vom Typ $f(x) = a \cdot \sin(bx + c)$, für die jeweils gilt:

a) Es sind $c = 0$ und die Amplitude $a = 10$; die Frequenz beträgt 20 Hertz.
b) Es sind $c = 20$ und die Amplitude $a = 100$; die Frequenz beträgt 120 Hertz.
c) Die Amplitude ist $a = 20$, die Frequenz beträgt 40 Hertz und es gilt: $f(0) = 0$.
d) Die Amplitude ist $a = 12$, die Frequenz beträgt 60 Hertz und es gilt: $f(0) = 12$.
e) Die Periodenlänge ist $p = 8$, die maximal mögliche Auslenkung ist 20 und es ist $f(0) = 0$.
f) Die Periodenlänge ist $p = 0{,}04$, die maximal mögliche Auslenkung ist 40 und es ist $f(0) = 20$.

**5** Bestimmen Sie die Kosinusfunktionen $f$ vom Typ $f(x) = a \cdot \cos(bx + c)$, für die jeweils gilt:

a) Es sind $c = 0$ und die Amplitude $a = 20$; die Frequenz beträgt 40 Hertz.
b) Es sind $c = 10$ und die Amplitude $a = 80$; die Frequenz beträgt 20 Hertz.
c) Die Amplitude ist $a = 8$, die Frequenz beträgt 50 Hertz und es gilt: $f(0) = 8$.
d) Die Amplitude ist $a = 24$, die Frequenz beträgt 20 Hertz und es gilt: $f(0) = 0$.
e) Die Periodenlänge ist $p = 4$, die maximal mögliche Auslenkung ist 10 und es ist $f(0) = 5$.
f) Die Periodenlänge ist $p = 0{,}16$, die maximal mögliche Auslenkung ist 30 und es ist $f(0) = 15$.

**6** Ermitteln Sie jeweils die Nullstellen der folgenden Sinus- bzw. Kosinusfunktionen.

a) $f(x) = 2\sin(4x)$
b) $f(x) = 5\sin\left(10x + \frac{\pi}{2}\right)$
c) $f(x) = -4\sin(5x + 10)$
d) $f(x) = \cos(8x + \pi)$
e) $f(x) = -20\cos(x + 2\pi)$
f) $f(x) = 5\cos(4x - 2)$

**7** Bei der Messung der Wechselspannung an einem elektronischen Bauteil konnten eine Amplitude von $a = 12$ Volt und eine Frequenz von $f = 50$ Hertz gemessen werden.

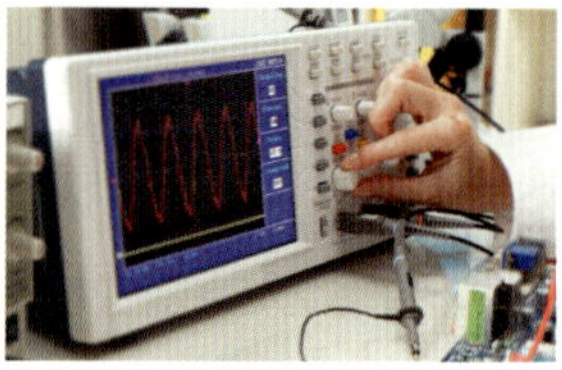

a) Bestimmen Sie die Periodenlänge $p$ der Wechselspannung.
b) Bestimmen Sie die Sinusfunktion, die die Wechselspannung in Abhängigkeit von der Zeit abbildet.

**8** Ein Kondensator wird an eine Wechselspannungsquelle angeschlossen. Die Wechselspannung hat eine Amplitude von $a = 15$ Volt und eine Frequenz von 54 Hertz. Ermitteln Sie eine Funktion $I$, die den Strom der Energiequelle in Abhängigkeit von der Zeit $t$

abbildet.

**9** Bei einer Reihe verschiedener Hörtests haben jeweils die folgenden Sinusfunktionen s Gültigkeit. Bestimmen Sie, welche Amplitude und welche Frequenz eingestellt wurde.

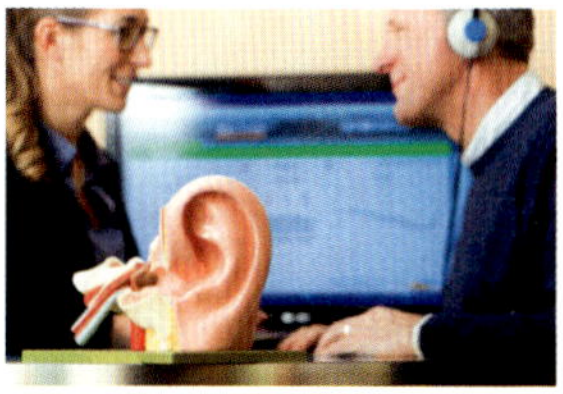

a) $s(t) = 45 \cdot \sin(1000\pi t)$
b) $s(t) = 70 \cdot \sin(10\,000\pi t)$
c) $s(t) = 75 \cdot \sin(800\pi t)$
d) $s(t) = 65 \cdot \sin(1045\pi t)$

**10** Der Weg eines Pendels einer Pendeluhr von der einen Seite zur anderen beträgt 34 cm. Das Pendel benötigt für diesen Weg eine Sekunde. Bestimmen Sie die Funktion *w*, die in Abhängigkeit von der Zeit *t* den Weg des Pendels (in Zentimetern) abbildet. Start ist die Ruheposition des Pendels.

## 1.5 Exponentialfunktionen

Bereits im *Lernbaustein 1* sind einfache Formen von Exponentialfunktionen beschrieben worden. Dabei wurde deutlich, dass uns exponentielles Wachstum bzw. exponentieller Zerfall auch im Alltag begegnet – wie zum Beispiel bei der Zinseszinsrechnung im wirtschaftlichen Bereich oder beim radioaktiven Zerfall in der Physik. Daneben gibt es natürlich noch viele andere Beispiele.

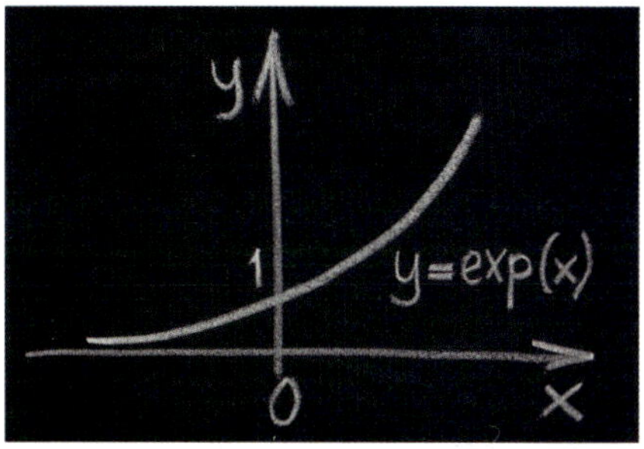


In diesem Unterkapitel wird in einer Lernsituation eine Exponentialfunktion, wie sie aus dem *Lernbaustein 1* bekannt ist, in die sogenannte e-Funktion überführt. In dem Zusammenhang wird geklärt, was die Zahl *e* bedeutet und wie sie mit dem sogenannten stetigen Wachstum zusammenhängt.

Zur Wiederholung werden Exponentialfunktionen zunächst noch einmal definiert:

### Definition: Exponentialfunktionen

Eine Zuordnung $f$ der Form $f: x \mapsto a \cdot b^x$, $a \neq 0$, $b > 0$, heißt Exponentialfunktion. Der Wert $b$ wird als Basis bezeichnet, $a = f(0)$ ist der Anfangswert. Der Graph einer Exponentialfunktion heißt Exponentialkurve.

Als Wiederholung zeigt die folgende Abbildung die Exponentialkurven in Abgrenzung zu einer Geraden und einer Parabel:

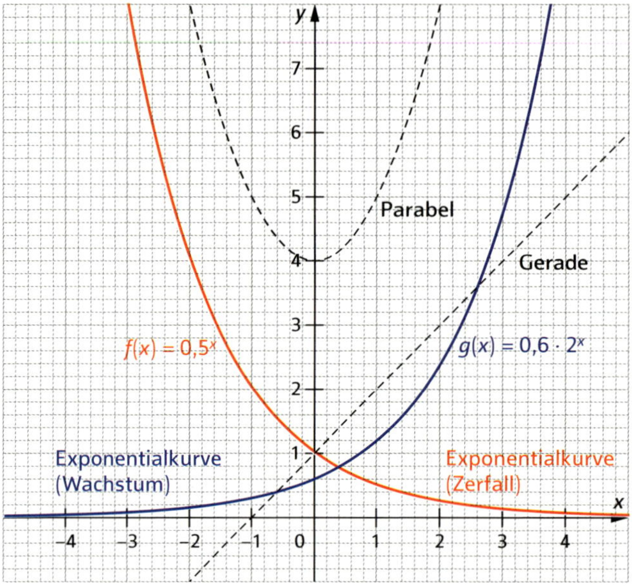


Eine steigende Exponentialkurve beschreibt einen Wachstumsprozess, für die Basis $b$ der zugehörigen Exponentialfunktion gilt: $b > 1$. So wächst beispielsweise das zum Zeitpunkt $t = 0$ angelegte Kapital in Höhe von 1000,00 € bei einem Zinssatz von $i = 0{,}01$ ($\hat{=}$ 1 %) auf $1000 \cdot (1 + 0{,}01) = 1000 \cdot 1{,}01 = 1010{,}00$ €. Der Wachstumsfaktor $b$ lässt sich also durch $b = 1 + i$ bestimmen.

Der Parameter $i$ erhält aufgrund seiner Bedeutung einen eigenen Namen:

**Definition**

Für eine Exponentialfunktion $f$ der Form $f: x \mapsto a \cdot b^x$, $a \neq 0$, *mit* $b = 1 + i$, beschreibt

- der Parameter $i$ für $-1 < i < 0$ einen **Zerfallsprozess**; $i$ heißt Zerfallsrate;
- der Parameter $i$ für $i > 0$ einen **Wachstumsprozess**; $i$ heißt Wachstumsrate.

Wenn die Bevölkerung einer Stadt mit 20 000 Einwohnern beispielsweise um 5 % pro Jahr sinkt, ist die Zerfallsrate $i = -0{,}05$. Entsprechend hat die Stadt nach einem Jahr eine Einwohnerzahl von $20000 \cdot (1 - 0{,}05) = 20\,000 \cdot 0{,}95 = 19\,000$ Personen.

## 1.5.1 Die e-Funktion

In der Lernsituation „Alkoholfreies Bier – Bierschaumabbau“ aus dem *Lernbaustein 1* (siehe dort Kapitel 5.1.2) wurde der Schaumabbau bei einem alkoholfreien Bier betrachtet. In der Ausgangssituation ist man davon ausgegangen, dass der Schaum pro Minute 32 % seiner ursprünglichen Höhe abbaut. Innerhalb dieser Minute baut sich der Bierschaum Stückchen für Stückchen ab, der exponentielle Zerfall ist also schleichend und stetig. Damit bleibt die Frage, ob der Zerfallsfaktor, der pro Minute angenommen wurde, derselbe für eine halbe Minute oder für eine Sekunde oder ... ist.

Diese Frage soll in der folgenden Lernsituation anhand eines Bevölkerungswachstums geklärt werden.

## Lernsituation: Stetiges Wachstum in Koblenzia

Ayleen Erdal ist Mitarbeiterin der öffentlichen Verwaltung in der fiktiven Stadt Koblenzia. Zusammen mit ihren Kollegen ist sie für den Städtebau verantwortlich. Eine der wichtigsten Aufgaben ist es dabei, die vorhandenen Flächen innerhalb des Stadtgebietes von Koblenzia mit Bedacht zu erschließen und mögliche Ausgleichsflächen freizuhalten. Zwar ist die Nachfrage nach Baugrundstücken momentan sehr groß, die Maßgabe der Arbeitsgruppe ist allerdings, ein Bevölkerungswachstum von höchstens 10 % p. a.[11] zuzulassen. Im Stadtteil Brame hatte man vor zehn Jahren den Fehler gemacht, ein höheres Wachstum zu genehmigen. Dort wurden während eines Baubooms viele Neubauten mit mindestens zwanzig Wohneinheiten errichtet. In der Folge des jährlichen 18%igen Bevölkerungswachstums im Stadtteil Brame kam es zu unterschiedlichen Problemen, die es heute zu vermeiden gilt.

Mittlerweile zählt der Stadtteil Brame 12 000 Einwohner. Frau Erdal und ihre Kollegen beobachten das Bevölkerungswachstum in kurzen Abständen. Sie versprechen sich davon, schnell auf ein zu hohes Wachstum reagieren zu können. Allerdings sind sie sich nun etwas unsicher, da ein 10%iges Wachstum pro Jahr nicht unbedingt ein 5%iges Wachstum für ein Halbjahr oder ein 2,5%iges Wachstum für ein Vierteljahr bedeuten muss. Eine beispielhafte Rechnung von Frau Erdal veranschaulicht die Situation:

Bevölkerungszuwachs um $i = 0{,}10$ ($\hat{=}$ 10 %) pro Jahr

Zuwachs einmal im Jahr

12 000 Personen $\xrightarrow{+10\,\%}$ 13 200 Personen

Zuwachs zweimal im Jahr

12 000 Personen $\xrightarrow{+5\,\%}$ 12 600 Pers. $\xrightarrow{+5\,\%}$ $12\,000 \cdot 1{,}05^2 = 13\,230$ Pers.

Zuwachs viermal im Jahr

12 000 Personen $\xrightarrow{+2{,}5\,\%}$ $\xrightarrow{+2{,}5\,\%}$ $\xrightarrow{+2{,}5\,\%}$ $\xrightarrow{+2{,}5\,\%}$ $12\,000 \cdot 1{,}025^4 \approx 13\,246$ Pers.

⋮

a) Führen Sie die Gedanken von Frau Erdal für einen monatlichen, einen täglichen und einen stündlichen Zuwachs fort. Bestimmen Sie den Grenzwert für die Einwohnerzahl nach einem Jahr unter der Bedingung, dass das Jahr in unendlich viele kleine Zeitintervalle aufgeteilt wird. Runden Sie auf volle Personen geeignet ab bzw. auf.

[12] p. a. ist die Abkürzung für per anum (lat.) = pro Jahr.

b) Bestimmen Sie die Einwohnerzahl von Brame am Ende eines Jahres für einen jährlichen, halbjährlichen, vierteljährlichen, monatlichen, täglichen und stündlichen Zuwachs mit einer Wachstumsrate von $i = 0{,}20$ p. a. ($i = 0{,}50$, $i = 1{,}0$). Bestimmen Sie auch hier jeweils den zugehörigen Grenzwert unter der Voraussetzung, dass das Jahr in unendlich viele kleine Zeitintervalle aufgeteilt wird.

c) Es wird nun von einem vielfachen Wachstum ausgegangen. Bestimmen Sie eine Funktion $B$, die in Abhängigkeit von der jährlichen Wachstumsrate $i$ die Einwohnerzahl von Brame nach einem Jahr angibt. Zeichnen Sie dazu die Informationen aus den Teilaufgaben a) und b) in ein geeignetes Koordinatenkreuz.

d) Beurteilen Sie, ob bei unendlich häufigem Zuwachs innerhalb des Jahres die Einwohnerzahl von Brame tatsächlich nach einem Jahr um genau 10 % gewachsen ist.

## Lösungen

a) Für die Bearbeitung der Teilaufgabe macht eine Veranschaulichung in Form einer Tabelle Sinn:

| Wachstumsrate für die Einwohnerzahl $i = 0{,}10$ pro Jahr | | |
|---|---|---|
| **Einwohnerzahl zu Beginn** | **Häufigkeit des Zuwachses** | **Einwohnerzahl nach einem Jahr** |
| 12000 | 1 (jährlich) | 13200 |
| 12000 | 2 (halbjährlich) | 13230 |
| 12000 | 4 (vierteljährlich) | 13246 |
| 12000 | 12 (monatlich) | 13257 |
| 12000 | 360 (täglich) | 13262 |
| 12000 | 8640 (stündlich) | 13262 |

Anhand der Tabellenwerte ist der Grenzwert bereits abschätzbar. Weitere Unterteilungen, wie ein minütlicher oder sekündlicher Zuwachs, bestätigen die Vermutung zum Grenzwert, wobei $m$ die Anzahl der (gleich großen) Zeitintervalle ist:

$$\lim_{m \to \infty} 12000 \cdot \left(1 + \frac{10}{100 \cdot m}\right)^m = 13262{,}0510\ldots \approx 13262$$

b) Auch hier stellt die Tabellenform eine geeignete Art der Veranschaulichung dar:

| Wachstumsrate für die Einwohnerzahl $i = 0{,}20$ pro Jahr | | |
|---|---|---|
| **Einwohnerzahl zu Beginn** | **Häufigkeit des Zuwachses** | **Einwohnerzahl nach einem Jahr** |
| 12000 | 1 (jährlich) | 14400 |
| 12000 | 2 (halbjährlich) | 14520 |
| 12000 | 4 (vierteljährlich) | 14586 |
| 12000 | 12 (monatlich) | 14633 |
| 12000 | 360 (täglich) | 14656 |
| 12000 | 8640 (stündlich) | 14657 |

Der Grenzwert bei unendlicher Anzahl gleich großer Zeitintervalle beträgt:

$$\lim_{m \to \infty} 12\,000 \cdot \left(1 + \frac{20}{100 \cdot m}\right)^m = 14\,656{,}8331\ldots \approx 14\,657$$

| Wachstumsrate für die Einwohnerzahl $i$ = 0,50 pro Jahr | | |
|---|---|---|
| **Einwohnerzahl zu Beginn** | **Häufigkeit des Zuwachses** | **Einwohnerzahl nach einem Jahr** |
| 12000 | 1 (jährlich) | 18000 |
| 12000 | 2 (halbjährlich) | 18750 |
| 12000 | 4 (vierteljährlich) | 19222 |
| 12000 | 12 (monatlich) | 19585 |
| 12000 | 360 (täglich) | 19778 |
| 12000 | 8640 (stündlich) | 19784 |

Hier ist der Grenzwert durch

$$\lim_{m \to \infty} 12\,000 \cdot \left(1 + \frac{50}{100 \cdot m}\right)^m = 19\,784{,}6553\ldots \approx 19\,785$$

gegeben.

| Wachstumsrate für die Einwohnerzahl $i$ = 1,00 pro Jahr | | |
|---|---|---|
| **Einwohnerzahl zu Beginn** | **Häufigkeit des Zuwachses** | **Einwohnerzahl nach einem Jahr** |
| 12000 | 1 (jährlich) | 24000 |
| 12000 | 2 (halbjährlich) | 27000 |
| 12000 | 4 (vierteljährlich) | 29297 |
| 12000 | 12 (monatlich) | 31356 |
| 12000 | 360 (täglich) | 32574 |
| 12000 | 8640 (stündlich) | 32617 |

Für diesen Fall ergibt sich für die Einwohnerzahl bei unendlich vielen Zeitintervallen der Grenzwert:

$$\lim_{m \to \infty} 12\,000 \cdot \left(1 + \frac{100}{100 \cdot m}\right)^m = 32\,619{,}3819\ldots \approx 32\,619$$

c)

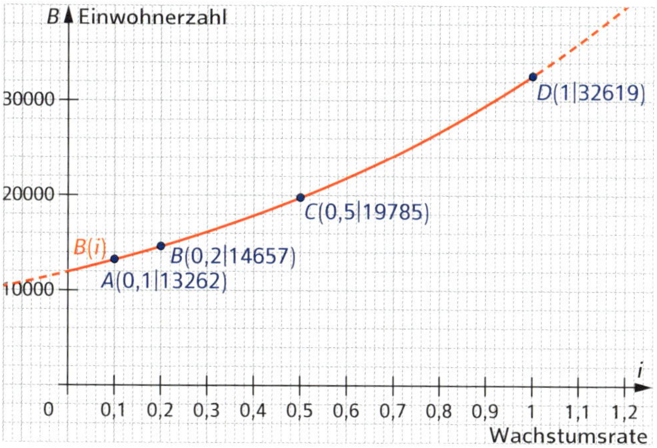

Mithilfe des Graphen lässt sich vermuten, dass die eingezeichneten Punkte alle auf einer Exponentialkurve liegen. Die Gleichung zur gesuchten Funktion $B$ ist demnach vom Typ $B(i) = 12\,000 \cdot b^i$, wobei $i$ die unterstellte Wachstumsrate der Bevölkerung pro Jahr ist. Da für eine Wachstumsrate von $i = 1$ ($\triangleq$ 100 %) bei unterstelltem, stündlichem Wachstum die Einwohnerzahl in Höhe von ca. 32 619 Personen bekannt ist, erhält man die Basis $b$ durch Lösen der Gleichung:

$12\,000 \cdot b^1 = 32\,619$

Nach Division der Gleichung durch 12 000 erhält man die Basis $b = \frac{32\,619}{12\,000} \approx 2{,}71825$.

Geht man von einer jährlichen Wachstumsrate mit permanentem Wachstum von $i = 0{,}10$ aus, so bestätigt sich die Einwohnerzahl durch
$B(0{,}1) = 12\,000 \cdot 2{,}71825^{0{,}1} \approx 13\,262$ Personen.

Analog lassen sich die Informationen zu den anderen Wachstumsraten $I$ bestätigen:

$B(0{,}2) = 12\,000 \cdot 2{,}71825^{0{,}2} \approx 14\,657$

$B(0{,}5) = 12\,000 \cdot 2{,}71825^{0{,}5} \approx 19\,785$

Somit hat die gesuchte Funktion $B$ die Gleichung $B(i) = 12\,000 \cdot 2{,}71825^i$.

d) Teilt man eine Wachstumsrate von 10 % pro Jahr auf unendlich viele Zeitintervalle auf, so steigt, wie in Teilaufgabe a) gezeigt, die Einwohnerzahl von Brame auf 13 262 Personen. Das entspricht nicht einem Zuwachs von 10 % bei 12 000 Einwohnern, denn dies wären $12\,000 \cdot 1{,}1 = 13200$ Personen. Die Differenz von 62 Einwohner lässt sich damit erklären, dass sich das exponentielle Wachstum rekursiv auf einen vorherigen, bereits gewachsenen Wert bezieht: Während also bei einem jährlichen Wachstum die Bezugsgröße die ist, die exakt ein Jahr zuvor vorlag, ist es bei einem halbjährlichen Wachstum der Wert, der exakt ein halbes Jahr vorher gegeben war. Nach dem Prinzip des Zinseszinses ist damit die Einwohnerzahl bei einem Wachstum, das aufgeteilt unendlich häufig im Jahr stattfindet, größer als bei einem Wachstum, das einmal im Jahr stattfindet.

Problematisch wird die Unterscheidung zwischen einer Wachstumsrate, die ein einmaliges Wachstum z. B. am Ende des Jahres verursacht, und der Wachstumsrate, die tatsächlich am Ende des Jahres das Wachstum angibt, das durch die Aufteilung einer vorgegebenen Wachstumsrate in beliebig viele Zeitintervalle auftritt.

Diese beiden Wachstumsraten sollen nun per Definition unterschieden werden:

### Definition

Die Wachstumsrate, die für einen festgesetzten Zeitraum ein einmaliges Wachstum generiert, wird als $i_{nom}$ bezeichnet und heißt **nominelle Wachstumsrate**.

Die Wachstumsrate $i_{eff} = \left(1 + \frac{i_{nom}}{100 \cdot m}\right)^m - 1$, die tatsächlich am Ende des Jahres die Wachstumsrate angibt, die durch die Aufteilung des Zeitraumes in $m$ Zeitintervalle auftritt, heißt **effektive Wachstumsrate**.

Für $m \to \infty$ spricht man von einem stetigen Wachstum.

In der Lernsituation ist $i_{nom} = 0{,}10$ und gibt das Bevölkerungswachstum an, das bei einmaligem Wachstum nach einem Jahr zu erwarten ist. Hingegen ist die effektive Wachstumsrate für das Bevölkerungswachstum für $m \to \infty$ durch $i_{eff} = 2{,}71825^{0{,}10} - 1 \approx 1{,}1052 - 1 = 0{,}1052$ gegeben, d. h., nach einem Jahr ist die Einwohnerzahl von Brame stetig um 10,52 %, also um $12\,000 \cdot 0{,}1052 \approx 1\,262$, auf 13 262 Personen angestiegen.

Ist $i_{nom} < 0$, so wird ein Zerfallsprozess beschrieben. Entsprechend heißt $i_{eff}$ **effektive Zerfallsrate** und wird mit $m$ Zeitintervallen innerhalb eines Zeitraumes auch durch $i_{eff} = \left(1 + \frac{i_{nom}}{100 \cdot m}\right)^m - 1$ berechnet. Würde sich beispielsweise die Bevölkerung von Brame um $i_{nom} = -0{,}05$ p. a. ändern, wäre dies eine Änderung der Einwohnerzahl im darauffolgenden Jahr bei Aufteilung des Jahres in unendlich viele Zeitintervalle um $i_{eff} = 2{,}71825^{-0{,}05} - 1 \approx 0{,}9512 - 1 = -0{,}0488$, also um $12\,000 \cdot (-0{,}0488) \approx -586$ Personen.

Ein einmaliges Wachstum in einem Jahr ist für natürliche Prozesse eher unüblich; es ist aber zum Beispiel bei vielen Geldanlageformen anzutreffen. Hier tragen die Zinsen mit Zinseszins am Ende des Jahres einmalig zum Wachstum bei. Ein stetiger Wachstumsprozess ist dagegen häufig in der Natur vorzufinden. So ist klar, dass beispielsweise Pflanzen nicht ad hoc in die Höhe wachsen oder der Bierschaum nicht von einer auf die nächste Sekunde verschwunden ist.
Teilt man die gegebene nominelle Wachstumsrate – in der Lernsituation war dies $i_{nom} = 0{,}10$ pro Jahr – innerhalb des Zeitraumes unendlich häufig auf, so ändert sich die Berechnung des gewachsenen Bevölkerungsbestandes von Brame nach einem Jahr auf $12\,000 \cdot 2{,}71825^{0{,}1} \approx 13\,262$ Personen. Auch bei Veränderung der Wachstumsrate $i_{nom}$ konnte man bei der Lösung der Teilaufgabe c) der Lernsituation feststellen, dass die jeweilige Basis $b \approx 2{,}71825$ war. Die Zahl 2,7182... ist nicht nur für natürliche Wachstumsprozesse, sondern auch bei vielen anderen Problemfeldern der Mathematik von elementarer Bedeutung. Aus diesem Grund soll sie an dieser Stelle definiert werden.

## Definition: Die Zahl e und die e-Funktion

Die nach dem Schweizer Mathematiker Leonhard Euler[13] benannte Zahl e = 2,7182818... heißt eulersche Zahl und ist eine irrationale reelle Zahl.

Man erhält die **eulersche Zahl** als Grenzwert: $\lim\limits_{n \to \infty} \left(1 + \frac{1}{n}\right)^n = e$

Eine exponentielle Funktion $f$ mit $f(x) = e^x$ heißt **e-Funktion**, man schreibt auch $f(x) = \exp(x)$.

In der Lernsituation wurde das stetige Wachstum lediglich für ein Jahr betrachtet. Erweitert man die Betrachtung auf mehrere Jahre, so bildet die Funktion $f$ mit

$$f(t) = 12\,000 \cdot (e^{0{,}1})^t \underbrace{=}_{\text{Potenzregel}} 12\,000 \cdot e^{0{,}1t}$$

in Abhängigkeit von der Zeit $t$ (in Jahren) die Einwohnerzahl von Brame ab, die sich durch das stetige Wachstum bei einer nominellen Wachstumsrate von $i_{nom} = 0{,}10$ pro Jahr ergibt.

[13] Leonhard Euler: geb. 15.04.1707 in Basel, gest. 18.9.1783 in Sankt Petersburg

## AUFGABEN

**1** Zeichnen Sie die Graphen folgender Exponentialfunktionen in $D = [-2; 3]$ und bestimmen Sie den zugehörigen Wertebereich.

a) $f(x) = 2^x$
b) $f(x) = e^x$
c) $f(x) = 2e^x$
d) $f(x) = e^{-x}$
e) $f(x) = e^{0,5x}$
f) $f(x) = 0,5e^{-x}$

**2** Bestimmen Sie die Gleichungen der Exponentialfunktionen, deren Graphen in der Abbildung zu sehen sind.

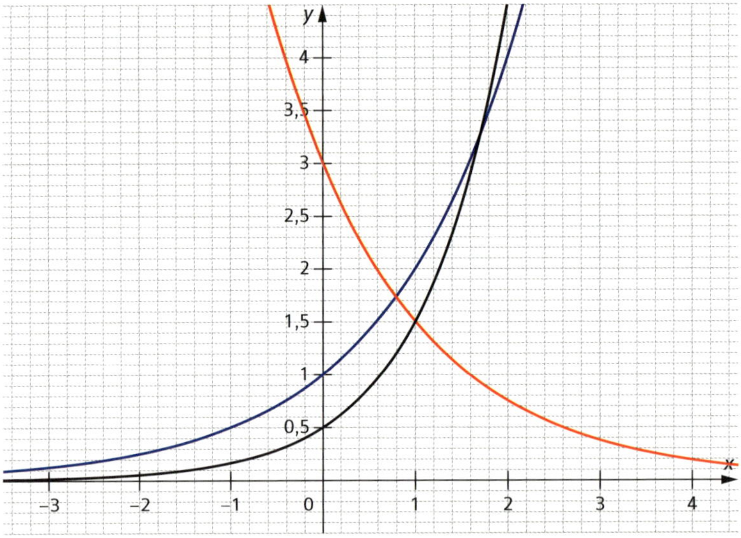


**3** Ein zum jetzigen Zeitpunkt 20 ha[14] großer Waldbestand wächst mit einer nominellen Wachstumsrate von $i_{nom} = 0,05$ pro Jahr. Berechnen Sie die Größe des Waldbestandes

a) nach einem Jahr,
b) nach zwei Jahren,
c) nach fünf Jahren,
d) nach zehn Jahren.

[14] Hektar (ha) ist eine Flächeneinheit, 1 ha = 10000 m².

**4** Labormitarbeiter haben zu Beginn eines Experiments ($t = 0$) in einer Flüssigkeit (3 Liter) insgesamt 5000 Keime festgestellt. Die Mitarbeiter führten zu späteren Zeitpunkten weitere Messungen durch, bei denen sie die Anzahl der Keime gezählt haben. Die Auswertung der Daten ergab eine Funktion $K$, die in Abhängigkeit von der Zeit $t$ (in Stunden) die Anzahl der Keime angibt. Die Funktionsgleichung von $K$ ist durch $K(t) = 5000 \cdot e^{0,15t}$ gegeben.

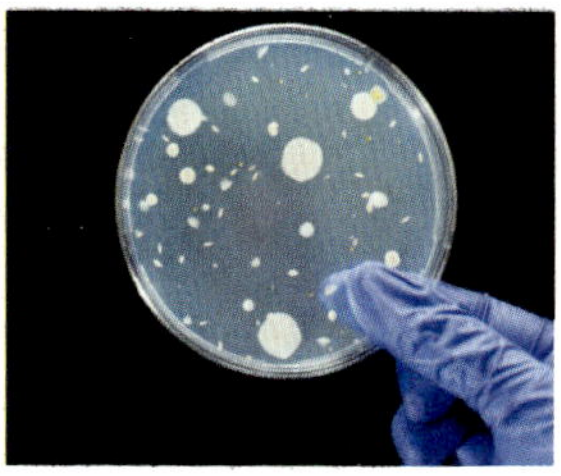

a) Bestimmen Sie die effektive und die nominelle Wachstumsrate.
b) Erläutern Sie anhand der in der Aufgabenstellung beschriebenen Situation die Bedeutung der effektiven Wachstumsrate.
c) Berechnen Sie die Anzahl der Keime nach 1,5 Stunden.
d) Berechnen Sie die Anzahl der Keime nach 2 Stunden und 15 Minuten.

**5** Für ein Sparguthaben in Höhe von 2500,00 € erhält Herr Schulz eine monatliche Zinsgutschrift, die direkt für die Verzinsung zur Verfügung steht. Herr Schulz behauptet, dass er bei einem nominellen Zinssatz von $i_{nom} = 2,4\,\%$ pro Jahr durch die unterjährige Verzinsung[15] einen effektiven Zinssatz von mindestens $i_{eff} = 2,5\,\%$ erhält.

a) Berechnen Sie das Guthaben von Herrn Schulz nach einem Jahr.
b) Berechnen Sie den effektiven Zinssatz $i_{eff}$ für das Sparguthaben und beurteilen Sie die Aussage von Herrn Schulz.
c) Bestimmen Sie für die geschilderte Situation die Funktion $S$, die in Abhängigkeit von der Zeit $t$ (in Jahren) das Sparguthaben (in Euro) für eine Verzinsung von $i_{nom} = 2,4\,\%$ pro Jahr abbildet.
d) Schätzen Sie auf zwei Nachkommastellen genau den prozentualen nominellen Zinssatz für den oben genannten effektiven Zinssatz von $i_{eff} = 2,5\,\%$.

## 1.5.2 Die Umkehrfunktion zur e-Funktion

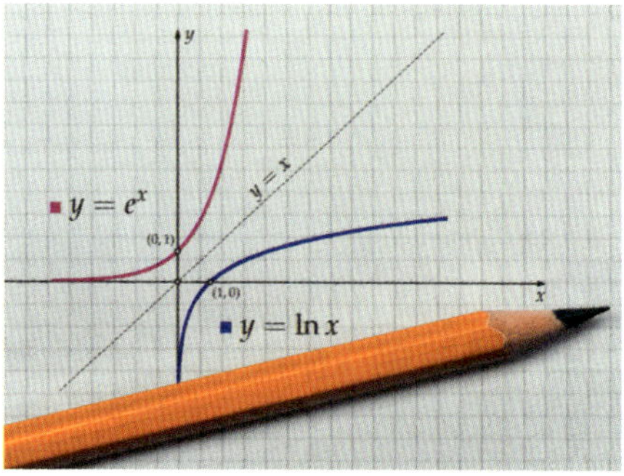


Im vorangegangenen Unterkapitel wurde in der Lernsituation „Stetiges Wachstum in Koblenzia" verdeutlicht, mit wie vielen Einwohnern nach einem Jahr bei stetigem Wachstum unter der Voraussetzung eines jährlichen Bevölkerungswachstums von $i_{nom} = 0,10$ zu rechnen ist. Aber welches jährliche nominelle Wachstum sollte angenommen werden, damit bei stetigem Wachstum am Ende eines Jahres tatsächlich 10 % mehr Einwohner im Stadtteil Brame wohnen?
Diese Fragestellung soll mithilfe der folgenden Lernsituation beantwortet werden.

[15] unterjährige Verzinsung = Aufteilung des Jahres in mehrere Zinsperioden

## Lernsituation: Die effektive Wachstumsrate in Koblenzia

Die Städtebauplanerin Ayleen Erdal und ihre Kollegen in Koblenzia haben ein Problem: Sie befürchten, dass es aufgrund eines stetigen Wachstums letztlich doch ein höheres jährliches Wachstum als maximal 10 % in Brame geben könnte.

Daher stellen sie sich die Frage, welches jährliche Wachstum sie annehmen müssen, damit nach genau einem Jahr tatsächlich höchstens 10 % mehr Personen in Brame wohnen.

Zur Erinnerung: Mittlerweile zählt der Stadtteil Brame 12 000 Einwohner.

a) Zeichnen Sie die allgemeine Funktion $f$ mit $f(x) = e^x$ in ein Koordinatenkreuz.

b) Skizzieren Sie in dem bestehenden Koordinatenkreuz die Umkehrfunktion von $f$.

c) Ermitteln Sie nun die Umkehrfunktion von $B$ mit $B(i) = 12\,000 \cdot e^i$ und erläutern Sie, was mithilfe der Umkehrfunktion von $B$ bestimmt werden kann.

d) Bestimmen Sie die Wachstumsrate $i_{eff}$, die bei stetigem Wachstum tatsächlich dazu führt, dass Brame in einem Jahr 13 200 ($\triangleq 12\,000 \cdot 1{,}1$) Einwohner hat.

### Lösungen

a) und b)

Zu beachten ist, dass für die e-Funktion mit $f(x) = e^x$ für alle $x \in D(f)$ gilt: $f(x) > 0$. Der Wertebereich der e-Funktion ist somit $W(f) = (0; \infty)$. Daraus resultiert, dass die Umkehrfunktion zu $f$ den Definitionsbereich $D(f^{-1}) = W(f) = (0; \infty)$ hat. Der Graph erstreckt sich im 1. und 4. Quadranten, da neben $D(f^{-1}) = (0; \infty)$ auch $W(f^{-1}) = \mathbb{R}$.

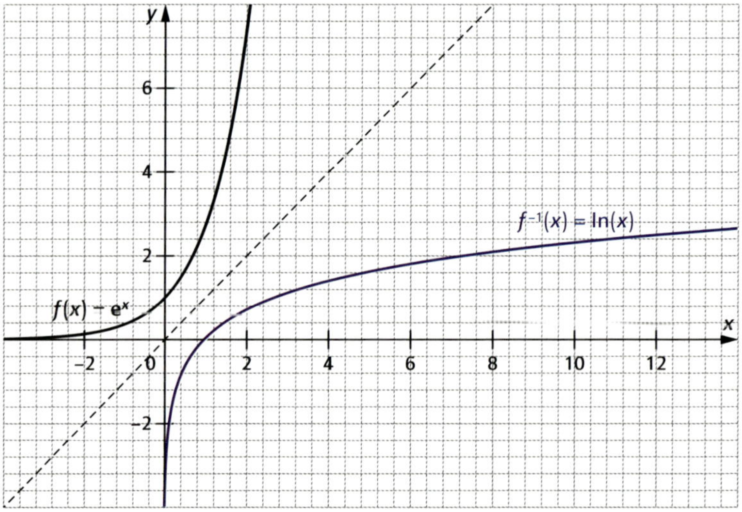

c) Bereits im *Lernbaustein 1* wurde geklärt, dass eine Exponentialfunktion der Form $x \mapsto b^x$, $b > 0$, die Logarithmusfunktion zur Basis $b$ als Umkehrfunktion hat (siehe dort Kapitel 5.2). Löst man die Funktionsgleichung von $B$ nach $i$ auf, erhält man die Gleichung der Umkehrfunktion $B^{-1}$.

Die Gleichung

$B(i) = y = 12\,000 \cdot e^i$

sollte zunächst auf beiden Seiten durch 12 000 dividiert werden:

$\frac{y}{12\,000} = e^i$

Nun wird mithilfe des natürlichen Logarithmus die Gleichung nach $i$ aufgelöst:

$\ln\left(\frac{y}{12\,000}\right) = \ln e^i = i$

Die Umkehrfunktion $B^{-1}$, die in Abhängigkeit von der Einwohnerzahl $y$ die Wachstumsrate $i_{eff}$, die zum stetigen Wachstum gehört, angibt, hat die Gleichung[16]

$B^{-1}(y) = \ln\left(\frac{y}{12\,000}\right)$

Mithilfe der Umkehrfunktion von $B$ ist es möglich, durch Einsetzen der gewünschten Einwohnerzahl nach einem Jahr die gesuchte Wachstumsrate $i_{eff}$ zu ermitteln.

d) Da nun die Umkehrfunktion $B^{-1}$ bekannt ist, kann die Wachstumsrate $i_{eff}$ durch Einsetzen der gewünschten Einwohnerzahl nach einem Jahr ermittelt werden. Voraussetzung ist ein stetiges Wachstum.

$B^{-1}(13\,200) = \ln\left(\frac{13\,200}{12\,000}\right) = \ln 1{,}1 \approx 0{,}0953$

Für den Sachverhalt bedeutet das Ergebnis, dass bei einem stetigen Wachstum die Wachstumsrate pro Jahr bei höchstens 9,53 % liegen darf, damit am Jahresende tatsächlich höchstens 10 % ($i_{nom} = 0{,}10$) mehr Personen als genau ein Jahr zuvor in Brame leben.

Für die Mathematik ähnlich elementar wie die eulersche Zahl *e* ist der zugehörige Logarithmus zur Basis e. Dieser soll nun definiert werden.

## Definition: Natürlicher Logarithmus

Der Logarithmus einer Zahl $b$ zur Basis e ist derjenige Exponent, mit dem man die eulersche Zahl e potenzieren muss, um $b$ zu erhalten. Man schreibt:

$\ln b = x$, wenn $e^x = b$ ($b \in \mathbb{R}_+^*$, $x \in \mathbb{R}$)

Man sagt: ln b ist der natürliche Logarithmus[17] von $b$.

[16] Hier macht ein Variablentausch aufgrund der Anwendung wenig Sinn.
[17] Lateinisch: logarithmus naturalis

Betrachtet man die Funktion $f^{-1}$ *mit* $f^{-1}(x) = \ln x$ ($x \in \mathbb{R}_{>0}$), so kann zusammenfassend festgestellt werden, dass $f^{-1}$ für $x > 0$ die Umkehrfunktion zur e-Funktion ist und umgekehrt. Es gilt mit $f(x) = e^x$ also:

$$f(f^{-1}(x)) = e^{\ln x} = f^{-1}(f(x)) = \ln e^x = x$$

Diese Erkenntnis vereinfacht die Lösung zur Wachstumsrate $i_{eff}$, die bei stetigem Wachstum am Jahresende tatsächlich für ein Wachstum von 10 % sorgt. Bevor die effektive Wachstumsrate $i_{eff}$, berechnet wird, soll der folgende Satz die Grundlage dafür legen.

## Satz

Eine Funktion $f$ mit $f(x) = a \cdot b^x$ ($b \in \mathbb{R}_+^*$, $a, x \in \mathbb{R}$) lässt sich auch darstellen durch:

$$f(x) = a \cdot e^{(\ln b) \cdot x}$$

Mithilfe der Erkenntnis zur Umkehrung einer exponentiellen Funktion ist dieser Satz schnell bewiesen, denn $b = e^{(\ln b)}$. Durch Anwendung der Potenzregeln ergibt sich dann: $a \cdot b^x = a \cdot e^{(\ln b) \cdot x}$.

Entsprechend lässt sich die Funktion $B$ aus der Lernsituation umformen:

$$B(t) = 12\,000 \cdot 1{,}1^t = 12\,000 \cdot e^{\ln 1{,}1 t}$$

Dabei ist $\ln 1{,}1 = 0{,}0953$ die effektive Wachstumsrate, die dazu führt, dass am Ende eines Zeitraums von hier einem Jahr tatsächlich 10 % mehr Personen in Brame wohnen.

## AUFGABEN

**1** Zeichnen Sie zu den Graphen der gegebenen e-Funktionen die Umkehrfunktionen in ein Koordinatenkreuz.

a) $f(x) = e^x$
b) $f(x) = e^{2x}$
c) $f(x) = 2e^x$
d) $f(x) = e^{-x}$
e) $f(x) = 0{,}5e^{-2x}$
f) $f(x) = -2e^x$

**2** Bestimmen Sie zu den gegebenen e-Funktionen jeweils die zugehörige Umkehrfunktion ($x > 0$).

a) $f(x) = e^x$
b) $f(x) = e^{2x}$
c) $f(x) = 2e^x$
d) $f(x) = e^{-x}$
e) $f(x) = 0{,}5e^{-2x}$
f) $f(x) = -2e^x$

**3** Die Bevölkerung einer Großstadt wächst stetig, sodass die Einwohnerzahl am Ende eines Jahres insgesamt um 4 % angestiegen ist ($i_{eff} = 0{,}04$). Die Funktion B, die in Abhängigkeit von der Zeit t (in Jahren) die Einwohnerzahl der Stadt abbildet, hat die Gleichung $B(t) = 224\,540 \cdot e^{i \cdot t}$.

a) Bestimmen Sie den Parameterwert für $i$.
b) Geben Sie die Einwohnerzahl der Großstadt zum jetzigen Zeitpunkt ($t = 0$) an.
c) Ermitteln Sie die Einwohnerzahl nach zwei (drei, fünf, zehn) Jahren.
d) Bestimmen Sie den Zeitpunkt, zu dem sich die Einwohnerzahl der Stadt verdoppelt hat.

**4** Vor einigen Jahren brach in einer größeren Stadt eine Grippeepidemie aus, bei der die Gesamtanzahl der Krankheitsfälle pro Woche effektiv um 5 % anstieg. Erst nach acht Wochen konnte erstmalig kein exponentielles Wachstum mehr festgestellt werden. Die Gesamtanzahl der Grippeerkrankten während dieser Zeit kann in Abhängigkeit von der Zeit (in Wochen) durch eine e-Funktion der Form $A(t) = 1500 \cdot e^{i \cdot t}$ beschrieben werden.

a) Bestimmen Sie die Anzahl der Erkrankten zu Beginn der Epidemie.
b) Ermitteln Sie die Funktionsgleichung von $A$.
c) Bestimmen Sie die Anzahl der Grippeerkrankten nach vier Wochen.
d) Bestimmen Sie den Zeitpunkt, zu dem die Gesamtanzahl der Erkrankten auf 1800 Personen angestiegen war.

**5** Der Getränkehersteller Quellfrisch produziert seit Kurzem die Biersorte Quellfrisch FREE 2.0, bei der der Bierschaum unter optimalen Bedingungen pro Minute 24 % seiner Höhe abbaut.

a) Erläutern Sie im Sachzusammenhang, was die effektive Zerfallsrate bedeutet.
b) Berechnen Sie die nominelle Zerfallsrate für den Bierschaumabbau.
c) Bestimmen Sie eine e-Funktion, die die Bierschaumhöhe (angefangen bei 10 cm) in Abhängigkeit von der Zeit $t$ (in Minuten) abbildet.
d) Berechnen Sie die Bierschaumhöhe nach genau 2 Minuten (3,5 Minuten, $5\frac{1}{3}$ Minuten).
e) Berechnen Sie den Zeitpunkt, zu dem die Bierschaumhöhe nur noch halb so groß wie zu Beginn ist.

### 1.5.3 Wachstumsarten

Die Verwendungsmöglichkeiten der e-Funktion sind vielfältig. Neben vielen technischen Aspekten können auch ökonomische und andere gesellschaftliche Problemstellungen mithilfe einer exponentiellen Funktion, insbesondere der e-Funktion, modelliert und zu einem Ergebnis geführt werden. In den vorangegangenen Lernsituationen ist jeweils das Bevölkerungswachstum eines Stadtteils betrachtet worden, wobei immer ein exponentielles Wachstum unterstellt wurde. In der Realität kann sich ein solches Wachstum aber durchaus irgendwann in ein Wachstum ändern, das auf eine Sättigungsgrenze stößt. Dies ist zum Beispiel bei einem Bevölkerungswachstum der Fall, bei dem nur eine begrenzte Fläche für eine Ansiedlung genutzt werden kann.

In den folgenden beiden Lernsituationen werden zwei unterschiedliche Wachstumsarten vorgestellt.

## Lernsituation: Eine Tasse mit besonderen Eigenschaften

Das Lambo-Institut aus einer rheinland-pfälzischen Großstadt testet bei neuen Produkten, ob diese die vom jeweiligen Hersteller gemachten Versprechen auch erfüllen. Aktuell untersucht ein Team des Lambo-Instituts eine neuartige Thermo-Kaffeetasse, die den Abkühlungsprozess des heißen Getränks laut Hersteller erheblich hinauszögert. Diese Eigenschaft erkennt das Institut dann an, wenn die Temperatur des Getränkes innerhalb der ersten zehn Minuten um höchstens 14 % im Vergleich zur Anfangstemperatur gesunken ist.

Unter Berücksichtigung einer Standardraumtemperatur von 22 °C führte das Team im Institut ein Experiment durch, das zu folgenden Messwerten führte:

| **Zeit in Minuten** | 0 | 20 | 30 | 60 | 90 | 120 | 180 |
|---|---|---|---|---|---|---|---|
| **Temperatur in °C** | 82 | 62,2 | 54,9 | 40,1 | 31,9 | 27,4 | 23,6 |

Das Team hat die Messergebnisse im Anschluss an das Experiment weiter ausgewertet. Unter der Annahme einer Funktionsgleichung vom Typ $f(t) = g - a \cdot e^t$ wurde für die Funktion $T$, die in Abhängigkeit von der Zeit (in Minuten) die Temperatur in °C angibt, die Gleichung $T(t) = 22 + 60 \cdot e^{-0{,}02t}$ ermittelt.

a) Zeigen Sie durch Punktproben, dass die ermittelte Funktion $T$ eine gute Annäherung an die Messwerte darstellt.

b) Zeichnen Sie den Graphen von $T$ in $[0; 180]$.

c) Interpretieren Sie im Sachzusammenhang, was die Parameter $g = 22$ und $b = e^{-0{,}02}$ bedeuten.

d) Beurteilen Sie, ob das Institut dem Produkt die isolierenden Eigenschaften anerkennt.

## Lösungen

a) Die gegebene Tabelle wird um die Funktionswerte von $T$ erweitert:

| **Zeit in Minuten** | 0 | 20 | 30 | 60 | 90 | 120 | 180 |
|---|---|---|---|---|---|---|---|
| **Temperatur in °C** | 82 | 62,2 | 54,9 | 40,1 | 31,9 | 27,4 | 23,6 |
| $T(t)$[18] | 82 | 62,2192 | 54,9287 | 40,0717 | 31,9179 | 27,4431 | 23,6394 |

Die Punktproben zeigen, dass die Funktion $T$ mit $T(t) = 22 + 60 \cdot e^{-0{,}02t}$ eine gute Annäherung an die Messwerte darstellt.

b)

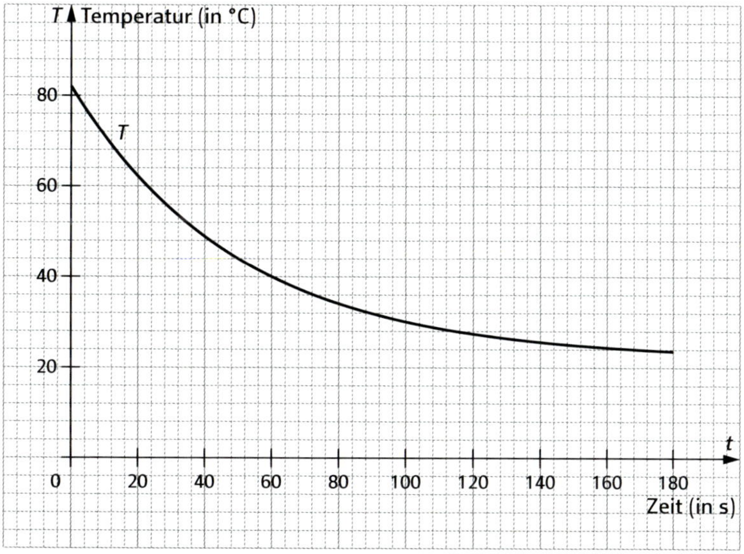


c) Der Parameter $g = 22$ ist die sogenannte Sättigungsgrenze, unter die die Temperatur des Kaffees nicht sinken wird. Dies könnte an der umgebenden Raumtemperatur liegen, in der das Experiment stattgefunden hat.

Der Parameter $b = e^{-0{,}02}$ stellt, wie in Unterkapitel 1.5.2 bereits festgestellt wurde, ein stetiges Wachstum dar. Der negative Exponent deutet darauf hin, dass hier statt einer Zunahme eine Abnahme stattfindet. Bezogen auf die Situation ist der Exponent $-0{,}02$ ein Hinweis auf die nominelle Zerfallsrate, d. h., die Temperatur des Getränks nimmt nominell um 2 % pro Minute ab. Effektiv ist die Abnahme durch $i_{eff} = 1 - e^{-0{,}02} = 0{,}0198$ gegeben, d. h. stetig nimmt die Temperatur um 1,98 % ab.

[18] Zur Verdeutlichung der Messwerte und der Funktionswerte von $T$ wurden letztere auf vier Stellen nach dem Komma gerundet.

d) Die Temperatur des Kaffees nach zehn Minuten beträgt $T(10) = 22 + 60 \cdot e^{-0,02 \cdot 10}$ $= 71,1238\,°C$. Die anfängliche Getränketemperatur war 82 °C, d. h., die Temperatur nahm innerhalb der ersten zehn Minuten um $1 - \frac{71,1238}{82} = 0,1326 \mathrel{\hat{=}} 13,26\,\%$ ab. Innerhalb der ersten zehn Minuten ist die Temperatur des Getränks im Vergleich zur Anfangstemperatur also um weniger als 14 % gesunken; die Eigenschaft kann damit vom Institut anerkannt werden.

Im Unterschied zur exponentiellen Abnahme in Kapitel 5 im *Lernbaustein 1* gibt es bei der Abnahme in der Lernsituation „Eine Tasse mit besonderen Eigenschaften" eine Sättigungsgrenze $g$, die nicht zwangsläufig 0 ist. Entsprechend ist der Graph der beschriebenen Funktion $T$ gegenüber einem Graphen mit exponentieller Abnahme lediglich um $g$ Einheiten parallel in $y$-Richtung verschoben.

Offen bleibt in der Lernsituation, was der Parameter $a$ in Bezug auf die Temperaturabnahme aussagt. Betrachtet man beispielhaft den Zeitpunkt $t = 0$, so stellt $a = 60$ die Differenz zwischen der hier höchsten Temperatur und der Zimmertemperatur (22 °C) dar. Dieses „Manko"[19] nimmt pro Sekunde nominell um 2 % ab.

Dieser Zusammenhang wird in der folgenden Definition festgehalten:

### Definition: Begrenzte Abnahme

Eine in $D = \mathbb{R}$ definierte Funktion $f$ mit $f(x) = g + a \cdot b^x$ ($a > 0$, $0 < b < 1$, $g \in \mathbb{R}$) beschreibt eine begrenzte Abnahme.

Der Wert $g$ heißt **Sättigungsgrenze**,

die Differenz $f(x_0) - g = a \cdot b^{x_0}$ heißt **Sättigungsmanko** an der Stelle $x_0$.

Der Abkühlungsprozess ist wie gezeigt eine begrenzte Abnahme, die sich durch eine Funktion der Form $f(x) = g + a \cdot b^x$ darstellen lässt. Nun gibt es aber auch (natürliche) Prozesse, die eine begrenzte Zunahme darstellen. Wie anfangs erwähnt beschreibt beispielsweise das Bevölkerungswachstum eines Stadtteils von Koblenzia eine Zunahme, die nach oben hin begrenzt ist.

Ein solches Wachstum findet man auch in technischen Anwendungsbereichen; eines davon soll nun in der folgenden Lernsituation näher untersucht werden.

[19] Manko (lat.) = Fehlbetrag

## Lernsituation: Spannungsaufbau bei einem Kondensator

Das Lambo-Institut aus Rheinland-Pfalz hat den Auftrag erhalten, einen neuartigen Kondensator in Bezug auf seine Speicherfähigkeit zu untersuchen.

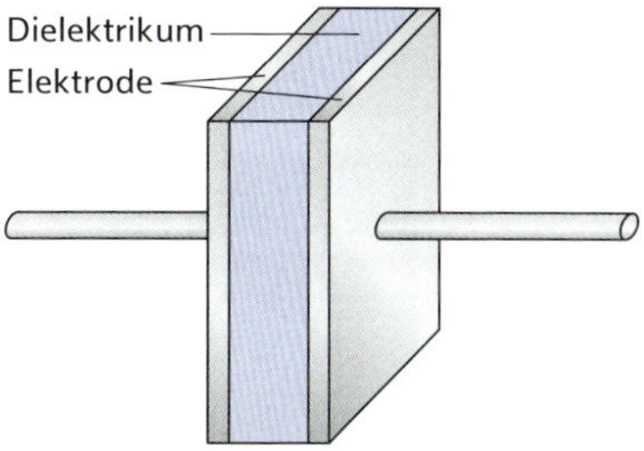


Ein Kondensator ist ein Bauelement, mit dem man kurzzeitig elektrische Ladung speichern kann. Im Wesentlichen besteht ein Kondensator aus zwei elektrisch leitfähigen Elektroden, die durch ein isolierendes Dielektrikum voneinander getrennt sind.

Legt man an einem Kondensator mit Vorwiderstand eine Gleichspannung an, so fließt ein elektrischer Strom, der die Elektroden gegenpolig auflädt. Im Kondensator stellt sich auf diese Weise eine stetig zunehmende Spannung $U$ ein. Wird diese Spannung größer, wird auch der Widerstand des Kondensators größer. Daher kann dieser nur bis zu einer bestimmten maximalen Spannung aufgeladen werden.

Die verantwortlichen Mitarbeiter des Lambo-Instituts führen ein Experiment durch, um die Speicherfähigkeit des neuen Kondensators zu testen. Dabei messen sie mit zunehmender Zeit die Spannung $U$ in Relation zur maximalen Speicherkapazität $U_{max}$ und erhalten die folgenden Messergebnisse:

| **Zeit in Zeitkonstanten**[20] | 0 | 1 | 2 | 3 | 4 | 5 |
|---|---|---|---|---|---|---|
| **Spannung $U$ in % zu $U_{max}$** | 0 | 63 | 86,3 | 94,9 | 98,1 | 99,3 |

Die Experten ermitteln zu ihren Messergebnissen eine Funktion $U$, die in Abhängigkeit von der Zeitkonstanten die Spannung in Relation zur maximalen Speicherkapazität abbildet. Die Funktionsgleichung von $U$ geben sie mit $U(t) = 100 - 100 \cdot 0{,}37^t$ an. Das Lambo-Institut bescheinigt dem Produkt eine standardgemäße Ausführung, wenn innerhalb der ersten sechs Zeitkonstanten die Spannung $U$ mindestens 99,7 % von $U_{max}$ beträgt.

a) Zeigen Sie durch eine Punktprobe, dass die ermittelte Funktion $U$ eine gute Annäherung an die Messwerte darstellt.

b) Bestätigen Sie mit den Daten $U(0) = 0$, $U(1) = 63$ sowie mit der oberen Grenze $g = 100$ die Funktionsgleichung von $U$.

c) Zeichnen Sie den Graphen von $U$ in $[0; 5]$.

d) Beschreiben Sie, was der Wert $b = 0{,}37$ im Sachzusammenhang bedeutet.

e) Beurteilen Sie, ob das Lambo-Institut dem Produkt die standardgemäße Ausführung bescheinigt.

[20] Die Ladezeit des Kondensators ist lediglich von der Größe des Kondensators und der Größe des Widerstandes abhängig. Das Produkt beider konstanten Größen wird als Zeitkonstante festgelegt.

## Lösungen

a) Für die Punktprobe soll die gegebene Tabelle genutzt und um die Funktionswerte von $U$ erweitert werden. Letztere werden zur Unterscheidung bis auf vier Stellen nach dem Komma gerundet.

| **Zeit in Zeitkonstanten** | 0 | 1 | 2 | 3 | 4 | 5 |
|---|---|---|---|---|---|---|
| **Spannung $U$ in % zu $U_{max}$** | 0 | 63 | 86,3 | 94,9 | 98,1 | 99,3 |
| **$U(t)$** | 0 | 63 | 86,31 | 94,9347 | 98,1258 | 99,3066 |

Im punktuellen Vergleich ist zu erkennen, dass die Funktion $U$ mit $U(t) = 100 - 100 \cdot 0{,}37^t$ eine gute Annäherung an die Messwerte darstellt.

b) Die Funktion $U$ scheint laut Vorgabe vom Typ $U(t) = g - a \cdot b^t$ zu sein. Setzt man nun die drei Informationen aus der Lernsituation entsprechend in die allgemeine Funktionsgleichung ein, erhält man folgende Gleichungen:

$$\mathrm{U}(0) = 0 \overset{g=100}{\Rightarrow} 0 = 100 - a \cdot b^0$$

$$\mathrm{U}(1) = 63 \Rightarrow 63 = 100 - a \cdot b^1$$

Aus der ersten Gleichung erhält man aus $0 = 100 - a \cdot 1$ den Parameter $a = 100$. Setzt man diesen in die zweite Gleichung ein, folgt daraus: $63 = 100 - 100 \cdot b^1$. Die folgenden Äquivalenzumformungen führen zum gesuchten Parameter $b$:

$$63 = 100 - 100 \cdot b^1 \quad | - 100$$

$$-37 = -100b \quad | : (-100)$$

$$b = \frac{37}{100} = 0{,}37$$

Somit ist die Funktionsgleichung von $U$ durch $U(t) = 100 - 100 \cdot 0{,}37^t$ gegeben.

c)

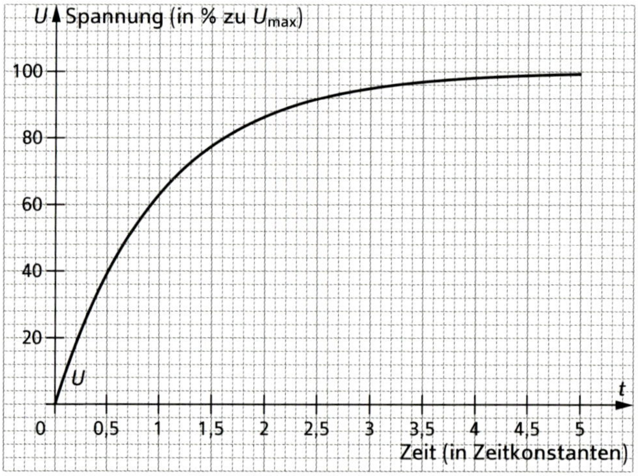

d) Im Sachzusammenhang beschreibt der Wert $b = 0{,}37$, dass von einer Zeitkonstanten zur nächsten 37 % vom Manko zur maximalen Speicherkapazität $U_{max}$ abgebaut wird.

e) Das Lambo-Institut bescheinigt dem Produkt eine standardgemäße Ausführung, wenn innerhalb der ersten sechs Zeitkonstanten die Spannung $U$ mindestens 99,7 % von $U_{max}$ beträgt. Laut der ermittelten Funktion $U$ mit $U(t) = 100 - 100 \cdot 0{,}37^t$ gilt: $U(6) = 99{,}7434$, d. h. nach den ersten sechs Zeitkonstanten beträgt die Spannung $U$ sogar mehr als 99,7 % von $U_{max}$, nämlich 99,7434 %. Das Institut muss demnach dem Produkt die standardgemäße Ausführung bestätigen.

Die Gleichung von $U$ lässt sich auch durch $U(t) = 100 - 100 \cdot e^{\ln 0{,}37 t}$ angegeben.

Am Graphen von $U$ in der Lernsituation ist erkennbar, dass bei dem Aufladen des Kondensators eine Zunahme der Speicherladung zu verzeichnen ist, diese aber nach oben hin begrenzt ist. Diese Erkenntnis wird in der folgenden Definition festgehalten:

## Definition: Begrenzte Zunahme

Eine in $D = \mathbb{R}$ definierte Funktion $f$ mit $f(x) = g - a \cdot b^x$ ($a > 0$, $0 < b < 1$, $g \in \mathbb{R}$) beschreibt eine begrenzte Zunahme.

Der Wert $g$ heißt **Sättigungsgrenze**, die Differenz $g - f(x_0) = a \cdot b^{x_0}$ heißt Sättigungsmanko an der Stelle $x_0$.

In der folgenden Tabelle werden die begrenzte Zunahme (linke Spalte) und die begrenzte Abnahme (rechte Spalte) einander beispielhaft gegenübergestellt.

<table>
<tr><th>Begrenzte Zunahme: $f(x) = g - a \cdot b^x$</th><th>Begrenzte Abnahme: $f(x) = g + a \cdot b^x$</th></tr>
<tr><td>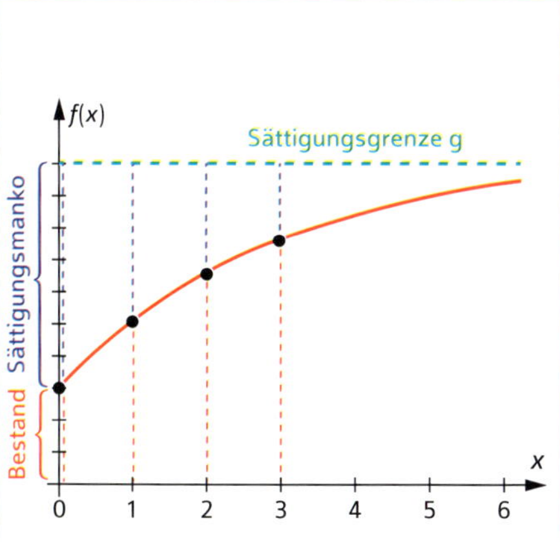</td><td>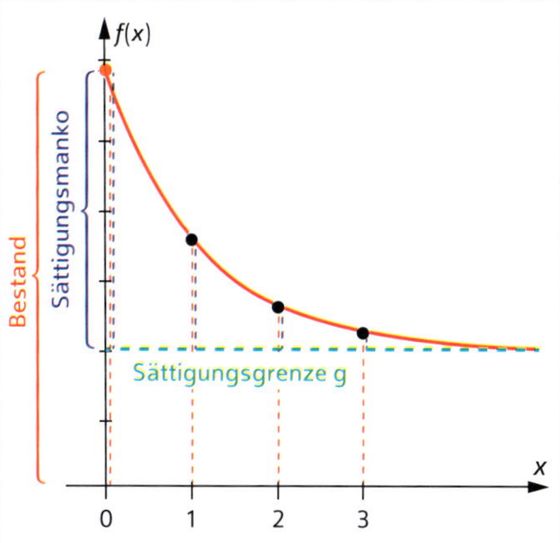</td></tr>
<tr><td>Sättigungsgrenze $g$ > Anfangsbestand $f(0)$</td><td>Sättigungsgrenze $g$ < Anfangsbestand $f(0)$</td></tr>
</table>

## AUFGABEN

**1** Zeichnen Sie in ein Koordinatenkreuz die Graphen der folgenden Funktionen in $D = [0; 5]$.

a) $f(x) = 4 - 0{,}5^x$
b) $f(x) = 2 + 0{,}5^x$
c) $f(x) = 5 - 2 \cdot 0{,}8^x$
d) $f(x) = 8 + 4 \cdot 0{,}25^x$
e) $f(x) = 10 - 5 \cdot 0{,}75^x$
f) $f(x) = 3 + 2 \cdot 0{,}4^x$

**2** Begründen Sie, ob es sich bei den folgenden Wachstumsfunktionen um eine begrenzte Zunahme oder um eine begrenzte Abnahme handelt.

a) $f(x) = 20 - 10 \cdot 0{,}9^x$
b) $f(x) = 20 + 10 \cdot 0{,}9^x$
c) $f(x) = -10 \cdot 0{,}5^x$
d) $f(x) = 240 + 100 \cdot e^{-x}$
e) $f(x) = 112 - 10 \cdot 0{,}75^x$
f) $f(x) = 2 + 10 \cdot e^{-0{,}5x}$

**3** Ermitteln Sie jeweils die Gleichung der begrenzten Wachstumsfunktionen (begrenzte Zunahme, begrenzte Abnahme), wenn folgende Daten bekannt sind:

a) $f(0) = 2, f(1) = 4, g = 12$
b) $f(0) = 4, f(2) = 5, g = 54$
c) $f(0) = 8, f(1) = 6, g = 2$
d) $f(0) = 10, f(2) = 9, g = 4$
e) Das Sättigungsmanko zum Zeitpunkt $t = 0$ ist 3, zum Zeitpunkt $t = 1$ beträgt es 2,5. Die Sättigungsgrenze liegt bei $g = 0{,}5$.
f) Das Sättigungsmanko zum Zeitpunkt $t = 0$ ist 6, zum Zeitpunkt $t = 1$ beträgt es 9. Die Sättigungsgrenze liegt bei $g = 21$.

**4** Ein Erfrischungsgetränk hatte beim Herausholen aus dem Kühlschrank noch eine Temperatur von 8 °C. Bereits nach einer Minute ließ sich an dem sonnigen Sommertag (33 °C) eine Temperaturzunahme um 1 °C feststellen.

a) Begründen Sie, ob es sich bei der Temperaturveränderung des Erfrischungsgetränks um eine begrenzte Zunahme oder um eine begrenzte Abnahme handelt.
b) Bestimmen Sie die Funktion $T$, die in Abhängigkeit von der Zeit (in Minuten) die Temperatur (in °C) abbildet.
c) Bestimmen Sie den Zeitpunkt, an dem die Temperatur des Getränks bei 21 °C liegt.

**5** An einem Kondensator mit Vorwiderstand wird eine Gleichspannung angelegt. Die stetig zunehmende Spannung $U$ erreicht ihr Maximum bei $U_{max} = 10$ Volt. Die Anfangsspannung betrug $U_0 = 1$ Volt, eine Zeitkonstante später betrug die Spannung bereits $U_1 = 1{,}45$ Volt.

a) Begründen Sie, ob es sich bei dem dargestellten Sachverhalt um eine begrenzte Zunahme oder um eine begrenzte Abnahme handelt.
b) Bestimmen Sie die Funktion U, die in Abhängigkeit von der Zeit die im Kondensator vorhandene Spannung abbildet.
c) Bestimmen Sie den Zeitpunkt, an dem die Spannung 6,425 Volt beträgt.

## 1.5.4 Zusammenfassung

- Eine Zuordnung $f$ der Form $f\colon x \mapsto a \cdot b^x$, $a \neq 0$, $b > 0$, heißt **Exponentialfunktion**. Der Wert $b$ wird als Basis bezeichnet, $a = f(0)$ ist der Anfangswert. Der Graph einer Exponentialfunktion heißt Exponentialkurve.
- Für eine Exponentialfunktion $f$ der Form $f\colon x \mapsto a \cdot b^x$, $a \neq 0$, mit $b = 1 + i$ beschreibt
  - der Parameter $i$ für $-1 < i < 0$ einen **Zerfallsprozess**; $i$ heißt Zerfallsrate.
  - der Parameter $i$ für $i > 0$ einen **Wachstumsprozess**; $i$ heißt Wachstumsrate.
- Die Wachstumsrate, die für einen festgesetzten Zeitraum ein einmaliges Wachstum generiert, wird als $i_{nom}$ bezeichnet und heißt **nominelle Wachstumsrate**.

  Die Wachstumsrate $i_{eff} = \left(1 + \frac{i_{nom}}{100 \cdot m}\right)^m - 1$, die tatsächlich am Ende des Jahres die Wachstumsrate angibt, die durch die Aufteilung des Zeitraumes in $m$ Zeitintervalle auftritt, heißt **effektive Wachstumsrate**. Für $m \to \infty$ spricht man von einem stetigen Wachstum.
- Die nach dem Schweizer Mathematiker Leonhard Euler benannte Zahl e = 2,7182818… heißt **eulersche Zahl** und ist eine irrationale reelle Zahl.

  Man erhält die eulersche Zahl als Grenzwert: : $\lim\limits_{n \to \infty} \left(1 + \frac{1}{n}\right)^n = \mathrm{e}$
- Eine exponentielle Funktion $f$ mit $f(x) = \mathrm{e}^x$ heißt **e-Funktion**. Man schreibt auch $f(x) = \exp(x)$.
- Der **Logarithmus** einer Zahl $b$ zur Basis e ist derjenige Exponent, mit dem man die eulersche Zahl e potenzieren muss, um $b$ zu erhalten. Man schreibt:

  $\ln b = x$, wenn $\mathrm{e}^x = b$ ($b \in \mathbb{R}^*_+$, $x \in \mathbb{R}$)
  Man sagt: $\ln b$ ist der **natürliche Logarithmus**[21] von $b$.
- Eine Funktion $f$ mit $f(x) = a \cdot b^x$ ($b \in \mathbb{R}^*_+$, $a, x \in \mathbb{R}$) lässt sich auch darstellen durch: $f(x) = a \cdot \mathrm{e}^{(\ln b) \cdot x}$
- Eine in $D = \mathbb{R}$ definierte Funktion $f$ mit $f(x) = g + a \cdot b^x$ ($a > 0$, $0 < b < 1$, $g \in \mathbb{R}$) beschreibt eine **begrenzte Abnahme**.
  Der Wert $g$ heißt **Sättigungsgrenze**.
  Die Differenz $f(x_0) - g = a \cdot b^{x_0}$ heißt **Sättigungsmanko** an der Stelle $x_0$.

[21] Lateinisch: logarithmus naturalis

- Eine in $D = \mathbb{R}$ definierte Funktion $f$ mit $f(x) = g - a \cdot b^x$ ($a > 0$, $0 < b < 1$, $g \in \mathbb{R}$) beschreibt eine **begrenzte Zunahme**.
  Der Wert $g$ heißt **Sättigungsgrenze**.
  Die Differenz $g - f(x_0) = a \cdot b^{x_0}$ heißt **Sättigungsmanko** an der Stelle $x_0$.

## 1.5.5 Vermischte Aufgaben

**1** Zeichnen Sie die Graphen folgender Exponentialfunktionen sowie die Graphen der zugehörigen Umkehrfunktionen in ein Koordinatenkreuz in $D(f) = [-2; 3]$.

a) $f(x) = 0{,}5^x$
b) $f(x) = 2\,e^x$
c) $f(x) = 0{,}75\,e^x$
d) $f(x) = 2\,e^{-x}$
e) $f(x) = -e^{0{,}5x}$
f) $f(x) = -2\,e^{-x}$

**2** Zeichnen Sie die Graphen folgender Funktionen in $D(f) = [-3; 3]$ und beurteilen Sie, ob ein begrenzter Zuwachs oder eine begrenzte Abnahme vorliegt.

a) $f(x) = 2 + 2 \cdot 0{,}5^x$
b) $f(x) = 2 - 2 \cdot 0{,}5^x$
c) $f(x) = 3 + 1 \cdot 0{,}75^x$
d) $f(x) = 4 - 0{,}5 \cdot 0{,}5^x$
e) $f(x) = 5 - 1{,}5 \cdot 0{,}25^x$
f) $f(x) = 8 + 4 \cdot 0{,}5^x$

**3** Ermitteln Sie jeweils die Gleichung der begrenzten Wachstumsfunktionen (begrenzte Zunahme, begrenzte Abnahme), wenn folgende Daten bekannt sind:

a) $f(0) = 1$, $f(1) = 2$, $g = 11$
b) $f(0) = 5$, $f(2) = 8$, $g = 45$
c) $f(0) = 6$, $f(1) = 4$, $g = 2$
d) $f(0) = 12$, $f(2) = 4$, $g = 4$
e) Das Sättigungsmanko zum Zeitpunkt $t = 0$ ist 5, zum Zeitpunkt $t = 1$ beträgt es 2,5. Die Sättigungsgrenze liegt bei $g = 1$.
f) Das Sättigungsmanko zum Zeitpunkt $t = 0$ ist 4, zum Zeitpunkt $t = 1$ beträgt es 6. Die Sättigungsgrenze liegt bei $g = 18$.

**4** Die Einwohnerzahl von Boomtaun wächst mit einer nominellen Wachstumsrate von 5 % p. a. Mit dem heutigen Tag hat die Stadt 12 100 Einwohner.

a) Bestimmen Sie die Einwohnerzahl von Boomtaun nach einem Jahr, wenn von einem einmaligen Zuwachs pro Jahr auszugehen ist.
b) Bestimmen Sie die Einwohnerzahl von Boomtaun nach einem Jahr (360 Tagen), wenn von einem halbjährlichen (monatlichen, täglichen) Zuwachs im Jahr ausgegangen werden kann.
c) Ermitteln Sie die Funktion $B$, die in Abhängigkeit von der Zeit $t$ (in Jahren) die Einwohnerzahl von Boomtaun angibt unter der Voraussetzung eines stetigen Wachstums.

**5** Für ein festangelegtes Kapital in Höhe von 1000,00 € erhält Julia Kühn einen Zinssatz von $i_{\text{nom}} = 0{,}02$ p. a. Jedes Vierteljahr werden Frau Kühn die Zinsen ausgezahlt, die zur weiteren Verzinsung des Kapitels auf dem Konto zur Verfügung stehen.

a) Berechnen Sie das Kapital von Frau Kühn nach dem ersten Vierteljahr.
b) Berechnen Sie das Kapital von Frau Kühn nach einem Jahr.
c) Berechnen Sie das Kapital nach zwei Jahren.
d) Beurteilen Sie, ob die Funktion $K$ mit $K(t) = 1000 \cdot e^{0{,}02t}$ eine gute Annäherung für den Sachverhalt darstellt.

**6** Eine Hefekultur (4 $dm^3$) wächst nominell um 3 % pro Minute.

a) Bestimmen Sie unter der Bedingung eines stetigen Wachstums eine Funktion, die in Abhängigkeit von der Zeit (in Minuten) die Größe der Hefekultur abbildet.
b) Bestimmen Sie mit der in Teilaufgabe a) ermittelten Funktion die Größe der Hefekultur nach $\frac{1}{2}$ Minute.
c) Berechnen Sie die Zeit, die notwendig ist, damit die Hefekultur eine Größe von 15 $dm^3$ erreicht hat.

**7** Frau Günther ist eine leidenschaftliche Teetrinkerin und auf der Suche nach der perfekten Trinktemperatur ihres Lieblingsgetränks. Während eines ihrer Experimente sank die Temperatur des Tees innerhalb einer Minute von 55 °C auf 50 °C. Die Umgebungstemperatur betrug 25 °C.

a) Bestimmen Sie die Funktion $T$, die in Abhängigkeit von der Zeit (in Minuten) die Temperatur des Tees (in °C) abbildet.
b) Ermitteln Sie die Temperatur des Tees (in °C) nach fünf Minuten.
c) Bestimmen Sie den Zeitpunkt, an dem der Tee eine Temperatur von 40 °C hat.
d) Begründen Sie, warum der Tee nicht kälter als 25 °C werden kann.

**8** An einem Kondensator mit Vorwiderstand wird eine Gleichspannung angelegt. Die stetig zunehmende Spannung $U$ erreicht ihr Maximum bei $U_{max} = 16$ Volt. Die Anfangsspannung betrug $U_0 = 4$ Volt, eine Zeitkonstante später betrug die Spannung bereits $U_1 = 5$ Volt.

a) Begründen Sie, ob es sich bei dem dargestellten Sachverhalt um eine begrenzte Zunahme oder um eine begrenzte Abnahme handelt.
b) Bestimmen Sie die Funktion $U$, die in Abhängigkeit von der Zeit die im Kondensator vorhandene Spannung abbildet.
c) Bestimmen Sie den Zeitpunkt, an dem die Hälfte von $U_{max}$ erreicht ist.

# 2 Differenzialrechnung

In der Differenzialrechnung wird die Steigung von Funktionen untersucht. Das scheint zunächst wenig relevant für die Lösung von (alltäglichen) Problemstellungen, entpuppt sich jedoch als vielschichtiges Thema mit Anwendungsmöglichkeiten in den verschiedensten Bereichen: Denn die Steigung einer Funktion ist ein zentraler Schlüssel, um auf viele Eigenschaften einer Funktion schließen zu können. So lassen sich mithilfe der Steigung einer Funktion zum Beispiel ihre Extremstellen, also die Hoch- und Tiefpunkte, bestimmen. Hier liegen die Einsatzmöglichkeiten nahe: Bei einer Gewinnfunktion kann so auf das Gewinnmaximum, bei einer Stückkostenfunktion auf die optimalen Stückkosten geschlossen werden.

In diesem Kapitel wird zunächst die durchschnittliche Steigung einer Funktion in einem Intervall untersucht; danach steht die momentane Steigung an einer Stelle im Fokus. Im Anschluss werden einige Regeln vorgestellt, die helfen, zu einer gegebenen Funktionsgleichung die Steigungsfunktion zu ermitteln.

Nach dem Bearbeiten dieses Kapitels sind Sie in der Lage

- die Ableitung einer Funktion als lokale Änderungsrate aufzufassen und als Grenzwert des Differenzenquotienten herzuleiten,
- Funktionen hinsichtlich Stetigkeit und Differenzierbarkeit zu beurteilen und
- Ableitungsregeln für ganzrationale, trigonometrische und Exponentialfunktionen anzuwenden.

## 2.1 Durchschnittliche und lokale Änderungsrate

Bei linearen Funktionen wurden der Steigungsbegriff und das Steigungsdreieck bereits eingeführt (siehe *Lernbaustein 1*). Man erhält die Steigung $m$ einer linearen Funktion, indem man ein Steigungsdreieck an den Graphen zeichnet und den Höhenunterschied durch die Breite des Dreiecks dividiert.

Der Höhenunterschied wird allgemein mit $\Delta y$ („Delta $y$") und die Breite des Steigungsdreiecks mit $\Delta x$ („Delta $x$") bezeichnet. Der griechische Buchstabe Delta steht für „Differenz", hier eine Differenz zwischen $y$- bzw. $x$-Werten. Bei einer linearen Funktion hat der Quotient „Höhe geteilt durch Breite eines Steigungsdreiecks" immer denselben Wert. Daher wird in der allgemeinen Geradengleichung $y = m \cdot x + b$ der Faktor $m$ vor dem $x$ als Steigung der Geraden bezeichnet. In der Abbildung wird dies deutlich.

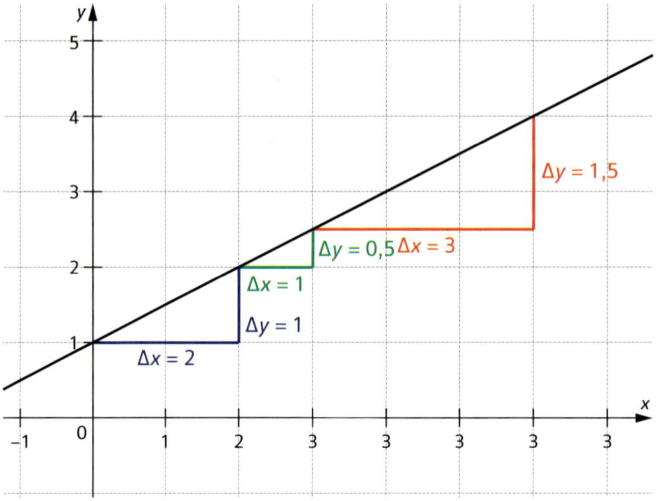


Bei dem abgebildeten Graphen ist für jedes Steigungsdreieck der Quotient aus Höhe und Breite gleich.

$$m = \frac{\Delta y}{\Delta x} = \frac{1}{2} = \frac{0,5}{1} = \frac{1,5}{3} = 0,5$$

Bei Geraden ist die Steigung des Funktionsgraphen demnach nicht abhängig von der Lage oder der Größe des Steigungsdreiecks, mit dem die Steigung ermittelt wird. Bei anderen Funktionen gilt dies nicht, wie die folgenden Abschnitte zeigen werden.

## 2.1.1 Die Sekantensteigung als durchschnittliche Änderungsrate

### Lernsituation: Halfpipe – Teil 1

Der Leiter der Jugendabteilung eines Sportvereins, Herr Hahn, möchte einen Rampenbausatz für eine Halfpipe anschaffen, um den jungen Sportlern eine neue Attraktion zu bieten.

Die untere Abbildung zeigt einen Querschnitt der Konstruktion. Die geschwungene Bahn wird dabei durch die Parabel $f(x) = 0{,}25x^2$ beschrieben.

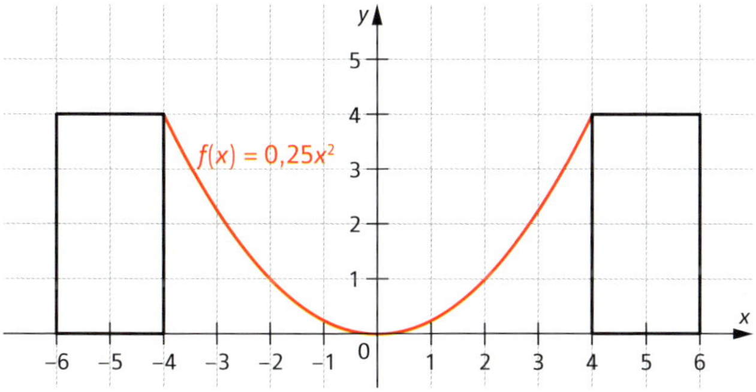


Herr Hahn fragt sich, wie steil die Rampen sind. Offensichtlich ist die Steigung abhängig von der Stelle bzw. dem Bereich, den man betrachtet. Zunächst geht es bis zum Fußpunkt bergab, danach steigt die Bahn wieder. Herr Hahn nimmt sich einige Abschnitte vor.

a) Berechnen Sie das durchschnittliche Gefälle der Bahn auf den ersten vier Metern, den ersten drei Metern, den ersten zwei Metern und auf dem ersten Meter.

b) Berechnen Sie die durchschnittliche Steigung der Bahn auf den zwei Metern nach dem Fußpunkt und auf den folgenden zwei Metern.

### Lösungen

a) und b)

In der folgenden Abbildung sind alle Steigungsdreiecke eingezeichnet.

Das dunkelgrüne Steigungsdreieck misst das Gefälle auf dem ersten Meter. Es beginnt im Punkt $(-4\,|\,4)$ und geht zum Punkt $(-3\,|\,f(-3)) = (-3\,|\,2{,}25)$, da $f(x) = 0{,}25x^2$ ist. Die Breite ist $\Delta x = 1$, die Höhe ist $\Delta y = 2{,}25 - 4 = -1{,}75$. Somit ist die durchschnittliche Steigung auf dem ersten Meter $m = \frac{\Delta y}{\Delta x} = -\frac{1{,}75}{1} = -1{,}75$.

Das rote Steigungsdreieck misst das Gefälle auf den ersten zwei Metern. Es beginnt ebenfalls im Punkt $(-4\,|\,4)$ und geht zum Punkt $(-2\,|\,f(-2)) = (-2\,|\,1)$. Die Breite ist $\Delta x = 2$, die Höhe ist $\Delta y = 1 - 4 = -3$. Somit ist die durchschnittliche Steigung auf den ersten zwei Metern $m = \frac{\Delta y}{\Delta x} = -\frac{3}{2} = -1{,}5$.

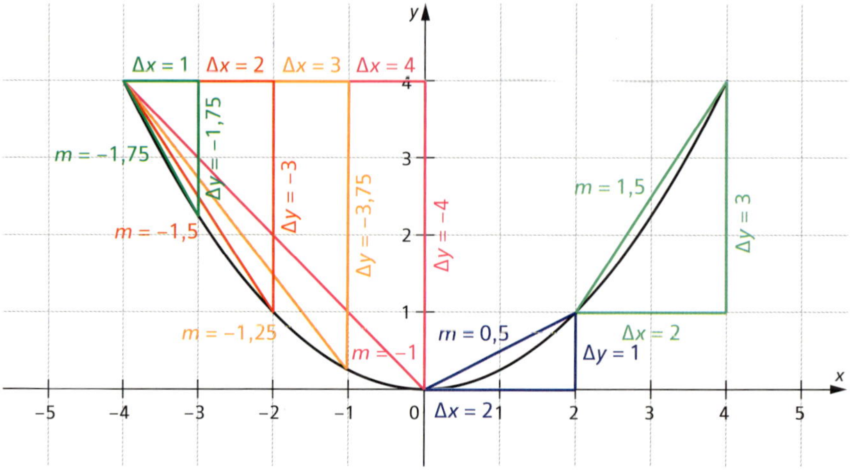


Analog hierzu können die anderen Steigungen ermittelt werden:

| | Startpunkt | Endpunkt | $\Delta y$ | $\Delta x$ | $m$ |
|---|---|---|---|---|---|
| Gefälle erster Meter (dunkelgrün) | (−4\|4) | (−3\|2,25) | −1,75 | 1 | −1,75 |
| Gefälle auf den ersten zwei Metern (rot) | (−4\|4) | (−2\|1) | −3 | 2 | −1,5 |
| Gefälle auf den ersten drei Metern (orange) | (−4\|4) | (−1\|0,25) | −3,75 | 3 | −1,25 |
| Gefälle auf den ersten vier Metern (magenta) | (−4\|4) | (0\|0) | −4 | 4 | −1 |
| Steigung nach dem Fußpunkt (blau) | (0\|0) | (2\|1) | 1 | 2 | 0,5 |
| Steigung im letzten Viertel der Bahn (grün) | (2\|1) | (4\|4) | 3 | 2 | 1,5 |

Man erkennt, dass der Funktionsgraph keine einheitliche Steigung hat. Der linke Ast der Parabel ist fallend, während der rechte Ast steigend ist. Der Steigungswert hängt aber nicht nur von der Position eines Steigungsdreiecks ab. Wie in Teilaufgabe a) der Lernsituation verdeutlicht, ergeben sich auch bei unterschiedlicher Größe der Steigungsdreiecke verschiedene Steigungsmaße. Da ein Steigungsdreieck immer die Steigung der Hypotenuse des Dreiecks angibt, kann man dabei nicht von der Steigung in einem Punkt, sondern nur von der **mittleren Steigung** in dem Intervall der $x$-Werte sprechen.

Verlängert man die Hypothenuse eines Steigungsdreiecks, so erhält man die Sekante. Eine **Sekante** ist eine Gerade, die eine Kurve in (mindestens) zwei Punkten schneidet.

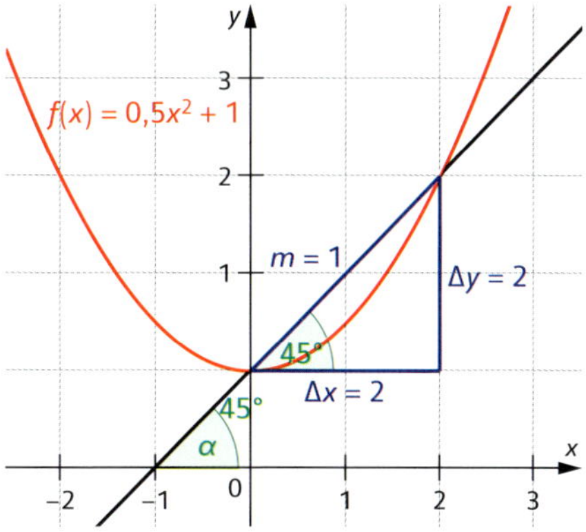


## Satz

Durch den Quotienten $m = \frac{\Delta y}{\Delta x}$ ermittelt man die **Steigung einer Sekante** des Graphen einer Funktion $f(x)$. Dabei ist $m$ der Tangens des Winkels $\alpha$ zwischen der Sekante und der positiven $x$-Achse:

$m = \tan\alpha$

Der Quotient $m = \frac{\Delta y}{\Delta x}$ ist die exakte Steigung der Sekante, jedoch die **durchschnittliche Steigung** des Graphen im Intervall zwischen den Schnittpunkten von Sekante und Funktionsgraph.

Um zur exakten Steigung einer Funktion an einer festen Stelle $x_0$ zu gelangen, wird ein Steigungsdreieck im Punkt $P(x_0|f(x_0))$ angesetzt. Es lässt sich erkennen, dass die Steigung der Sekante für verschiedene Werte von $\Delta x$ unterschiedliche Werte annimmt.

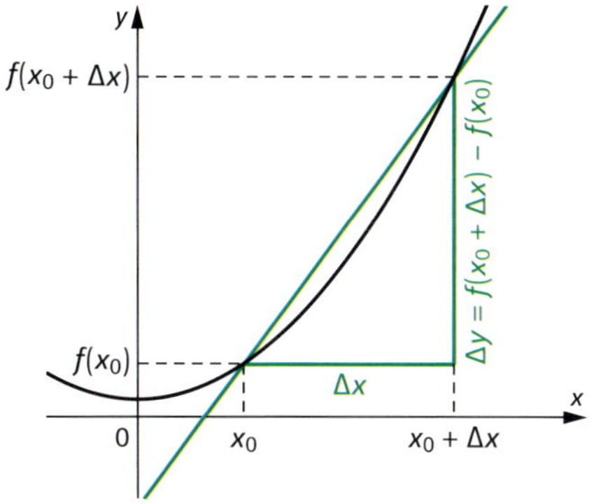


Mit den Bezeichnungen aus der Abbildung wird die **Sekantensteigung *m*** einer Funktion $f(x)$ an einer beliebigen, aber festen Stelle $x_0$ berechnet durch

$$m = \frac{\Delta y}{\Delta x} = \frac{f(x_0 + \Delta x) - f(x_0)}{\Delta x}.$$

## Definition

Der Quotient $m = \frac{\Delta y}{\Delta x} = \frac{f(x_0 + \Delta x) - f(x_0)}{\Delta x}$ zur Berechnung der Sekantensteigung $m$ einer Funktion $f(x)$ an einer Stelle $x_0$ mit der Intervallbreite $\Delta x$ heißt **Differenzenquotient**.

Der Wert des Differenzenquotienten einer Funktion $f(x)$ an einer Stelle $x_0$ hängt also auch von der gewählten Intervallbreite $\Delta x$ ab. Für verschiedene Intervallbreiten $\Delta x$ ergeben sich unterschiedliche Sekanten, also unterschiedliche Sekantensteigungen.

## AUFGABEN

**1** Berechnen Sie die durchschnittliche Steigung der Funktion $f(x) = x^3 - 4x^2 + 2x - 2$ in den folgenden Intervallen.

a) [1; 3]
b) [1; 4]
c) [1; 5]

**2** Bilden Sie den Differenzenquotienten der Funktion $f(x) = 2x^2 + 4x - 5$

a) an der Stelle $x_0 = 3$ mit $\Delta x = 2$,
b) an der Stelle $x_0 = -1$ mit $\Delta x = 1$,
c) an der Stelle $x_0 = -4$ mit $\Delta x = 3$.

**3** Die Abbildung zeigt das Streckenprofil der 12. Etappe der Tour de France 2016 von Montpellier zum Mont Ventoux. Auf der $x$-Achse sind die Streckenkilometer abgetragen, auf der $y$-Achse die Höhe der jeweiligen Orte über dem Meeresspiegel. Für einige Orte sind in blau die Koordinaten angegeben (Streckenkilometer|Höhe).

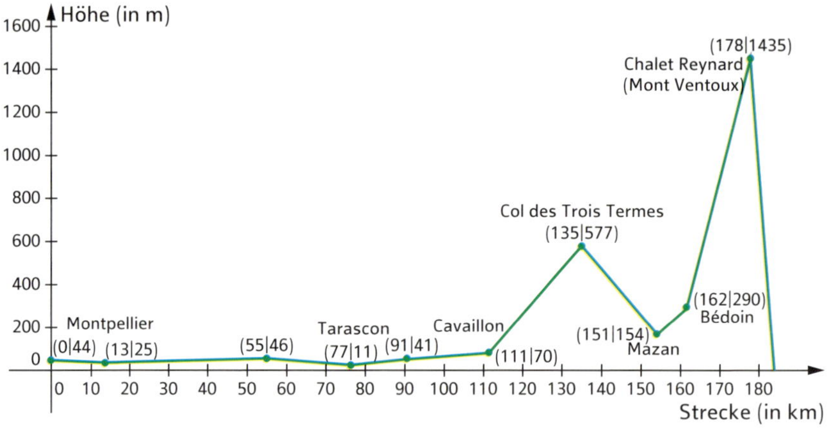


Berechnen Sie die durchschnittliche Steigung

a) der gesamten Etappe,
b) zwischen Cavallion und dem Col des Trois Termes,
c) auf den ersten 151 km,
d) zwischen dem Col des Trois Termes und Mazan sowie
e) auf dem steilsten angegebenen Teilstück.

Beispiel: Die Steigung zwischen Mazan und Bédoin beträgt:

$$m = \frac{290\,\text{m} - 154\,\text{m}}{162\,\text{km} - 151\,\text{km}} = \frac{136\,\text{m}}{11\,\text{km}} = \frac{136\,\text{m}}{11\,000\,\text{m}} = 0{,}01236 \approx 1{,}24\,\%.$$

**4** Bestimmen Sie die mittlere Änderungsrate der Funktionen in den angegebenen Intervallen.

| Funktion | Intervall [0; 1] | Intervall [0; 2] |
|---|---|---|
| $f(x) = x$ | | |
| $f(x) = x^2$ | | |
| $f(x) = e^x$ | | |
| $f(x) = e^{-x}$ | | |
| $f(x) = \sin x$ | | |

## 2.1.2 Die Tangentensteigung als lokale Änderungsrate

Im vorhergehenden Abschnitt wurde deutlich, dass beim Differenzenquotienten die Steigung einer Funktion $f(x)$ an einer Stelle $x_0$ von der gewählten Intervallbreite $\Delta x$ abhängt.

Wie ist aber die Intervallbreite $\Delta x$ zu wählen, um die „richtige" Steigung von $f(x)$ an einer Stelle $x_0$ zu ermitteln? Je näher die beiden Schnittpunkte von Sekante und Funktionsgraph aneinanderrücken, d.h., je kleiner $\Delta x$ gewählt wird, desto mehr nähert sich die Sekantensteigung der „richtigen" Steigung des Graphen an der Stelle $x_0$ an. Man muss also $\Delta x$ möglichst klein wählen, um sich dem richtigen Wert anzunähern. Dabei rücken die beiden Schnittpunkte immer näher zusammen. Im „Idealfall" ist $\Delta x = 0$. Dann wird die Sekante zur Tangente; die beiden Schnittpunkte fallen zu einem Berührpunkt zusammen. In der Abbildung ist die Tangente rot dargestellt.

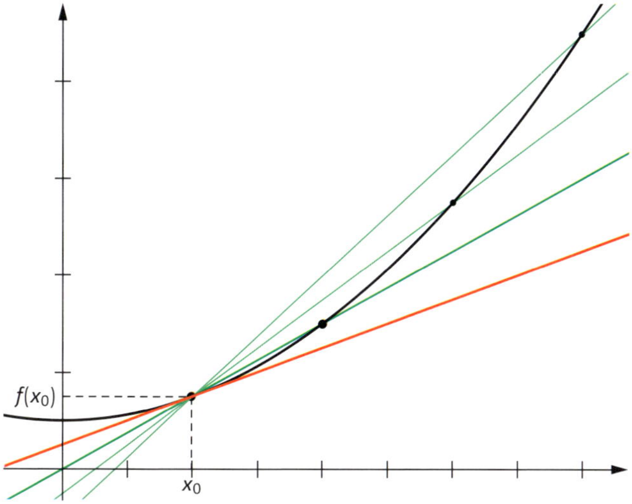

Will man den Differenzenquotienten für $\Delta x = 0$ auswerten, stellt man fest, dass der Bruch in diesem Fall nicht definiert ist:

$$m = \frac{\Delta y}{\Delta x} = \frac{f(x_0 + \Delta x) - f(x_0)}{\Delta x} = \frac{f(x_0 + 0) - f(x_0)}{0} = \frac{0}{0}$$

Da die Division durch 0 nicht definiert ist, kann der Differenzenquotient für $\Delta x = 0$ nicht gebildet werden. Daher behilft man sich mit einer beliebig nahen Annäherung $\Delta x \to 0$ („Delta $x$ gegen Null"). Diese Grenzwertbildung wurde in Kapitel 1 vorgestellt.

## Lernsituation: Halfpipe – Teil 2

Herr Hahn hat bereits die durchschnittliche Steigung in verschiedenen Intervallen berechnet. Diese Werte sind jedoch nur ein Hinweis auf die tatsächliche Steigung an einer bestimmten Stelle. Offensichtlich ist die Bahn an ihren Enden am steilsten.

Um zu beurteilen, wie attraktiv bzw. gefährlich das Skaten ist, möchte Herr Hahn für die Rampe aus Teil 1 der Lernsituation die (negative) Steigung am oberen Ende, also an der steilsten Stelle, ermitteln. Die Bahn wird durch die Kurve $f(x) = 0{,}25x^2$ beschrieben.

a) Berechnen Sie die Steigung der Bahn an der Stelle $x_0 = -4$.

b) Ermitteln Sie die Steigung der Bahn für eine beliebige Stelle.

## Lösungen

a) Der Differenzenquotient wird an der Stelle $x_0 = -4$ gebildet.

| | |
|---|---|
| Ansatz mit dem Differenzenquotienten: | $m = \frac{\Delta y}{\Delta x} = \frac{f(x_0 + \Delta x) - f(x_0)}{\Delta x}$ |
| Einsetzen von $x_0 = -4$: | $= \frac{f(-4 + \Delta x) - f(-4)}{\Delta x}$ |
| Anwenden der Funktionsgleichung $f(x) = 0{,}25x^2$: | $= \frac{0{,}25 \cdot (-4 + \Delta x)^2 - 0{,}25 \cdot (-4)^2}{\Delta x}$ |
| Anwenden der binomischen Formel: | $= \frac{0{,}25 \cdot ((-4)^2 + 2 \cdot (-4) \cdot \Delta x + \Delta x^2) - 0{,}25 \cdot (-4)^2}{\Delta x}$ |
| Ausmultiplizieren der Klammer: | $= \frac{0{,}25 \cdot (-4)^2 - 2\,\Delta x + 0{,}25\Delta x^2 - 0{,}25 \cdot (-4)^2}{\Delta x}$ |
| Im Zähler kann gekürzt werden: | $= \frac{-2\,\Delta x + 0{,}25\,\Delta x^2}{\Delta x}$ |
| $\Delta x$ ausklammern: | $= \frac{\Delta x(-2 + 0{,}25\,\Delta x)}{\Delta x}$ |
| $\Delta x$ kürzen: | $= -2 + 0{,}25\,\Delta x$ |

Die Steigung einer Sekante durch den Punkt $(-4|4)$ ist demnach $m = -2 + 0{,}25\,\Delta x$. Um die Steigung der Tangente an $f(x)$ im Punkt $(-4|4)$ zu erhalten, muss $\Delta x$ möglichst klein gewählt werden. Dazu bildet man den Grenzwert des Terms für $\Delta x \to 0$:

$$\lim_{\Delta x \to 0} (-2 + 0{,}25\,\Delta x) = -2$$

Da der Summand $0{,}25\,\Delta x$ für unendlich kleine Werte für $\Delta x$ auch unendlich klein wird, ist $-2$ der Grenzwert. Damit ist die Steigung von $f(x)$ im Punkt $(-4|4)$ gleich $-2$.

b) Nun wird der Differenzenquotient an einer beliebigen Selle $x_0$ berechnet. Die Schritte sind ähnlich wie bei der Berechnung in Teilaufgabe a).

| | |
|---|---|
| Ansatz mit dem Differenzenquotienten: | $m = \frac{\Delta y}{\Delta x} = \frac{f(x_0 + \Delta x) - f(x_0)}{\Delta x}$ |
| Anwenden der Funktionsgleichung $f(x) = 0{,}25\,x^2$: | $= \frac{0{,}25 \cdot (x_0 + \Delta x)^2 - 0{,}25 \cdot x_0^2}{\Delta x}$ |
| Anwenden der binomischen Formel: | $= \frac{0{,}25 \cdot (x_0^2 + 2 \cdot x_0 \cdot \Delta x + \Delta x^2) - 0{,}25 \cdot x_0^2}{\Delta x}$ |
| Ausmultiplizieren der Klammer: | $= \frac{0{,}25 \cdot x_0^2 + 0{,}5\,x_0 \cdot \Delta x + 0{,}25\,\Delta x^2 - 0{,}25 \cdot x_0^2}{\Delta x}$ |
| Im Zähler kann gekürzt werden: | $= \frac{0{,}5\,x_0 \cdot \Delta x + 0{,}25\,\Delta x^2}{\Delta x}$ |
| $\Delta x$ ausklammern: | $= \frac{\Delta x(0{,}5\,x_0 + 0{,}25\,\Delta x)}{\Delta x}$ |
| $\Delta x$ kürzen: | $= 0{,}5\,x_0 + 0{,}25\,\Delta x$ |

Wie oben wird der Grenzwert gebildet:

$$\lim_{\Delta x \to 0} (0{,}5\,x_0 + 0{,}25\,\Delta x) = 0{,}5\,x_0$$

Die Steigung von $f(x) = 0{,}25\,x^2$ an einer beliebigen Stelle $x_0$ erhält man also, indem man den entsprechenden $x$-Wert halbiert. Beispiel: An der in Teilaufgabe a) berechneten Stelle $x_0 = -4$ ergibt sich die Steigung $0{,}5 \cdot (-4) = -2$, was das dort ermittelte Ergebnis bestätigt.

Durch die Grenzwertbildung wurde das Problem umgangen, dass der Differenzenquotient für $\Delta x = 0$ nicht definiert ist und daher für $\Delta x$ nicht 0 eingesetzt werden darf. Grenzwertbildung bedeutet, dass die Intervallbreite $\Delta x$ unendlich klein wird, sodass jeder Summand, der den Faktor $\Delta x$ enthält, ebenfalls unendlich klein wird. Auf diese Weise gelangt man zur Steigung der Tangente an $f(x)$ im Punkt .. und damit zur Steigung von $f(x)$ an der Stelle $x_0$.

## Definition

Der Grenzwert des Differenzenquotienten wird mit $\frac{\mathrm{d}f(x)}{\mathrm{d}x}$ bezeichnet und heißt **Differenzialquotient**. Der Differenzialquotient $\lim_{\Delta x \to 0} \frac{\Delta y}{\Delta x} = \lim_{\Delta x \to 0} \frac{f(x_0 + \Delta x) - f(x_0)}{\Delta x}$ ist ein Maß für die Steigung einer Funktion $f(x)$ an einer Stelle $x_0$.

Man spricht die Bezeichnung $\frac{\mathrm{d}f(x)}{\mathrm{d}x}$ „d $f$ von $x$ durch d$x$" oder „d$f$ von $x$ nach d$x$".

Mit dem Differenzialquotienten kann die Steigung einer Funktion $f(x)$ an einer Stelle $x_0$ bestimmt werden.

In Teilaufgabe b) der Lernsituation wurde deutlich, dass der Differenzialquotient ebenfalls eine Funktion ist, denn jedem Argument $x_0$ wird genau ein Wert zugeordnet.

**Definition**

Der Differenzialquotient $\frac{\mathrm{d}f(x)}{\mathrm{d}x}$ der Funktion $f(x)$ heißt **Ableitung** von $f(x)$ und wird mit $f'(x)$ bezeichnet. Man nennt $f'(x)$ auch Ableitungsfunktion oder Steigungsfunktion von $f(x)$.

Die Ableitung einer Funktion gibt für jede Stelle die Steigung dieser Funktion an. Die Ableitung der Funktion $f(x) = 0{,}25x^2$ in der Lernsituation ist also $f'(x) = 0{,}5x$. Durch Einsetzen von $x$-Werten in die Ableitung erhält man die Steigung des Graphen von $f(x)$ an dieser Stelle.

Statt der Begriffe „ableiten" und „Ableitung" verwendet man auch die Bezeichnungen „differenzieren" und „Differenziation". Diese Bezeichnungen erinnern an die Differenzenbildung in Zähler und Nenner des Differenzenquotienten, die der Ableitung des Grenzwertes zugrunde liegt.

Die Benennung „abgeleitete Funktion" oder „Ableitung" und das Symbol $f'(x)$ gehen auf den französischen Mathematiker Joseph-Louis Lagrange (1736–1813) zurück. Die Bezeichnung „Differenzialquotient" und die Schreibweise $\frac{\mathrm{d}f(x)}{\mathrm{d}x}$ stammen von Gottfried-Wilhelm Leibniz (1646–1716).

Steht der Differenzenquotient für die **durchschnittliche Steigung** in einem Intervall, so steht die Ableitung für die **momentane Änderungsrate**.

## AUFGABEN

**1** Berechnen Sie die Ableitungen der folgenden Funktionen mithilfe des Differenzialquotienten.

a) $f(x) = 2x^2 + 4$

b) $f(x) = -x^2 + 3x$

c) $f(x) = a$

d) $f(x) = x^2 + x - 1$

**2** Berechnen Sie jeweils die Steigung der Funktionen an der angegebenen Stelle.

a) $f(x) = 3x^2 + 2x$; $x_0 = 4$

b) $f(x) = -x^2 + 2$; $x_0 = -1$

c) $f(x) = x^2 - x$; $x_0 = 0$

d) $f(x) = \frac{1}{2}x^2 + 2x$; $x_0 = -4$

**3** Ermitteln Sie jeweils, an welcher Stelle die Funktionen die angegebene Steigung haben.

a) $f(x) = x^2 + 2x;\ m = 4$

b) $f(x) = x^2 + 2x;\ m = -3$

c) $f(x) = -x^2 + 2;\ m = -2$

d) $f(x) = 3x^2 - 4x;\ m = 26$

**4** Berechnen Sie die Ableitungen der folgenden Funktionen mithilfe des Differenzialquotienten.

a) $f(x) = a$

b) $f(x) = mx + b$

c) $f(x) = ax^2$

**5** Geben Sie an, welche Bedeutung die Ableitung $f'(x)$ der Funktionen $f(x)$ jeweils in den folgenden Sachzusammenhängen hat.

| | Kontext | x | f(x) |
|---|---|---|---|
| a) | Beim Radfahren | Zeit | Zurückgelegter Weg seit Fahrtantritt |
| b) | Epidemie | Tage | Anzahl der Infizierten seit Beginn der Epidemie |
| c) | Bei einer Autofahrt | Zeit | Momentane Geschwindigkeit |
| d) | Bundeshaushalt | Jahr | Höhe der Staatsverschuldung |
| e) | Produktlebenszyklus | Monat | Abgesetzte Menge im Monat |
| f) | Streckenprofil eines Radrennens | Kilometer | Höhe in Metern |

## 2.1.3 Stetigkeit und Differenzierbarkeit

Die Begriffe **Stetigkeit** und **Differenzierbarkeit** sind vor allem von theoretischer Bedeutung, haben aber auch praktische Relevanz: Eine stetige Funktion ist frei von Sprungstellen, eine differenzierbare Funktion hat keine Knicke. Die linke Abbildung zeigt den Graphen einer nicht stetigen Funktion: Sie hat eine Stufe an der Stelle $x = 1$. Die rechte Abbildung zeigt den Graphen der Betragsfunktion, der an der Stelle $x = 0$ einen Knick hat. In der folgenden Lernsituation wird ein Graph auf Stetigkeit und Differenzierbarkeit überprüft; dabei wird die Grenzwertbildung verwendet.

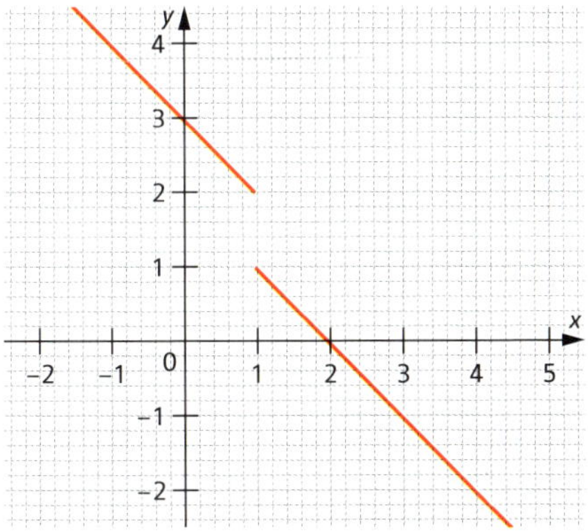


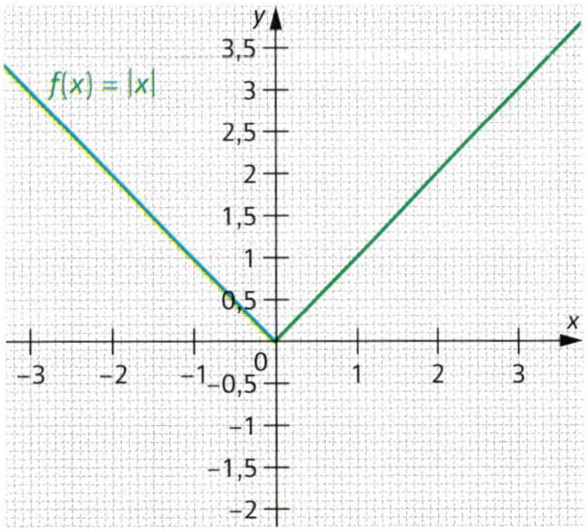

## Lernsituation: Halfpipe – Teil 3

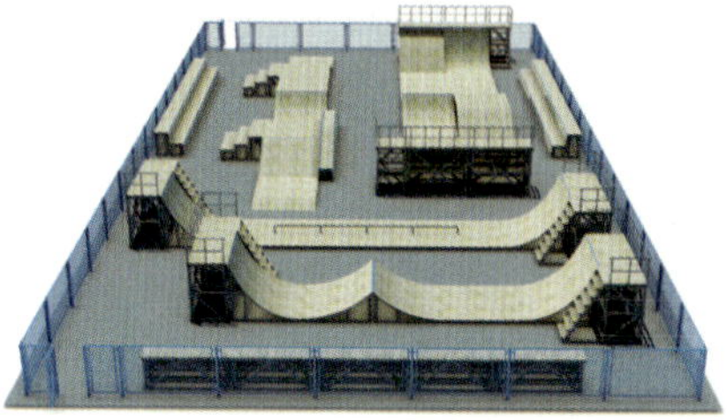

Die Halfpipe, die der Sportverein auf Initiative von Herrn Hahn angeschafft hat, ist ein voller Erfolg. Schnell kommt die Frage auf, ob der Sportverein weitere Elemente kaufen kann. Herr Hahn bekommt den Auftrag, ein Angebot über verschiedene Rampenelemente einzuholen. Die Elemente sollen flexibel miteinander kombiniert werden können, um sowohl Einsteiger als auch Fortgeschrittene und Skate-Profis zufriedenzustellen.

Ein Rampenparcours für Einsteiger sollte dabei frei von Stufen und Knicken sein, ein Parcours für Fortgeschrittene darf Knicke, aber keine Stufen enthalten, während Profis mit beidem umgehen können.

Die folgenden beiden Funktionen beschreiben den Verlauf von Rampenparcours, die aus jeweils drei Elementen zusammengesetzt sind. Die Funktionsgleichungen sind daher ebenfalls aus drei Gleichungen zusammengesetzt, die jeweils in einem Intervall gelten.

$$f(x) = \begin{cases} 0{,}25x^2 & \text{für } -2 < x \leq 0 \\ 0 & \text{für } 0 < x \leq 2 \\ 0{,}3x - 0{,}6 & \text{für } 2 < x \leq 4 \end{cases}$$

$$g(x) = \begin{cases} 0{,}25x^2 + 1 & \text{für } x \leq 0 \\ -0{,}3x + 1 & \text{für } 0 < x \leq 2 \\ 0 & \text{für } 2 < x \leq 4 \end{cases}$$

Prüfen Sie, inwieweit die beiden Rampenparcours für Einsteiger, Fortgeschrittene und Profis geeignet sind.

### Lösung

Nur an den Anschlussstellen der verschiedenen Elemente können Stufen oder Knicke auftreten. Daher werden diese untersucht.

**Untersuchung von $f(x)$ auf Stufen:**

Nähert man sich von links der Stelle $x_0 = 0$, so nähert sich der Funktionswert, d. h. die Höhe der Bahn, dem Wert 0:

$$\lim_{x \to 0^-} f(x) = \lim_{x \to 0^-} 0{,}25x^2 = 0$$

Das ist auch der Wert, an den sich der Funktionswert annähert, wenn man sich der Stelle $x_0 = 0$ von rechts nähert, da die Funktion in diesem Bereich konstant ist.

An der Stelle $x_0 = 2$ ist der linksseitige Grenzwert 0, da die Funktion zwischen 0 und 2 konstant ist. Der rechtsseitige Grenzwert ist:

$$\lim_{x \to 2^+} f(x) = \lim_{x \to 2^+} 0{,}3x - 0{,}6 = 0$$

Die Funktion $f(x)$ hat also keine Stufen und ist demnach auf jeden Fall für Fortgeschrittene und Profis geeignet. Um zu überprüfen, ob sie für Einsteiger geeignet ist, muss die Funktion auch noch auf Knicke untersucht werden.

**Untersuchung von $f(x)$ auf Knicke:**

Nun wird geprüft, ob $f(x)$ auch für Einsteiger geeignet ist. Hierzu werden der rechts- und linksseitige Grenzwert des Differenzenquotienten an den Stellen 0 und 2 verglichen.

Linksseitiger Grenzwert des Differenzenquotienten an der Stelle $x_0 = 0$:

$$\lim_{\Delta x \to 0^-} \frac{f(0 + \Delta x) - f(0)}{\Delta x} = \lim_{\Delta x \to 0^-} \frac{0{,}25 \cdot (0 \mp \Delta x)^2 - 0{,}25 \cdot 0^2}{\Delta x}$$

$$= \lim_{\Delta x \to 0^-} \frac{0{,}25 \cdot \Delta x^2}{\Delta x} = \lim_{\Delta x \to 0^-} \frac{0{,}25 \cdot \Delta x^2}{\Delta x} = \lim_{\Delta x \to 0^-} 0{,}25 \cdot \Delta x = 0$$

Rechtsseitiger Grenzwert des Differenzenquotienten an der Stelle $x_0 = 0$:

$$\lim_{\Delta x \to 0^+} \frac{f(0 + \Delta x) - f(0)}{\Delta x} = \lim_{\Delta x \to 0^+} \frac{0 - 0}{\Delta x} = \lim_{\Delta x \to 0^+} \frac{0}{\Delta x} = 0$$

Der rechtsseitige Grenzwert des Differenzenquotienten ist an der Stelle 0 gleich dem linksseitigen Grenzwert. An dieser Stelle liegt kein Knick vor: Diese Stelle ist also für Einsteiger geeignet.

Linksseitiger Grenzwert des Differenzenquotienten an der Stelle $x_0 = 2$:

$$\lim_{\Delta x \to 0^-} \frac{f(2 + \Delta x) - f(2)}{\Delta x} = \lim_{\Delta x \to 0^-} \frac{0 - 0}{\Delta x} = \lim_{\Delta x \to 0^-} \frac{0}{\Delta x} = 0$$

Rechtsseitiger Grenzwert des Differenzenquotienten an der Stelle $x_0 = 2$:

$$\lim_{\Delta x \to 0^+} \frac{f(2 + \Delta x) - f(2)}{\Delta x} = \lim_{\Delta x \to 0^+} \frac{0{,}3 \cdot (2 + \Delta x) - 0{,}6 - (0{,}3 \cdot 2 - 0{,}6)}{\Delta x}$$

$$= \lim_{\Delta x \to 0^+} \frac{0{,}6 + 0{,}3\Delta x - 0{,}6 - (0{,}6 - 0{,}6)}{\Delta x} = \lim_{\Delta x \to 0^+} \frac{0{,}3 \cdot \Delta x}{\Delta x} = \lim_{\Delta x \to 0^+} 0{,}3 = 0{,}3$$

Der rechtsseitige Grenzwert des Differenzenquotienten an der Stelle 2 ist 0,3, der linksseitige ist 0. Hier treffen also unterschiedliche Steigungen aufeinander: Die Funktion hat an der Stelle 2 einen Knick.

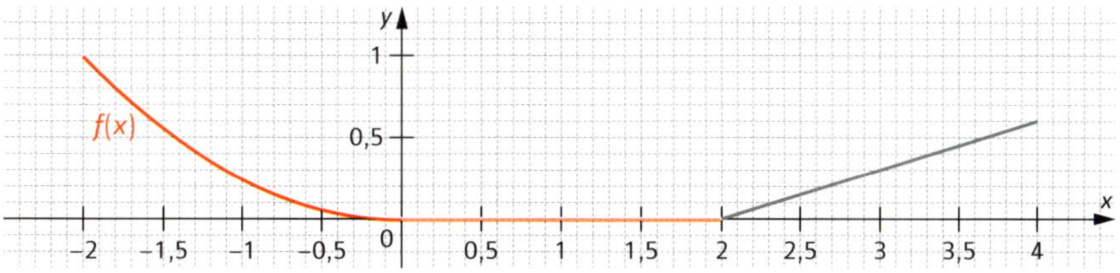

Die Abbildung bestätigt die Rechnung: Der zusammengesetzte Graph weist keine Stufen auf, aber einen Knick an der Stelle 2. Diese Stelle ist also nicht für Einsteiger geeignet.

Insgesamt ist also der Parcours, dessen Verlauf dem Graphen der Funktion $f(x)$ entspricht, nur für Fortgeschrittene und Profis geeignet, da er an der Stelle 2 einen Knick aufweist.

**Untersuchung von $g(x)$ auf Stufen:**

Auch hier liegen die Anschlussstellen bei 0 und 2.

Nähert man sich von links der Stelle $x_0 = 0$, so nähert sich der Funktionswert, d. h. die Höhe des Parcours, dem Wert 1:

$$\lim_{x \to 0^-} g(x) = \lim_{x \to 0^-} 0{,}25x^2 + 1 = 1$$

Das ist auch der Wert, an den sich der Funktionswert annähert, wenn man sich der Stelle $x_0 = 0$ von rechts nähert:

$$\lim_{x \to 0^+} g(x) = \lim_{x \to 0^+} -0{,}3x + 1 = 1$$

Rechts- und linksseitiger Grenzwert sind gleich: Die Funktion $g(x)$ hat an der Stelle 0 keine Stufe.

An der Stelle $x_0 = 2$ ist der rechtsseitige Grenzwert 0, da die Funktion zwischen 2 und 4 konstant den Wert 0 annimmt. Der linksseitige Grenzwert ist:

$$\lim_{x \to 2^-} g(x) = \lim_{x \to 2^-} -0{,}3x + 1 = 0{,}4$$

Rechts- und linksseitiger Grenzwert sind unterschiedlich:

$$\lim_{x \to 2^-} g(x) = 0{,}4 \neq \lim_{x \to 2^+} g(x) = 0$$

Die Funktion springt also an der Stelle $x_0 = 2$ von der Höhe 0,4 auf 0. Damit ist der Parcours nur für Profis geeignet.

**Untersuchung von $g(x)$ auf Knicke:**

Trotzdem wird die Stelle $x_0 = 0$ noch auf einen Knick untersucht.

Linksseitiger Grenzwert des Differenzenquotienten an der Stelle $x_0 = 0$:

$$\lim_{\Delta x \to 0^-} \frac{g(0 + \Delta x) - g(0)}{\Delta x} = \lim_{\Delta x \to 0^-} \frac{0{,}25 \cdot (0 - \Delta x)^2 + 1 - (0{,}25 \cdot 0^2 + 1)}{\Delta x}$$

$$= \lim_{\Delta x \to 0^-} \frac{0{,}25 \cdot \Delta x^2}{\Delta x} = \lim_{\Delta x \to 0^-} \frac{0{,}25 \cdot \Delta x^2}{\Delta x} = \lim_{\Delta x \to 0^-} 0{,}25 \cdot \Delta x = 0$$

Rechtsseitiger Grenzwert des Differenzenquotienten an der Stelle $x_0 = 0$:

$$\lim_{\Delta x \to 0^+} \frac{g(0 + \Delta x) - g(0)}{\Delta x} = \lim_{\Delta x \to 0^+} \frac{-0{,}3(0 + \Delta x) + 1 - (-0{,}3 \cdot 0 + 1)}{\Delta x}$$

$$= \lim_{\Delta x \to 0^+} \frac{0{,}3\Delta x}{\Delta x} = \lim_{\Delta x \to 0^+} 0{,}3 = 0{,}3$$

Beide Grenzwerte existieren, aber sie stimmen nicht überein. Der Parcours hat an der Stelle 0 also einen Knick.

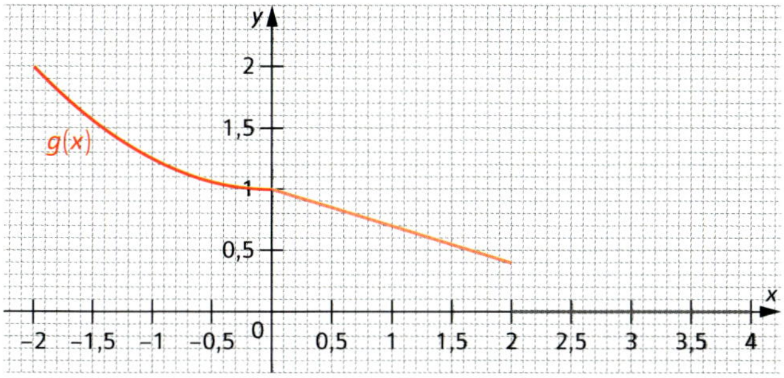


Der rechtsseitige Grenzwert des Differenzenquotienten an der Stelle $x_0 = 2$ existiert nicht, da $g(2) = 0{,}4$ ist, aber die Annäherung von rechts $\lim\limits_{x \to 2^+} g(x) = 0$. Dadurch geht der Grenzwert des Differenzenquotienten an dieser Stelle gegen (minus) unendlich:

$$\lim_{\Delta x \to 0^+} \frac{g(2+\Delta x) - g(2)}{\Delta x} = \lim_{\Delta x \to 0^+} \frac{0 - 0{,}4}{\Delta x} = \lim_{\Delta x \to 0^+} \frac{-0{,}4}{\Delta x}$$

Der rechtsseitige Grenzwert an der Sprungstelle kann daher nicht gebildet werden.

Der Parcours, dessen Verlauf dem Graphen der Funktion $g(x)$ entspricht, ist demnach nur für Profis geeignet, da an der Stelle 2 eine Stufe ist.

In der Lernsituation wurden Eigenschaften von Funktionen geprüft, die als Stetigkeit und Differenzierbarkeit bekannt sind. Funktionen, die aus einzelnen Stücken zusammengesetzt sind, heißen **abschnittsweise definierte Funktionen**. Bei abschnittsweise definierten Funktionen sind die „Nahtstellen“, an denen die Abschnitte aneinandergesetzt werden, die kritischen Stellen, an denen Stetigkeit und Differenzierbarkeit geprüft werden müssen. Diese Begriffe werden nun formal definiert und erläutert.

## Definition: Stetigkeit

Eine Funktion $f(x)$ heißt **stetig** an einer Stelle $x_0$, wenn gilt:

$$\lim_{x \to x_0} f(x) = f(x_0)$$

Eine Funktion ist stetig in ihrem Definitionsbereich, wenn sie an jeder Stelle ihres Definitionsbereichs stetig ist.

Stetigkeit an einer Stelle bedeutet, dass sich die $y$-Werte an dieser Stelle von links und von rechts dem Funktionswert der Stelle annähern. Vereinfacht gesagt ist eine Funktion stetig, wenn man sie zeichnen kann, ohne den Stift abzusetzen. Von den in Kapitel 1 vorgestellten Funktionenklassen sind alle stetig in ihrem Definitionsbereich. Das ist bei ganzrationalen und trigonometrischen Funktionen sowie Exponentialfunktionen offensichtlich. Auch gebrochen-rationale Funktionen sind in ihrem Definitionsbereich stetig, denn Unstetigkeiten treten nur an Definitionslücken, z. B. Polstellen, auf. Dort existiert kein Funktionswert und der rechts- und linksseitige Grenzwert ist bei Polstellen mit Vorzeichenwechsel unterschiedlich.

### Definition: Differenzierbarkeit

Eine Funktion heißt **differenzierbar** an einer Stelle $x_0$ ihres Definitionsbereichs, wenn der beidseitige Grenzwert des Differenzenquotienten an dieser Stelle existiert:

$$\lim_{\Delta x \to 0} \frac{f(x_0 + \Delta x) - f(x_0)}{\Delta x}$$

Alternativ dazu muss die Bedingung erfüllt sein, dass der rechts- und der linksseitige Grenzwert existieren und beide Werte gleich sind:

$$\lim_{\Delta x \to 0^+} \frac{f(x_0 + \Delta x) - f(x_0)}{\Delta x} = \lim_{\Delta x \to 0^-} \frac{f(x_0 + \Delta x) - f(x_0)}{\Delta x}$$

Eine Funktion ist differenzierbar in ihrem Definitionsbereich, wenn sie an jeder Stelle ihres Definitionsbereichs differenzierbar ist.

Anschaulich bedeutet Differenzierbarkeit an einer Stelle $x_0$, dass der Graph der Funktion an dieser Stelle keinen Knick hat. Dann hat der Graph an dieser Stelle genau eine Tangente, die nicht senkrecht verläuft. Die Steigung dieser Tangente ist die Ableitung der Funktion an dieser Stelle.

Jede differenzierbare Funktion ist stetig; die Umkehrung gilt nicht, wie in der Lernsituation zu sehen war. An den Knickstellen waren die Funktionen zwar stetig, aber nicht differenzierbar.

## AUFGABEN

**1** a) Die Betragsfunktion ordnet jeder Zahl ihren Absolutbetrag zu. Untersuchen Sie die Betragsfunktion

$$f(x) = |x| = \begin{cases} x & \text{für } x \geq 0 \\ -x & \text{für } x < 0 \end{cases}$$

auf Stetigkeit und auf Differenzierbarkeit an der Stelle $x_0 = 0$.

b) Die Signumfunktion ordnet jeder Zahl einen Wert entsprechend ihres Vorzeichens zu. Untersuchen Sie die Signumfunktion

$$f(x) = \operatorname{sgn}(x) = \begin{cases} 1 & \text{für } x > 0 \\ 0 & \text{für } x = 0 \\ -1 & \text{für } x < 0 \end{cases}$$ auf Stetigkeit und auf Differenzierbarkeit an der Stelle $x_0 = 0$.

**2** Untersuchen Sie die Funktionen auf Stetigkeit und Differenzierbarkeit.

a) $f(x) = \begin{cases} x^2 & \text{für } x \geq 0 \\ -2x^2 & \text{für } x < 0 \end{cases}$

b) $f(x) = \begin{cases} x^2 + 2 & \text{für } x < 0 \\ -x + 2 & \text{für } x \geq 0 \end{cases}$

c) $f(x) = \begin{cases} x^2 - 4x + 4 & \text{für } x \geq 2 \\ -2x^2 + 8 & \text{für } x < 2 \end{cases}$

d) $f(x) = \begin{cases} x^2 - 4x + 4 & \text{für } x \geq 2 \\ -4x + 4 & \text{für } x < 2 \end{cases}$

**3.** Um für einen Riester-Sparvertrag die volle staatliche Förderung zu erhalten, muss ein Arbeitnehmer seit dem Jahr 2008 einen Mindestbeitrag von 4 % seines Bruttoeinkommens einzahlen, maximal jedoch 2100,00 €.

Geben Sie eine Funktionsgleichung an, die dem Bruttoeinkommen ($x$-Wert) den Mindestbeitrag zuordnet und machen Sie Aussagen zu Stetigkeit und Differenzierbarkeit.

**4** Ein Energieversorger bietet zwei Tarife an, nach denen der Stromverbrauch abgerechnet werden kann.

Tarif 1: 144,00 € Grundgebühr im Jahr plus 0,19 € je kWh

Tarif 2: 96,00 € Grundgebühr im Jahr plus 0,23 € je kWh

a) Welchen Tarif empfehlen Sie bei einem Jahresverbrauch von 1000 kWh und welchen Tarif bei einem Verbrauch von 3500 kWh?
b) Geben Sie die Funktion $f(x)$ an, die einer Strommenge die nach dem jeweils günstigeren Tarif abgerechneten Kosten zuordnet und machen Sie Aussagen zu Stetigkeit und Differenzierbarkeit.

**5** Ein Unternehmen bezieht ein bestimmtes Gut von einem Anbieter zu den folgenden Konditionen: Der Listeneinkaufspreis beträgt 2,00 € pro Stück, bei Abnahme von 100 Stück oder mehr werden 5 % Rabatt gewährt, bei Abnahme von mehr als 200 Stück beträgt der Rabatt 10 %.

a) Geben Sie eine Funktion $K(x)$ an, die einer Menge $x$ den für diese Menge zu zahlenden Zieleinkaufspreis[1] zuordnet.
b) Zeichnen Sie die Funktion K($x$) für Mengen zwischen 0 und 300.
c) Machen Sie Aussagen zu Stetigkeit und Differenzierbarkeit der Funktion $K(x)$.
d) Geben Sie die Mengen an, für die eine Bestellung ungünstig ist.

**6** Ein Copyshop in Mainz bietet Kopien und Laserdrucke zu folgenden Konditionen an: Bis zu zehn Kopien kosten 20 Cent pro Stück. Bis zu 50 Kopien kosten 15 Cent pro Stück und 51 Kopien und mehr kosten 10 Cent pro Stück.

a) Geben Sie eine abschnittsweise definierte Funktion an, die diese Kostenstaffelung beschreibt.
b) Machen Sie Aussagen zu Stetigkeit und Differenzierbarkeit der Funktion.

1 Der Zieleinkaufspreis ergibt sich als Listeninkaufspreis abzüglich des Rabatts.

**7** Auf dem Campus der Universität Mainz hat ein neuer Copyshop aufgemacht. Er bietet Kopien und Laserdrucke zu diesen Konditionen an: Die ersten zehn Kopien kosten 20 Cent pro Stück, die nächsten 40 Kopien kosten 10 Cent pro Stück und jede weitere Kopie kostet 5 Cent.

a) Geben Sie eine abschnittsweise definierte Funktion an, die diese Kostenstaffelung beschreibt.

b) Machen Sie Aussagen zu Stetigkeit und Differenzierbarkeit der Funktion.

## 2.2 Funktionen und ihre Ableitungen

Die Berechnung der Ableitung einer Funktion als Grenzwert des Differenzenquotienten ist mitunter sehr aufwendig. Für die bislang eingeführten Funktionstypen gibt es jedoch Gesetzmäßigkeiten, die das Bilden der Ableitung einer Funktion sehr vereinfachen. Im folgenden Abschnitt werden Regeln erarbeitet, mit deren Hilfe sich Funktionen leicht ableiten lassen.

### 2.2.1 Ableitungen von Potenzfunktionen

Eine ganzrationale Funktion $f(x) = a_n x^n + a_{n-1} x^{n-1} + \ldots + a_1 x + a_0$ ist zusammengesetzt aus Potenzfunktionen, die jeweils mit einem Koeffizienten multipliziert und dann addiert werden. Daher werden zunächst Regeln vorgestellt und bewiesen, mit denen Potenzfunktionen abgeleitet werden können. In Abschnitt 2.2.2 werden Regeln zum Ableiten von Vielfachen von Funktionen bzw. zum Ableiten von Summen von Funktionen eingeführt. Mit diesen Regeln kann die Ableitung zu jeder ganzrationalen Funktion sehr einfach gebildet werden.

**Satz: Ableitung einer konstanten und einer linearen Funktion**

Die Ableitung einer konstanten Funktion $f(x) = a$ ist die Funktion $f'(x) = 0$.

Die Ableitung einer linearen Funktion $f(x) = mx + b$ ist $f'(x) = m$.

**Beweis**

Der Beweis war bereits in der Lösung zu Aufgabe 4 des Abschnitts 2.1.2 zu führen, wird an dieser Stelle jedoch wiederholt.

Es wird jeweils der Differenzialquotient als Grenzwert des Differenzenquotienten berechnet. Für die konstante Funktion $f(x) = a$ ergibt dies:

$$f'(x) = \lim_{\Delta x \to 0} f(x) = \lim_{\Delta x \to 0} \frac{f(x_0 + \Delta x) - f(x_0)}{\Delta x} = \lim_{\Delta x \to 0} \frac{a - a}{\Delta x} = \lim_{\Delta x \to 0} \frac{0}{\Delta x} = \lim_{\Delta x \to 0} 0 = 0$$

Der Graph einer konstanten Funktion ist eine waagerechte Linie. Wie zu erwarten, hat eine konstante Funktion die Steigung 0.

Für die allgemeine lineare Funktion $f(x) = mx + b$ ermittelt man die Steigung $m$:

$$\begin{aligned} f'(x) &= \lim_{\Delta x \to 0} f(x) = \lim_{\Delta x \to 0^-} \frac{f(x_0 + \Delta x) - f(x_0)}{\Delta x} = \lim_{\Delta x \to 0} \frac{m \cdot (x_0 + \Delta x) + b - (m \cdot x_0 + b)}{\Delta x} \\ &= \lim_{\Delta x \to 0} \frac{m \cdot x_0 + m \cdot \Delta x + b - m \cdot x_0 - b}{\Delta x} = \lim_{\Delta x \to 0} \frac{m \cdot \Delta x}{\Delta x} = \lim_{\Delta x \to 0^-} m = m \end{aligned}$$

Es gibt verschiedene Wege, um die Ableitung einer Potenzfunktion herzuleiten. Hier wird die in Abschnitt 1.2 eingeführte Polynomdivision angewendet, um den Differenzenquotienten zu vereinfachen und dann den Grenzübergang zum Differenzialquotienten durchzuführen.

### Satz

Für $f(x) = x^n$ gilt: $f'(x) = n\,x^n - 1$.

### Beweis

Die Richtigkeit dieser Vermutung wird durch die allgemeine Grenzwertbetrachtung bestätigt:

$$f(x) = x^n \Rightarrow f'(x) = \lim_{\Delta x \to 0} \frac{f(x + \Delta x) - f(x)}{\Delta x} = \lim_{\Delta x \to 0} \frac{(x + \Delta x)^n - x^n}{\Delta x}$$

Zur übersichtlichen Auswertung des Differenzenquotienten vor dem Grenzübergang wird der Nenner umgeformt: $f'(x) = \lim\limits_{\Delta x \to 0} \dfrac{(x + \Delta x)^n - x^n}{(x + \Delta x) - x}$

Statt $(x + \Delta x)$ wird für eine leichtere Berechnung $a$ geschrieben, statt $x$ wird $b$ geschrieben. Damit ergibt sich für die Auswertung des Differenzenquotienten die folgende Division:

$$(a^n - b^n) : (a - b) = \underbrace{a^{n-1} + a^{n-2}b + a^{n-3}b^2 + \ldots + a^{n-(n-1)}b^{n-2} + a^{n-n}b^{n-1}}_{n \text{ Summanden}}$$

$$\begin{array}{l}
-(a^n - a^{n-1}b) \\
\hline
0 + a^{n-1}b - b^n \\
\quad -(a^{n-1}b - a^{n-2}b^2) \\
\hline
\quad 0 \quad + a^{n-2}b^2 - b^n \\
\qquad -(a^{n-2}b^2 - a^{n-3}b^3) \\
\hline
\qquad 0 \quad + a^{n-3}b^3 - b^n \\
\qquad\qquad \vdots \\
\qquad\quad + a^{n-(n-2)}b^{n-2} - b^n \\
\qquad\quad -(a^{n-(n-2)}b^{n-2} - b^n - a^{n-(n-1)}b^{n-1}) \\
\hline
\qquad\quad 0 \qquad + a^{n-(n-1)}b^{n-1} - b^n \\
\qquad\qquad\quad -(a \cdot b^{n-1} - b^n) \\
\hline
\qquad\qquad\quad 0 \qquad - 0
\end{array}$$

Werden sowohl für $a$ und $b$ als auch für den Nenner des Differenzenquotienten wieder die ursprünglichen Bezeichnungen verwendet, erhält man:

$$\lim_{\Delta x \to 0} \frac{(x + \Delta x)^n - x^n}{\Delta x} = \lim_{\Delta x \to 0} \underbrace{[(x + \Delta x)^{n-1} + (x + \Delta x)^{n-2}x + (x + \Delta x)^{n-3}x^2 + \ldots + x^{n-1}]}_{n \text{ Summanden}}$$

$$= \underbrace{x^{n-1} + x^{n-2} \cdot x + x^{n-3} \cdot x^2 + \ldots x^{n-1}}_{n \text{ Summanden}}$$

$$= \underbrace{x^{n-1} + x^{n-1} + x^{n-1} + \ldots + x^{n-1}}_{n \text{ Summanden}} = n \cdot x^{n-1}.$$

Damit ist der Satz über die Ableitungsregel einer Potenzfunktion für Exponenten $n \in \mathbb{N}$ allgemein bewiesen. Ohne Beweis sei hier angemerkt dass die gefundene Ableitungsregel auch gilt, wenn $n$ eine negative oder eine gebrochene Hochzahl ist.

Die Ableitung $f'(x)$ einer Funktion $f(x)$ ist selbst eine Funktion. Diese lässt sich daher auch ableiten. So erhält man die **höheren Ableitungen**. Wird eine Ableitungsfunktion $f'(x)$ abgeleitet, entsteht die sogenannte zweite Ableitung $f''(x)$ (Lies: „f zwei Strich von x"), die Ableitung hiervon ist die dritte Anleitung $f'''(x)$ (Lies: „f drei Strich von x"). Bei noch höheren Ableitungen notiert man $f^{(4)}(x)$ für die vierte Ableitung usw. Weil bei ganzrationalen Funktionen der Grad der Ableitung immer um 1 kleiner ist als der Grad der ursprünglichen Funktion, gibt es eine Ableitung, ab der alle folgenden Ableitungen konstant 0 sind.

Doch welche Bedeutung hat die Steigung einer Steigungsfunktion? Die folgende Lernsituation liefert hierauf eine beispielhafte Antwort.

## Lernsituation: Freier Fall

Im Physikunterricht machen Isaak und Marie ein Fallexperiment: Sie lassen ein zerknülltes Blatt Papier aus 1 m Höhe fallen und nehmen den Vorgang mit der Kamera auf. Anhand des Filmmaterials bestimmen sie die Funktion $f(t) = -2{,}5\,t^2 + 10$, die die Position der Papierkugel (Höhe in dm) in Abhängigkeit von der Zeit (in s) beschreibt. Der Definitionsbereich von $f(t)$ ist das Intervall [0; 2], da die Kugel nach zwei Sekunden den Boden erreicht.

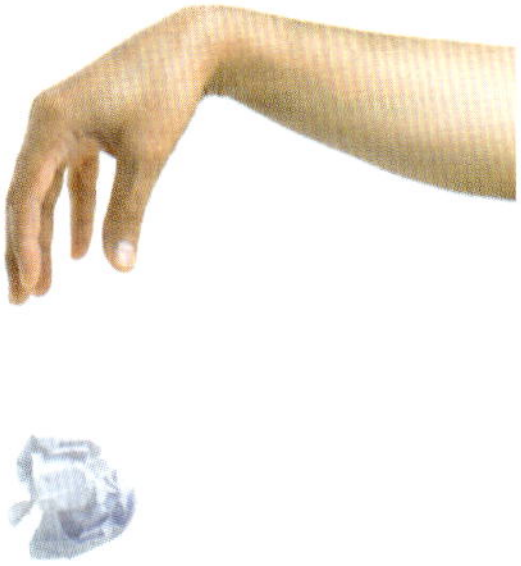

Die Abbildung zeigt den Graphen der Funktion.

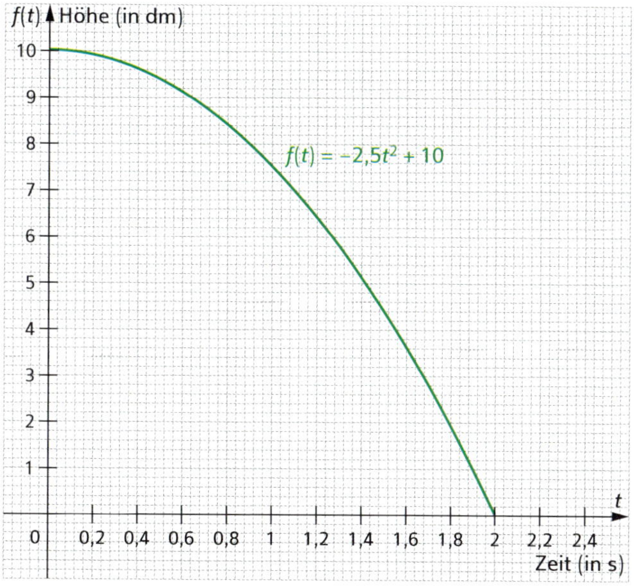


Bestimmen Sie alle Ableitungen der Funktion und interpretieren Sie ihre Bedeutung.

## Lösung

Die Ableitungen zu $f(t) = -2{,}5\,t^2 + 10$ sind:

$f'(t) = -5\,t$

$f''(t) = -5$

$f'''(t) = 0 = f^{(4)}(t) = \ldots = f^{(n)}(t)$

Ab der dritten Ableitung sind alle Ableitungen konstant 0.

Die erste Ableitung gibt hier die Änderung des Weges pro Zeiteinheit an. So bedeutet $f(1{,}2) = -5 \cdot 1{,}2 = -6$, dass die Papierkugel nach 1,2 Sekunden die momentane Geschwindigkeit $-6\,\frac{\text{dm}}{\text{s}}$ hat. Die erste Ableitung des Weges $f(t)$ nach der Zeit t ist also die Geschwindigkeit.

Die zweite Ableitung gibt die Änderung der Geschwindigkeit pro Zeiteinheit an. Hier hat diese Änderung konstant – d.h. unabhängig vom Zeitpunkt $t$ – den Wert $-5$. Die Geschwindigkeitsänderung beträgt daher $-5\,\frac{\text{dm}}{\text{s}}$ in jeder Sekunde, also $\frac{-5\,\frac{\text{dm}}{\text{s}}}{\text{s}} = -5\,\frac{\text{dm}}{\text{s}^2}$.
Die Änderung der Geschwindigkeit wird auch Beschleunigung genannt.

Die Beschleunigung in der obigen Lernsituation ist sehr gering. Ohne störende Einflüsse wie den Luftwiderstand liegt die Beschleunigung durch die Gravitation bei $g = 9{,}81\,\frac{\text{m}}{\text{s}^2}$.

## AUFGABEN

Leiten Sie die Funktionen ab, die durch folgende Funktionsgleichungen festgelegt sind.

**1** a) $f(x) = \frac{3}{2}$ b) $f(x) = -14{,}5$ c) $f(x) = \frac{2}{25}$
d) $f(x) = \sqrt{5}$ e) $f(x) = \frac{2}{\sqrt{3}}$ f) $f(x) = 2 \cdot \log_4 38$

**2** a) $f(x) = x$ b) $f(x) = \frac{5 \cdot x}{4}$ c) $f(x) = -3{,}2x$
d) $f(x) = \sqrt{3} \cdot x$ c) $f(x) = \frac{x}{\sqrt{2}}$ d) $f(x) = \frac{x}{\lg 7}$

**3** a) $f(x) = 2a^2 + b \ (a, b \in \mathbb{N}^*)$ b) $f(x) = (a + b)^2$
c) $f(x) = (a + b)^2 \cdot x$ d) $f(x) = \sqrt{3} \cdot (a + 1) \cdot x$

**4** a) $f(x) = x^9$ b) $f(x) = x^{17}$ c) $f(x) = x^{3k}$ d) $f(x) = x^{(k^2)}$

**5** a) $f(x) = x^{k+1}$ b) $f(x) = x^{2k-1}$ c) $f(x) = x^{2(k+1)}$ d) $f(x) = x^{k^{3+1}}$

**6** a) $f(x) = x^{k^2+2k+2}$ b) $f(x) = x^{3+2k}$ c) $f(x) = x^{(1+k)^2}$ d) $f(x) = x^{3k^2+3k+4}$

## 2.2.2 Faktorregel und Summenregel

Bei einer vervielfachten Funktion $g(x) = k \cdot f(x)$ vervielfacht der konstante Faktor $k$ alle Funktionswerte $f(x)$ und bewirkt so auch eine verstärkte Änderung der Funktionswerte, wenn sich die Variable $x$ ändert. Es ist daher anzunehmen, dass der Faktor $k$ in gleicher Weise wie die Ordinaten auch die Steigung des Graphen einer beliebigen Funktion $f(x)$ vervielfacht und in deren Ableitungsfunktion unverändert erscheint.

**Satz: Faktorregel**

Für $g(x) = k \cdot f(x)$ mit konstantem Faktor $k \in \mathbb{R}$ gilt: $g'(x) = k \cdot f'(x)$.

**Beweis**

Den Nachweis dafür erbringt wiederum die Grenzwertbetrachtung:

$$g(x) = k \cdot f(x) \Rightarrow g'(x) = \lim_{\Delta x \to 0} \frac{k \cdot f(x + \Delta x) - k \cdot f(x)}{\Delta x}$$

$$= \lim_{\Delta x \to 0} k \cdot \frac{f(x + \Delta x) - f(x)}{\Delta x} = k \cdot f'(x),$$

da der Faktor $k$ für $\Delta x \to 0$ unverändert bleibt.

Viele Funktionen sind als Summe oder Differenz aus verschiedenartigen Teilfunktionen zusammengesetzt. Die Ableitungsregel für solche zusammengesetzten Funktionen $f(x) = g(x) + h(x)$ wird wieder mithilfe der Grenzwertbetrachtung ermittelt. Es ist zu erwarten, dass sich bei Addition der Funktionswerte von Teilfunktionen entsprechend auch die Steigungen der Einzelgraphen addieren. Das berechtigt zu der Annahme, dass die Ableitung einer zusammengesetzten Funktion gleich der Zusammensetzung der Einzelableitungen ist.

**Satz: Summenregel**

Für $f(x) = g(x) + h(x)$ gilt: $f'(x) = g'(x) + h'(x)$.

**Beweis**

$$f(x) = g(x) + h(x) \Rightarrow f'(x) = \lim_{\Delta x \to 0} \frac{f(x + \Delta x) - f(x)}{\Delta x}$$

$$f'(x) = \lim_{\Delta x \to 0} \frac{[g(x + \Delta x) + h(x + \Delta x)] - [g(x) + h(x)]}{\Delta x}$$

$$f'(x) = \lim_{\Delta x \to 0} \frac{[g(x + \Delta x) - g(x)] + [h(x + \Delta x) - h(x)]}{\Delta x}$$

$$f'(x) = \lim_{\Delta x \to 0} \left[\frac{g(x + \Delta x) - g(x)}{\Delta x} + \frac{h(x + \Delta x) - h(x)}{\Delta x}\right]$$

$$f'(x) = g'(x) + h'(x).$$

Da die Teilfunktionen ihrerseits wieder zusammengesetzte Funktionen sein könnten, gilt die Summenregel auch für beliebig lange Summen von Funktionen.

Für die Differenz von zwei Funktionen gilt analog: Ist $f(x) = g(x) - h(x)$ so gilt $f'(x) = g'(x) - h'(x)$. Der Beweis ist einfach zu führen indem man Summen- und Faktorregel auf die Funktion $f(x) = g(x) + (-1 \cdot h(x))$ anwendet.

Die in den Sätzen erarbeiteten Regeln ermöglichen das Ableiten von zusammengesetzten Funktionen. Die in Kapitel 1 vorgestellten Polynomfunktionen sind aus Potenzfunktionen und Faktoren (den Koeffizienten) zusammengesetzt. In der folgenden Lernsituation wird eine Polynomfunktion mithilfe der Summen- und der Faktorregel differenziert.

## Lernsituation: Kostenentwicklung bei der Zaunherstellung

Harry Hammer ist Inhaber einer Schlosserei, in der unter anderem Zaunelemente aus Metall gefertigt werden. Harry Hammer hat im vergangenen Monat dokumentiert, wie viele Zaunmeter seine Mitarbeiter pro Tag herstellen können. Er hat beobachtet, dass die Kosten zunehmen, wenn pro Tag eine zu große Menge hergestellt wird, da die Fehler beim Schweißen dabei mehr werden.

Als Kostenfunktion hat Harry Hammer $K(x) = 0{,}4x^3 - 1{,}6x^2 + 2{,}8x + 3$ ermittelt, wobei die $x$-Werte für die Menge stehen und $K(x)$ für die Kosten. Eine Mengeneinheit (ME) sind 100 m Zaun pro Tag; eine Geldeinheit (GE) entspricht 1000,00 €.

Bilden Sie die Ableitung der Funktion $K(x)$ und interpretieren Sie ihre Bedeutung.

### Lösung

Die Summenregel besagt, dass jeder Summand der Kostenfunktion einzeln abgeleitet werden darf. Nach der Faktorregel ist die Ableitung des Vielfachen einer Funktion gleich dem Vielfachen der Ableitung. So ergibt sich für $K(x) = 0{,}4x^3 - 1{,}6x^2 + 2{,}8x + 3$ die Ableitung:

$K'(x) = 1{,}2x^2 - 3{,}2x + 2{,}8$

Im Koordinatensystem sind der Graph der Kostenfunktion und der Graph ihrer Ableitung dargestellt.

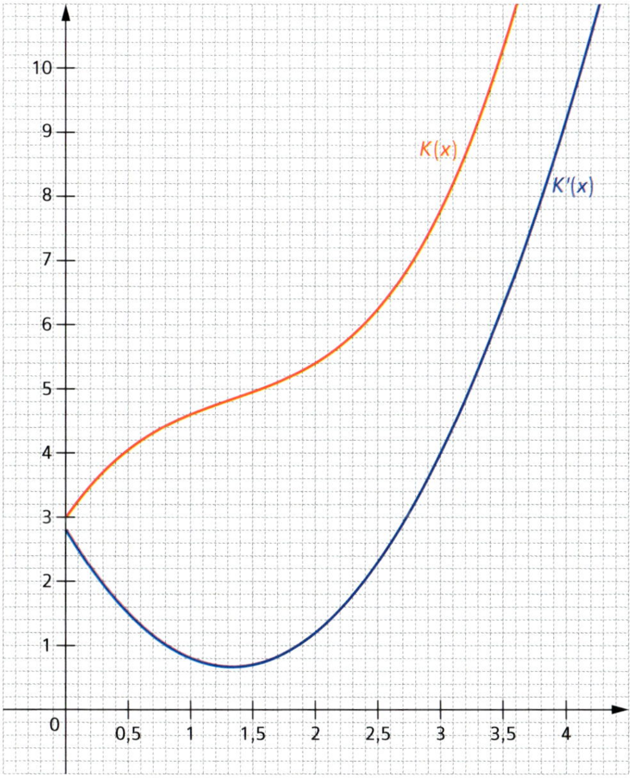


Die Ableitung gibt die Steigung der Kostenfunktion an, also die Kostensteigerung. Die Kostenfunktion ist monoton steigend; daher verläuft die Ableitung immer oberhalb der $x$-Achse. Die Steigung der Kostenfunktion flacht jedoch zunächst ab – somit sinkt die Steigerungsrate $K'$ zunächst. Nach Erreichen eines Minimums steigt die Steigerungsrate und damit wird die Kostenfunktion immer steiler.

Die Ableitung der Kostenfunktion wird auch **Grenzkostenfunktion** oder Differenzialkosten genannt. Sie gibt die Kostensteigerung für die Ausweitung der Produktion um einen kleinen Betrag an.

Der Wortstamm „Grenz-" als Kennzeichen der Steigungsfunktion ist häufig Bestandteil von Bezeichnungen ökonomischer Funktionen. Neben den Grenzkosten existieren etwa auch Grenzerlös und Grenzgewinn. Und der Grenzsteuersatz gibt den Steuersatz an, zu dem ein Steuerpflichtiger eine Erhöhung seines Jahreseinkommens zu versteuern hat.

## AUFGABEN

Leiten Sie die Funktionen unter Verwendung der Ableitungsregeln ab.

**1** a) $f(x) = 6x^3$ b) $f(x) = \frac{1}{5}x^5$

c) $f(x) = k \cdot 3{,}5$ d) $f(x) = k \cdot x^k$

**2** a) $f(x) = k^2 \cdot x^{k+1}$ b) $f(x) = \frac{1}{2k}x \cdot k$

c) $f(x) = \frac{1}{2}x^{2k}$ d) $f(x) = \frac{1}{k+1}x^{k+1}$

**3** Differenzieren Sie die Funktionen mit den folgenden Gleichungen ($a, b \in \mathbb{N}^*$).

a) $f(x) = 6x^4 - 4x^3 + 2x^2 - x + 5$ b) $f(x) = 2ax^5 - \frac{1}{3}x^{3b} - b^{2x} + 2b^3$

c) $f(x) = (4x^2 + 1)(4x^2 - 1)$ d) $f(x) = x^2 + (x + 2)(x - 2)$

e) $f(x) = 3x^3 - x^2 + 2x - 5$ f) $f(x) = 2ax^b + \frac{b}{a}x^a + b$

g) $f(x) = 3x(x^2 - 7)$ h) $f(x) = x^3 + 3x^2 - 4x$

i) $f(x) = x^4 - 4x^3 + 12x^2 - 16x + 20$ j) $f(x) = x^6 + 6x^5 + 12x^4 + 8x^3 + 8$

k) $f(x) = (2x - 3a)^2 \cdot (x - 3b)$ l) $f(x) = 3x^{(b+1)} - \frac{1}{b+1} \cdot x^{(b^2-1)}$

**4** Bilden Sie die erste Ableitung der folgenden Funktionen, indem Sie gegebenenfalls die Potenzgesetze anwenden, um die Funktion als Potenzfunktion zu schreiben.

a) $f(x) = \frac{1}{x}$ b) $f(x) = \sqrt{x}$

c) $f(x) = \frac{2x^3}{x^6}$ d) $f(x) = \frac{3}{x^3}$

e) $f(x) = \frac{1}{x^n}$ f) $f(x) = \sqrt[3]{x}$

g) $f(x) = \sqrt[2]{x^2}$ h) $f(x) = \sqrt[3]{x^2}$

i) $f(x) = \sqrt[n]{x}$

**5** Geben Sie an, an welchen Stellen die Funktion $f(x)$ die Steigung $m$ hat.

a) $f(x) = 2x^2 + 7x - 1;\ m = -9$

b) $f(x) = -x^2 + 3x - 6;\ m = 9$

c) $f(x) = \frac{1}{3}x^3 - x^2 + x + 4;\ m = 4$

d) $f(x) = x^3 + 3x^2 + 6x - 1;\ m = 0$

**6** Wie groß ist die Steigung des Graphen der Funktion $f(x) = \frac{1}{3}x^2 + 4x - 1$ an der Stelle $x = 3$?

**7** An welcher Stelle hat der Graph der Funktion $f(x) = (x - 4)^2 + 3$ ein Gefälle mit dem Verhältnis 2 : 1? (Anleitung: $f'(x_p) = -\frac{2}{1}$)

**8** In welchem Kurvenpunkt der Funktion $f(x) = \frac{1}{2}x^2 - 3x$ bildet die Tangente mit der positiven $x$-Achse einen Winkel von 45°? (Anleitung: $f'(x_p) = \tan 45° = 1$)

**9** An welcher Stelle des Graphen der Funktion $f(x) = x^2 - 3x$ verläuft die Tangente waagerecht?

**10** Gegeben ist die Funktionsgleichung $f(x) = \frac{1}{6}(x^2 + 1)$.

a) In welchem Punkt des zugehörigen Graphen haben Ordinate und Steigung die gleiche Maßzahl? (Anleitung: $f(x_p) = f'(x_p) \Rightarrow x_p$)

b) Welchen Winkel bildet eine diesen Kurvenpunkt berührende Tangente mit der $x$-Achse?

**11** Eine Sekante schneidet den Graphen der Funktion $f(x) = \frac{1}{4}x(x - 4) + 1$ in den Punkten $P_1$ und $P_2$, zu denen die Abszissen $x_1 = 3$ und $x_2 = 4{,}5$ gehören. In welchem Punkt des Graphen ist dessen Steigung genauso groß wie die Steigung der Sekante?

**12** Begründen Sie, dass die Ableitung einer Konstanten als Spezialfall einer Potenzfunktion aufgefasst werden kann.

**13** Zeigen Sie durch Gegenbeispiele, dass die folgenden „naiven Ableitungsregeln" falsch sind:

a) Für $f(x) = g(x) \cdot h(x)$ gilt $f'(x) = g'(x) \cdot h'(x)$.

b) Die Ableitung von $f(x) = (x - 2)^n$ ist $f'(x) = n \cdot (x - 2)^{n-1}$.

## 2.2.3 Ableitungen von Exponentialfunktionen

Bei Polynomfunktionen lassen sich die entsprechenden Ableitungsfunktionen ermitteln, indem man zunächst den Differenzenquotienten bildet und anschließend den Grenzübergang ($\Delta x \to 0$) durchführt. Bei Exponentialfunktionen, bekannt aus Kapitel 1.5, ist die Vorgehensweise ähnlich.

Bildet man den Differenzenquotienten der Funktion $f(x) = a^x$, also einer beliebigen Exponentialfunktion, so ergibt sich:

| | |
|---|---|
| $f(x) = a^x$ einsetzen: | $m = \frac{\Delta y}{\Delta x} = \frac{f(x_0) + \Delta x - f(x_0)}{\Delta x}$ |
| Potenzgesetz $a^n \cdot a^m = a^{n+m}$ anwenden: | $= \frac{a^{x_0 + \Delta x} - a^{x_0}}{\Delta x}$ |
| Im Zähler $a^{x_0}$ ausklammern: | $= \frac{a^{x_0} \cdot a^{\Delta x} - a^{x_0}}{\Delta x}$ |
| | $= \frac{a^{x_0} \cdot (a^{\Delta x} - 1)}{\Delta x}$ |
| | $= a^{x_0} \cdot \frac{a^{\Delta x} - 1}{\Delta x}$ |

Der Differenzenquotient besteht aus zwei Faktoren: zum einen aus $a^x$ und zum anderen aus einem von der Funktionsvariablen $x$ unabhängigen und damit konstanten Faktor $\frac{a^{\Delta x} - 1}{\Delta x}$. Führt man nun den Grenzübergang $\Delta x \to 0$ durch, so lässt sich erkennen, dass der Differenzialquotient und damit die Ableitung der Funktion $f(x) = a^x$ die Funktion selbst ist, jedoch multipliziert mit dem Faktor $\lim\limits_{\Delta x \to 0} \frac{a^{\Delta x} - 1}{\Delta x}$.

Wird in diesem Streckungsfaktor die 1 als Potenz $a^0$ geschrieben, so erkennt man, dass sich der Faktor als Ableitung an der Stelle 0 ausdrücken lässt:

$$\lim_{\Delta x \to 0} \frac{a^{\Delta x} - 1}{\Delta x} = \lim_{\Delta x \to 0} \frac{a^{0 + \Delta x} - a^0}{\Delta x} = f'(0)$$

Die bisherigen Erkenntnisse werden nun als Satz zusammengefasst.

### Satz

Für die Ableitung der Exponentialfunktion $f(x) = a^x$ gilt:

$f'(x) = a^x \cdot f'(0)$.

Wenn man die Steigung an der Stelle 0 kennt, ist die Steigung an jeder Stelle bekannt. In der Praxis hilft dieser Satz jedoch nur wenig, da er zum Bilden der Ableitung den Wert der Ableitung an der Stelle 0 voraussetzt.

Aber existiert eine Basis, für die der Faktor 1 ist? In diesem Fall wäre die Ableitung gleich der Funktion. Um dies zu prüfen, wird $\Delta x$ durch die Nullfolge $\frac{1}{n}$ ersetzt. Eine Nullfolge geht für steigende Werte von $n$ gegen 0.

| | |
|---|---|
| $\Delta x$ durch $\frac{1}{n}$ ersetzen: | $\frac{a^{\Delta x} - 1}{\Delta x} = 1$ |
| Mit $\frac{1}{n}$ multiplizieren: | $\frac{a^{\frac{1}{n}} - 1}{\frac{1}{n}} = 1$ |
| $\mid +1$ | $a^{\frac{1}{n}} - 1 = \frac{1}{n}$ |
| Mit $n$ potenzieren: | $a^{\frac{1}{n}} = 1 + \frac{1}{n}$ |
| Grenzwert für $n \to \infty$ bilden: | $a = \left(1 + \frac{1}{n}\right)^n$ |
| Die linke Seite der Gleichung enthält kein $n$, auf der rechten Seite wird auf die Definition der eulerschen Zahl in Abschnitt 1.5 zurückgegriffen | $\lim\limits_{n \to \infty} a = \lim\limits_{n \to \infty} \left(1 + \frac{1}{n}\right)^n$ <br> $a = e$ |

Das bedeutet, dass im Fall $a = \mathrm{e}$ Funktion und Ableitung übereinstimmen, d. h. $(\mathrm{e}^x)' = \mathrm{e}^x$.

### Satz

Für die **Exponentialfunktion** $f(x) = \mathrm{e}^x$ gilt: $f'(x) = \mathrm{e}^x$.

Ausgehend von dieser Erkenntnis können nun andere Exponentialfunktionen untersucht werden. In Abschnitt 1.5 wurde erläutert, dass sich jede Exponentialfunktion $f(x) = a^x$ auch als Funktion zur Basis e schreiben lässt als $f(x) = \mathrm{e}^{x \cdot \ln a}$. Der Faktor im Exponenten bewirkt eine Streckung bzw. Stauchung der Funktion $\mathrm{e}^x$, wie die folgende Abbildung zeigt.

Nun soll die Steigung der Funktion $f(x) = a^x$ an der eingezeichneten Stelle $x$ (grün dargestellt) ermittelt werden. Der $y$-Wert ist wegen der Basiswechsel-Formel $a^x = \mathrm{e}^{x \cdot \ln a}$ derselbe Wert wie der Funktionswert der blauen e-Funktion an der Stelle $x \cdot \ln a$. Von dieser blauen e-Funktion ist die (Tangenten-)Steigung bekannt: An der Stelle $x \cdot \ln a$ beträgt sie $\mathrm{e}^{x \cdot \ln a}$. Daher kann man an die blaue Tangente ein Steigungsdreieck mit der Breite 1 und der Höhe $\mathrm{e}^{x \cdot \ln a}$ zeichnen.

An der waagerechten $x$-Achse ist der Stauchungsfaktor durch den geknickten Pfeil (: ln a) dargestellt. Wenn also das blaue Steigungsdreieck in das grüne überführt werden soll, muss dafür die Breite durch diesen Faktor geteilt werden. Die Höhe bleibt dabei unverändert. Damit lässt sich die Steigung der grünen Tangente und so auch die Steigung der Funktion $f(x) = a^x$ an der an der Stelle $x$ berechnen.

Sie beträgt $f'(x) = \frac{a^x}{\frac{1}{\ln a}} = \ln a \cdot a^x$

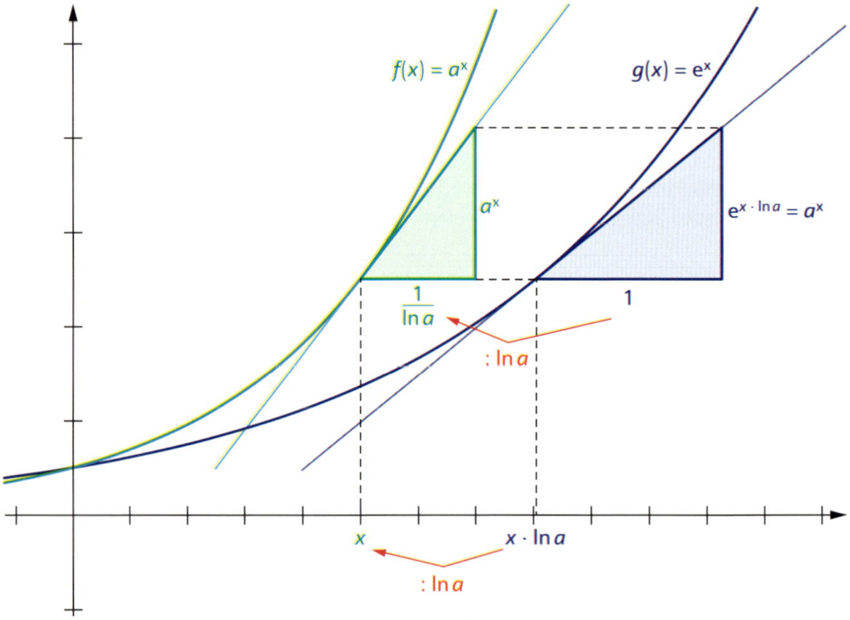


Damit ist die Ableitung der allgemeinen Exponentialfunktion $f(x) = a^x$ bestimmt. Im folgenden Satz sind die gewonnenen Erkenntnisse zusammengefasst.

**Satz**

- Die Ableitung der Funktion $f(x) = a^x$ ist $f'(x) = \ln a \cdot a^x$.
- Die Ableitung der Funktion $f(x) = e^{k \cdot x}$ ist $f'(x) = k \cdot e^{k \cdot x}$.
- Die Ableitung der Funktion $f(x) = a^{k \cdot x}$ ist $f'(x) = k \cdot \ln a \cdot a^{k \cdot x}$.

Zum Beweis der zweiten Aussage des Satzes setzt man $e^{k \cdot x} = (e^k)^x$ und nutzt die erste Aussage. Die dritte Aussage folgt aus den ersten beiden.

In der nächsten Lernsituation wird die Ableitungsregel aus dem letzten Satz angewendet, um die Ableitung einer Exponentialfunktion zu berechnen.

## Lernsituation: Eine Tasse mit besonderen Eigenschaften – Teil 2

In der Lernsituation „Eine Tasse mit besonderen Eigenschaften“ (siehe Kapitel 1.5.3) untersuchte ein Team des Lambo-Instituts eine neuartige Thermo-Kaffeetasse, die Heißgetränke länger warmhalten soll. Hierbei wurde die Funktion $T(t) = 22 + 60 \cdot e^{-0{,}02t}$ ermittelt, um den Abkühlungsprozess des Kaffees in der Tasse zu modellieren. Dabei stand $t$ für die Zeit (in Minuten) und $T$ für die Temperatur (in °C).

Timo Schöller ist Praktikant im Lambo-Institut. Um sich mit der Arbeitsweise im Institut vertraut zu machen, studiert er die Untersuchungen der letzten Monate. Er fragt, welche Bedeutung die Ableitung der Funktion $T(t)$ hat.

a) Bilden Sie die Ableitung von $T(t)$.

b) Bestimmen Sie $T'(40)$ und interpretieren Sie die Bedeutung des Ergebnisses im Sachzusammenhang.

### Lösungen

a) Die Funktion $T(t) = 22 + 60 \cdot e^{-0{,}02t}$ wird mithilfe der Summenregel und der Ableitungsregel aus dem obigen Satz abgeleitet:

$T'(t) = -0{,}02 \cdot 60 \cdot e^{-0{,}02t} = -1{,}2 \cdot e^{-0{,}02t}$

b) Zunächst wird der Wert 40 in die Funktionsgleichung eingesetzt:

$T'(40) = -1{,}2 \cdot e^{-0{,}02 \cdot 40} = -0{,}5392$

Die Steigung der Temperaturkurve ist für $t = 40$ erwartungsgemäß negativ. Die $t$-Werte haben die Einheit „Minuten“, die $T(t)$-Werte die Einheit „°C“.

Wie ist der ermittelte Wert zu interpretieren? Mit dem Steigungsdreieck wird die Steigung als Quotient aus Höhe durch Breite berechnet. Hier wird also die Temperatur (in °C) durch die Zeit (in min) geteilt. Daher hat die Steigung die Einheit $\frac{°C}{min}$.

Die mathematische Aussage $T'(40) = -0{,}5392$ bedeutet somit im Sachzusammenhang: Zum Zeitpunkt $t = 40$ min „steigt“ die Temperatur um −0,5392 °C pro Minute. Da der Steigungswert negativ ist, spricht man besser davon, dass die Temperatur um 0,5392 °C pro Minute sinkt. Allgemein steht $T'(t)$ für die momentane Abkühlungsrate zu einem Zeitpunkt t.

Zur Interpretation der Steigung wurden in Teilaufgabe b) der Lernsituation die Einheiten der Funktionswerte durch die Einheit der Funktionsargumente geteilt. Dieses Verfahren ist allgemeingültig. Die Einheit der Steigung ist immer der Quotient aus der Einheit der „$y$-Werte“ und der Einheit der „$x$-Werte“.

## AUFGABEN

**1** Bilden Sie die ersten zwei Ableitungen.

a) $f(x) = e^{3x}$ b) $f(x) = e^{-\frac{1}{2}x}$

c) $f(x) = e^{5x}$ d) $f(x) = e^{-12x}$

**2** Bilden Sie die ersten zwei Ableitungen.

a) $f(x) = 3e^{-x}$ b) $f(x) = -2e^{\frac{1}{2}x}$

c) $f(x) = \frac{1}{10}e^{4x}$ d) $f(x) = 15e^{0,2x}$

**3** Bilden Sie dic crsten zwei Ableitungen.

a) $f(x) = 5^x$ b) $f(x) = \left(\frac{1}{3}\right)^x$

c) $f(x) = 2 \cdot 0,5^x$ d) $f(x) = -2^x$

**4** Bilden Sie die ersten zwei Ableitungen.

a) $f(x) = -2 \cdot 2^{2x}$ b) $f(x) = 3^{-2x}$

c) $f(x) = -6 \cdot 4^{\frac{1}{2}x}$ d) $f(x) = -\frac{1}{8} \cdot 3^{-4x}$

**5** Ermitteln Sie, an welcher Stelle die Funktion $f(x)$ die Steigung $m$ hat.

a) $f(x) = e^x$; $m = 1$ b) $f(x) = e^{2x}$; $m = 9$

c) $f(x) = e^{-x}$; $m = -4$ d) $f(x) = e^{\frac{1}{2}x}$; $m = 1$

**6** Ermitteln Sie, an welcher Stelle die Funktion $f(x)$ die Steigung $m$ hat.

a) $f(x) = 5^x$; $m = 1$ b) $f(x) = 2^{2x}$; $m = 2$

c) $f(x) = 4^{-0,5x}$; $m = -1$ d) $f(x) = 3^x$; $m = 3$

**7** An einem warmen Sommertag erwärmt sich ein Glas Eistee: Die Temperatur des Getränks nähert sich langsam der Umgebungstemperatur an. Der Verlauf der Temperatur wird durch die Funktion $T(t) = 26 - 20e^{-0,05t}$ annähernd beschrieben. Dabei steht $t$ für die Zeit in min und $T(t)$ für die Temperatur in °C.

a) Bilden Sie die Ableitung von $T(t)$.

b) Bestimmen Sie $T(15)$ und $T'(15)$ und erläutern Sie die Bedeutung der Werte im Sachzusammenhang.

**8** Der Getränkehersteller Quellfrisch – bekannt aus Aufgabe 5 in Kapitel 1.5.2 – produziert die Biersorte Quellfrisch FREE 2.0, bei der der Bierschaum unter optimalen Bedingungen von einer ursprünglichen Höhe von 10 cm gemäß der Funktion $h(t) = 10\,e^{-0{,}24t}$ zerfällt. Dabei steht $t$ für die Zeit (in Minuten) und $h(t)$ für die Schaumhöhe (in cm).

a) Ermitteln Sie die Schaumhöhe nach zwei Minuten.

b) Bestimmen Sie $h'(2)$ und erläutern Sie die Bedeutung dieses Wertes.

**9** In eine 80 °C heiße Sauna wird ein Eimer mit Wasser für die Aufgüsse gestellt. Die Temperatur des Wassers im Eimer entwickelt sich annähernd gemäß der Funktion $T(t) = 80 - 62\,e^{-0{,}015t}$. Dabei gibt $t$ die Zeit (in Minuten) an und $T(t)$ die Temperatur (in °C).

a) Bestimmen Sie die Temperatur des Wassers direkt nach dem Abstellen in der Sauna.
b) Ermitteln Sie die Ableitung der Funktion $T(t)$.
c) Bestimmen Sie die Werte $T'(0)$, $T'(20)$, $T'(40)$ und $T'(60)$ und machen Sie Aussagen zur Temperaturzunahme.

## 2.2.4 Ableitungen von trigonometrischen Funktionen

Auch die Ableitungen von trigonometrischen Funktionen können durch den Grenzwert des Differenzenquotienten hergeleitet werden. Hierzu benötigt man jedoch einige Additionstheoreme, die nicht Gegenstand des Lehrplans sind. Aus diesem Grund können die Steigungsfunktionen der Sinus- und der Kosinusfunktion hier nicht bewiesen werden.

**Satz**

Die Ableitung der **Sinusfunktion** $f(x) = \sin x$ lautet $f'(x) = \cos x$.

Die Ableitung der **Kosinusfunktion** $f(x) = \cos x$ ist $f'(x) = -\sin x$.

Für die allgemeinen Sinus- und Kosinusfunktionen gilt der Satz:

**Satz**

Die Ableitung der **allgemeinen Sinusfunktion** $f(x) = a\sin(bx + c) + d$ lautet $f'(x) = ab\cos(bx + c)$.

Die Ableitung der **allgemeinen Kosinusfunktion** $f(x) = a\cos(bx + c) + d$ lautet $f'(x) = -ab\sin(bx + c)$.

## Lernsituation: Ungedämpfte Schwingung

Merle beobachtet im Physikunterricht eine Masse, die an einer Spiralfeder auf und ab schwingt. Die maximale Auslenkung aus der Ruhelage beträgt 4 cm nach oben und unten, die Periodendauer ist 3 Sekunden.

Merle geht davon aus, dass die Position der Masse im Zeitverlauf als ungedämpfte Federschwingung durch die Funktion $f(t) = 4 \cdot \sin\left(\frac{2}{3}\pi t\right)$ dargestellt werden kann. Dabei steht $t$ für die Zeit (in Sekunden) und $f(t)$ für die Position (in Zentimetern).

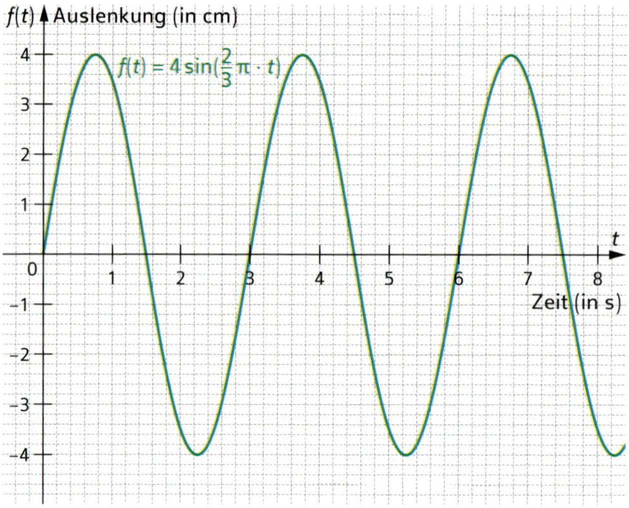


Merle fragt sich, welche Geschwindigkeit die Masse maximal erreicht und an welchen Zeitpunkten dies ist.

Bestimmen Sie die Steigungsfunktion und ermitteln Sie die Stellen, an denen die Geschwindigkeit maximal ist.

## Lösung

Um die Funktion $f(t) = 4 \cdot \sin\left(\frac{2}{3}\pi t\right)$ abzuleiten, nutzt man obigen Satz zum Ableiten von trigonometrischen Funktionen und erhält $f'(t) = 4 \cdot \frac{2}{3}\pi \cos\left(\frac{2}{3}\pi t\right) = \frac{8}{3}\pi \cos\left(\frac{2}{3}\pi t\right)$. Diese Funktion gibt die Geschwindigkeit der schwingenden Masse zu jedem Zeitpunkt $t$ an.

Wenn die Masse zum ersten Mal an ihrer höchsten Position die Richtung wechselt und direkt darauf nach unten schwingt, also nach 0,75 Sekunden, ist die Geschwindigkeit $f'(0{,}75) = 0$. Wenn die Masse die Ruhelage (Position 0 cm) von oben nach unten durchläuft, also nach 1,5 Sekunden, beträgt die Geschwindigkeit $f'(1{,}5) = -\frac{8}{3}\pi = -8{,}37758\ \frac{\text{cm}}{\text{s}}$. Das Vorzeichen ist negativ, da sich die Masse nach unten bewegt.

Die Abbildung zeigt, dass die Geschwindigkeit jeweils beim Passieren der Ruhelage am höchsten ist und an den Umkehrpunkten am niedrigsten.

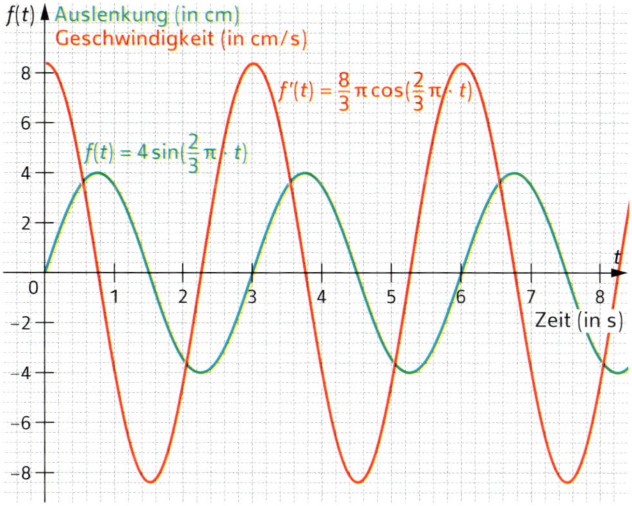


Bei allen Funktionen hat an den Extremstellen die erste Ableitung Nullstellen. Bei Sinus- und Kosinusfunktionen hat zudem die Ableitung ihre Extremstellen an den Nullstellen der Funktion. Dies lässt sich durch die gemeinsame Periodenlänge von Funktion und Ableitung erklären: Die erste Ableitung einer Sinusfunktion ist eine Kosinusfunktion mit derselben Periodenlänge. Die zweite Ableitung ist dann wieder eine Sinusfunktion, die dritte Ableitung eine Kosinusfunktion usw. Die höheren Ableitungen einer Sinusfunktion sind also Sinus- und Kosinusfunktionen mit derselben Periodenlänge wie die ursprüngliche Funktion. Für die Ableitung der Kosinusfunktion gelten die analogen Aussagen.

## AUFGABEN

**1** Bestimmen Sie die ersten fünf Ableitungen von $f(x) = \sin x$.

**2** Bestimmen Sie die ersten zwei Ableitungen der folgenden Funktionen.

a) $f(x) = 2\cos 0{,}5x$

b) $f(x) = -0{,}4\sin(-2x)$

c) $f(x) = 6\cos(x+1)$

d) $f(x) = -2\sin(4x-3)$

**3** Bestimmen Sie die ersten zwei Ableitungen.

a) $f(x) = -\frac{1}{3}\sin(3x+2) - 9$

b) $f(x) = -2\cos\left(\frac{1}{4}x - 1\right) + 1$

c) $f(x) = 18\sin\left(\frac{1}{3}x + \frac{1}{2}\right) - 1$

d) $f(x) = \frac{1}{8}\cos(4x+2) + 1{,}5$

**4** Untersuchen Sie, an welchen Stellen die Steigung der folgenden Funktionen maximal ist.

a) $f(x) = 2\sin x$

b) $f(x) = 3\cos 0{,}5x$

c) $f(x) = 4\sin(x+2) - 5$

d) $f(x) = -\sin(3x+\pi) - 12$

**5** Berechnen Sie alle Stellen, an denen die Funktion die Steigung $m$ hat.

a) $f(x) = \sin x$; $m = 0{,}5$

b) $f(x) = 2\cos 2x$; $m = -2$

c) $f(x) = 4\sin 2x$; $m = 4$

d) $f(x) = -\cos 2x$: $m = \sqrt{2}$

## 2.3 Zusammenfassung

- Der **Differenzenquotient** $m = \frac{\Delta y}{\Delta x} = \frac{f(x_0 + \Delta x) - f(x_0)}{\Delta x}$ gibt die **durchschnittliche Steigung** einer Funktion $f(x)$ im Intervall $[x_0; x_0 + \Delta x]$ an. Das ist die Steigung der **Sekante** durch die Punkte $(x_0 | f(x_0))$ und $(x_0 + \Delta x | f(x_0 + \Delta x))$.

- Der **Differenzialquotient** $\frac{\mathrm{d}f}{\mathrm{d}x} = \lim\limits_{\Delta x \to 0} \frac{f(x_0 + \Delta x) - f(x_0)}{\Delta x}$ gibt die **momentane Steigung** einer Funktion $f(x)$ an der Stelle $x_0$ an. Es ist die Steigung der **Tangente** an $f(x)$ im Punkt $(x_0 | f(x_0))$. Der Differenzialquotient wird auch **Ableitung** von $f(x)$ genannt und mit $f'(x)$ bezeichnet.

- Eine Funktion $f(x)$ heißt **stetig** an einer Stelle $x_0$, wenn gilt:
  $\lim\limits_{x \to x_0} f(x) = f(x_0)$

- Eine Funktion ist stetig in ihrem Definitionsbereich, wenn sie an jeder Stelle ihres Definitionsbereichs stetig ist.

- Eine Funktion heißt **differenzierbar** an einer Stelle $x_0$ ihres Definitionsbereichs, wenn der beidseitige Grenzwert des Differenzenquotienten an dieser Stelle existiert:
  $\lim\limits_{\Delta x \to 0} \frac{f(x_0 + \Delta x) - f(x_0)}{\Delta x}$

- Eine Funktion ist differenzierbar in ihrem Definitionsbereich, wenn sie an jeder Stelle ihres Definitionsbereichs differenzierbar ist.

- **Ableitungsregeln:**

| | Funktion | Ableitung |
|---|---|---|
| **ganzrationale Funktionen** | $f(x) = a$ | $f'(x) = 0$ |
| | $f(x) = a \cdot x^n$ | $f'(x) = n \cdot a \cdot x^{n-1}$ |
| **Exponentialfunktionen** | $f(x) = e^x$ | $f'(x) = e^x$ |
| | $f(x) = e^{k \cdot x}$ | $f'(x) = k \cdot e^{k \cdot x}$ |
| | $f(x) = a^x$ | $f'(x) = \ln a \cdot a^x$ |
| | $f(x) = a^{k \cdot x}$ | $f'(x) = k \cdot \ln a \cdot a^{k \cdot x}$ |
| **trigonometrische Funktionen** | $f(x) = \sin x$ | $f'(x) = \cos x$ |
| | $f(x) = \cos x$ | $f'(x) = -\sin x$ |
| | $f(x) = a \sin(bx + c) + d$ | $f'(x) = ab \cos(bx + c)$ |
| | $f(x) = a \cos(bx + c) + d$ | $f'(x) = -ab \sin(bx + c)$ |
| **Faktorregel** | $f(x) = k \cdot g(x)$ | $f'(x) = k \cdot g'(x)$ |
| **Summenregel** | $f(x) = g(x) + h(x)$ | $f'(x) = g'(x) + h'(x)$ |

## 2.4 Vermischte Aufgaben

**1** Leiten Sie die folgenden Funktionen 4-mal ab.

a) $f(x) = 2x^3 + e^x$

b) $f(x) = \sin x + 3x^2$

c) $f(x) = x^2 - 2e^{-2x} + 10$

d) $f(x) = 6x^4 + 3x^3 + \cos 2x$

**2** Bestimmen Sie jeweils die Steigung der Funktionen an der Stelle $x_0$.

a) $f(x) = 2x + 2e^x$; $x_0 = 4$

b) $f(x) = \sin x + 2e^x$; $x_0 = 0$

c) $f(x) = \cos 3x + 2x^2 + 3e^{0,1x}$; $x_0 = 0$

d) $f(x) = 3^x + 3\cos x - 3$; $x_0 = 3$

**3** Bestimmen Sie jeweils die Stellen, an denen die folgenden Funktionen die angegebene Steigung $m$ haben.

a) $f(x) = 2x + 2e^x$; $m = 4$

b) $f(x) = x^3 + 2x^2 + 4x + 2$; $m = -4$

c) $f(x) = x^3 + 2x^2 + 4x + 2$; $m = 11$

d) $f(x) = 2^x + 4x + 2$; $m = 10$

**4** Eine Kugel rollt eine schiefe Ebene hinunter. Der zurückgelegte Weg $s$ (in Metern) lässt sich in Abhängigkeit von der Zeit $t$ (in Sekunden) durch die Funktion $s(t) = 0{,}3\,t^2$ darstellen.

a) Bestimmen Sie die Geschwindigkeits-Zeit-Funktion.

b) Berechnen Sie die Momentangeschwindigkeit nach 3 s.

c) Ermitteln Sie die Beschleunigung.

**5** Ein Stein wird vom Boden aus senkrecht nach oben geworfen. Seine Höhe $h$ (in m) kann in Abhängigkeit von der Zeit $t$ (in s) durch die Funktion $h(t) = 20t - 5t^2$ beschrieben werden.

a) Ermitteln Sie, nach welcher Zeit der Stein wieder den Boden erreicht.

b) Berechnen Sie die Geschwindigkeits-Zeit-Funktion und geben Sie die Geschwindigkeit nach einer Sekunde und nach drei Sekunden an.

c) Bestimmen Sie den Zeitpunkt, an dem die Geschwindigkeit $0\,\frac{\text{m}}{\text{s}}$ beträgt. Welche Höhe hat der Stein zu dieser Zeit?

d) Ermitteln Sie die Beschleunigung des Steins.

**6** Eine Skateboard-Rampe verläuft gemäß der Funktion $f(x) = 0{,}2\,x^2$. Sowohl die $x$- als auch die $y$-Werte sind in Metern angegeben. Ermitteln Sie, an welcher Stelle und bei welcher Höhe die Steigung 45° beträgt.

Hinweis: Die Ableitung einer Funktion gibt die Steigung als Tangens des Winkels zwischen Tangente und $x$-Achse an.

**7** In einem Unternehmen entwickeln sich die Kosten für ein bestimmtes Produkt gemäß der Funktion $K(x) = x^3 - 3x^2 + 8x + 20$. Dabei gibt $x$ die Menge (in ME) an und $K(x)$ die Herstellungskosten (in GE).

a) Bestimmen Sie die Grenzkostenfunktion.

b) Ermitteln Sie die Grenzkosten bei 1 ME und bei 4 ME.

c) Bestimmen Sie die Punkte, an denen die Grenzkosten bei 4 GE/ME bzw. bei 8 GE/ME liegen.

**8** Im Hafen einer Nordseestadt schwankt der Pegelstand mit der Periodendauer von zwölf Stunden. Der Wasserstand kann im Zeitverlauf durch die Funktion $f(t) = 1{,}5 \cdot \sin\left(\frac{\pi}{6}t\right) + 5$ beschrieben werden. Dabei ist t die Zeit (in Stunden) und $f(t)$ der Wasserstand (in Metern). Die untere Abbildung zeigt den Graphen der Funktion.

a) Bilden Sie die Ableitung zu $f(t)$.

b) Bestimmen Sie die Zeitpunkte, zu denen die Steigung am höchsten ist.

c) Ermitteln Sie $f'(2)$ und $f'(7)$ und interpretieren Sie die Bedeutung der Werte im Sachzusammenhang.

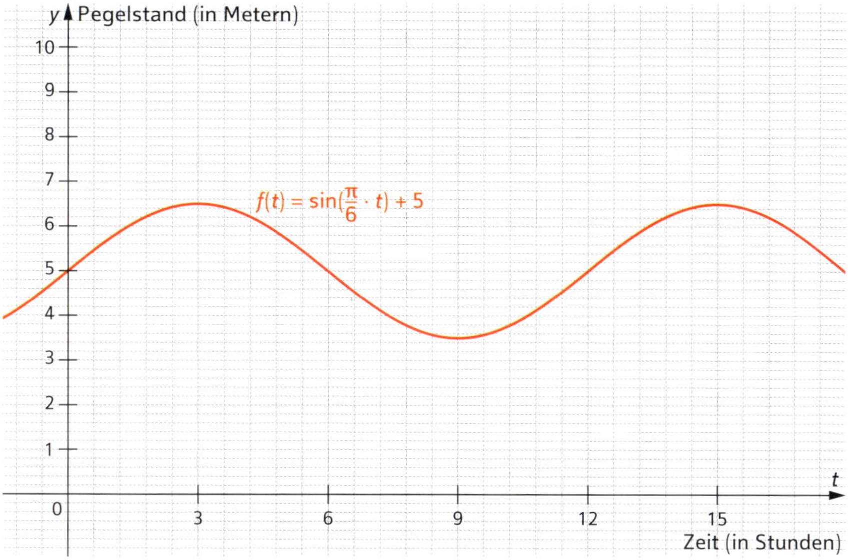

**9** Zum Graphen einer Funktion lässt sich auch ohne Kenntnis der Funktionsgleichung der Graph der Ableitung skizzieren. Dazu zeichnet man zuerst die Nullstellen der Ableitungsfunktion in das Koordinatensystem und skizziert anschließend den Rest des Graphen entsprechend der Steigung der Funktion.
Übertragen Sie die folgenden Graphen in Ihre Unterlagen und skizzieren Sie dann die Graphen der Steigungsfunktionen.

a)
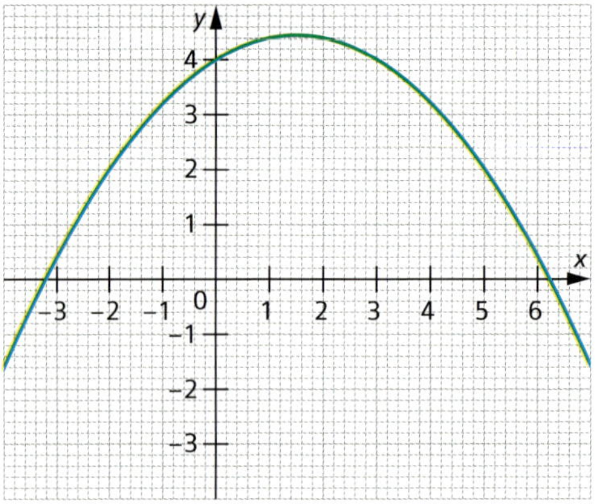


b)
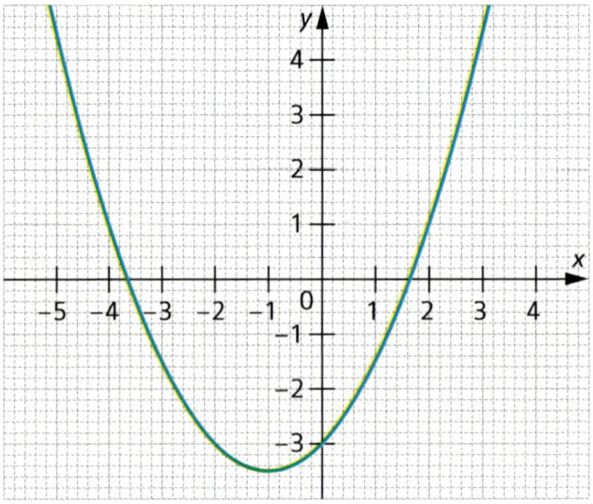


c)
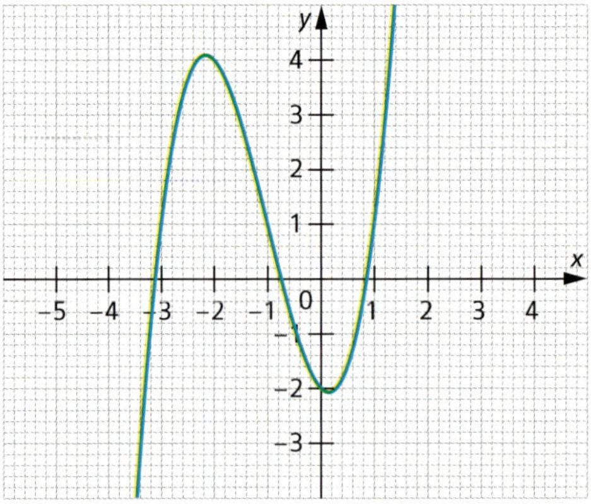

**10** Welche Ableitung gehört zu welcher Funktion? Ordnen Sie die Graphen zu und begründen Sie Ihre Entscheidung.

| Graph der Funktion | Graph der Ableitung |
|---|---|
| 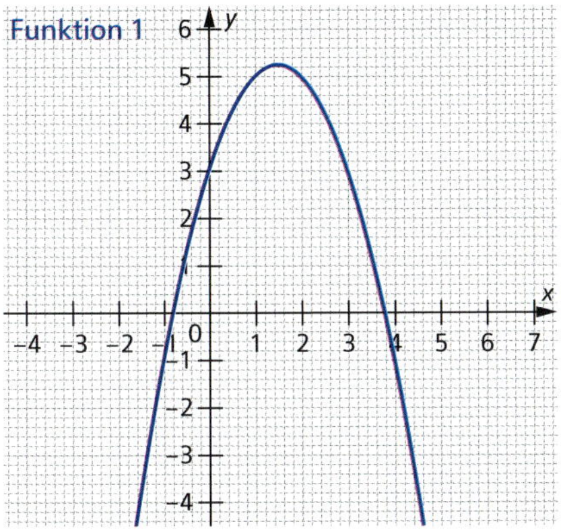  | 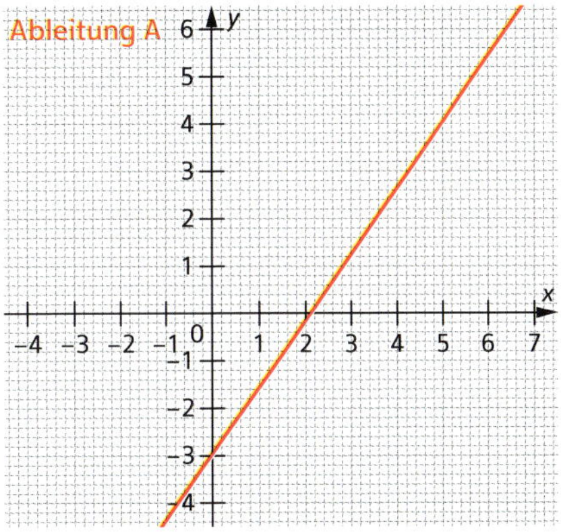  |
| 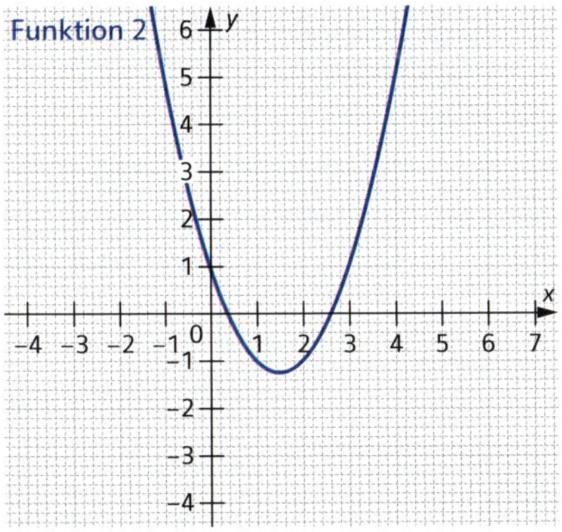  | 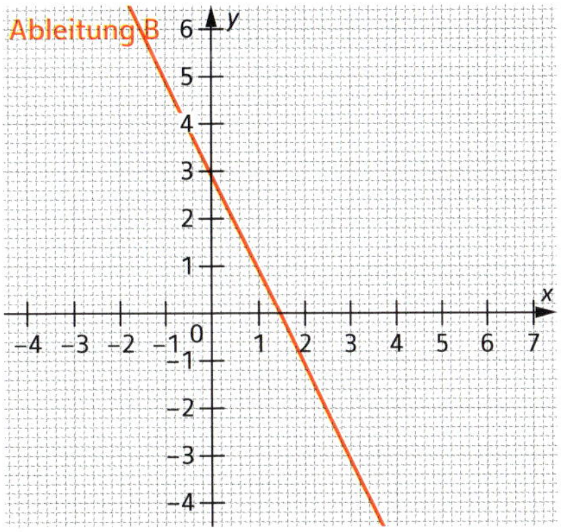  |
| 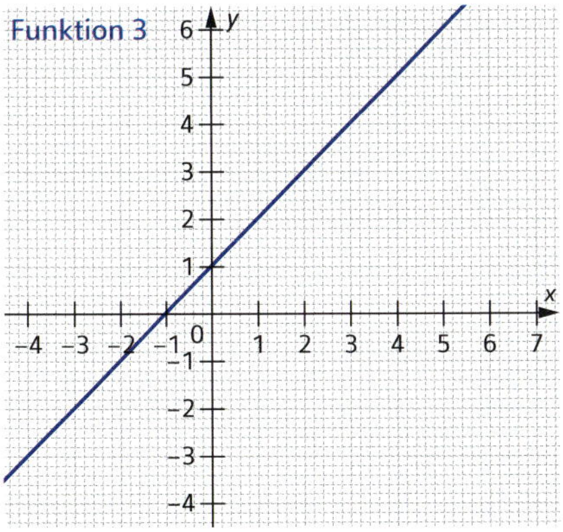  | 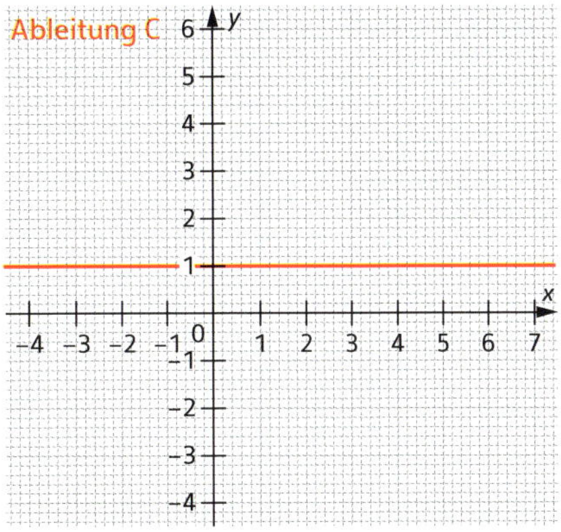  |

<table>
<tr><th>Graph der Funktion</th><th>Graph der Ableitung</th></tr>
<tr><td>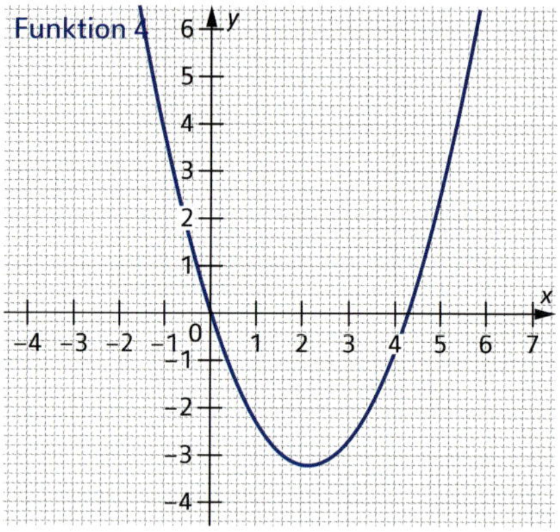
</td><td>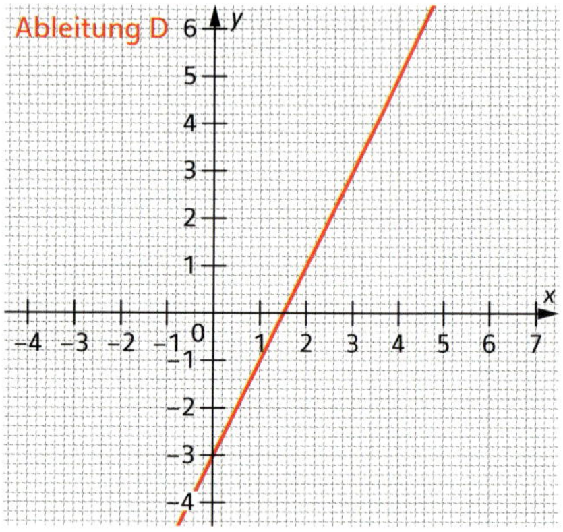
</td></tr>
</table>

**11** Welche Ableitung gehört zu welcher Exponentialfunktion? Ordnen Sie die Graphen zu und begründen Sie Ihre Entscheidung.

| Graph der Funktion | Graph der Ableitung |
|---|---|
| 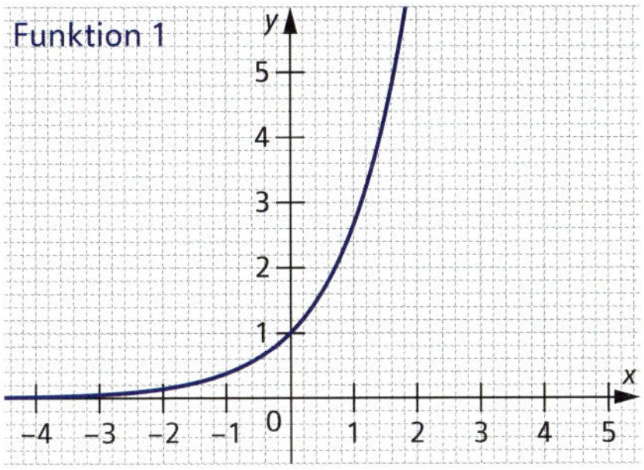  | 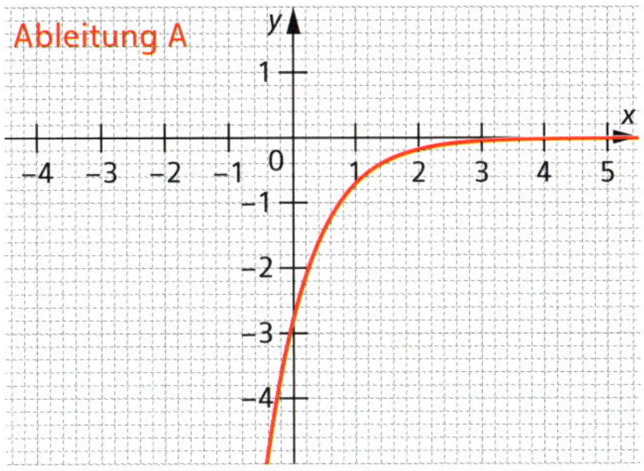  |
| 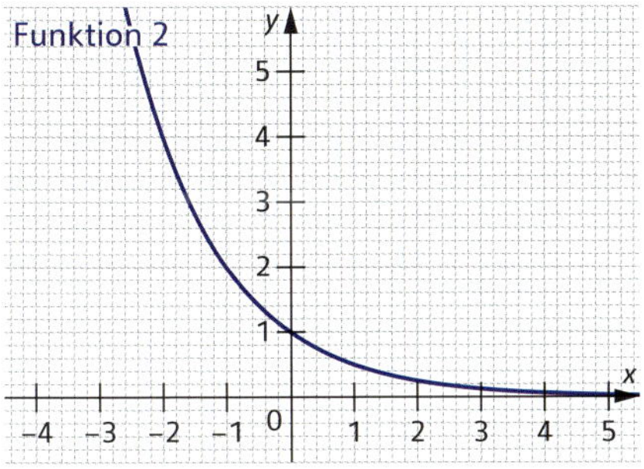  | 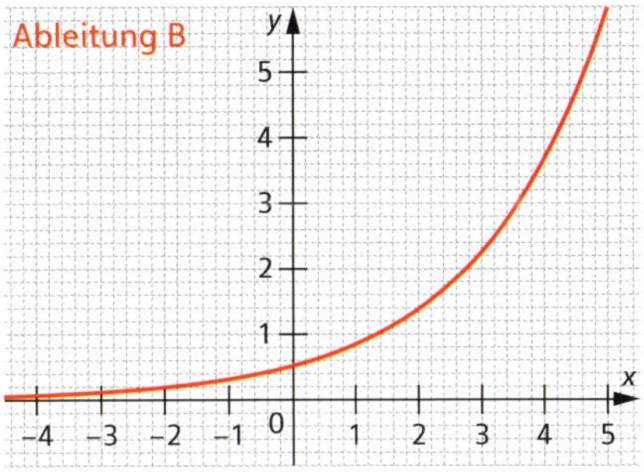  |
| 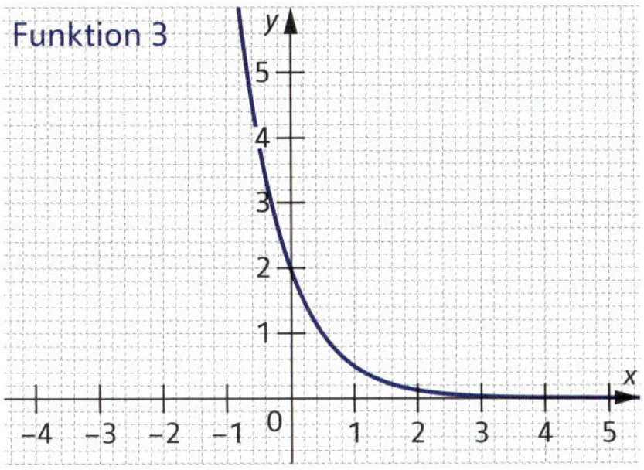  | 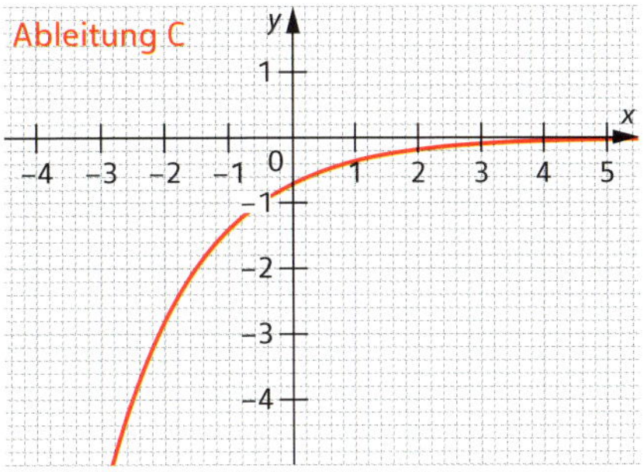  |
| 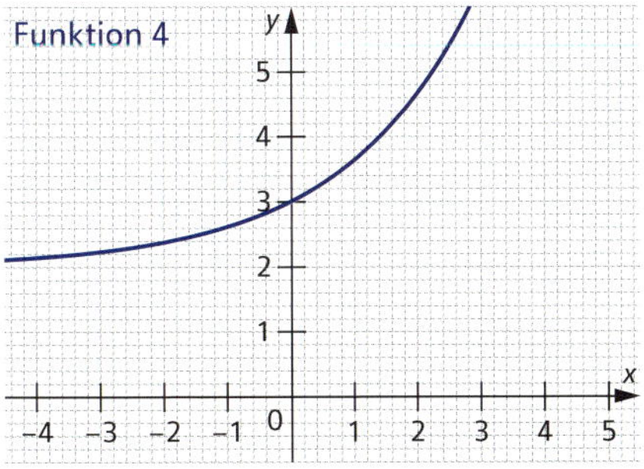  | 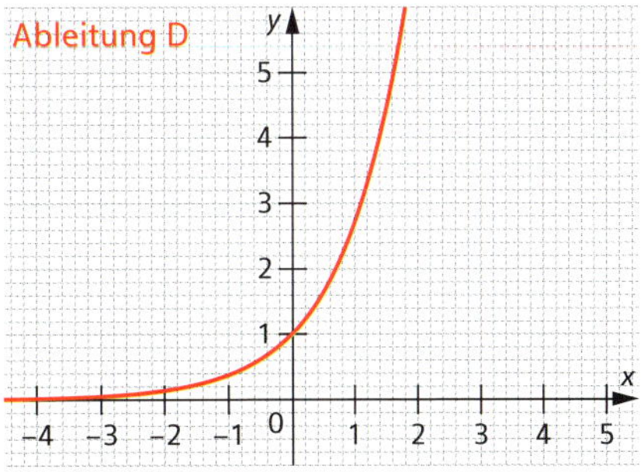  |

**12** Welche Ableitung gehört zu welcher Exponentialfunktion? Ordnen Sie die Graphen zu und begründen Sie Ihre Entscheidung.

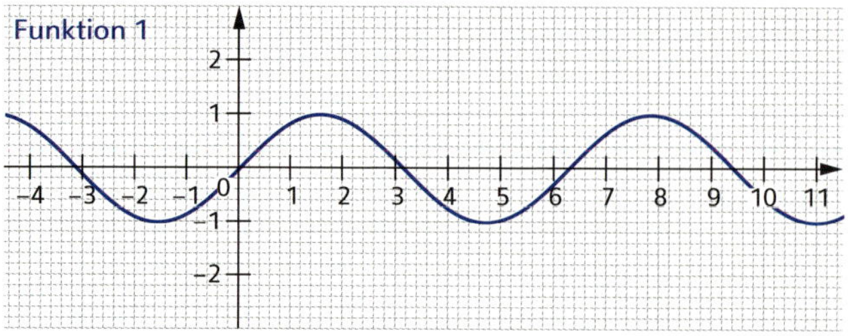


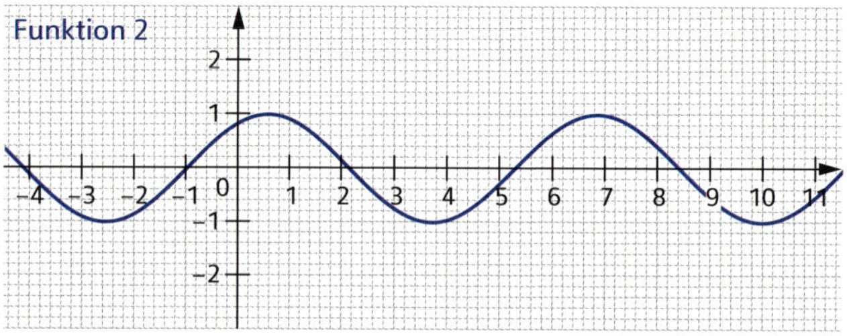


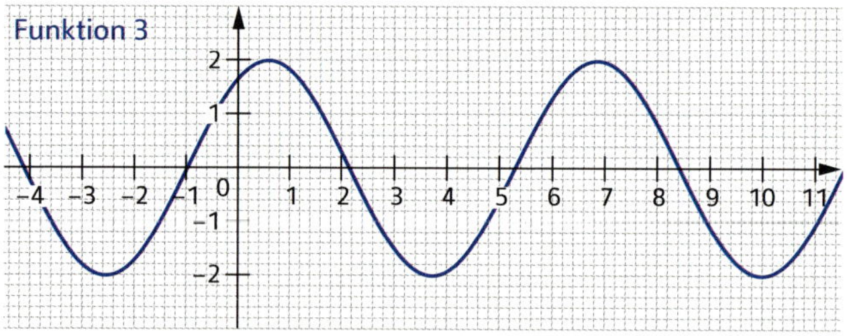


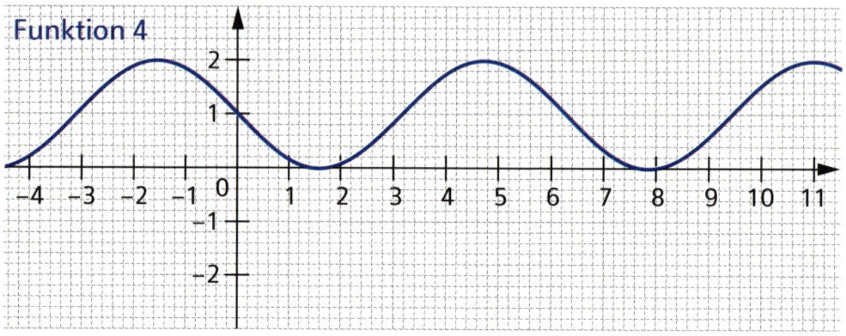

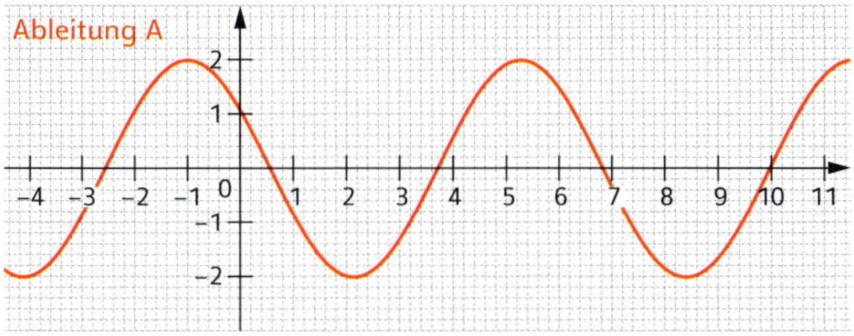
Ableitung A
2
1
−4 −3 −2 −1 0 1 2 3 4 5 6 7 8 9 10 11
−1
−2

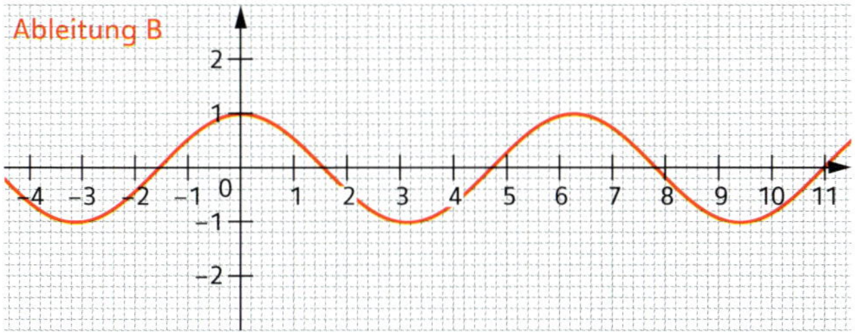
Ableitung B
2
1
−4 −3 −2 −1 0 1 2 3 4 5 6 7 8 9 10 11
−1
−2

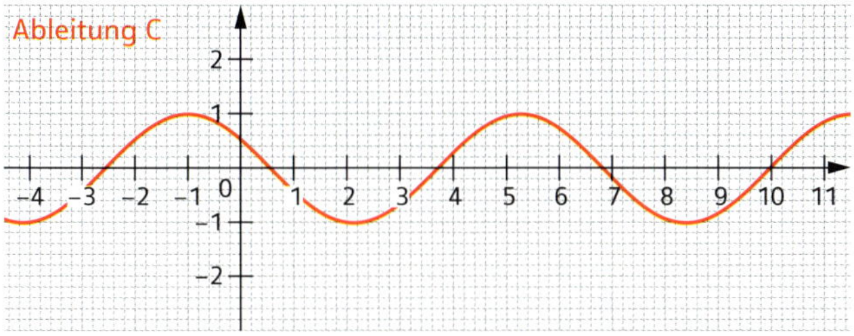
Ableitung C
2
1
−4 −3 −2 −1 0 1 2 3 4 5 6 7 8 9 10 11
−1
−2

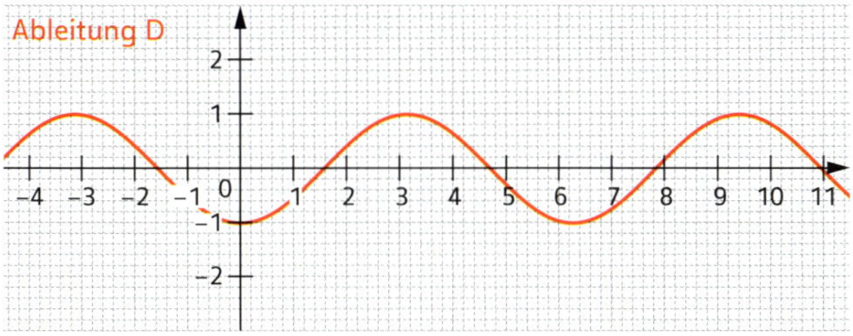
Ableitung D
2
1
−4 −3 −2 −1 0 1 2 3 4 5 6 7 8 9 10 11
−1
−2

# 3 Funktionen und ihre Eigenschaften

Mithilfe der Differenzialrechnung lassen sich charakteristische Eigenschaften von Funktionen – etwa ihre Hochpunkte, Tiefpunkte und Wendepunkte – ermitteln. Diese Punkte sind in vielen Anwendungszusammenhängen von Interesse: Zum Beispiel kann in der Ökonomie der Hochpunkt einer Gewinnfunktion, also das Gewinnmaximum, oder der Tiefpunkt der Stückkosten bestimmt werden. Auch bei technischen Anwendungen lassen sich die Extremwerte – Maxima oder Minima – berechnen. Viele Optimierungsprobleme können nach Aufstellen einer geeigneten Zielfunktion durch die Differenzialrechnung gelöst werden. So lassen sich etwa Aufgabenstellungen lösen wie *„Welchen Radius und welche Höhe hat eine zylinderförmige Konservendose von einem Liter Inhalt, wenn der Materialbedarf minimal sein soll?"*.
Nach dem Bearbeiten dieses Kapitels sind Sie in der Lage

- rationale Funktionen zu diskutieren, um Kenntnis über Lage, Form und charakteristische Punkte ihres Graphen (Definitions- und Wertebereich, Achsenschnittpunkte, Extrem- und Wendepunkte, Steigungs-, Krümmungs- und Monotonieverhalten, Symmetrieeigenschaften, Verhalten an den Rändern des Definitionsbereichs) zu erlangen,
- reale Problemstellungen mathematisch in Funktionsgleichungen abzubilden und diese im Kontext zu analysieren und zu interpretieren,
- ökonomische Optimierungsprobleme zu lösen,
- Funktionsgleichungen aus vorgegebenen Eigenschaften zu entwickeln und
- reale Optimierungsprobleme als Extremwertaufgaben zu modellieren und zu lösen.

# 3.1 Zusammenhang zwischen Ableitungen und Funktionseigenschaften

Mithilfe der Ableitungen einer Funktion kann auf einige charakteristische Eigenschaften der Funktion geschlossen werden. So lassen sich Extremstellen und Wendepunkte ermitteln, indem die Ableitungen der Funktion untersucht werden. Dabei macht man sich Zusammenhänge zunutze, die bereits im letzten Kapitel erläutert wurden.

## 3.1.1 Extremstellen

Eine besondere Bedeutung hat derjenige Punkt einer Kurve, in dem bei wachsenden $x$-Werten ein Anstieg (positive Steigung) in ein Gefälle (negative Steigung) übergeht und umgekehrt. Dies ist zum Beispiel beim Scheitelpunkt einer nach unten bzw. oben geöffneten Parabel der Fall. Da in diesem Punkt die Kurve weder steigt noch fällt, also die Steigung 0 ist, und die Kurve damit eine waagerechte Tangente hat, ist er ein Gipfel- oder Talpunkt, also ein sogenannter Hochpunkt oder Tiefpunkt des Graphen. Allgemein wird ein solcher Punkt als **Extrempunkt** oder **Extremum** bezeichnet. Ein Hochpunkt heißt Maximum, ein Tiefpunkt Minimum.

Auch beim grafischen Ableiten in den Aufgaben 9 bis 12 von Kapitel 2.5 wurde ausgenutzt, dass an jeder Extremstelle einer Funktion die Ableitung dieser Funktion eine Nullstelle hat. Dieser Zusammenhang hat auch bei der Suche von Extremstellen von Funktionen eine große Bedeutung, denn man ermittelt als mögliche Extremstellen die Nullstellen der ersten Ableitung (als sogenannte notwendige Bedingung) und untersucht diese dann weiter. Wenn die Funktion zuerst steigt und dann fällt, handelt es sich bei dem Extremum um einen Hochpunkt. Ist die Steigung erst negativ und geht ins Positive über, dann hat die Funktion einen Tiefpunkt an der Stelle, an der die Steigung 0 ist.

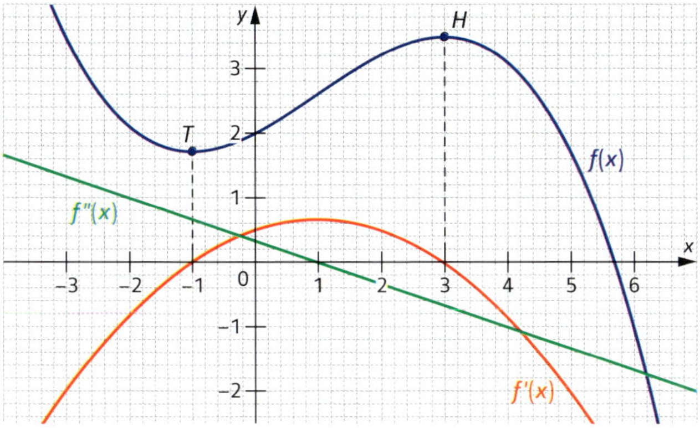


Die Abbildung veranschaulicht die Aussagen und zeigt darüber hinaus, dass der Vorzeichenwechsel der Steigungsfunktion durch die zweite Ableitung ausgedrückt werden kann.
Geht $f'(x)$ vom Negativen ins Positive über (bei einem Tiefpunkt von $f(x)$), so steigt $f'(x)$, daher gilt $f''(x) > 0$.
Ist umgekehrt $f'(x)$ erst positiv und wird negativ, so fällt $f'(x)$ und es ist $f''(x) < 0$.
Diese Erkenntnisse werden in einem Satz zusammengefasst.

### Satz

Ist für eine Funktion $f(x)$ an einer Stelle $x_e$ die erste Ableitung $f'(x_e) = 0$ und die zweite Ableitung $f''(x_e) \neq 0$, dann hat $f(x)$ an der Stelle $x_e$ ein **Extremum**. Das Extremum ist für $f''(x_e) > 0$ ein Minimum und für $f''(x_e) < 0$ ein Maximum.

Dieser Satz dient in der folgenden Lernsituation als Anleitung zur Extremwertsuche. Als „Kandidaten" für Extremstellen werden die Nullstellen der ersten Ableitung bestimmt. Diese werden anschließend mit der zweiten Ableitung untersucht, um Hoch- und Tiefpunkte zu identifizieren.

## Lernsituation: Kartoffelanbau – Teil 1 (Gewinnmaximum)

Ein Bauer hat die Leitung seines landwirtschaftlichen Familienbetriebs im Westerwald an seine älteste Tochter Lena übergeben. Lena möchte überprüfen, ob der Anbau von Kartoffeln noch konkurrenzfähig ist. Abhängig vom Einsatz von Düngemitteln und Wasser sowie vom Pflegeaufwand kann der Ertrag je Hektar variieren. Dieser Mehraufwand schlägt sich in höheren Kosten nieder. Lena hat durch Versuche herausgefunden, wie hoch die Kosten für verschiedene Hektarerträge sind. Hierbei hat sie die Kostenfunktion $K(x) = 0{,}04x^3 - 0{,}1x^2 + 0{,}2x + 2{,}5$ ermittelt. Dabei stehen die $x$-Werte für die Menge geernteter Kartoffeln je Hektar (1 ME = 10 t) und die $y$-Werte für die Kosten in GE (1 GE = 1000,00 €). Der maximale Ertrag beträgt 60 Tonnen je Hektar, d. h., die Kapazitätsgrenze liegt bei 6 ME.

Der Verkaufspreis für Kartoffeln richtet sich nach nationalen und internationalen Börsen wie der Leipziger EEX (European Energy Exchange) oder der Rotterdamer Kartoffelbörse. Lena hat sich für ihre Kalkulationen an den Börsenpreisen orientiert und als durchschnittlichen Preis 13,00 € je Doppelzentner angesetzt.

a) Bestimmen Sie die Erlösfunktion und die Gewinnfunktion.

b) Ermitteln Sie den maximalen Gewinn je Hektar Ackerfläche.

### Lösungen

a) Der Erlös entwickelt sich linear, d. h. proportional zur Menge. Der Preis von 13,00 € je 100 kg (≙ Doppelzentner) muss in die von Lena genutzten ME und GE umgerechnet werden:

13,00 € ≙ 100 kg

1300,00 € ≙ 10 000 kg

1,3 GE ≙ 1 ME

Der Erlös je ME beträgt 1,3 GE. Somit ist die Erlösfunktion $E(x) = 1{,}3x$. Die Gewinnfunktion wird als Differenz von Erlös- und Kostenfunktion berechnet. Sie lautet:

$$G(x) = E(x) - K(x)$$
$$= 1{,}3x - (0{,}04x^3 - 0{,}1x^2 + 0{,}2x + 2{,}5)$$
$$= -0{,}04x^3 + 0{,}1x^2 + 1{,}1x - 2{,}5$$

b) Die Abbildung zeigt die Graphen von $E(x)$, $K(x)$ und $G(x)$. Sie veranschaulicht die Gewinnsituation. Man erkennt, dass an den Stellen, an denen sich $E(x)$ und $K(x)$ schneiden, die Nullstellen von $G(x)$ sind. Das zu ermittelnde Gewinnmaximum liegt etwa bei 4 ME.

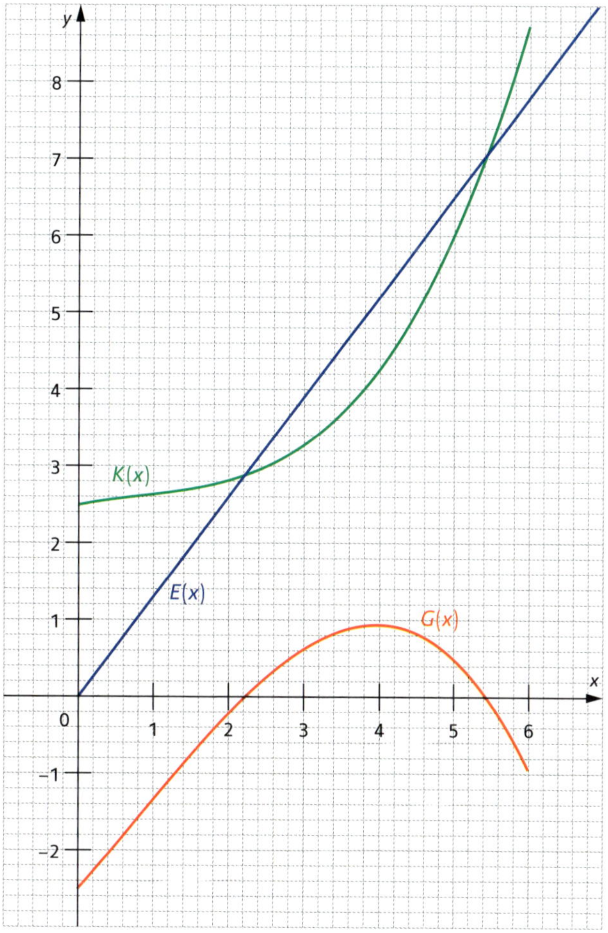


Zur Berechnung des Gewinnmaximums werden zwei Ableitungen der Gewinnfunktion benötigt:

$$G(x) = -0{,}04x^3 + 0{,}1x^2 + 1{,}1x - 2{,}5$$
$$G'(x) = -0{,}12x^2 + 0{,}2x + 1{,}1$$
$$G''(x) = -0{,}24x + 0{,}2$$

Zum Bestimmen des Hochpunktes von $G(x)$ wird zunächst ermittelt, an welchen Stellen die Steigung von $G(x)$ 0 ist, also $G(x)$ eine waagerechte Tangente hat (notwendige Bedingung).

$$G'(x) = 0$$

$$-0{,}12x^2 + 0{,}2x + 1{,}1 = 0 \quad |:(-0{,}12)$$

$$x^2 - \frac{5}{3}x - \frac{55}{6} = 0$$

$$x_{1,2} = -\frac{5}{6} \pm \sqrt{\left(\frac{5}{6}\right)^2 + \frac{55}{6}} = \frac{5 \pm \sqrt{366}}{6}$$

$$x_1 \approx 3{,}97 \vee x_2 \approx -2{,}31$$

In der Abbildung ist bereits zu erkennen, dass bei $x_1 \approx 3{,}97$ ein Hochpunkt liegt. Der andere Wert $x_2 \approx -2{,}31$ ist als negative Menge ökonomisch nicht sinnvoll.

$G''(3{,}97) = -0{,}7528 < 0 \Rightarrow$ Hochpunkt

Als $y$-Wert ergibt sich $G(3{,}97) = 0{,}94$.

Der Hochpunkt hat also die Koordinaten $H(3{,}97 \mid 0{,}94)$.

Das bedeutet, dass der Gewinn je Hektar am höchsten ist, wenn 3,97 ME (d. h. 39,7 t Kartoffeln) produziert werden. Der Gewinn liegt dann bei 0,94 GE, also 940,00 €.

Das Vorgehen zur Extremwertsuche in Teilaufgabe b) der Lernsituation kann „rezepthaft“ verallgemeinert werden:

## Merke

### Vorgehen bei der Extremwertsuche

1. Die Funktion $f(x)$ zweimal ableiten.
2. Die Nullstellen der Steigungsfunktion ermitteln: $f'(x) = 0$ setzen (notwendige Bedingung für ein Extremum) und die Gleichung lösen. Man erhält alle Stellen $x_i$, an denen Extrema liegen können.
3. Die Lösungen $x_i$ in $f''(x)$ einsetzen.
   Ist $f''(x_i) > 0$, so hat $f(x)$ an der Stelle $x_i$ ein Minimum.
   Ist $f''(x_i) < 0$, so hat $f(x)$ an der Stelle $x_i$ ein Maximum.
4. Die $y$-Werte berechnen und das Ergebnis notieren.

## AUFGABEN

**1** Untersuchen Sie die Funktionen mit den folgenden Funktionsgleichungen auf Extremstellen.

a) $f(x) = x(x-2) + 3$
b) $f(x) = x(4-x) + 1$
c) $f(x) = -2x^2 + 6x + 3$
d) $f(x) = x(x+8) + 14$
e) $f(x) = 0{,}25x^2 + 2x - 4$
f) $f(x) = \frac{1}{2}(3x^2 - 18x + 21)$
g) $f(x) = 3x^2(x+3) + 12$
h) $f(x) = \frac{1}{3}\left(\frac{1}{3}x^3 - 2x^2 - 5x + 27\right)$
i) $f(x) = 2x^2(x^2 - 2)$
j) $f(x) = 2x(3x^3 - 4x^2 - 12x)$

**2** Welche Extremstellen hat die erste Ableitungsfunktion der durch die folgenden Funktionsgleichungen beschriebenen Funktionen?

a) $f(x) = x^2\left(\frac{2}{3}x^2 - \frac{1}{4}\right)$
b) $f(x) = x(x^3 - 2x^2 - 12x - 1)$

**3** Welches Extremum hat die zweite Ableitung von
$f(x) = x^4 + 8x^3 + 24x^2 + 32x + 17$?

**4** Berechnen Sie die Extrema.

a) $f(x) = e^x + e^{-x}$
b) $f(x) = 2e^{-x} - e^x$
c) $f(x) = \frac{1}{2}e^{2x-4} - 4e^{-x}$
d) $f(x) = 2^x - 4^x$

**5** Bestimmen Sie die Hoch- bzw. Tiefpunkte der Funktionen.

a) $f(x) = 10x - e^x$
b) $f(x) = e^{-2x} + 2x + 3$
c) $f(x) = 2^x - 2x$
d) $f(x) = 3e^x - 3x - 3$

**6** Die Meyer GmbH hat verschiedene Herstellungsverfahren für ein Produkt erprobt. Das Produkt kann zum Preis von 12 GE je ME in unbegrenzter Menge am Markt abgesetzt werden. Die Kosten für die Verfahren sind unten angegeben. Bestimmen Sie für jedes Verfahren die gewinnmaximale Menge und den maximalen Gewinn.

Verfahren A: $K_A(x) = 4x^2 + 10$

Verfahren B: $K_B(x) = 0{,}2x^3 - 0{,}3x^2 + 3x + 12$

Verfahren C: $K_C(x) = e^{0{,}5x} + 3x + 11$

Verfahren D: $K_D(x) = 2^x + 4x + 20$

## 3.1.2 Wendepunkte und Sattelpunkte

Wichtige Stellen eines Funktionsgraphen sind auch solche, an denen die Steigung eines Graphen ein relatives Maximum oder Minimum hat. Das ist dann der Fall, wenn die Steigung einer Kurve mit wachsendem $x$ bis zu einem bestimmten Punkt $P_w$ zunimmt und dann wieder abnimmt oder umgekehrt. Da sich die Kurvenbahn in diesem Punkt $P_w$ von einer Links- in eine Rechtskurve (oder umgekehrt) wendet, heißt dieser Punkt $P_w$ **Wendepunkt** und sein $x$-Wert $x_w$ **Wendestelle**.

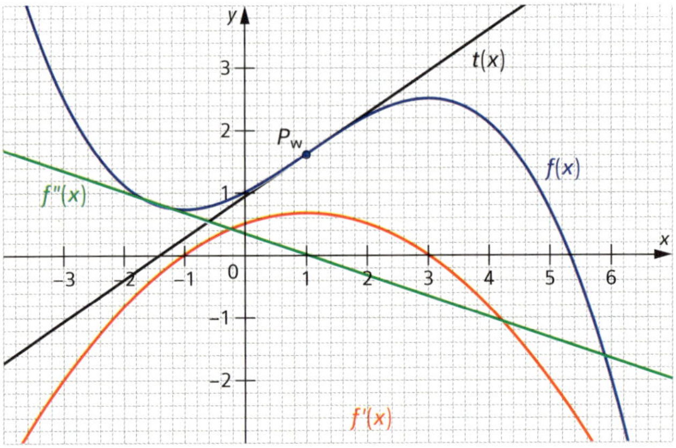


In der Abbildung ist zu erkennen, dass die Funktion an den Stellen nach links gekrümmt ist, an denen die zweite Ableitung positiv ist. An der Wendestelle von $f$ hat die zweite Ableitung ihre Nullstelle. An Stellen mit negativer zweiter Ableitung ist die Funktion nach rechts gekrümmt. Da die zweite Ableitung Aussagen über die Krümmung einer Funktion ermöglicht, wird sie auch **Krümmungsfunktion** genannt.

**Merke**

Die zweite Ableitung $f''(x)$ zu einer Funktion $f(x)$ heißt auch Krümmungsfunktion, da gilt:

- wenn $f''(x) > 0$, dann ist $f(x)$ **linksgekrümmt**;
- wenn $f''(x) < 0$, dann ist $f(x)$ **rechtsgekrümmt**.

**Definition**

Ein Punkt, in dem eine Funktion einen Krümmungswechsel hat, heißt **Wendepunkt**.

Die Steigung der Kurve im Wendepunkt kann durch die Wendetangente verdeutlicht werden, an die sich die Kurve von beiden Seiten anschmiegt und deren Steigung mit der Steigung der Funktion übereinstimmt.

In der folgenden Lernsituation werden Wendepunkte bestimmt. Diese Punkte, an denen sich die Krümmung einer Funktion ändert, sind die steilsten bzw. flachsten Stellen des Funktionsgraphen. Hier ist die Steigung am höchsten oder niedrigsten, d.h., die Steigungsfunktion hat bei Wendepunkten ihre Extremwerte.

## Lernsituation: Achterbahn – Teil 3

Schaustellerfamilie Klempert überlegt, sich eine weitere Achterbahn zuzulegen. Aus diesem Grund hat die Familie Anfragen an verschiedene Herstellerfirmen geschickt. Heute hat sie einen Plan für eine Achterbahn erhalten, der nun genau geprüft wird: Zu Beginn einer Fahrt, nach dem Hochziehen der Wagen, geht es steil hinab, dann wird der Verlauf flacher, um dann weiter abzufallen. Der Hersteller der Achterbahn hat seiner Skizze eine Funktionsgleichung beigelegt, die den Bahnverlauf auf den ersten Metern beschreibt. Die Funktionsgleichung lautet $f(x) = -0{,}003x^4 + 0{,}08x^3 - 0{,}6x^2 + 22$ für die $x$-Werte zwischen 0 und 14 (in der unteren Abbildung rot).

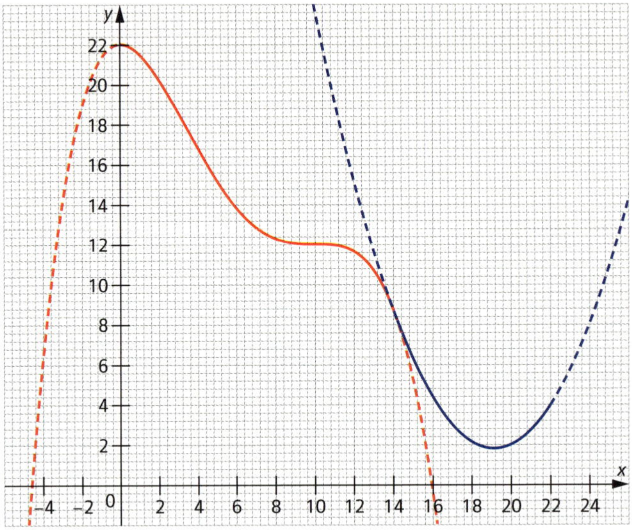


Herr Klempert fragt sich, wie steil die Achterbahn abfällt.

a) Ermitteln Sie, in welchem Punkt die Achterbahn an steilsten abfällt. Wie groß ist die Steigung in diesem Punkt?

b) Stellen Sie fest, ob die Achterbahn nach dem flachen Stück (bei $x = 10$) noch stärker fällt. Veranschaulichen Sie die Steigungen durch Tangenten.

## Lösungen

a) Gesucht ist der Punkt mit der niedrigsten Steigung – das Minimum der Steigungsfunktion von $f(x)$. Also muss das Extremum der ersten Ableitung bestimmt werden. Daher werden drei Ableitungen benötigt.

$f(x) = -0{,}003\,x^4 + 0{,}08\,x^3 - 0{,}6\,x^2 + 22$

$f'(x) = -0{,}012\,x^3 + 0{,}24\,x^2 - 1{,}2\,x$

$f''(x) = -0{,}036\,x^2 + 0{,}48\,x - 1{,}2$

$f'''(x) = -0{,}072\,x + 0{,}48$

Da das Extremum der Steigungsfunktion gesucht ist, lautet die notwendige Bedingung $f''(x) = 0$.

$f''(x) = 0 - 0{,}036x^2 + 0{,}48\,x - 1{,}2 = 0$

$$x^2 - \frac{40}{3}x + \frac{100}{3} = 0$$

Mit der $p$-$q$-Formel erhält man $x_1 = \frac{10}{3}$ und $x_2 = 10$. Für die hinreichende Bedingung werden die beiden Ergebnisse in $f'''(x)$ eingesetzt:

$f'''\left(\frac{10}{3}\right) = -0{,}072 \cdot \frac{10}{3} + 0{,}48 = 0{,}24 > 0$, d.h. die Steigungsfunktion $f'(x)$ hat an der Stelle $x_1 = \frac{10}{3}$ einen Tiefpunkt – die Steigung ist hier am geringsten.

Genauso wird $x_2 = 10$ überprüft:

$f'''(10) = -0{,}072 \cdot 10 + 0{,}48 = -0{,}24 > 0$, d. h. die Steigungsfunktion $f'(x)$ hat an der Stelle $x_2 = 10$ einen Hochpunkt.

Berechnung der $y$-Werte:

$f\left(\frac{10}{3}\right) = 17{,}93$ und $f(10) = 12$.

Berechnung der Steigung:

$f'\left(\frac{10}{3}\right) = -1{,}778$ und $f'(10) = 0$.

Die steilste Stelle im ersten Abschnitt der Achterbahn ist im Punkt $P_1(3{,}33\,|\,17{,}93)$ mit der Steigung $m = -1{,}778$. Im Punkt $P_2(10\,|\,12)$ hat die Achterbahn die Steigung 0.

b) Zu prüfen ist die Steigung am Rand, also bei $x = 14$: $f'(14) = -2{,}688$. Die Steigung ist noch geringer, d. h. die Bahn fällt hier noch steiler ab.

Berechnung der Tangenten:

Eine Tangente $t(x)$ ist eine lineare Funktion, die (1) einen gemeinsamen Punkt mit der Funktion $f(x)$ hat und (2) dieselbe Steigung hat wie die Funktion $f(x)$ in diesem Punkt.

Aus dieser Überlegung lässt sich die Tangente $t_1(x)$ an $f(x)$ im Punkt $P_1(3{,}33\,|\,17{,}93)$ ermitteln.

Eine Tangente ist eine lineare Funktion, also gilt $t_1(x) = mx + b$, wobei $m$ und $b$ zu bestimmen sind. Da die Tangente die Steigung von $f(x)$ in $P_1(3{,}33\,|\,17{,}93)$ haben muss, ist $m = f'\left(\frac{10}{3}\right) = -1{,}778$.

Außerdem soll der Punkt $P_1(3{,}33\,|\,17{,}93)$ auf $t_1(x) = -1{,}778x + b$ liegen, d. h. beim Einsetzen des $x$-Wertes muss der $y$-Wert herauskommen:

$t_1(3{,}33) = -1{,}778 \cdot 3{,}33 + b = 17{,}93$

$-5{,}92 + b = 17{,}93$

$b = 23{,}85$

Damit ist $t_1(x) = -1{,}778x + 23{,}85$.

Die Tangente im Punkt $P_2(10\,|\,12)$ ist waagerecht, da die Funktion hier die Steigung 0 hat: $t_2(x) = 12$.

Auch die Tangente an der Stelle $x = 14$ wird berechnet. Die Steigung $f'(14) = -2{,}688$ wurde bereits bestimmt, der $y$-Wert ist $f(14) = 8{,}67$. Wie bei der ersten Tangente geht man von $t_3(x) = mx + b$ aus, wobei $m = f'(14) = -2{,}688$ ist. Nun werden alle bekannten Werte in die allgemeine Tangentengleichung eingesetzt, um $b$ zu bestimmen:

$t_3(14) = -2{,}688 \cdot 14 + b = 8{,}67$

$-37{,}63 + b = 8{,}67\ b = 46{,}3$

Die Tangente am Rand des Definitionsbereichs von $f(x)$ ist $t_3(x) = -2{,}688x + 46{,}3$.

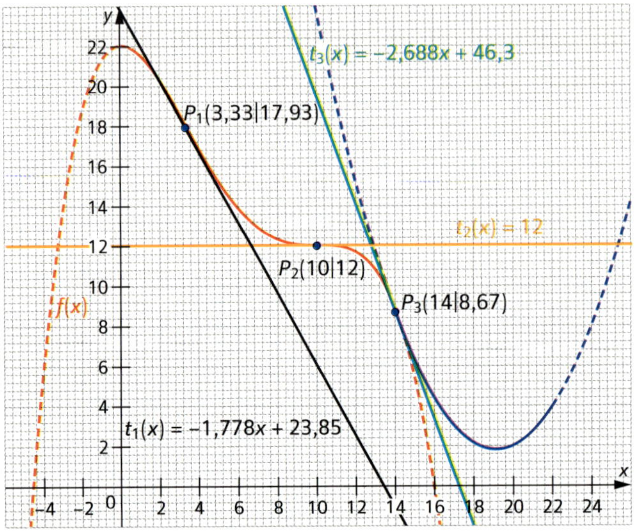


In der Lernsituation wurden Wendepunkte von $f(x)$ berechnet. In $P_1(3{,}33\,|\,17{,}93)$ wechselt die Krümmung von einer Rechtskurve in eine Linkskurve und in $P_2(10\,|\,12)$ umgekehrt von einer Linkskurve in eine Rechtskurve. In Punkt $P_2(10\,|\,12)$ liegt eine Besonderheit vor, da die Steigung gleich 0 ist; man spricht von einem **Sattelpunkt**.

## Definition Sattelpunkt

Ein Wendepunkt einer Funktion $f(x)$, in dem die Funktion die Steigung 0 hat, heißt **Sattelpunkt**.

Das in der Lernsituation angewendete Verfahren zur Bestimmung von Wendepunkten wird in allgemeiner Form als Satz formuliert.

## Satz: Berechnung von Wendepunkten

Ist für eine Funktion $f: x \mapsto f(x)$ an einer Stelle $x_w$ die zweite Ableitung $f''(x_w) = 0$ und die dritte Ableitung $f'''(x_w) \neq 0$, so ist $x_w$ eine Wendestelle. Die Steigung der Wendetangente im Wendepunkt $P_w\,(x_w\,|\,f(x_w))$ des Graphen ist $f'(x_w)$.

Aus dem Satz geht das „Rezept“ zur Wendepunktbestimmung bei einer Funktion hervor:

**Merke**

**Verfahren zur Wendepunktbestimmung**

1. Die Funktion dreimal ableiten
2. Die zweite Ableitung gleich 0 setzen und die Gleichung lösen (notwendige Bedingung: $f''(x) = 0$).
3. Die Ergebnisse $x_1$, $x_2$, ... in die dritte Ableitung einsetzen. Ist $f'''(x_i) \neq 0$, so hat die Funktion an der Stelle $x_i$ einen Wendepunkt (hinreichende Bedingung).
4. $y$-Wert berechnen und das Ergebnis notieren.

Auch zur Bestimmung der Gleichung der Wendetangente wird das allgemeine Verfahren in einem Merksatz formuliert.

**Merke**

**Verfahren zur Bestimmung der Funktionsgleichung der Wendetangente**

1. Die Tangente $t(x) = mx + b$ einer Funktion $f(x)$ im Wendepunkt $P(x_w | f(x_w))$ hat die Steigung $m = f'(x_w)$.
2. Zur Ermittlung von $b$ setzt man den Wendepunkt in die Tangentengleichung $t(x) = f'(x_w) \cdot x + b$ ein und löst nach $b$ auf: $f(x_w) = f'(x_w) \cdot x_w + b$.
3. Nun kann die Gleichung der Tangente notiert werden.

## AUFGABEN

Berechnen Sie zu den gegebenen Funktionen die Wendepunkte und die Wendetangenden.

**1** a) $f(x) = -\frac{1}{12}x^3 + \frac{1}{2}x^2 + x - \frac{1}{3}$ b) $f(x) = x\left(\frac{1}{6}x^2 - 1\right) + \frac{3}{2}$

c) $f(x) = 2\left(x^3 - x^2 - \frac{1}{27}\right) + x$ d) $f(x) = \frac{1}{10}x^2(x - 3) - \frac{9}{2}x - \frac{3}{10}$

e) $f(x) = \frac{1}{2}\left(x^2 - \frac{1}{6}x^3\right) + \frac{5}{3}$ f) $f(x) = \frac{1}{8}(x^3 - 6x^2 + 12x + 16)$

**2** a) $f(x) = -\frac{1}{24}(x - 1)^3 + 2$ b) $f(x) = x^2(1 - x) + \frac{25}{27}$

c) $f(x) = x(x^3 - x^2 + 1) + \frac{17}{16}$ d) $f(x) = \frac{1}{5}\left(\frac{1}{6}x^4 - 4x^2 - \frac{8}{3}\right)$

e) $f(x) = x^3\left(\frac{1}{10}x^2 - x + \frac{8}{3}\right) - \frac{1}{15}$ f) $f(x) = \frac{1}{2}x\left(\frac{1}{10}x^4 - 27x + \frac{729}{10}\right) + 1$

**3** a) $f(x) = \frac{1}{6}x^3\left(\frac{1}{2}x - 1\right) - x^2 - \frac{1}{4}$ b) $f(x) = x^5 - \frac{10}{3}x^3 + \frac{4}{3}$

c) $f(x) = x^2(80 - x^3) - 285$ d) $f(x) = \frac{1}{20}x^5 - \frac{1}{4}x^4 + \frac{1}{2}x^3 + \frac{1}{4}x + 1$

e) $f(x) = x\left(\frac{1}{20}x^4 - \frac{1}{6}x^2 - \frac{1}{20}\right) + \frac{2}{3}$ f) $f(x) = x^3(x^4 - 112) + 124$

**4** Berechnen Sie die Koordinaten der Wendepunkte und die Steigungen der Wendetangenten.

a) $f(x) = x(1 - x^4)$ b) $f(x) = \frac{1}{84}x^7 - 2(x - 1)$

c) $f(x) = \frac{1}{10}x^5 - x^4 + 3x^3 - 2$ d) $f(x) = x^6\left(x - \frac{7}{5}\right) + 2$

e) $f(x) = x^5(x - 3) + 18x - 1$ f) $f(x) = x\left(8x^5 - 6x^4 + \frac{9}{8}\right) + 1$

**5** Berechnen Sie die $x$-Koordinaten der Wendepunkte.

a) $f(x) = \frac{1}{7}x^7 - \frac{1}{5}(x^6 - 5)$ b) $f(x) = \frac{1}{3}x^4\left(\frac{1}{10}x^2 - \frac{1}{4}\right) + \frac{1}{2}(x + 6)$

c) $f(x) = \frac{1}{2}x^5 - \frac{1}{4}(3x^4 + 2x) - 1$ d) $f(x) = \frac{1}{40}x(x^4 - 4x^3 + 10) - \frac{3}{2}$

e) $f(x) = \frac{1}{56}x^8 - \frac{1}{30}x^6 - \frac{4}{5}x - \frac{1}{6}$ f) $f(x) = \frac{1}{2}x^5\left(\frac{1}{7}x^2 - \frac{1}{3}x + \frac{1}{5}\right)$

**6** Bestimmen Sie die Wendepunkte und Wendetangenten der folgenden Funktionen.

a) $f(x) = e^x - e^{-x}$ b) $f(x) = e^{2x} + e^{4x}$

c) $f(x) = e^x - 4e^{0,2x}$ d) $f(x) = e^{-x} - 2e^{0,1x}$

e) $f(x) = x + e^x$ f) $f(x) = x^2 + e^x$

**7** Bestimmen Sie die Wendepunkte der Funktionen und geben Sie jeweils die Funktionsgleichung einer steigenden und einer fallenden Wendetangente an.

a) $f(x) = \sin x$ b) $f(x) = 2\sin\frac{1}{2}x$

c) $f(x) = 2x + \sin 2x$ d) $f(x) = x^2 + \sin x$

### 3.1.3 Kurvenuntersuchungen

In Kapitel 1 wurden verschiedene Typen von Funktionen und ihre Eigenschaften vorgestellt. In den letzten beiden Abschnitten wurden ergänzende Verfahren zur Ermittlung von Extremstellen und Wendepunkten erarbeitet.
Bei einer **Kurvendiskussion** oder **Kurvenuntersuchung** ermittelt man alle Eigenschaften einer Funktion und skizziert den Graphen der Funktion. Diese Eigenschaften sind

- die Achsenschnittpunkte (Nullstellen und $y$-Achsenabschnitt),
- die Extremstellen und
- die Wendepunkte.

Der folgende Merksatz fasst die Ansätze und Bedingungen zur Berechnung dieser Funktionseigenschaften zusammen.

**Merke**

- Ansatz zur Nullstellenberechnung: $f(x) = 0$
- $y$-Achsenabschnitt: $f(0)$ berechnen
- Notwendige Bedingung für Extrema: $f'(x) = 0$
- Hinreichende Bedingung für einen Hochpunkt an der Stelle $x_0$:
  $f'(x_0) = 0$ und $f''(x_0) < 0$
- Hinreichende Bedingung für einen Tiefpunkt an der Stelle $x_0$:
  $f'(x_0) = 0$ und $f''(x_0) > 0$
- Hinreichende Bedingung für einen Wendepunkt an der Stelle $x_0$:
  $f''(x_0) = 0$ und $f'''(x_0) \neq 0$

Für die Skizze des Funktionsgraphen empfiehlt es sich, vor dem Zeichnen des Koordinatensystems die ermittelten Punkte in Augenschein zu nehmen und erst dann zu zeichnen. Dabei empfiehlt sich das folgende Vorgehen:

**Merke**

**Vorgehen beim Skizzieren des Funktionsgraphen:**

1. Was ist der größte bzw. der kleinste $x$-Wert, der abgebildet werden muss?
2. Was ist der größte bzw. der kleinste $y$-Wert, der abgebildet werden muss?
3. Zeichnen des Koordinatenkreuzes, das die abzubildenden Bereiche erfasst.
4. Eintragen der berechneten Punkte: Achsenschnittpunkte, Extrema, Wendepunkte.
5. Eine Wendetangente ist einfach zu zeichnen: Sie gibt Orientierung beim Verbinden der Punkte des Graphen der Funktion. Daher sollten die Tangenten vor dem Funktionsgraphen gezeichnet werden.
6. Die eingetragenen Punkte in der Reihenfolge der $x$-Werte auf die einfachste Art verbinden.

Im Bereich eines Wendepunktes nähert sich der Graph der Wendetangente an und wechselt genau im Wendepunkt die Seite der Tangente. Er verläuft im Bereich des Wendepunktes jedoch so nah an der Tangente, dass sie nicht zu unterscheiden sind. Daher ist ein Zeichnen der Tangente vor dem Skizzieren des Funktionsgraphs sehr hilfreich.

## AUFGABEN

Diskutieren Sie die Graphen der Funktionen, die durch nachstehende Funktionsgleichungen festgelegt sind. Bestimmen Sie hierzu (1) die Nullstellen, (2) die Ableitungen, (3) die Hoch- und Tiefpunkte, (4) die Wendepunkte, (5) die Gleichung der Wendetangente und zeichnen Sie (6) den Graphen der Funktion.

**1** a) $f(x) = x^3 - 3x + 2$  b) $f(x) = x^3 + 3x^2 - x - 3$

**2** a) $f(x) = x^3 - 3x^2 + 2$  b) $f(x) = -x^3 + 6x^2 - 9x + 2$

**3** a) $f(x) = x^3 - x^2 - 4x + 4$  b) $f(x) = x^3 + x^2 - 2x$

**4** a) $f(x) = \frac{1}{2}x^3 - 1{,}5x^2$  b) $f(x) = \frac{1}{6}x^3 - 1{,}5x$

**5** a) $f(x) = -\frac{1}{3}x^3 + x^2$  b) $f(x) = -\frac{1}{8}x^3 + 1{,}5x - 2$

**6** a) $f(x) = \frac{1}{2}x^3 + \frac{1}{2}x^2 - 2{,}5x + 1{,}5$  b) $f(x) = \frac{1}{2}x^3 - 2x^2 - \frac{1}{2}x + 2$

**7** a) $f(x) = \frac{1}{5}x^4 - 2x^2 + 1{,}8$  b) $f(x) = 0{,}1x^4 - 0{,}4x^3 - 0{,}7x^2 + 2{,}2x + 2{,}4$

**8** a) $f(x) = -0{,}1x^4 + 0{,}4x^3 + 1{,}1x^2 - 3x$  b) $f(x) = -\frac{1}{4}x^4 + 2{,}25x^2 - 2$

**9** a) $f(x) = 0{,}1x^4 - 0{,}6x^3 + 0{,}1x^2 + 2{,}4x - 2$
b) $f(x) = 0{,}2x^4 - 1{,}6x^3 + 2{,}8x^2 + 1{,}6x - 3$

**10** a) $f(x) = 0{,}1x^4 - 0{,}1x^3 - 0{,}6x^2$  b) $f(x) = -0{,}2x^4 + 0{,}2x^3 + 1{,}2x^2$

**11** a) $f(x) = x^2\left(\frac{1}{9}x^2 - 1\right)$  b) $f(x) = \frac{1}{2}x^4 + x^3 - \frac{3}{2}x^2$
c) $f(x) = \frac{1}{4}x^4 - 2x^3 + \frac{15}{4}x^2 + 2x - 4$

**12** Untersuchen Sie die Eigenschaften der Funktion $f(x) = 5 - 2^x$, indem Sie
a) die ersten drei Ableitungen bilden,
b) die Achsenschnittpunkte berechnen,
c) Aussagen zu Monotonie und Extremstellen machen,
d) Aussagen zu Wendepunkten und Krümmungsverhalten machen und
e) den Graph skizzieren.

**13** Untersuchen Sie die Eigenschaften der Funktion $f(x) = 2^x - 6x + 4$, indem Sie
a) die ersten drei Ableitungen bilden,
b) die Achsenschnittpunkte unter Verwendung geeigneter Näherungsverfahren berechnen,
c) Aussagen zu Monotonie und Extremstellen machen,
d) Aussagen zu Wendepunkten und Krümmungsverhalten machen und
e) den Graph skizzieren.

**14** Untersuchen Sie die Eigenschaften der Funktion $f(x) = 4\,e^x - e^{2x}$, indem Sie
a) die ersten drei Ableitungen bilden,
b) die Achsenschnittpunkte berechnen,
c) Aussagen zu Monotonie und Extremstellen machen,
d) Aussagen zu Wendepunkten und Krümmungsverhalten machen und
e) den Graph skizzieren.

**15** Untersuchen Sie die Eigenschaften der Funktion $f(x) = e^x - 4\,e^{-x}$, indem Sie
a) die ersten drei Ableitungen bilden,
b) die Achsenschnittpunkte berechnen,
c) Aussagen zu Monotonie und Extremstellen machen,
d) Aussagen zu Wendepunkten und Krünmumgsverhalten machen und
e) den Graph skizzieren.

**16** Untersuchen Sie die Eigenschaften der Funktion $f(x) = e^{2x} - 5\,e^x + 4$, indem Sie
a) die ersten drei Ableitungen bilden,
b) die Achsenschnittpunkte berechnen,
c) Aussagen zu Monotonie und Extremstellen machen,
d) Aussagen zu Wendepunkten und Krümmungsverhalten machen und
e) den Graph skizzieren.

**17** Diskutieren Sie die folgenden Funktionen.
Hinweis: Zum Lösen der Gleichungen sind keine numerischen Methoden erforderlich. Alle Exponentialgleichungen sind durch Faktorisieren, Substitution etc. lösbar.
a) $f(x) = e^{2x} - 6\,e^x + 6$
b) $f(x) = -e^{2x} + 4\,e^x + 5$
c) $f(x) = e^{3x} - 5\,e^{2x} + 4\,e^x$
d) $f(x) = e^{3x} - 15\,e^{2x} + 54\,e^x - 40$

### 3.1.4 Ermittlung von Funktionsgleichungen

Im vorangegangenen Abschnitt wurden ausgehend von einer Funktionsgleichung alle Eigenschaften der Funktion ermittelt. Das Ermitteln von Funktionsgleichungen aus vorgegebenen Bedingungen ist gewissermaßen eine Umkehrung der Kurvendiskussion: Gegeben sind einige Eigenschaften einer Funktion, gesucht ist die Funktionsgleichung. Dieser Problemtyp wird auch **Steckbriefaufgabe** genannt.

## Lernsituation: Parallelgleis

Eine einspurige Bahnstrecke soll – um das Überholen bzw. Gegenverkehr zu ermöglichen – auf einem mehrere Kilometer langen Abschnitt mit einem Parallelgleis ausgebaut werden. Vorgabe dabei ist, dass das Parallelgleis zehn Meter neben dem Hauptgleis verläuft. Frau Mehdorn ist mit der Planung der Verbindung von Haupt- und Nebengleis beauftragt. Für diese Überleitung ist eine Länge von 100 Metern vorgesehen (siehe untere Abbildung).

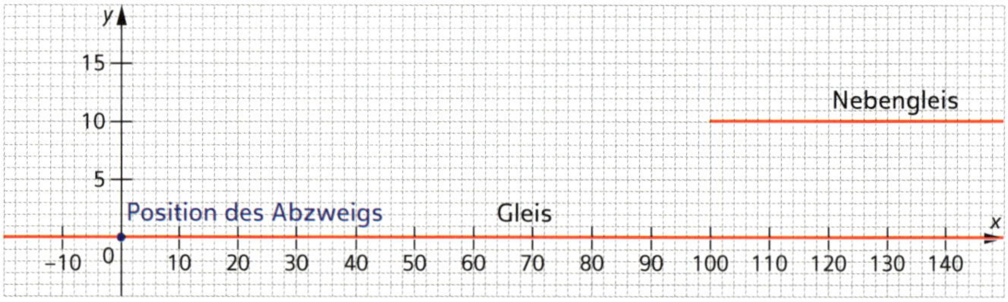


Die Überleitung vom Haupt- zum Nebengleis muss knickfrei sein. Frau Mehdorn überlegt, ob der Übergang durch eine ganzrationale Funktion dritten Grades modelliert werden kann.

Ermitteln Sie die Gleichung einer Funktion, die die gestellten Eigenschaften erfüllt.

## Lösungen

Die gesuchte Funktionsgleichung ist ein Polynom 3. Grades. Sie hat also die Form:

$f(x) = ax^3 + bx^2 + cx + d$

Die Funktion muss durch den Anschlusspunkt $A(0|0)$ verlaufen und nach 100 Metern um zehn Meter versetzt ankommen, d. h. durch den Punkt $B(100|10)$ gehen.

Demnach muss $f(0) = 0$ gelten. Durch Einsetzen in die allgemeine Funktionsgleichung führt dies zu der Gleichung:

$a \cdot 0^3 + b \cdot 0^2 + c \cdot 0 + d = 0$; vereinfacht $d = 0$

Ebenso muss $f(100) = 10$ sein; Einsetzen ergibt:

$a \cdot 100^3 + b \cdot 100^2 + c \cdot 100 + d = 10$

Die Forderung der Knickfreiheit bedeutet, dass der aus zwei Geradenstücken und der gesuchten Funktion zusammengesetzte Graph stetig differenzierbar ist, d. h. an den Anschlussstellen muss die Steigung der aneinanderstoßenden Stücke gleich sein. Die Steigung von Haupt- und Nebengleis ist jeweils 0. Daher muss auch die gesuchte Funktion in den Anschlusspunkten $A(0|0)$ und $B(100|10)$ die Steigung 0 haben.

Man benötigt die Steigungsfunktion der allgemeinen Gleichung $f(x) = ax^3 + bx^2 + cx + d$:

$f'(x) = 3ax^2 + 2bx + c$

Die Steigung in $A(0|0)$ soll 0 sein, also ist $f'(0) = 0$.
Eingesetzt ergibt sich: $3a \cdot 0^2 + 2b \cdot 0 + c = 0$, also $c = 0$.

Die Steigung in $B(100|10)$ soll 0 sein, also ist $f'(100) = 0$.
Eingesetzt folgt $3a \cdot 100^2 + 2b \cdot 100 + c = 0$.

Die vier Bedingungen liefern ein Gleichungssystem mit vier Gleichungen:

$d = 0$

$a \cdot 100^3 + b \cdot 100^2 + c \cdot 100 + d = 10$

$c = 0$

$3a \cdot 100^2 + 2b \cdot 100 + c = 0$

Von den vier Unbekannten sind $c$ und $d$ bereits ermittelt. Sie werden in die beiden anderen Gleichungen eingesetzt:

$1\,000\,000a + 10\,000b = 10 \quad (1)$

$30\,000a + 200b = 0 \quad (2)$

Dieses lineare Gleichungssystem kann mit einem beliebigen Verfahren, etwa dem Gauß-Algorithmus, gelöst werden. Hier wird das Additionsverfahren verwendet:

$(1) + (-200) \cdot (2) \qquad -500\,000a = 10 \quad |:(-500\,000)$

$a = -\frac{1}{50\,000}$

$a$ in (2) einsetzen:

$$30\,000 \cdot \left(-\frac{1}{50\,000}\right) + 200b = 0 \quad \left|+\frac{3}{5}\right.$$

$$200b = \frac{3}{5} \quad |:200$$

$$b = \frac{3}{1000}$$

Damit sind alle Unbekannten ermittelt; die Gleichung der gesuchten Funktion lautet:

$$f(x) = -\frac{1}{50\,000}x^3 + \frac{3}{1000}x^2$$

Die Abbildung zeigt, wie die Funktion den Anschluss zwischen Haupt- und Nebengleis bildet.

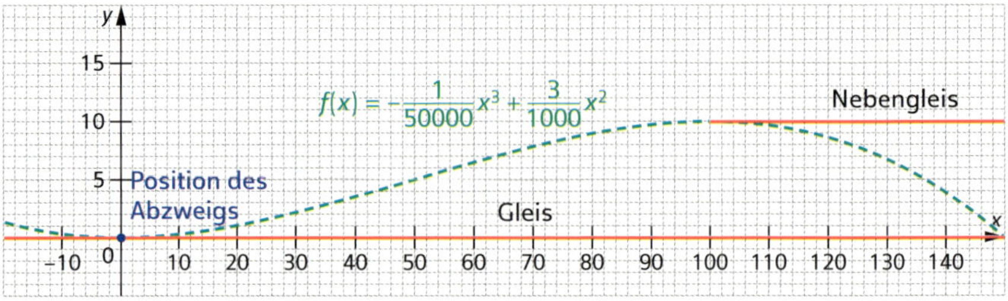


In dieser Lernsituation wurde das Prinzip bei der Lösung von „Steckbriefproblemen" deutlich: Zunächst wird eine allgemeine Funktionsgleichung aufgestellt, dann die im Text gegebenen Bedingungen in Gleichungen formuliert und das so entstehende Gleichungssystem gelöst. Zuletzt wird die gesuchte Funktionsgleichung notiert.

**Merke**

**Vorgehen beim Lösen von Steckbriefaufgaben:**

1. Die allgemeine Funktionsgleichung aufstellen.
2. Aus den im Text gegebenen Bedingungen Gleichungen formulieren. Man benötigt (mindestens) so viele Gleichungen wie Parameter in der allgemeinen Funktionsgleichung vorkommen.
3. Das Gleichungssystem lösen.
4. Die gesuchte Funktionsgleichung notieren.
5. Gegebenenfalls eine Probe machen, d. h. untersuchen, ob die gefundene Funktionsgleichung tatsächlich die geforderten Bedingungen erfüllt.

## AUFGABEN

**1** Eine Funktion 2. Grades hat ein Minimum bei $P(4|-9)$ und schneidet die $x$-Achse bei $x_0 = 10$. Bestimmen Sie die Funktionsgleichung.

**2** Eine Parabel 2. Grades hat den $y$-Achsenabschnitt bei $S_y(0|5)$ und im Punkt $P(4|9{,}8)$ die Steigung $m = 2$. Bestimmen Sie die Funktionsgleichung.

**3** Eine Funktion 3. Grades hat in $P(3|32)$ ein Extremum und in $W(1|16)$ einen Wendepunkt. Bestimmen Sie die Funktionsgleichung.

**4** Eine Funktion 3. Grades hat einen Sattelpunkt in $S(-3|7)$ und den $y$-Achsenabschnitt $S_y(0|-2)$. Bestimmen Sie die Funktionsgleichung.

**5** Bestimmen Sie die ganzrationale Funktion 3. Grades, die in $W(2 \mid 8)$ einen Wendepunkt hat und im Punkt $P(1 \mid f(1))$ die Tangente $t(x) = -11x + 20$.

**6** Eine ganzrationale Funktion 4. Grades hat im Ursprung einen Sattelpunkt. ferner schneidet der Graph die $x$-Achse bei $x_0 = 4$ und verläuft durch den Punkt $P(2 \mid 8)$. Bestimmen Sie die Funktionsgleichung.

**7** Eine ganzrationale Funktion 4. Grades hat einen Tiefpunkt in $T(4 \mid 4)$. Der Graph schneidet die $y$-Achse bei $y_0 = 4$ mitwaagerechter (Tangente und verläuft durch den Punkt $P(2 \mid 20)$. Bestimmen Sie die Funktionsgleichung.

**8** Eine Funktion 4. Grades hat in $W(-1 \mid 8)$ einen Wendepunkt mit der Wendetangente $t(x) = 12x + 20$. ferner schneidet der Graph die Abszisse bei $x_0 = 1$ und die Ordinate bei $y_0 = 15$. Wie lautet die Funktionsgleichung?

**9** Eine verschobene Normalparabel schneidet die Gerade $g(x) = x - 2$ an den Stellen $x_1 = -4$ und $x_2 = 1$. Bestimmen Sie die Parabeigleichung.

**10** In der Lernsituation „Parallelgleis“ wurde eine Funktion ermittelt, die bestimmte Forderungen nach Stetigkeit und Differenzierbarkeit (Knickfreiheit) erfüllt. Allerdings spüren die Reisenden in der Bahn einen seitlichen Ruck, sobald ihr Zug die Anschlussstelle passiert, da die Steigung sich unvermittelt ändert. Dem kann entgegengewirkt werden, indem auch die erste Ableitung stetig differenzierbar ist, also die Werte der zweiten Ableitung an den Anschlusspunkten übereinstimmen.

Ermitteln Sie eine ganzrationale Funktion 5. Grades so, dass nicht nur die Funktions- und Steigungsfunktionswerte an den Anschlussstellen übereinstimmen, sondern auch die Werte der zweiten Ableitung gleich sind.

**11** Bei einer Achterbahn soll eine Lücke im Verlauf knickfrei durch eine Funktion 3. Grades modelliert werden. Die Anschlusspunkte sowie die Steigung sind der Abbildung zu entnehmen.

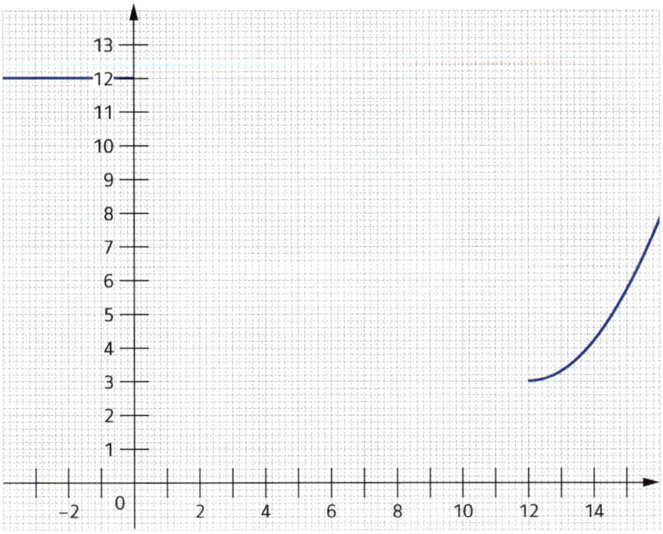

**12** Bestimmen Sie zu dem abgebildeten Graphen die Funktionsgleichung, indem Sie die Koordinaten und die charakteristischen Eigenschaften der markierten Punkte ausnutzen.

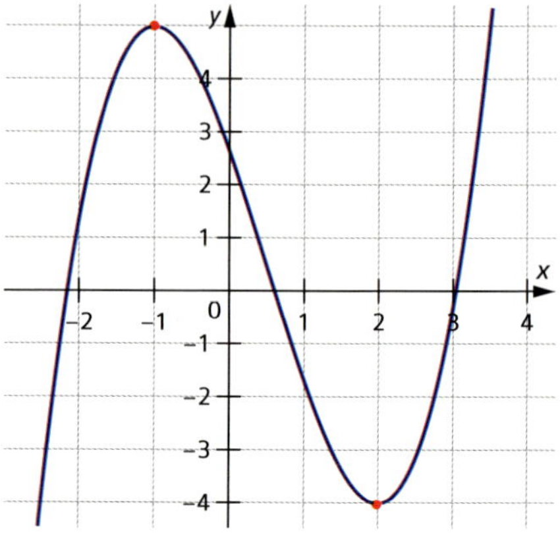


**13** Ermitteln Sie die Funktionsgleichung zu dem dargestellten Graphen indem Sie die Eigenschaften der rot markierten Punkte ausnutzen.

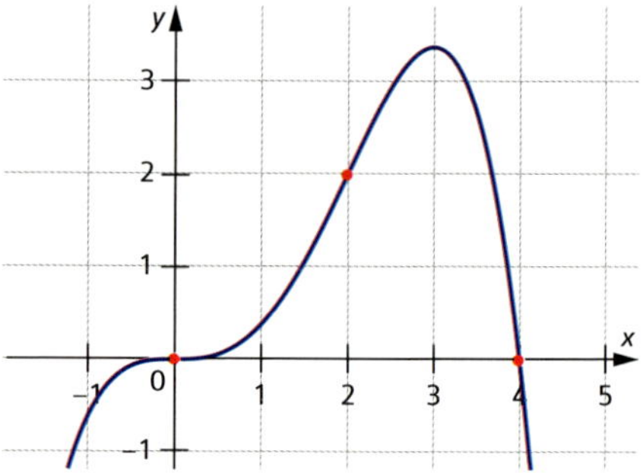


**14** Erstellen Sie ein Wörterbuch, um die Formulierungen in den Texten der Steckbriefaufgaben in mathematische Bedingungen zu übersetzen.
Beispiel: „$f$ hat den Wendepunkt $P_w(x_w \mid y_w)$“ bedeutet $f(x_w) = y_w$ und $f''(x_w) = 0$.

**15** Denken Sie sich eine Funktionsgleichung aus und erstellen Sie einen Steckbrief dazu. Tauschen Sie die Aufgabe mit einem Mitschüler aus der nun die Funktion ermitteln soll.

## 3.2 Anwendungen der Differenzialrechnung

Die Differenzialrechnung wurde – wie in Kapitel 2 erwähnt – von Isaac Newton und Gottfried Wilhelm Leibniz gegen Ende des 17. Jahrhunderts unabhängig voneinander entwickelt. Während Leibniz eine zu seiner Zeit ungelöste theoretische Aufgabenstellung, das Tangentenproblem, lösen wollte, war bei Newton die Anwendung der Anlass, sich mit Differenzial- und Integralrechnung zu beschäftigen. Für sein 1687 erstmals veröffentlichtes Hauptwerk *Philosophiae Naturalis Principia Mathematica* („Die mathematischen Grundlagen der Naturphilosophie"), in dem er die Bewegungen von Körpern durch Gleichungen beschrieb, benötigte er mathematische Grundlagen. So verfasste Newton seine Lehre der Mechanik und als mathematische Basis hierfür die Differenzial- und Integralrechnung.

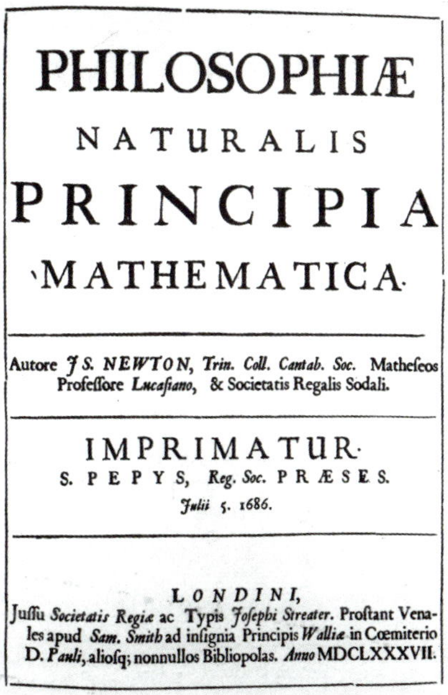
PHILOSOPHIÆ
NATURALIS
PRINCIPIA
MATHEMATICA.

Autore *J. S.* NEWTON, *Trin. Coll. Cantab. Soc.* Matheseos Professore *Lucasiano*, & Societatis Regalis Sodali.

IMPRIMATUR.
S. PEPYS, *Reg. Soc.* PRÆSES.
*Julii* 5. 1686.

LONDINI,
Jussu *Societatis Regiæ* ac Typis *Josephi Streater*. Prostant Venales apud *Sam. Smith* ad insignia Principis *Walliæ* in Cœmiterio D. *Pauli*, aliosq; nonnullos Bibliopolas. *Anno* MDCLXXXVII.

Die Anwendungsmöglichkeiten der Differenzialrechnung sind vielfältig. Einerseits können Änderungsraten durch die Ableitungen von Funktionen erfasst, andererseits Extremwerte (d. h. Maxima und Minima) bestimmt werden. Neben der Physik (z. B. im Teilgebiet der Mechanik) kann die Differenzialrechnung auch in der Wirtschaft (z. B. zur Berechnung der Gewinnmaximierung), in der Geometrie und zur Lösung alltäglicher Probleme (etwa bei der Ermittlung von materialminimalen Verpackungen) eingesetzt werden. In diesem Kapitel werden neben den ökonomischen Modellen auch technische, physikalische und geometrische Probleme behandelt, um einen umfassenden Einblick in die Einsatzmöglichkeiten der Differenzialrechnung zu ermöglichen.

Einige wichtige ökonomische Modelle wie die Gewinnanalyse und die Monopolpreisbildung wurden bereits vorgestellt (siehe Kapitel 1, Lernsituation „Achterbahn – Teil 2"). Dabei wurden Extremstellen wie das Gewinnmaximum als Scheitelpunkt einer Parabel ermittelt. Durch die Differenzialrechnung können nun auch andere Funktionstypen untersucht werden.

Dazu werden die bekannten ökonomischen Modelle erweitert und mit der Absatzentwicklung ein weiteres Modell vorgestellt.

### 3.2.1 Ökonomische Anwendungen: Kostenanalyse

Eine Kostenfunktion ist bekanntlich eine Funktion, die zu einer Menge $x$ die gesamten Herstellungskosten $K(x)$ angibt. Da die Herstellung einer größeren Menge höhere Kosten verursacht, ist eine Kostenfunktion immer monoton steigend, d. h. $K'(x) \geq 0$.

Je nach Steigungsverhalten werden drei grundlegende Typen von Kostenfunktionen unterschieden:

1. Die lineare Kostenfunktion $K(x) = mx + b$ mit $m > 0$ und $b > 0$. Wegen der Linearität ist $K''(x) = 0$.

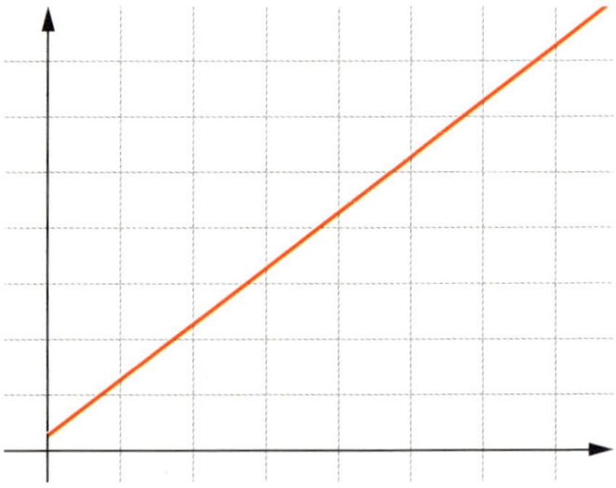

2. Eine **quadratische Kostenfunktion** $K(x) = ax^2 + bx + c$ muss für positive $x$-Werte steigen, d. h., die Ableitung $K'(x) = 2ax + b$ muss positiv sein. Daraus folgt $a > 0$ und $b \geq 0$. Somit ist $K''(x) = 2a > 0$, d. h., die Kostenfunktion ist linksgekrümmt. Linksgekrümmte Kostenfunktionen heißen **neoklassische Kostenfunktionen**. Weil die Ableitung steigt, die Steigerungsrate der Kosten, zunimmt, nennt man linksgekrümmte Kostenfunktionen progressiv steigend.

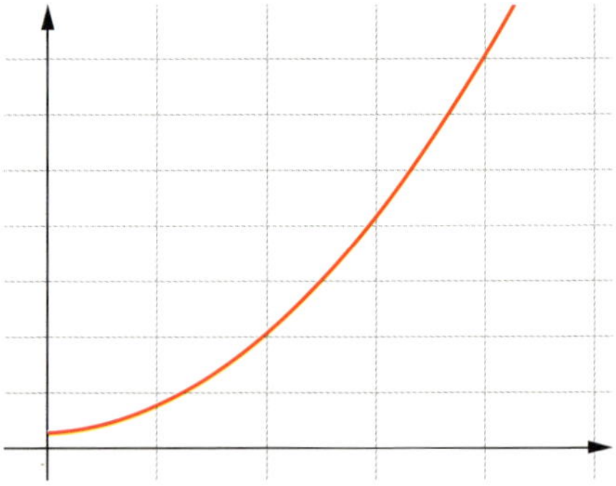

3 Auch bei **kubischen Kostenfunktionen** muss $K'(x) > 0$ für positive $x$-Werte gelten, d. h., die Funktion darf nicht fallend sein. Wenn eine Kostenfunktion zunächst degressiv steigt, wenn also die Steigerungsrate zunächst abnimmt, und dann progressiv steigt nennt man die Funktion eine ertragsgesetzliche **Kostenfunktion**.

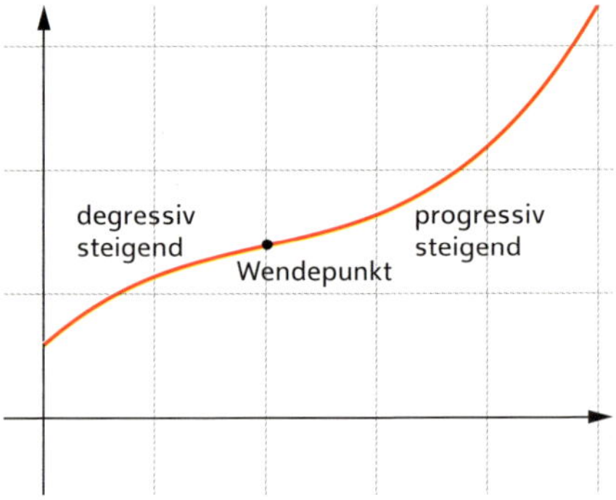


Eine Kostenfunktion kann in ihre fixen und variablen Anteile zerlegt werden. Die **Fixkosten** sind die Kosten, die bei 0 ME entstehen sie werden mit $K_f$ bezeichnet. Die **variablen Kosten** heißen $K_v(x)$. Es gilt $K(x) = K_v(x) + K_f$. Die Stückkosten oder **durchschnittlichen**

**Kosten** erhält man durch Division durch die Menge $x$. Stückkostenfunktionen werden mit kleinen Buchstaben bezeichnet[1].

Stückkosten: $k(x) = \frac{K(x)}{x}$

Variable Stückkosten: $k_v(x) = \frac{K_v(x)}{x}$

Fixe Stückkosten: $k_f(x) = \frac{K_f}{x}$

Die **Grenzkostenfunktion** gibt die Kostensteigerung bei Ausweitung der Produktionsmenge um einen kleinen Betrag an. Sie ist die Ableitung der Kostenfunktion und wird folglich mit $K'(x)$ bezeichnet. Die Grenzkosten werden auch **Differenzialkosten** genannt.
Das **Betriebsminimum** ist das Minimum der variablen Stückkosten, das **Betriebsoptimum** ist das Minimum der Stückkostenfunktion.

In der Fortführung der Lernsituation „Kartoffelanbau" wird eine Kostenfunktion analysiert. Dabei werden die gerade eingeführten Begriffe der Kostenanalyse veranschaulicht.

## Lernsituation: Kartoffelanbau – Teil 2

Nachdem ihr der landwirtschaftliche Familienbetrieb übergeben wurde (siehe Lernsituation „Kartoffelanbau – Teil 1", Kap. 3.1.1), hat Lena die Gewinnsituation beim Kartoffelanbau näher betrachtet. Da der Preis, zu dem die Kartoffeln verkauft werden können, Schwankungen unterliegt, möchte Lena die Kosten genau analysieren.

Zur Erinnerung: Die Kostenfunktion $K(x) = 0{,}04x^3 - 0{,}1x^2 + 0{,}2x + 2{,}5$ gibt an, wie hoch die Kosten $K(x)$ sind, wenn $x$ ME je Hektar geerntet werden sollen. Dabei stehen die $x$-Werte für die Menge geernteter Kartoffeln je Hektar (1 ME = 10 t) und die $y$-Werte für die Kosten in GE (1 GE = 1000,00 €). Der maximale Ertrag beträgt 60 Tonnen je Hektar, d. h. die Kapazitätsgrenze liegt bei 6 ME.

a) Geben Sie die variablen Kosten und die fixen Kosten an.

b) Geben Sie Funktionsgleichungen für die Stückkosten, die variablen Stückkosten und die fixen Stückkosten an.

c) Bilden Sie die Ableitung $K'(x)$ und interpretieren Sie ihre Bedeutung im Sachzusammenhang.

d) Berechnen Sie das Betriebsminimum.

e) Ermitteln Sie das Betriebsoptimum.

[1] In den meisten ökonomischen Anwendungen werden Großbuchstaben zur Bezeichnung von Funktionen verwendet, deren $y$-Werte Geldeinheiten sind (z. B. $K(x)$, $E(x)$, $G(x)$) und Kleinbuchstaben bei Funktionen genutzt, deren $y$-Werte in GE/ME (Geldeinheiten je Mengeneinheit) gemessen werden, z. B. die Preis-Absatz-Funktion $p(x)$, die Nachfragefunktion $p_n(x)$, die Stückkostenfunktion $k(x)$, …

## Lösungen

a) Die fixen Kosten sind der nicht von der Menge $x$ abhängige Teil der Kostenfunktion, also $K_f = 2{,}5$. Entsprechend sind die variablen Kosten $K_v(x) = 0{,}04x^3 - 0{,}1x^2 + 0{,}2x$.

b) Die Stückkosten erhält man, indem die Kostenfunktion durch die Menge geteilt wird, also:

$$k(x) = \frac{K(x)}{x} = 0{,}04x^2 - 0{,}1x + 0{,}2 + \frac{2{,}5}{x}$$

Dasselbe gilt für die variablen und fixen Anteile der Gesamtkostenfunktion:

$$k_v(x) = \frac{K_v(x)}{x} = 0{,}04x^2 - 0{,}1x + 0{,}2 \text{ und } k_f(x) = \frac{K_f}{x} = \frac{2{,}5}{x}$$

c) $K'(x) = 0{,}12x^2 - 0{,}2x + 0{,}2$ ist die **Grenzkostenfunktion**. Als Steigungsfunktion von $K(x)$ gibt sie den momentanen Zuwachs der Kosten an, d. h. die Steigerung der Kosten bei Ausweitung der Menge um einen kleinen Betrag.

d) Das Betriebsminimum ist das Minimum der variablen Stückkosten.

$k_v(x) = 0{,}04x^2 - 0{,}1x + 0{,}2$

$k_v'(x) = 0{,}08x - 0{,}1$

$k_v''(x) = 0{,}08$

Notwendige Bedingung für einen Tiefpunkt: $k_v'(x) = 0$

$0{,}08x - 0{,}1 = 0$

$0{,}08x = 0{,}1$

$x = 1{,}25$

Die hinreichende Bedingung ist ebenfalls erfüllt, da $k_v''(x) = 0{,}08 > 0$ ist.
Berechnung des $y$-Wertes: $k_v(1{,}25) = 0{,}14$

Bas Betriebsminimum hat die Koordinaten $BM\left(1{,}25\text{ ME} \,|\, 0{,}14\frac{\text{GE}}{\text{ME}}\right)$.

e) Das Betriebsoptimum ist das Minimum der Stückkostenfunktion.

$k(x) = 0{,}04x^2 - 0{,}1x + 0{,}2 + \frac{2{,}5}{x}$

$k'(x) = 0{,}08x - 0{,}1 - \frac{2{,}5}{x^2}$

$k''(x) = 0{,}08 + \frac{5}{x^3}$

Notwendige Bedingung für einen Tiefpunkt: $k'(x) = 0$

$0{,}08x - 0{,}1 - \frac{2{,}5}{x^2} = 0 \quad | \cdot x^2$

$0{,}08x^3 - 0{,}1x^2 - 2{,}5 = 0$

Diese Gleichung dritten Grades kann mithilfe des Taschenrechners gelöst werden: $x \approx 3{,}63$

Die hinreichende Bedingung ist ebenfalls erfüllt, da $k''(3{,}63) = 0{,}08 + \frac{5}{3{,}63^3} > 0$ ist.

Berechnung des $y$-Wertes: $k(3{,}63) = 1{,}05$

Das Betriebsminimum hat die Koordinaten $\text{BO}\left(3{,}63\text{ ME} \,\middle|\, 1{,}05 \frac{\text{GE}}{\text{ME}}\right)$.

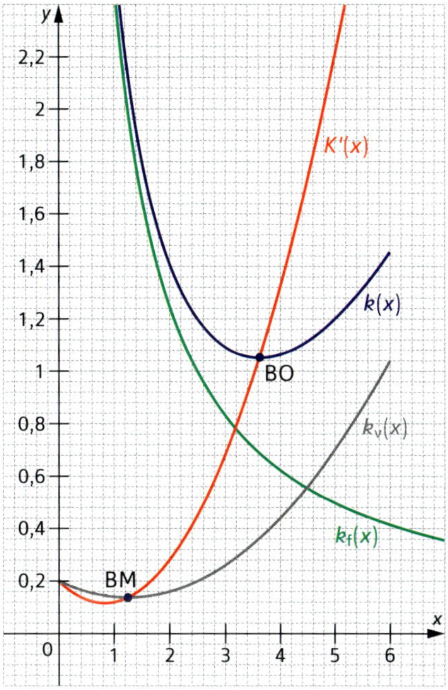


Das Betriebsoptimum bietet als Minimum der Stückkosten eine **langfristige Preisuntergrenze**: Wenn ein Unternehmen die betriebsoptimale Menge herstellt und zum Stückpreis verkauft, erzielt es zwar keinen Gewinn, macht jedoch auch keinen Verlust. Wie in der Abbildung der Lernsituation oben zu erkennen ist, schneidet die Grenzkostenfunktion die Stückkostenfunktion im Betriebsoptimum. Dieser Zusammenhang bietet eine weitere Möglichkeit zur Berechnung des Betriebsoptimums: Man könnte zur Ermittlung des Betriebsoptimums auch den Schnittpunkt von $K'(x)$ und $k(x)$ bestimmen.

Genauso kann das Betriebsminimum alternativ als Schnittpunkt von Grenzkosten und variablen Stückkosten ermittelt werden. Stellt ein Unternehmen die betriebsminimale Menge her und verkauft zu dem entsprechenden Stückpreis, so sind die fixen Kosten nicht gedeckt – man erwirtschaftet einen Verlust in Höhe der Fixkosten. Dieser betriebsminimale Stückpreis gilt daher als **kurzfristige Preisuntergrenze.**

## AUFGABEN

**1** Die Metallfritz GmbH in Koblenz stellt Aluminiumprofile her. Bei der Produktion des Profils RZ-3k lassen sich die Herstellungskosten durch die Kostenfunktion $K(x) = x^3 - 8x^2 + 25x + 50$ beschreiben.

a) Geben Sie die Funktion der Stückkosten und die Funktion der Grenzkosten an.
b) Berechnen Sie den Schnittpunkt von Grenzkosten- und Stückkostenfunktion. Welche Bedeutung hat dieser Punkt?
c) Bestimmen Sie das Betriebsminimum.
d) An welcher Stelle wechselt das degressive Wachstum der Kostenfunktion in ein progressives Wachstum?

**2** Gegeben ist die lineare Kostenfunktion $K(x) = 2x + 8$.

a) Geben Sie die Funktion der variablen Kosten an sowie die Funktionen der variablen Stückkosten und der fixen Stückkosten.
b) Zeichnen Sie die Graphen der Funktionen der Stückkosten, der variablen Stückkosten und der fixen Stückkosten in dasselbe Koordinatensystem und machen Sie Aussagen über den Verlauf der Funktionsgraphen.

**3** Gegeben ist die Stückkostenfunktion $k(x) = 4x + \frac{10}{x}$.

a) Geben Sie die Gesamtkostenfunktion an sowie die Funktionen der variablen Stückkosten und der fixen Stückkosten.
b) Zeichnen Sie die Graphen der Funktionen der Stückkosten, der variablen Stückkosten und der fixen Stückkosten in dasselbe Koordinatensystem und machen Sie Aussagen über den Verlauf der Funktionsgraphen.

**4** Die Ludwigslicht KG in Ludwigshafen stellt hochwertige LED-Schienen her. Aufgrund steigender Konkurrenz aus Fernost soll die Kostenstruktur analysiert werden. Die variablen Kosten bei der Herstellung der LED-Schienen belaufen sich auf $k_v(x) = \frac{1}{2}x^2 - 4x + 11$; die Fixkosten betragen 25 GE.

a) Geben Sie Gesamtkostenfunktion und die Funktion der Grenzkosten an.
b) Bestimmen Sie das Betriebsminimum.
c) Bestimmen Sie das Minimum der Grenzkostenfunktion. Welche Bedeutung hat die ser Punkt?
d) Berechnen Sie das Betriebsoptimum.

**5** Erklären Sie, warum eine Funktion $K(x) = ax^3 + bx^2 + cx + d$ genau dann eine ertragsgesetzliche Kostenfunktion ist, wenn gilt: $a > 0$, $c > 0$, $d > 0$, $b < 0$ und $b^2 < 3ac$.

**6** Beurteilen Sie, ob die abgebildeten Graphen eine Kostenfunktion darstellen. Wenn ja, um welchen Typ (linear, neoklassisch, ertragsgesetzlich) handelt es sich?

a)
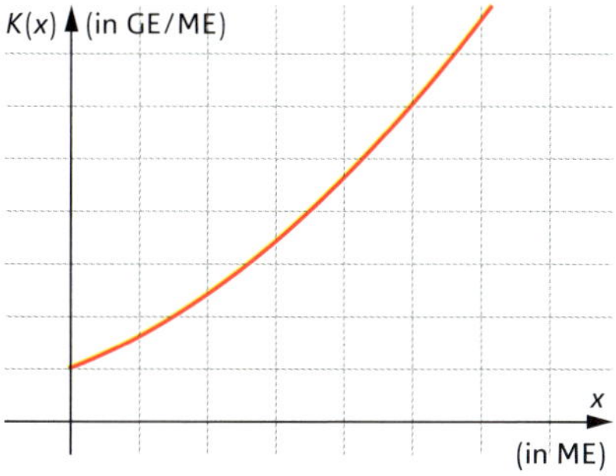


b)
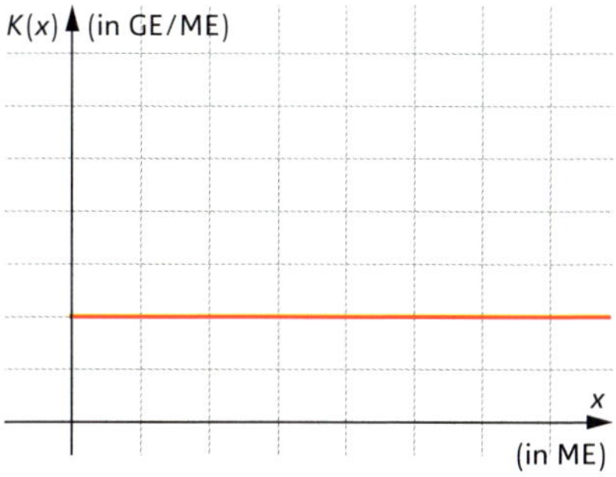


c)
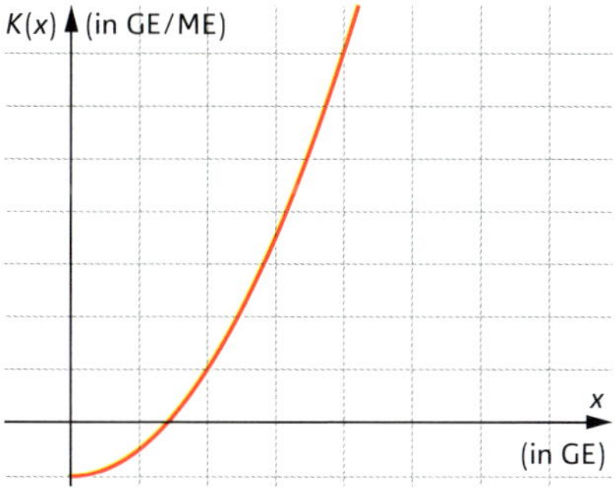


d)
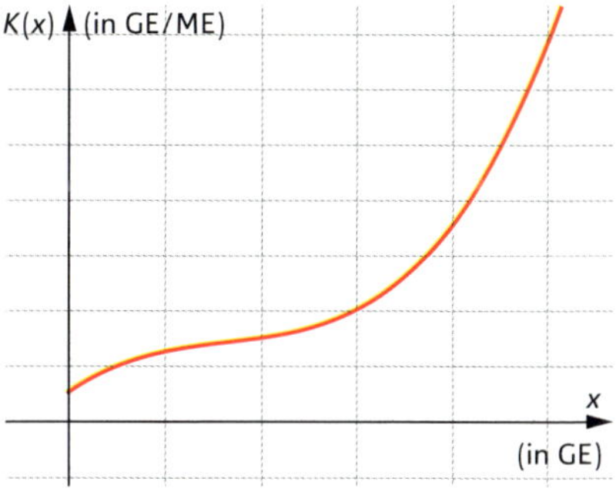


e)
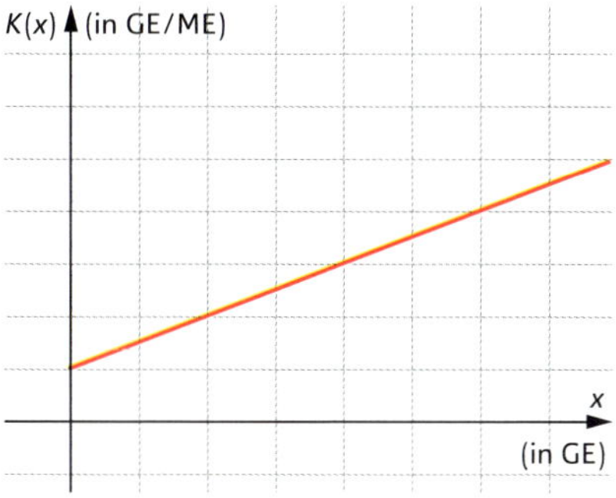


f)
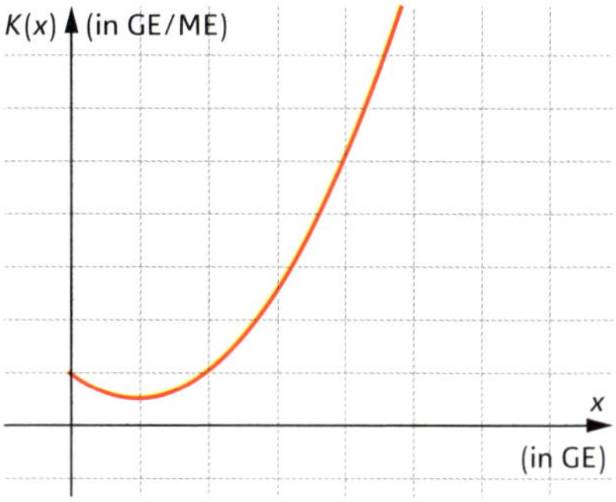


g)
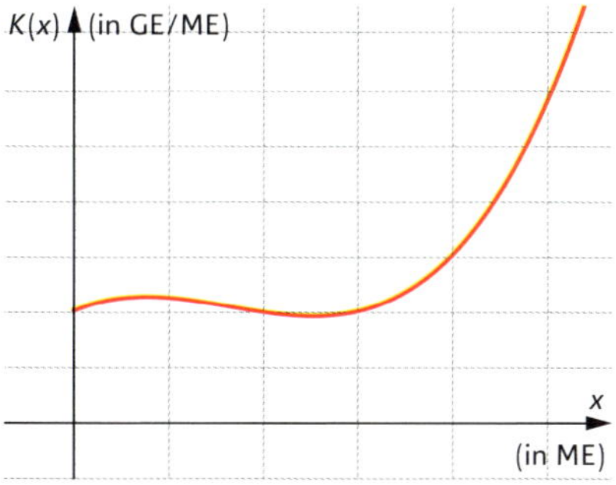


h)
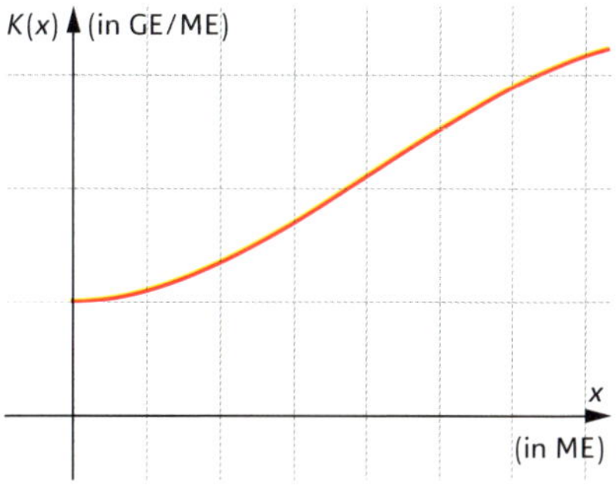

**7** Gegeben ist die Funktion $K(x) = 2x + 0{,}1\,e^x + 3$. Untersuchen Sie, ob diese Funktion eine neoklassische Kostenfunktion ist indem Sie

a) prüfen, ob die Funktion monoton steigend für positive $x$-Werte ist,
b) den $y$-Achsenabschitt bestimmen (Fixkosten positiv?),
c) feststellen, ob die Funktion linksgekrümmt ist.

**8** Untersuchen Sie, ob es sich bei den folgenden Funktionen um (1) eine Kostenfunktion handelt und ob sie (2) einen neoklassischen Verlauf hat, d. h. links gekrümmt ist.

a) $K_1(x) = 4 - 2^{0{,}1x}$
b) $K_2(x) = x_2 + 0{,}1\,e^x + 2$
c) $K_3(x) = -2x - e^{-x} + 2$
d) $K_4(x) = -x^2 + e^x + 1$

**9** Über eine Kostenfunktion 3. Grades ist Folgendes bekannt: Die gesamten Kosten für 30 ME belaufen sich auf 2250 GE, die variablen Kosten bei 20 ME betragen 900 GE. Außerdem haben die Grenzkosten ihr Minimum bei 20 ME. Die Stückkosten bei 40 ME betragen 75 GE. Ermitteln Sie die Funktionsgleichung der Kostenfunktion.

**10** Ermitteln Sie die Kostenfunktion 3. Grades, deren Betriebsminimum bei 8 GE mit einer kurzfristigen Preisuntergrenze von 8 GE/ME liegt und deren Betriebsoptimum bei 10 ME mit der langfristigen Preisuntergrenze von 19 GE/ME liegt.

**11** Eine Kostenfunktion 3. Grades hat die folgenden Eigenschaften: Das Betriebsminimum liegt bei 40 ME mit einer kurzfristigen Preisuntergrenze von 32 GE/ME. Die Erlösfunktion lautet $E(x) = 142x$, die Nutzenschwelle liegt bei 20 ME und die Nutzengrenze bei 100 ME.

a) Ermitteln Sie die Kostenfunktion.
b) Berechnen Sie das Nutzenmaximum.

## 3.2.2 Ökonomische Anwendungen: Monopol

Bereits in Kapitel 1.2.2 wurde das Angebotsmonopol vorgestellt. Dort wurde das Maximum einer Gewinnfunktion oder Erlösfunktion als Scheitelpunkt einer quadratischen Funktion ermittelt. Mit der Differenzialrechnung stehen nun noch wirksamere Mittel zur Extremwertbestimmumg zur Verfügung, die die Behandlung anderer Funktionsklassen erlauben.

## Lernsituation: Kuchenmonopol

Eine Klasse der Höheren Berufsfachschule in Trier möchte einen einwöchigen Kuchenverkauf an der Schule durchführen. Der Erlös aus dem Verkauf abzüglich der Kosten soll zur Finanzierung der Abschlussfeier verwendet werden. Zwei Schüler der Klasse, Dina und Dennis, übernehmen die Organisation.

Die Herstellungskosten für einen Kuchen setzen sich zusammen aus 0,15 € für 500 g Mehl, 1,35 € für 250 g Butter, 0,30 € für 250 g Zucker, 1,10 € für vier Eier sowie durchschnittlich 3,50 € für Energie und weitere Zutaten, deren Mengen bei unterschiedlichen Kuchensorten variieren (z. B. Backpulver, Milch, Nüsse, Schokolade, Rosinen, Glasur, Obst).

Jeder Kuchen – egal welche Form er hat – wird in 16 Stücke geschnitten. Der Verkaufspreis pro Stück soll für alle Sorten gleich sein.

Bei Pausengesprächen mit Schülern anderer Klassen haben Dina und Dennis erfahren, dass ihre Klasse nicht die erste ist, die ein solches Vorhaben durchführt: Drei andere Klassen hatten in letzter Zeit dieselbe Idee! Deren Erfahrungen sind gemischt: Die erste Klasse hatte 140 Kuchen gebacken, verkaufte aber nur 120 Kuchen für 1,20 € pro Stück. Die zweite Klasse unterbot ein paar Wochen später den Preis mit 1,00 € pro Stück, doch sie waren an allen Tagen schon zum Ende der ersten Pause ausverkauft. Die Klasse hätte ohne Weiteres mehr als die tatsächlich verkauften 150 Kuchen absetzen oder den Stückpreis höher ansetzen können. Die dritte Klasse, die in ihre Planungen die Verkaufsergebnisse ihrer beiden Vorgänger einbezog, produzierte 250 Kuchen und verlangte 0,70 € pro Stück, also 11,20 € pro Kuchen. Sie verkaufte von ihren 250 Kuchen aber nur 195.

Dina und Dennis überlegen, wie sie die Informationen nutzen können, um die optimale Kombination aus Stückpreis und Menge zu ermitteln.

a) Bestimmen Sie die Funktionsgleichung einer Geraden, die den Zusammenhang zwischen Stückpreis und nachgefragter Menge beschreibt.

b) Ermitteln Sie die Gewinnzone sowie die optimale Preis-Mengen-Kombination für das Vorhaben der Klasse.

### Lösungen

a) Gesucht ist die Preis-Absatzfunktion. Laut Vorgabe ist sie linear, d. h., es gilt $p(x) = mx + b$. Zur Bestimmung können nur die Angaben der anderen Klassen herangezogen werden, bei denen die maximale Menge bekannt ist, die zu einem bestimmten Preis verkauft wurde. Die erste Klasse konnte 120 Kuchen zu 1,20 € je Stück absetzen und die dritte Klasse 195 Kuchen zum Preis von 0,70 € je Kuchenstück.

Es muss auch festgelegt werden, was eine Mengeneinheit ist: ein Kuchen oder ein Kuchenstück. Beide Wege führen über unterschiedliche Funktionen zu einem gleichwertigen Ergebnis.

Hier wird ein Kuchen als Mengeneinheit gewählt.

| Menge $x$ in Stück | Preis $p(x)$ in € |
|---|---|
| 120 | 19,20 |
| 195 | 11,20 |

Durch Einsetzen in $p(x) = mx + b$ ergeben sich die folgenden Gleichungen:

$19{,}2 = m \cdot 120 + b$ (1)

$11{,}2 = m \cdot 195 + b$ (2)

Durch Subtraktion der Gleichungen ergibt sich:

(1)–(2) $6 = -75\,\mathrm{m} \quad |:(-75)$

$m = -0{,}08$

Der Wert von $m$ wird eingesetzt, zum Beispiel in Gleichung (1):

$19{,}2 = -0{,}08 \cdot 120 + b$

$19{,}2 = -9{,}6 + b \quad |+9{,}6$

$b = 28{,}8$

Damit ist $p(x) = -0{,}08x + 28{,}8$.

b) Um die Kosten für einen Kuchen zu ermitteln, werden die einzelnen Positionen addiert:

| Zutaten | Kosten |
|---|---|
| 500 g Mehl | 0,15 € |
| 250 g Butter | 1,35 € |
| 250 g Zucker | 0,30 € |
| 4 Eier | 1,10 € |
| Weitere Zutaten, Energie | 3,50 € |
| **Summe** | **6,40 €** |

Damit ergibt sich eine Kostenfunktion von $K(x) = 6{,}4x$, da die Klasse ohne Fixkosten kalkuliert.

Die Preis-Absatzfunktion $p(x) = -0{,}08x + 28{,}8$ wurde in Teilaufgabe a) bestimmt. Damit ergibt sich als Erlösfunktion:

$E(x) = p(x) \cdot x = p(x) = (-0{,}08x + 28{,}8) \cdot x = -0{,}08x^2 + 28{,}8x$

Und als Gewinnfunktion:

$G(x) = E(x) - K(x) = -0{,}08x^2 + 28{,}8x - 6{,}4x = -0{,}08x^2 + 22{,}4x$

Die Gewinnzone ist durch die Nullstellen der Gewinnfunktion gegeben, die hier durch Faktorisieren bestimmt werden können:

$$G(x) = 0$$

$$-0{,}08x^2 + 22{,}4x = 0$$

$$x \cdot (-0{,}08x + 22{,}4) = 0$$

$$x = 0 \text{ oder } -0{,}08x + 22{,}4 = 0 \quad |-22{,}4$$

$$-0{,}08x = -22{,}4 \quad |:(-0{,}08)$$

$$x = 280$$

Die Gewinnzone beginnt aufgrund der fehlenden Fixkosten bei 0 ME und endet bei 280 ME, d. h. 280 Kuchen.

Für die Ermittlung des Gewinnmaximums wird die Differenzialrechnung angewendet. Die Bedingungen für das Maximum lauten $G'(x) = 0 \wedge G''(x) < 0$.

$$G(x) = -0{,}08x^2 + 22{,}4x$$

$$G'(x) = -0{,}16x + 22{,}4$$

$$G''(x) = -0{,}16$$

Notwendige Bedingung: $G'(x) = 0$

$$-0{,}16x + 22{,}4 = 0 \quad |-22{,}4$$

$$-0{,}16x = -22{,}4 \quad |:(-0{,}16)$$

$$x = 140$$

Hinreichende Bedingung: $G''(140) = -0{,}16 < 0$; damit liegt an der Stelle 140 ein Maximum vor.

Den größten Gewinn erzielt die Klasse, wenn sie in der Woche 140 Kuchen verkauft.

Der Gewinn beträgt: $G(140) = -0{,}08 \cdot 140^2 + 22{,}4 \cdot 140 = 1568$ €.

Der Verkaufspreis pro Kuchen ist dabei: $p(140) = -0{,}08 \cdot 140 + 29{,}6 = 17{,}60$ €, bei 16 Stücken je Kuchen entspricht dies also 1,10 € pro Stück.

In der Abbildung ist die Monopolsituation dargestellt.

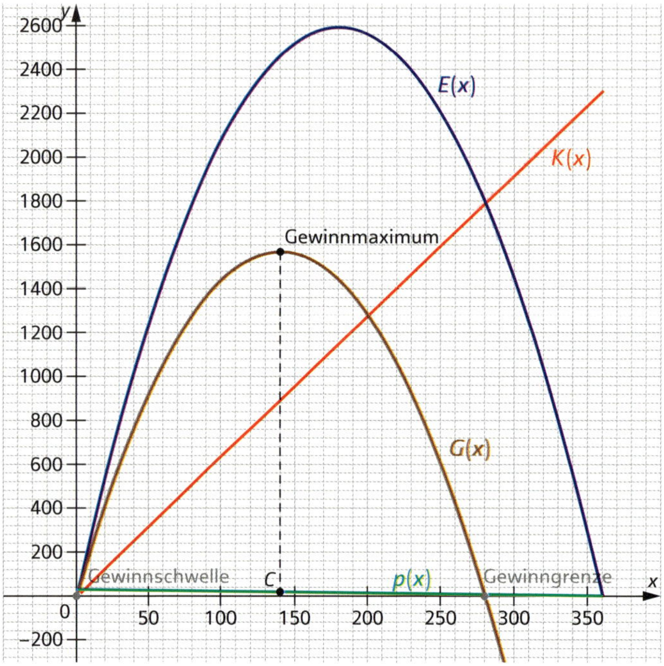


Die optimale (d.h. gewinnmaximale) Preis-Mengen-Kombination eines Monopolisten wird **cournotscher Punkt *C*** genannt. Er gibt an, bei welcher Menge und welchem Stückpreis ein Monopolist den maximalen Gewinn erzielt. Der Name des cournotschen Punktes geht auf den französischen Mathematiker und Wirtschaftstheoretiker Antoine-Augustin Cournot (1801–1877) zurück, der als einer der ersten die Mathematik auf die Wirtschaftswissenschaften anwendete.

## AUFGABEN

**1** Die Klarblick GmbH mit Sitz in Kaiserslautern produziert optische Linsensysteme. Das Unternehmen hat eine Linse entwickelt, auf der Schmutz nicht anhaftet. Diese patentierte Linse wird in Kamerasystemen verbaut, die zur Kanalinspektion eingesetzt werden. Durch den Patentschutz hat Klarblick eine Monopolstellung auf dem Markt.
In der Tabelle sind für $x$ ME die Gesamtkosten $K(x)$ in GE und der zu erzielende Stückpreis $p(x)$ in GE/ME aufgeführt.

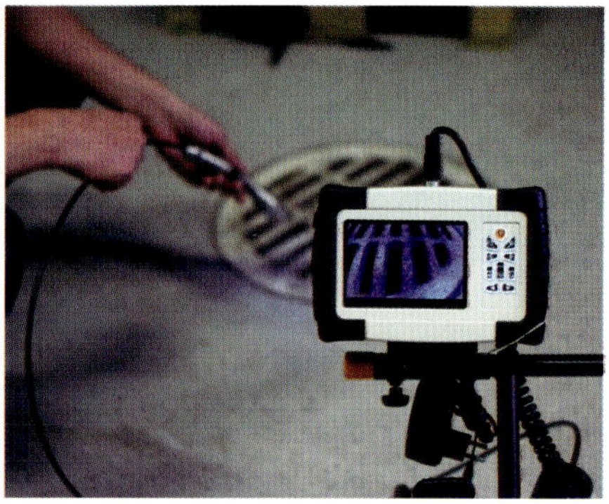

| | | | | | | | | | | | | |
|---|---|---|---|---|---|---|---|---|---|---|---|---|
| ME | $x$ | 0 | 1 | 2 | 3 | 4 | 5 | 6 | 7 | 8 | 9 | 10 |
| GE | $K(x)$ | 50 | 60 | 70 | 80 | 90 | 100 | 110 | 120 | 130 | 140 | 150 |
| € | $p(x)$ | – | 54 | 48 | 42 | 36 | 30 | 24 | 18 | 12 | 6 | 0 |

Der Verlauf der Gesamtkosten $K$ und der Stückpreise $p$ ist linear zur Produktionsmenge $x$.

a) Wie lauten die Funktionsg]eichungen für die Gesamtkosten $K$ und für die Stückpreise $p$ (Gleichung der Preis-Absatzfunktion)? Wie hoch sind die fixen Kosten und die variablen Stückkosten?

b) Bestinmen Sie die Funktionsgleichung für den Gesamterlös $E$.

c) Zeichnen Sie in ein gemeinsames Achsenkreuz die Gesamterlöskurve $E$ und die Gesamtkostengerade $K$. Geben Sie die Nutzenschwelle $N_S$ und die Nutzengrenze $N_g$ an.

d) Berechnen Sie die Nutzenschwelle und die Nutzengrenze. In welchem Bereich wird mit Gewinn produziert?

e) Bei welcher Produktionsmenge ist der Gesamterlös am größten und wie viel Euro beträgt er?

f) Bestimmen Sie das Nutzenmaximum. Geben Sie $N_m$ auf der Erlöskurve an und kennzeichnen Sie die Strecke des maximalen Gewinns $G$. Wie viel Euro beträgt der maximale Gesamtgewinn und wie hoch ist der zugehörige Stückpreis?

g) Tragen Sie die Preis-Absatzgerade $p$ in das Achsenkreuz von c) ein. Für $p(x)$ gilt 1 GE ≙ 1,00 €. Geben Sie den cournotschen Punkt $C$ an.

**2** Der Absatz eines Monopolbetriebs beträgt 2 ME bei einem Stückpreis von 30,00 €. Wird der Stückpreis auf 24,00 € gesenkt, erhöht sich der Absatz auf 4 ME.
1 ME = 1000 Stück. Die fixen Kosten belaufen sich auf 30 GE die Gesamtkosten auf 62 GE bei 4 ME. 1 GE = 1000,00 €. Der Verlauf der Gesamtkosten $K$ und der Stückpreise $p$ ist linear zur Produktionsmenge $x$.

a) Berechnen Sie die Funktionsgleichungen für die Gesamtkosten $K$ und für die Stückpreise $p$ (Gleichung der Preis-Absatzfunktion). Wie hoch sind die variablen Stückkosten?

b) Wie lautet die Ftmktionsgleichung für den Gesamterlös $E$?

c) Berechnen Sie die Nutzenschwelle und die Nutzengrenze.

d) Bei welcher Produktionsmenge ist der Gesamterlös am größten und wie viel Euro beträgt er?

e) Bestimmen Sie das Nutzenmaximum. Wie viel Euro beträgt der maximale Gesamtgewinn und wie hoch ist der zugehörige Stückpreis?
f) Zeichnen Sie in ein gemeinsames Achsenkreuz die Gesamterlöskunre $E$ die Gesamtkostengerade $K$ und die Preis-Absatzgerade $p$. Geben Sie die kritischen Punkte $N_s$, $N_g$, $N_m$ und $C$ an. Für $p(x)$ gilt 1 GE ≙ 1,00 €. Wie lauten die Koordinaten des cournotschen Punktes $C$?

**3** Ein Monopolbetrieb rechnet mit Kosten von $K(x) = \frac{1}{2}x^2 + 5x + 50$ bei einem Erlös von $E(x) = -x^2 + 30x$.

a) Bestimmen Sie Nutzenschwelle und Nutzengrenze.
b) Bei welcher Menge wird der maximale Erlös erzielt?
c) Berechnen Sie den cournotschen Punkt $C$.

**4** Die BioTech AG mit Sitz in Ludwigshafen ist spezialisiert auf „grüne Chemie“: Sie entwickelt und produziert umweltfreundliche Pflanzenschutzprodukte für Landwirtschaft und Hobbygärtner. Für einen insektenfreundlichen Wirkstoff gegen den Buchsbaumzünsler ist die BioTech AG Alleinanbieter.

Das Produkt kann zu Kosten von $K(x) = 6x + 72$ hergestellt werden. Man geht von einem Konsumentenverhalten aus das durch die Preis-Absatzfunktion $p(x) = -\frac{3}{4}x + 24$ beschrieben wird.

a) Berechnen Sie Nutzenschwelle und Nutzengrenze.
b) Bei welcher Menge wird der maximale Erlös erzielt?
c) Bestimmen Sie den maximalen Gesamtgewinn und den cournotschen Punkt.
d) Zeichnen Sie die Funktionen in ein gemeinsames Koordinatensystem und markieren Sie die berechneten Punkte.

**5** Die BioTech AG in Ludwigshafen hat Patentschutz für ein neues Produkt erhalten, das den Getreideertrag bei sehr trockenem Wetter steigert und gleichzeitig umweltfreundlich ist. Die Kosten für die Herstellung liegen fest mit der Funktion $K(x) = x^3 - 4x^2 + 8x + 12$. Aufgrund des Patentschutzes hat die BioTech AG am Markt eine Alleinstellung inne; die Marketingabteilung hat das Nachfrageverhalten der Konsumenten analysiert und geht davon aus, dass es durch die lineare Funktion $p(x) = -4x + 21$ beschrieben werden kann.

a) Bestimmen Sie den ökonomisch sinnvollen Definitionsbereich.
b) Geben Sie die Erlös- und die Gewinnfunktion an.
c) Bestimmen die Nutzenschwelle und Nutzengrenze.
d) Bei welcher Menge wird der maximale Erlös erzielt und wie hoch ist dieser?
e) Berechnen Sie das Gewinnmaximum und den cournotschen Punkt.

**6** Ein Monopolist geht bei der Produktion eines Guts von Kosten aus die von der Funktion $K(x) = 1{,}5x^3 - 15x^2 + 75x + 26$ beschrieben werden. Die Erlösfunktion ist mit $E(x) = -8x^2 + 80x$ gegeben.

a) Bestimmen Sie den ökonomisch sinnvollen Definitionsbereich.
b) Bestimmen Sie Nutzenschwelle und Nutzengrenze.
c) Wie hoch ist der Gewinn an der Stelle des maximalen Erlöses?
d) Berechnen Sie das Gewinnmaximum und den cournotschen Punkt.
e) Durch leichte Veränderungen im Produktionsverfahren ändern sich die Kosten zu $K_2(x) = 1{,}5x^3 - 15x^2 + 60x + 48$. Berechnen Sie $N_s$, $N_g$ und $N_m$ und beurteilen Sie, ob die cournotsche Menge dadurch höher liegt als vorher.

### 3.2.3 Ökonomische Anwendungen: Produktlebenszyklus

Eine weitere wichtige Anwendung von Funktionen bietet das Modell des **Produktlebenszyklus**. Dieses Konzept der Betriebswirtschaftslehre beschreibt die Lebenszeit eines Produktes von der Markteinführung über Wachstums-, Reife- und Sättigungsphase bis zur Degeneration. Dieses Buch beschränkt sich auf eine Funktion, die den Absatz eines Produktes im Laufe der Zeit beschreibt. Dabei steht das Argument der Funktion für die Zeit (und wird daher häufig mit $t$ anstatt mit $x$ bezeichnet) und der Wert der Funktion gibt den momentanen Absatz in Mengeneinheiten je Zeiteinheit an.

In der folgenden Lernsituation ist das „Produkt" kein Gegenstand, der monate- oder jahrelang verkauft wird. Die Lernsituation ist in der kurzlebigen Nachrichten- und Medienwelt angesiedelt.

## Lernsituation: Online-Magazin

Carl und Cihan sind Redakteure bei einem Online-Magazin. In der täglichen Redaktionssitzung werden stets die Aufrufe der Artikel („page impressions“) analysiert. Für den letzten Artikel von Carl und Cihan sind die Aufrufe im Zeitverlauf durch die Funktion $A(t) = 20e^{-0,5t} - 20e^{-2t}$ gegeben. Dabei bezeichnet t die Zeit (in Stunden) und $A(t)$ die Anzahl der Aufrufe (in 1000 Aufrufen pro Stunde).

Carl und Cihan sehen die Grafik mit dem Graphen der Funktion und unterhalten sich über den Erfolg ihres Artikels. Dabei fallen die folgenden Aussagen:

- *„Die Nachricht wird insgesamt weniger als 10 000 Mal aufgerufen.“*
- *„Der größte Anstieg der Kurve ist direkt beim Freischalten des Artikels zu verzeichnen.“*
- *„Der größte Rückgang der Klickzahlen liegt in der 5. Stunde.“*
- *„Nach einer Stunde ist das Maximum bereits überschritten.“*

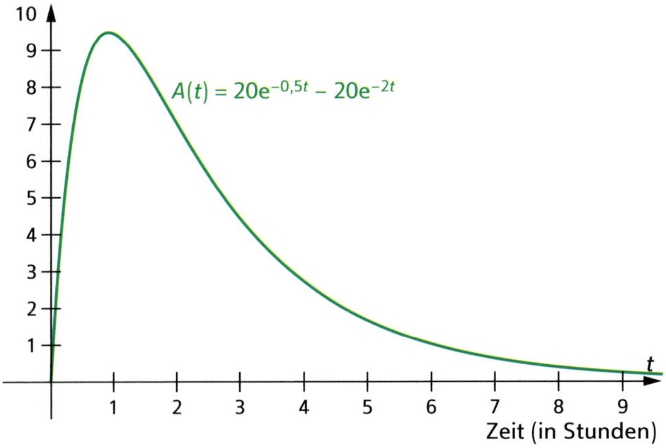


a) Beurteilen Sie die Aussagen von Carl und Cihan.

b) Lesen Sie am Graphen ab, in welcher Zeit die Werte über 4000 Aufrufen pro Stunde liegen.

c) Berechnen Sie, wann die höchste Klickzahl pro Stunde erreicht wird.

d) Ermitteln Sie den Zeitpunkt des größten Rückgangs der Klickzahlen.

## Lösungen

a) Aussage 1 ist falsch, da die $y$-Werte die Aufrufe pro Stunde angeben. Innerhalb von zwei Stunden sind 10000 Aufrufe überschritten. Die Fläche unter dem Graphen steht für die Gesamtzahl der Aufrufe.

Aussage 2 ist korrekt, da die Kurve im Ursprung die höchste Steigung hat. Das wird besonders deutlich, wenn man einige Tangenten an die Kurve zeichnet.

Aussage 3 ist falsch. Am stärksten fällt die Kurve zwischen der 2. und 3. Stunde. Tangenten verdeutlichen dies.

Aussage 4 ist richtig, denn der höchste Punkt des Graphen liegt knapp vor dem Ende der ersten Stunde.

b) Man zieht eine Parallele zur $x$-Achse durch den $y$-Wert 4 und liest die $x$-Werte der Schnittpunkte mit dem Graphen ab. Es ist zu erkennen, dass bereits nach einer Viertelstunde die 4000 Abrufe pro Stunde überschritten werden und etwa drei Stunden später die Werte unter 4 sinken.

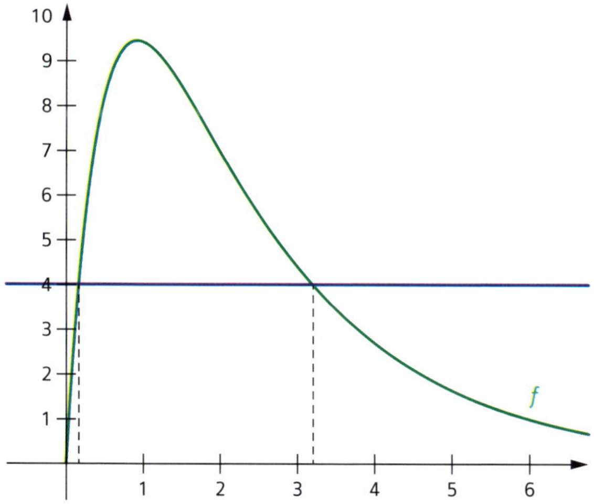


c) Gesucht ist der Hochpunkt der Funktion $A(t)$.

$$A(t) = 20\,e^{-0{,}5t} - 20\,e^{-2t}$$

$$A'(t) = -10\,e^{-0{,}5t} + 40\,e^{-2t}$$

$$A''(t) = 5\,e^{-0{,}5t} - 80\,e^{-2t}$$

Ansatz: $A'(t) = 0$

$$-10\,e^{-0{,}5t} + 40\,e^{-2t} = 0 \quad | \cdot e^{2t}$$

$$-10\,e^{1{,}5t} + 40 = 0 \quad | -40$$

$$-10\,e^{1{,}5t} = -40 \quad | : (-10)$$

$$e^{1{,}5t} = 4 \quad | \ln$$

$$1{,}5t = \ln 4 \quad | : 1{,}5$$

$$t = \frac{\ln 4}{1{,}5} \approx 0{,}9241$$

Hinreichende Bedingung: $A''\left(\frac{\ln 4}{1,5}\right) = 5\,e^{-0,5\,\frac{\ln 4}{1,5}} - 80\,e^{-2\,\frac{\ln 4}{1,5}} \approx -9,45 < 0 \Rightarrow$ Hochpunkt

In $A(t)$ einsetzen: $A\left(\frac{\ln 4}{1,5}\right) \approx 9,449$. Die maximale Aufrufrate wird nach 0,924 Stunden, d.h. ca. 55 Minuten, erreicht und liegt bei etwa 9449 Aufrufen pro Stunde.

d) Der Punkt des maximalen Rückgangs, d.h. der Tiefpunkt der Steigungsfunktion $A'(t)$, liegt an der Wendestelle der Funktion $A(t)$.

Ansatz: $A''(t) = 0$

$$5\,e^{-0,5t} - 80\,e^{-2t} = 0 \quad | \cdot e^{2t}$$
$$5\,e^{1,5t} - 80 = 0 \quad | -80$$
$$5\,e^{1,5t} = 80 \quad | : 5$$
$$e^{1,5t} = 16 \quad | \ln$$
$$1,5t = \ln 16 \quad | : 1,5$$
$$t = \frac{\ln 16}{1,5} \approx 1,8483$$

Hinreichende Bedingung: $A'''(t) = -2,5\,e^{-0,5t} + 160\,e^{-2t}$

$A'''\left(\frac{\ln 16}{1,5}\right) \approx 2,98 \neq 0 \Rightarrow$ Wendepunkt

Etwa drei Stunden nach der Veröffentlichung ist der Zeitpunkt des größten Rückgangs der Aufrufe.

Das Beispiel in der Lernsituation beinhaltete eine moderne Anwendung, nämlich die Aufrufe eines Nachrichtenartikels. Genauso könnte t in einer anderen Zeiteinheit, zum Beispiel Monaten oder Jahren, gemessen werden und die Werte der Produktlebenszyklus-Funktion $A(t)$ die Stückzahl an verkauften Mengeneinheiten je Zeiteinheit sein.

## AUFGABEN

**1** Ein Hersteller von Smartphones plant für die nächste Generation von Geräten mit der Produktlebenszyklus-Funktion $A(t) = 10\,e^{-0,2t} - 10\,e^{-t}$. Dabei steht t für die Zeit (in Monaten) und der Wert $A(t)$ gibt die Absatzrate (in Millionen Stück pro Monat) an. Die untere Abbildung zeigt den Verlauf des Graphen.

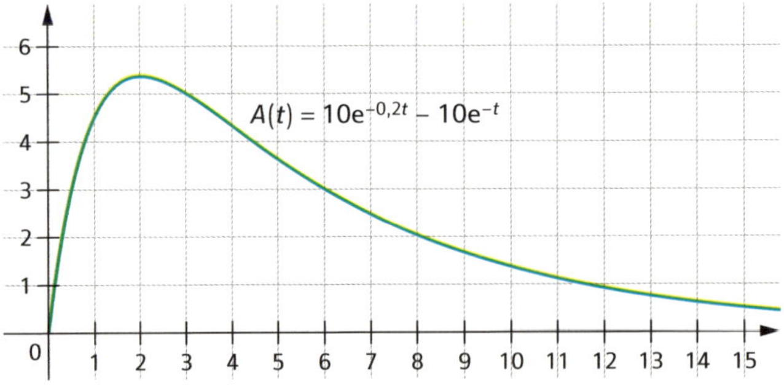

a) Beurteilen Sie die folgenden Aussagen:
- *„Im ersten Monat werden über 4 Millionen Smartphones abgesetzt."*
- *„Nur in den ersten zwei Monaten steigt der Absatz."*
- *„Nach einem halben Jahr sinkt der Absatz degressiv."*
- *„Im 8. Monat beträgt der Absatz 2 Millionen Stück pro Monat."*

b) Schätzen Sie aus der Abbildung ab, wie lange der Absatz über 4 Millionen Stück pro Monat liegt.
c) Berechnen Sie den Hochpunkt der Funktion $A(t)$ und erläutern Sie seine ökonomische Bedeutung.
d) Ermitteln Sie, wann der progressive Rückgang in einen degressiven Rückgang übergeht.

**2** Ein Unternehmen geht davon aus, dass sich der Absatz für ein überarbeitetes Produkt gemäß der Funktion $A(t) = 30\,e^{-t} - 30\,e^{-3t}$ entwickelt. Dabei steht $t$ für die Zeit (in Jahren) und $A(t)$ für den Absatz von 1000 ME pro Jahr.

a) Bestimmen Sie den Zeitpunkt des maximalen Absatzes.
b) Berechnen Sie den Wendepunkt von $A(t)$ und erklären Sie die ökonomische Bedeutung des Wertes.

**3** Die Absatzzahlen für das neue Album des Künstlers Justin Otter entwickeln sich nach der Funktion $A(t) = 14{,}4\,e^{0{,}2t} - 11\,e^{-t}$. Hierbei gibt $t$ die Zeit (in Wochen) an und $A(t)$ die Anzahl der verkauften Alben (in 10 000 ME pro Woche).

Die untere Abbildung zeigt den Verlauf der Kurve.

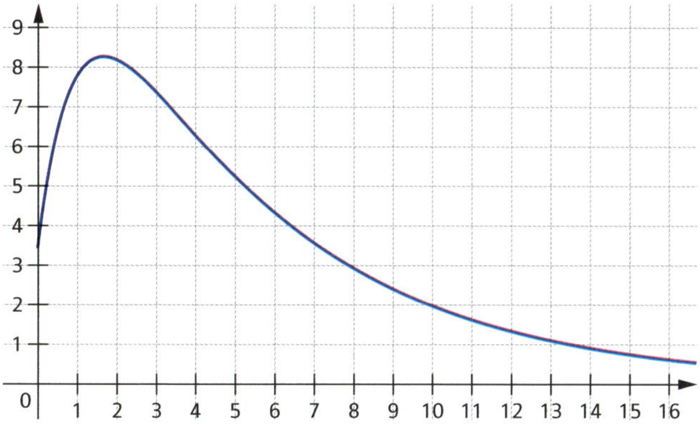


a) Berechnen Sie den $y$-Achsenabschnitt von $A(t)$. Geben Sie mögliche Erklärungen an, warum die Kurve nicht im Ursprung beginnt.
b) Bestimmen Sie die maximale Absatzrate.
c) Bestimmen Sie den Zeitpunkt, ab dem die Absatzrate unter 1000 Alben pro Woche fällt.

**4** Die Fitwear GmbH mit Sitz in Idar-Oberstein bringt eine neue Generation ihrer smarten Fitness-Uhr auf den Markt. Die Absatzprognose der Marketingabteilung kann durch die Funktion

$A(t) = -t^3 + 12t^2 + 3t + 130$

dargestellt werden. Dabei steht $t$ für die Zeit (in Monaten) und $A(t)$ für die abgesetzte Menge (in 100 Stück pro Monat).

a) Ermitteln Sie, nach wie vielen Monaten das Produkt aus dem Markt ausscheidet.
b) Bestimmen Sie den Wendepunkt der Funktion $A(t)$ und erläutern Sie die ökonomische Bedeutung des Punktes.
c) Bestimmen Sie den Hochpunkt der Funktion $A(t)$ und erläutern Sie die ökonomische Bedeutung des Punktes.

**5** Der Verkauf von wasserfester Sonnencreme bei einer Versandapotheke kann durch die Funktion

$A(t) = 100 \sin\left((t-3)\cdot\frac{\pi}{6}\right) + 150$

beschrieben werden. Dabei gibt $t$ die Zeit in Monaten an (0 steht für Anfang Januar, 1 für Anfang Februar etc.) und $A(t)$ den Absatz (in ME pro Monat).

a) Ermitteln Sie die Periodenlänge und geben Sie mögliche Erklärungen hierfür.
b) Bestimmen Sie die Zeitpunkte mit der maximalen Absatzrate.
c) Bestimmen Sie die Zeitpunkte mit der minimalen Absatzrate.
d) Ermitteln Sie die Zeitpunkte mit dem maximalen Anstieg und mit dem maximalen Rückgang des Absatzes.

## 3.2.4 Weitere Anwendungsbereiche: Extremwertaufgaben ohne Nebenbedingungen

Eine der Hauptanwendungen der Differenzialrechnung sind Optimierungsprobleme: Eine Größe $x$ soll so gewählt werden, dass eine andere, von $x$ abhängige Größe maximal oder minimal wird. Dieser Problemtyp wird **Extremwertaufgabe** genannt. Solche Extremwertaufgaben treten in vielen Anwendungsfeldern auf. In diesem und dem folgenden Kapitel werden Extremwertprobleme aus Ökonomie, Technik und Geometrie behandelt.

Häufig ist der Zusammenhang zwischen den Größen zunächst nicht durch eine Gleichung beschrieben, sondern muss erst modelliert werden. Hierzu müssen in einigen Fällen Nebenbedingungen verwendet werden, um das Problem mit einer Funktion zu beschreiben. So ist bei dem im nächsten Kapitel behandelten Problem *„Welche zylindrische Dose von 1 Liter Inhalt hat die minimale Oberfläche?“* die zu optimierende Größe „Oberfläche“ zunächst durch die zwei Maße (Radius und Höhe der Dose) beschrieben.

Durch die Nebenbedingung (1 Liter Inhalt) stehen diese Maße jedoch in Zusammenhang. Mithilfe dieser Nebenbedingung kann eine von einer Variablen abhängige Funktion aufgestellt werden.

In diesem Unterkapitel werden Extremwertaufgaben ohne Nebenbedingungen vorgestellt, im folgenden Unterkapitel die Aufgaben mit Nebenbedingungen.

Bei Extremwertaufgaben ohne Nebenbedingungen kann die Funktion, deren Extremwert bestimmt werden soll, direkt aufgestellt werden. In der folgenden Lernsituation wird sie aus zwei Funktionen zusammengesetzt, jede der Funktionen hängt dabei nur von einer Variablen ab.

## Lernsituation: Optimale Bestellmenge

Julia macht eine Ausbildung zur Industriekauffrau bei der Melling GmbH. Zurzeit hospitiert sie bei Herrn Klein, der im Einkauf tätig ist.

Julia: *„Herr Klein, was bestellen Sie da gerade?"*

Hr. Klein: *„Das ist Routine. Von diesem Rohstoff benötigen wir 10000 Einheiten pro Jahr. Ich mache immer eine Bestellung über 1000 ME. Wenn der Meldebestand erreicht wird, bestelle ich dieselbe Menge nach."*

Julia: *„Warum bestellen Sie nicht gleich 10000 ME, also den Jahresbedarf?"*

Hr. Klein: *„Es entstehen Lagerkosten. Wir kalkulieren mit einem Lagerkostensatz von 8 % des Jahresdurchschnitts des Warenwertes. Der Einstandspreis beträgt 8,00 € je Einheit. Der durchschnittliche Lagerbestand läge bei einer Bestellmenge von 10000 ME bei 5000 ME, also bei der Hälfte. Dann hätten wir Lagerkosten in Höhe von* $5000\ ME \cdot 8\frac{€}{ME} \cdot 8\,\% = 3200\,€$*."*

Julia: *„Sollte man dann nicht öfter bestellen und dafür weniger?"*

Hr. Klein: *„Bei jedem Bestellvorgang fallen Kosten – zum Beispiel Verwaltungskosten, Transportkosten, Einlagerung usw. – in Höhe von 200,00 € an. Je häufiger ich bestelle, desto höher sind die Bestellkosten."*

Julia: *„Ich verstehe. Aber man könnte doch die optimale Bestellmange rechnerisch ermitteln, sodass die Summe aus Lagerkosten und Bestellkosten minimal ist."*

Hr. Klein: *„Stimmt. Bislang habe ich mich auf meine Intuition verlassen. Mal sehen, wie viel wir mit deinem Weg jährlich einsparen können."*

Bestimmen Sie die optimale Bestellmenge so, dass die gesamten Kosten minimiert werden. Ermitteln Sie, welcher Betrag im Jahr eingespart werden kann.

## Lösung

Gesucht ist eine Zielfunktion, die die zu optimierende Größe, d. h. die gesamten Kosten, in Abhängigkeit von einer Variablen, hier der Bestellmenge, angibt. Die Gesamtkosten pro Jahr setzen sich zusammen aus dem Warenwert, den Bestellkosten und den Lagerkosten. Gesucht ist also eine Funktion $K(x)$, wobei $x$ für die Bestellmenge steht. Daher dürfen nur positive Werte für $x$ eingesetzt werden.

Einstandspreis des Jahresbedarfs: 10 000 Einheiten · 8,00 € je Einheit = 80 000,00 €

Bestellkosten pro Jahr: Die Kosten pro Bestellvorgang werden multipliziert mit der Anzahl der Bestellungen, die sich als Quotient aus Jahresbedarf und Bestellmenge ergibt.

$K_B(x) = \frac{10\,000}{x} \cdot 200 = \frac{2\,000\,000}{x}$

Lagerkosten: Der durchschnittliche Lagerbestand $\frac{x}{2}$ wird mit dem Einstandspreis und dem Lagerkostensatz multipliziert.

$K_L(x) = \frac{x}{2} \cdot 8 \cdot \frac{8}{100} = 0{,}32x$

Der Wert der jährlich bestellten Ware (10 000 Einheiten zu je 8,00 € je Einheit) beträgt 80 000,00 €. Als Kostenfunktion erhält man somit:

$K(x) = 80\,000 + \frac{2\,000\,000}{x} + 0{,}32x$

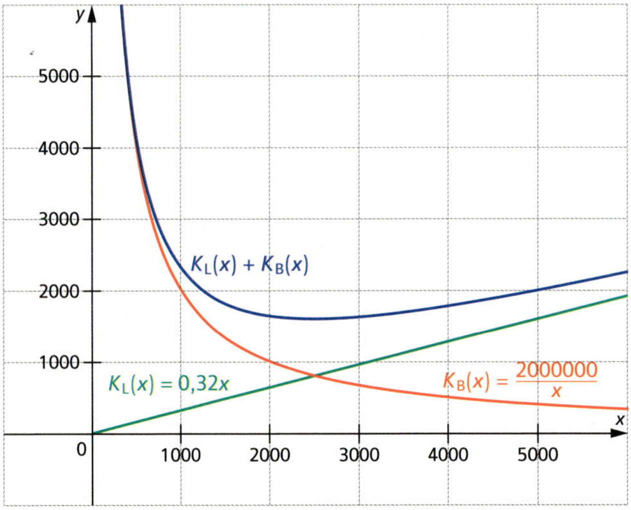


In der Abbildung ist der Graph der Bestellkosten (rot) und der Graph der Lagerkosten (grün) in Abhängigkeit von der Menge $x$ dargestellt. Es ist zu erkennen, dass sich die Kostenarten entgegengesetzt entwickeln: Die Lagerkosten sind proportional zur Bestellmenge, die Bestellkosten antiproportional. Die Summe der beiden Kostenarten ist als blauer Graph abgebildet. Bis auf den konstanten Summanden (80 000) entspricht der blaue Graph der Kostenfunktion $K(x)$. Das Minimum ist nicht exakt abzulesen.

Gesucht ist das Minimum der Kostenfunktion:

$K(x) = 80\,000 + \frac{2\,000\,000}{x} + 0{,}32x$

Das Minimum wird mithilfe der Differenzialrechnung ermittelt. Die Funktion wird zweimal abgeleitet; dabei wird das Potenzgesetz $\frac{1}{a^n} = a^{-n}$ angewendet.

$K'(x) = -\frac{2\,000\,000}{x^2} + 0{,}32$

$K''(x) = \frac{4\,000\,000}{x^3}$

Die erste Ableitung gleich 0 setzen: $K'(x) = 0$

$$0 = -\frac{2\,000\,000}{x^2} + 0{,}32 \qquad | \cdot x^2$$

$$0 = -2\,000\,000 + 0{,}32x^2 \qquad | + 2\,000\,000$$

$$2\,000\,000 = 0{,}32x^2 \qquad | : 0{,}32$$

$$x^2 = 6\,250\,000 \qquad | \sqrt{\phantom{x}}$$

$$x = \pm\, 2500$$

Die negative Lösung kann verworfen werden, weil sie nicht im Definitionsbereich liegt, denn die $x$-Werte stehen für die Menge, die nicht negativ sein kann.

Einsetzen in die zweite Ableitung bestätigt das Vorliegen eines Minimums:

$K''(2500) = \frac{4\,000\,000}{2500^3} = 0{,}00256 > 0$

Die optimale Bestellmenge liegt bei 2500 Einheiten; das entspricht vier Bestellungen im Jahr.

Die Gesamtkosten pro Jahr liegen bei $K(2500) = 81\,600{,}00$ €.

Bei einer Bestellmenge von 1000 Einheiten lagen die Kosten bei $K(1000) = 82\,320{,}00$ €. Es können durch die Optimierung also 720,00 € eingespart werden.

In dieser Lernsituation wurde das Vorgehen bei Extremwertaufgaben deutlich: Zunächst wird eine Zielfunktion aufgestellt, die die zu optimierende Größe beschreibt. Anschließend wird das Extremum dieser Funktion mithilfe der Differenzialrechnung bestimmt.

## AUFGABEN

1 Von einem 20 × 30 cm großen Stück Karton sollen Quadrate an den Ecken so abgeschnitten werden, dass durch Hochklappen der Seiten eine Kiste ohne Deckel mit maximalem Volumen entsteht.

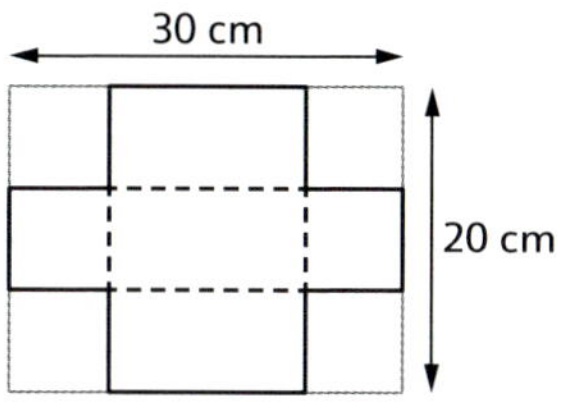

**2** Die Horn KG bezieht einen für die Herstellung von Brillengestellen benötigten Hilfsstoff zum Preis von 20,00 € pro Einheit. Der Jahresbedarf liegt bei 1800 Einheiten, der Lagerkostensatz beträgt 5 %.

a) Bestimmen Sie die optimale Bestellmenge unter der Voraussetzung, dass bei jedem Bestellvorgang mittelbare Kosten in Höhe von 225,00 € anfallen.

b) Begründen Sie, warum als Anzahl der Bestellvorgänge pro Jahr nicht nur ganze Zahlen erlaubt sind. Wie tätigt man 2,5 Bestellungen pro Jahr?

c) Leiten Sie die Formel $x_{opt} = \sqrt{\frac{200 \cdot JB \cdot BK}{EP \cdot LS}}$ für die optimale Bestellmenge her, indem Sie dieselbe Berechnung wie in Teilaufgabe a) mit den Parametern JB für Jahresbedarf, BK für Bestellkosten, EP für den Einstandspreis und LS für den Lagerkostensatz durchführen.

**3** Ein Industrieunternehmen benötigt von einem Hilfsstoff jährlich 30 000 Einheiten, die zum Preis von 1,80 € je Einheit bezogen werden. Bei jedem Bestellvorgang fallen Kosten in Höhe von 65,00 € an. Für die Lagerkosten wird der durchschnittliche Lagerbestand mit 2,00 € je Einheit bewertet (multipliziert).

a) Ermitteln Sie die optimale Bestellmenge.

b) Die Berechnung der Lagerkosten erfolgt hier anders als in Aufgabe 2. Leiten Sie analog zu Aufgabe 2 c) eine allgemeine Formel her, mit der die optimale Bestellmenge ermittelt werden kann.

**4.** Die Gitzi GmbH stellt Reinigungsmittel für den industriellen Bedarf her. Von dem Fensterreiniger Klarblick kann Glitzi 300 000 Stück im Jahr absetzen. Der Reiniger wird in Losfertigung hergestellt, die Herstellkosten liegen bei 3,80 € pro Stück. Zusätzlich fallen Rüstkosten für das Einrichten der Maschinen etc. an, die mit 400,00 € je Los zu veranschlagen sind. Im Fertiglager rechnet man mit einem Lagerkostensatz von 4 % der Herstellkosten.

a) Berechnen Sie die optimale Losgröße.

b) Leiten Sie die Andlersche Formel für die optimale Losgröße her:

$$x_{opt} = \sqrt{\frac{200 \cdot JP \cdot RK}{HK \cdot LS}}.$$

Dabei steht JP für die Jahresproduktion, RK für die Rüstkosten je Fertigungslos, HK sind die Herstellkosten je Stück und LS bezeichnet den Lagerkostensatz.

**5** Seit einigen Jahren verkauft Bauer Klug Brennholz, das er in einer Trockenkammer trocknet. In dieser Kammer wird dem Holz das Wasser entzogen, indem Wärme zugeführt und Luftfeuchtigkeit abgeführt wird.

Bauer Klugs Tochter hat gerade die Differenzialrechnung in der Oberstufe der Höheren Handelsschule durchgenommen. Sie überlegt:

- Der Heizwert von Brennholz hängt davon ab, wie trocken das Holz ist: Je trockener das Holz, desto mehr Energie wird beim Verbrennen frei.
- Beim Trocknen in der Trockenkammer wird Energie verbraucht.

Daraus schließt sie, dass es eine optimale Restfeuchte gibt, bei der die Energiebilanz – also die Differenz zwischen dem Heizwert und der zum Trocknen aufgewendeten Energie – am höchsten ist. Nach Internetrecherchen und Gesprächen mit ihrem Vater und dem Physiklehrer stellt sie zwei Funktionen auf.

- Die eine Funktion gibt an, welchen Heizwert (gemessen in Kilowattstunden, kWh) ein Raummeter Holz in Abhängigkeit des Wassergehalts $x$ hat. Sie lautet $g(x) = -25x + 2200$.
- Die andere Funktion gibt an, wie viel Energie (in kWh) aufgewendet werden muss, um waldfrisches Holz mit einem Wassergehalt von 45 % auf eine Restfeuchte $x$ zu trocknen. Diese Funktion lautet $f(x) = -6x + 200 + \frac{3150}{x}$.

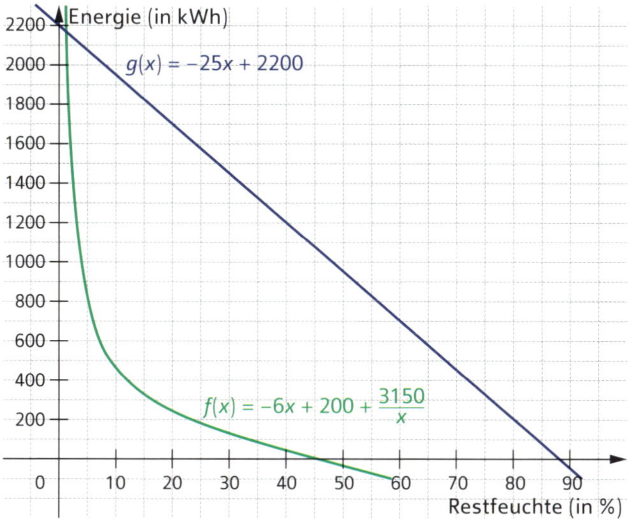


a) Wie viel Energie wird eim Verbrennen von einem Raummeter waldfrischem Holz mit einemWassergehalt von 45 % frei?

b) Wie viel Energie wird beim Verbrennen von einem Raummeter Holz mit einem Wassergehalt von 30 % frei? Wie viel Energie muss aufgewendet werden, um diese Menge an waldfrischem Holz auf eine Restfeuchte von 30 % zu trocknen? In welchem Fall ist die Energiebilanz besser: beim frischen Holz oder beim getrockneten Holz?
c) Tochter Klug hat eine optimale Restfeuchte von etwa 13 % errechnet. Wie lautet der genaue Wert?

### 3.2.5 Weitere Anwendungsbereiche: Extremwertaufgaben mit Nebenbedingungen

Bei den im vorherigen Unterkapitel behandelten Problemen kann die Zielfunktion direkt aufgestellt werden. Bei Extremwertaufgaben mit Nebenbedingungen kommen in der Zielfunktion mehrere Variablen vor, die über eine Nebenbedingung zusammenhängen. Mithilfe dieser Nebenbedingung wird die Anzahl der Variablen auf eine reduziert, sodass sich das Optimum mithilfe der Differenzialrechnung ermitteln lässt.
In der folgenden Lernsituation stehen Höhe und Radius eines Zylinders durch das vorgegebene Volumen in einem Zusammenhang.

#### Lernsituation: Blechdose

Die angehende Industriekauffrau Julia durchläuft bei der Melling GmbH nun die Produktentwicklungsabteilung. Frau Groß steht mit Julia vor einer Verpackungsmaschine.

Fr. Groß: *„Beim Verpackungsdesign ging es noch vor zehn Jahren vor allem um ein auffälliges Erscheinungsbild. Heute ist die Vorgabe des Marketings, ressourcenschonend zu arbeiten. Sie möchten Slogans wie ‚Weniger Verpackung – gleicher Inhalt' nutzen. Daher geht es bei uns auch darum, Material zu sparen."*

Julia: *„Das klingt gut. Und was machen Sie gerade?"*

Fr. Groß: *„Ich prüfe, ob es bei diesen Konservendosen noch Einsparpotenzial gibt. Zur Verpackung von Kartoffeleintopf soll eine Konservendose aus Weißblech so entworfen werden, dass ein Liter abgefüllt werden kann."*

Julia: *„Also ein oberflächenminimaler Zylinder mit 1000 cm³ Inhalt?"*

Fr. Groß: *„Ja, genau."*

Ermitteln Sie, wie Höhe und Radius gewählt werden müssen, damit der Materialverbrauch minimal wird.

## Lösung

Man benötigt die Formeln zur Berechnung des Zylindervolumens und der Zylinderoberfläche aus der Geometrie. Die Höhe der Dose wird mit $h$ bezeichnet, der Radius mit $r$ (siehe Abbildung). Die Oberfläche setzt sich zusammen aus der rechteckigen Mantelfläche und den beiden Kreisen für Boden und Deckel. Die Oberfläche ist bestimmt als $O = 2\pi r h + 2 \cdot \pi r^2$. Für das Volumen gilt die allgemeine Formel „Grundfläche mal Höhe", also $V = 2\pi r^2 \cdot h$.

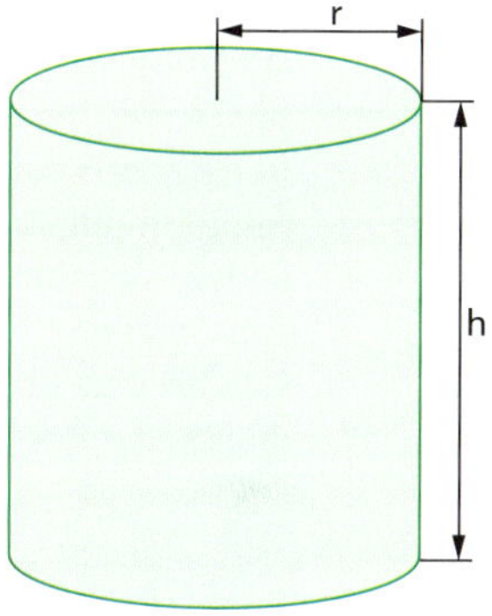


Gesucht ist eine Zielfunktion, die die zu optimierende Größe in Abhängigkeit *einer* Variablen ausdrückt. Die Oberfläche ist die Zielgröße. In der Oberflächenformel kommen jedoch zwei Variablen vor, nämlich $r$ und $h$. Diese hängen über das vorgegebene Volumen ($1\,\text{l} = 1000\,\text{cm}^3$) zusammen. Der Wert für das Volumen wird in die Formel eingesetzt und die Formel im Anschluss umgeformt:

$$1000 = 2\pi r^2 h \quad |:2\pi r^2$$

$$h = \frac{500}{\pi r^2}$$

Diese Formel bestimmt zu einem gegebenen Radius die Höhe der Dose so, dass der Inhalt 1 Liter beträgt. $h$ wird in die Oberflächenformel eingesetzt und diese dann vereinfacht:

$$O = 2\pi r \frac{500}{\pi r^2} + 2 \cdot \pi r^2$$

$$O = \frac{1000}{r} + 2 \cdot \pi r^2$$

Diese Formel gibt die Oberfläche einer 1 Liter fassenden Dose in Abhängigkeit von nur einer Variablen r an. Damit ist eine Zielfunktion $O(r)$ aufgestellt. Der Definitionsbereich umfasst alle positiven reellen Zahlen.

$$O(r) = \frac{1000}{r} + 2 \cdot \pi r^2$$

Gesucht ist das Minimum dieser Funktion, d.h., es sollen unter Anwendung der Differenzialrechnung die Extremwerte von $O(r)$ ermittelt werden. Beim Bilden der Ableitungen ist das Potenzgesetz $\frac{1}{a^n} = a^{-n}$ hilfreich.

$$O'(r) = -\frac{1000}{r^2} + 4\pi r$$

$$O''(r) = \frac{2000}{r^3} + 4\pi$$

Die notwendige Bedingung lautet $O'(r) = 0$:

$$0 = -\frac{1000}{r^2} + 4\pi r \quad | \cdot r^2$$

$$0 = -1000 + 4\pi r^3 \quad |+ 1000$$

$$1000 = 4\pi r^3 \quad |:4\pi$$

$$\frac{250}{\pi} = r^3 \quad |\sqrt[3]{\phantom{x}}$$

$$r = \sqrt[3]{\frac{250}{\pi}} \approx 4{,}30127$$

Nun ist die hinreichende Bedingung zu prüfen:

$$O''(4{,}30127) = \frac{2000}{4{,}30127^3} + 4\pi \approx 37{,}699 > 0$$

Also liegt ein Minimum vor. Die Höhe der Dose ergibt sich durch Einsetzen in die Nebenbedingung:

$h = \frac{500}{\pi r^2} = \frac{500}{\pi \cdot 4{,}30127^2} \approx 8{,}6025$

Es liegt ein lokales Minimum an der Stelle $r \approx 4{,}3$ vor. An den Rändern des Definitionsbereichs könnten absolute Minima liegen. Daher werden diese untersucht:

$\lim\limits_{r \to 0} O(r) = \infty$

$\lim\limits_{r \to \infty} O(r) = \infty$

Die optimale Dose hat also eine Höhe von 8,6 cm und einen Radius von ca. 4,3 cm.

Beim Lösen von Extremwertaufgaben muss wie in der Lernsituation immer eine Zielfunktion mit *einer* unabhängigen Variablen aufgestellt werden. Gegebenenfalls müssen andere Variablen über Nebenbedingungen (hier: das gegebene Volumen) ersetzt werden. Anschließend wird das Optimum mithilfe der Differenzialrechnung bestimmt. Weil es sich bei dem ermittelten Optimum um ein relatives Extremum handeln könnte, müssen die Ränder des Definitionsbereichs untersucht werden, ob dort ein absolutes Extremum liegt.

## AUFGABEN

**1** Berechnen Sie, welche Maße eine zylindrische Dose ohne Deckel bei 850 ml Volumen und minimalem Materialbedarf hat.

**2** Bestimmen Sie, welche zylindrische Dose mit dem Oberflächeninhalt von 4 dm² das größte Volumen hat.

**3** In einem Sportstadion soll eine 400 Meter lange Aschenbahn aus zwei parallelen geraden Laufstrecken und zwei angesetzten Halbkreisen so angelegt werden, dass das rechteckige Spielfeld zwischen den geraden Strecken einen möglichst großen Flächeninhalt hat. Berechnen Sie die Länge der geraden Laufstrecken sowie die Fläche des rechteckigen Spielfeldes.

**4** Ermitteln Sie, in welchem Punkt der Graph der Funktion $f(x) = (x - 4)^2 + 3$ den minimalen Abstand vom Ursprung des Koordinatensystems hat.

**5** In einem Kiosk werden pro Woche 500 Müsliriegel zu 0,60 € pro Stück verkauft. Der Kioskbesitzer rechnet, dass jeder Cent Preissenkung die Verkäufe um 20 Stück erhöht. Die Beschaffungskosten betragen 0,39 € pro Müsliriegel. Um wie viele Cent muss der Preis gesenkt oder erhöht werden, damit der Gewinn maximal wird?

**6** In der Lernsituation „Blechdose" wurden die Maße eines oberflächenminimalen Zylinders mit einem Liter Inhalt berechnet. Bei der Fertigung eines Prototyps dieser Konservendose unterhalten sich Frau Groß und Julia.

Julia: *„Frau Groß, was passiert eigentlich mit den Resten des Blechs, aus dem die Kreise für Boden und Deckel ausgestanzt werden?"*
Fr. Groß: *„Die gehen ins Recycling, denn damit kann man nichts mehr anfangen."*
Julia: *„Den Verschnitt haben wir bei unserer Rechnung nicht berücksichtigt."*
Fr. Groß: *„Stimmt. Da das Recycling auch Kosten verursacht und Energie aufgewendet werden muss, sollten wir einmal berechnen, welche Auswirkungen es hat, wenn wir den Verschnitt zum Materialverbrauch zählen."*

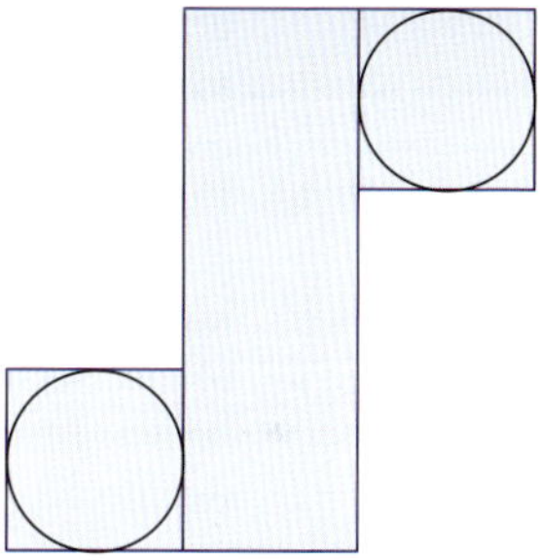

Berechnen Sie die optimalen Dosenmaße, wenn der Inhalt 1 Liter betragen soll und der Materialverbrauch (also die kompletten Quadrate, aus denen Boden und Deckel gefertigt werden) zum Material hinzugerechnet wird.

Von den folgenden Extremwertaufgaben haben einige Aufgaben Nebenbedingungen, andere keine. Stellen Sie jeweils eine Zielfunktion auf und bestimmen Sie das Optimum. Die ersten Aufgaben fassen mehrere Problemstellungen aus demselben Anwendungsbereich zusammen.

**7** a) Bestimmen Sie zwei Zahlen, deren Summe 100 und deren Produkt maximal ist.

b) Ermitteln Sie zwei reelle Zahlen, deren Summe 100 ist und bei denen das Produkt der ersten Zahl mit dem Quadrat der zweiten Zahl maximal ist.

c) Bestimmen Sie die positive reelle Zahl, bei der die Differenz zwischen der Zahl und ihrem Quadrat am größten ist.

**8** Ein Draht von 1 Meter Länge wird in zwei Stücke geschnitten. Aus den zwei Stücken werden jeweils geometrische Formen gebogen. Die Summe der Fläche ist jeweils zu maximieren bzw. zu minimieren.

a) Aus beiden Drahtstücken wird jeweils ein Quadrat gebogen. Bestimmen Sie die Längen der Drahtstücke, wenn die Summe der Quadratflächen minimal sein soll.

b) Aus beiden Drahtstücken wird jeweils ein Quadrat gebogen. Bestimmen Sie die Längen der Drahtstücke, wenn die Summe der Quadratflächen maximal sein soll.

c) Aus einem Drahtstück wird ein Quadrat, aus dem anderen ein Kreis gebogen. Bestimmen Sie die Längen der Drahtstücke, wenn die Summe der Flächen minimal sein soll.

d) Aus einem Drahtstück wird ein Quadrat, aus dem anderen ein Kreis gebogen. Bestimmen Sie die Längen der Drahtstücke, wenn die Summe der Flächen maximal sein soll.

e) Aus einem Drahtstück wird ein Quadrat, aus dem anderen ein gleichseitiges Dreieck gebogen. Bestimmen Sie die Länge der Drahtstücke, wenn die Summe der Flächen minimal sein soll.

f) Aus einem Drahtstück wird ein Quadrat, aus dem anderen ein gleichseitiges Dreieck gebogen. Bestimmen Sie die Längen der Drahtstücke, wenn die Summe der Flächen maximal sein soll.

**9** a) Unter dem Graphen von $f(x) = -x^2 + 4$ soll ein Rechteck mit maximalem Inhalt eingeschrieben werden. Eine Seite des Rechtecks soll auf der $x$-Achse liegen. Bestimmen Sie die Maße des Rechtecks.

b) Bestimmen Sie den Punkt des Graphen von $f(x) = -x^2 + 4$, der den kleinsten Abstand zum Ursprung hat.

c) Bestimmen Sie den Punkt des Graphen von $f(x) = -x^2 + 4$, der den kleinsten Abstand zu dem Punkt P(3 | 3) hat.

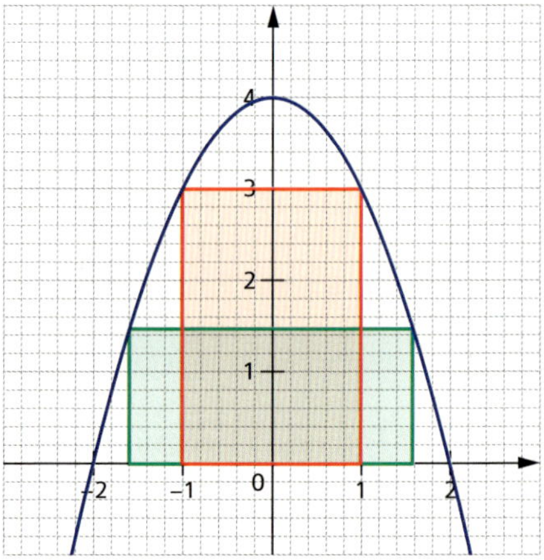

**10** Von einer Glasscheibe der Größe 4 dm × 7 dm ist eine Scherbe abgebrochen. Die Bruchkante entspricht dem Verlauf von $f(x) = (x-4)^2 + 3$ (siehe Abbildung). Der Glaser möchte aus der Scheibe ein rechteckiges Stück mit maximaler Fläche herausschneiden. Berechnen Sie, welche Höhe und Breite das Rechteck hat.

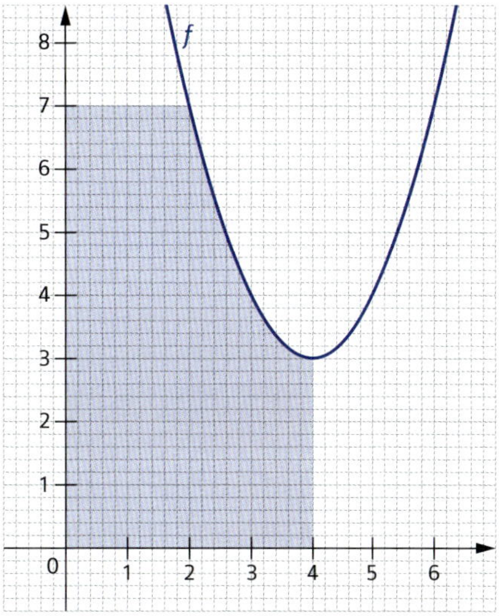


**11** Ein Schäfer hat 100 m Zaun, mit dem er eine möglichst große rechteckige Fläche einzäunen möchte. An einer Seite verläuft ein Bach, sodass er nur drei Seiten des Rechtecks einzäunen muss. Ermitteln Sie, welche Fläche der Schäfer maximal abstecken kann.

**12** In einem Sägewerk werden Baumstämme zu Balken und Brettern gesägt. Die Tragfähigkeit eines Balkens mit einem rechteckigen Querschnitt ist proportional zur Breite und zum Quadrat der Höhe, d. h. Tragfähigkeit = Breite · Höhe². Berechnen Sie, welche Maße ein Balken mit maximaler Tragfähigkeit hat, der aus einem Baumstamm mit 50 cm Durchmesser geschnitten wird.

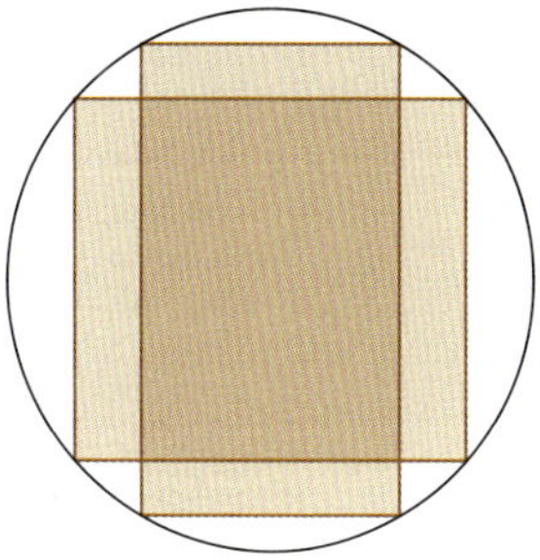

## 3.3 Zusammenfassung

- Die erste Ableitung $f'(x)$ einer Funktion $f(x)$ ist die **Steigungsfunktion**.
  - Ist der Wert von $f'(x)$ an einer Stelle $x_0$ positiv, so steigt der Graph von $f(x)$ an dieser Stelle.
  - Ist der Wert von $f'(x)$ an einer Stelle $x_0$ negativ, so fällt der Graph von $f(x)$ an dieser Stelle.
  - Ist der Wert von $f'(x)$ an einer Stelle $x_0$ gleich 0, so hat der Graph von $f(x)$ an dieser Stelle eine waagerechte Tangente.
- Die zweite Ableitung $f''(x)$ einer Funktion $f(x)$ ist die **Krümmungsfunktion**.
  - Ist der Wert von $f''(x)$ an einer Stelle $x_0$ positiv, so ist der Graph von $f(x)$ an dieser Stelle nach links gekrümmt.
  - Ist der Wert von $f''(x)$ an einer Stelle $x_0$ negativ, so ist der Graph von $f(x)$ an dieser Stelle nach rechts gekrümmt.
- **Extremwerte:**
  - Die notwendige Bedingung für die Existenz eines Extremums an einer Stelle $x_0$ ist $f'(x) = 0$.
  - Hinreichend für ein Minimum an der Stelle $x_0$ ist $f'(x) = 0$ und $f''(x) > 0$.
  - Hinreichend für ein Maximum an der Stelle $x_0$ ist $f'(x) = 0$ und $f''(x) < 0$.
  - Absolute Extrema können auch an den Rändern des Definitionsbereichs liegen.
- **Wendepunkte:**
  - In einem Wendepunkt ändert die Funktion ihre Krümmung.
  - Hinreichend für einen Wendepunkt an der Stelle $x_0$ ist $f''(x) = 0$ und $f'''(x) \neq 0$.

# 3.4 Vermischte Aufgaben

**1** Die Farben Meyer GmbH in Bad Kreuznach stellt Farben und Lacke her, die unter verschiedenen Markennamen verkauft werden. Für Acryllacke hat die Betriebsabrechnungsabteilung nachstehende Gesamtkosten $K$ in Geldeinheiten (1 GE ≙ 1000,00 €) für $x$ Mengeneinheiten (1 ME ≙ 1000 Stück) ermittelt.

| ME | $x$ | 0 | 1 | 2 | 3 | 4 | 5 | 6 | 7 | 8 |
|---|---|---|---|---|---|---|---|---|---|---|
| GE | $K(x)$ | 14 | 32 | 40 | 44 | 50 | 64 | 92 | 140 | 214 |

Der Verlauf der Gesamtkosten $K$ ist durch die Funktionsgleichung $K(x) = x^3 - 8x^2 + 25x + 14$ festgelegt.
Der Erlös je ME beträgt 20 GE.

a) Berechnen Sie die Nutzenschwelle $N_s$, und die Nutzengrenze $N_g$.
b) Bestimmen Sie das Nutzenmaximum $N_m$. Wie viel Euro beträgt der maximale Gewinn?
c) Stellen Sie die Funktionsgleichungen für die Stückkosten $k$ und die variablen Stückkosten $k_v$ auf.
d) Wie lautet die Funktionsgleichung der Differenzialkosten $K'$?
e) Erstellen Sie eine Tabelle mit den Stückkosten $k$, den Differenzialkosten $K'$ und den variablen Stückkosten $k_v$ für die ME 0, 1, 2, ..., 7 (1 GE ≙ 1,00 €).
f) Entnehmen Sie der Tabelle die folgenden Informationen:
Bis zu welcher Produktionsmenge sind die Differenzialkosten niedriger als die Stückkosten? In welchem Produktionsbereich übersteigen die Differenzialkosten die Stückkosten und den Stückerlös von 20,00 €? Beiwelchen Produktionsmengen liegen ungefähr das Betriebsoptimum und das Nutzenmaximum? Wie hoch ist das Betriebsminimum?
g) Bestimmen Sie anhand der Gleichung $k(x) = K'(x)$ einen Näherungswert für das Betriebsoptimum $O$. Wie viel Euro betragen die minimalen Stückkosten?
h) Berechnen Sie das Betriebsminimum $U$. Bei wie viel Euro liegt die kurzfristige Preisuntergrenze?
i) Zeichnen Sie in ein gemeinsame Achsenkreuz die Gesamtkostenkurve $K$ und die Erlösgerade $E$. Geben Sie die kritischen Punkte $N_s$, $N_g$, $N_m$ und $O$ an.
j) Zeichnen Sie in ein zweites Achsenkreuz die Stückkostenkurve $k$, die Kurve $k_v$ der variablen Stückkosten die Kurve $K'$ der Differenzialkosten und die Gerade $e$ des Stückerlöses. Kennzeichnen Sie die kritischen Punkte $N_m$, $O$ und $U$.

**2** Für die Dispersionsfarben sind bei der Farben Meyer GmbH die Gesamtkosten durch die Funktionsgleichung $K(x) = x^3 - 3x^2 + 5x + 12$ bestimmt. Der Verlauf des Erlöses ist linear. Je ME beträgt der Erlös 15 GE.

a) Erstellen Sie eine Wertetafel und zeichnen Sie in ein gemeinsames Achsenkreuz den Graphen der Gesamtkostenfunktion und der Erlösfunktion. (1 ME ≙ 1000 Stück; 1 GE ≙ 1000,00 €)
b) In welchem Bereich wird mit Gewinn produziert? Wie hoch sind die Gesamtkosten an der Nutzenschwelle und an der Nutzengrenze?
c) Berechnen Sie das Nutzenmaximum $N_m$. Wie viel Euro beträgt der maximale Gewinn? Kennzeichnen Sie den maximalen Gewinn im Achsenkreuz.
d) Wie lauten die Funktionsg]eichungen für die Stückkosten $k$, die variablen Stückkosten $k_v$ und für die Differenzialkosten $K'$?
e) Bestimmen Sie einen Näherungswert für das Betriebsoptimum $O$. Bei wie viel Euro liegt die langfristige Preisuntergrenze? Kennzeichnen Sie den optimalen Kostenpunkt auf der Gesamtkostenkurve.
f) Bei welcher Produktionsmenge sind die variablen Stückkosten am niedrigsten und wie viel Euro beträgt die kurzfristige Preisuntergrenze?

**3** In einem Industriebetrieb ist die Abhängigkeit der Gesamtkosten $K$ von der erzeugten Menge $x$ durch die Funktionsgleichung $K(x) = 0{,}5x^3 - 3x^2 + 8x + 8$ bestimmt. Die Gleichung der Erlösgeraden lautet $E(x) = 8x$.

a) Berechnen Sie die Nutzenschwelle und diee Nutzengrenze.
b) Bei welcher Produktionsmenge wird der maximale Gewinn erzielt (1 ME ≙ 1000 Stück; 1 GE ≙ 1000,00 €)?
c) Berechnen Sie die Funktionsgleichung der Differenzialkosten $K'$.
d) Ermitteln Sie einen Näherungswert für das Betriebsoptimum und bestimmen Sie die minimalen Stückkosten.
e) Wie viel Euro betragen die minimalen variablen Stückkosten?
f) Bei welcher Produktionsmenge wechselt die Kostenkurve vom unterproportionalen zum überproportionalen Verlauf (Wendepunkt der Gesamtkostenkurve)?

**4** In einem Betrieb zur Herstellung von Elektroteilen wird der Verlauf der Gesamtkosten $K$ durch eine Funktionsgleichung der Form $y = ax^3 + bx^2 + cx + d$ bestimmt. Der Verlauf des Erlöses ist linear. In der Tabelle sind die Gesamtkosten $K$ in Geldeinheiten (1 GE ≙ 1000,00 €) für $x$ Mengeneinheiten (1 ME ≙ 1000 Stück) angegeben. Der Erlös je ME beträgt 15 GE.

| ME | $x$ | 0 | 2 | 4 | 6 |
|---|---|---|---|---|---|
| GE | $K(x)$ | 20 | 30 | 40 | 74 |

a) Bestimmen Sie die Funktionsgleichungen für die Gesamtkosten $K$ und für die Umsatzerlöse $E$. (Lösung: $K(x) = 0{,}5x^3 - 3x^2 + 9x + 20$)
b) Berechnen Sie die Nutzenschwelle $N_s$ und die Nutzengrenze $N_g$.

c) Wie lautet die Gleichung der Gewinnfunktion?
d) Bestimmen Sie das Nutzenmaximum $N_m$. Wie viel Euro beträgt der maximale Gewinn?
e) Zeichnen Sie in ein gemeinsames Achsenkreuz die Gesamtkostenkurve *K*, die Erlösgerade *E* und die Gewinnkurve *G*. Geben Sie die kritischen Punkte $N_s$, $N_g$ und $N_m$ an.
f) Wie lauten die Funktionsgleichungen für die Stückkosten *k*, für die variablen Stückkosten $k_v$ und für die Differenzialkosten *K'*?
g) Geben Sie einen Näherungswert für das Betriebsoptimum *O* an und bestimmen Sie die minimalen Stückkosten (langfristige Preisuntergrenze) und die minimalen variablen Stückkosten (kurzfristige Preisuntergrenze *U*).
h) Zeichnen Sie in ein gemeinsames Achsenkreuz die Stückkostenkurve *k*, die Kurve der variablen Stückkosten $k_v$, die Kurve der Differenzialkosten *K'* und die Stückerlösgerade *e*. Geben Sie die kritischen Punkte *U*, *O* und $N_m$ an.

**5** Die Holten AG stellt Bauteile für Elektroinstallationen her. Dazu gehören Lichtschalter, Steckdosen, Rauchmelder und Ähnliches. Für eine neue Generation Rauchmelder, die einerseits auf Rauchentwicklung und andererseits auf einen erhöhten Kohlenmonoxid-Gehalt in der Luft reagieren, hat die Kosten- und Leistungsrechnungsabteilung folgende Gesamtkosten ermittelt: 60 000,00 € bei einer Produktionsmenge von 5000 Stück, 85 000,00 € bei 10 000 Stück, 185 000,00 € bei 15 000 Stück. Die fixen Kosten betragen 35 000,00 €, der Stückeerlös beträgt 12,00 €. Der Gesamtkostenverlauf ist durch eine Funktionsgleichung der Form $f(x)$, $= ax^3 + bx^2 + cx + d$ bestimmt.

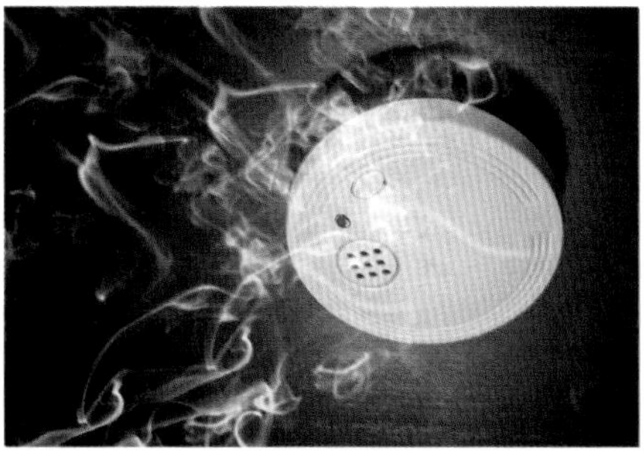

a) Berechnen Sie die Funktiongleichungen der Gesamtkosten *K*, des Gesamterlöses *E* und des Gesamtgewinns *G* und zeichnen Sie deren Funktionsgraphen in in gemeinsames Achsenkreuz. 1 ME ≙ 1000 Stück; 1 GE ≙ 1000,00 €.
(Lösung für $K(x)$: $K(x) = 0{,}1x^3 - 1{,}5x^2 + 10x + 35$)
b) In welchem Bereich wird mit Gewinn produziert und bei welcher Produktionsmenge wird der maximale Gesamtgewinn erzielt? Wie viel Euro beträgt der maximale Gesamtgewinn? Tragen Sie in das Schaubild von Teilaufgabe a) die kritischen Punkte $N_s$, $N_g$ und $N_m$ ein.
c) Bei welcher Produktionsmenge wechselt die Kostenkurve vom unterproportionalen zum überproportionalen Verlauf?
d) Aus Konkurrenzgründen muss der Verkaufspreis von 12,00 € auf 10,00 € je Stück herabgesetzt werden. Durch Verzicht auf Verrechnung von Abschreibungsbeträgen werden die fixen Kosten von 35 000,00 € auf 25 000,00 € gesenkt.
Bestimmen Sie die neuen Funktionsgleichungen der Gesamtkosten *K*, des Gesamterlöses *E* und des Gesamtgewinns *G*. Bei welcher Produktionsmenge wird jetzt der maximale Gewinn erzielt und wie viel Euro beträgt er? Zeichnen Sie in ein gemeinsames Achsenkreuz die alte und die neuee Gewinnkurve *G*.

**6** Für die Herstellung von Lichtschaltern im Edelstahl-Design sind bei der Holten AG die Gesamtkosten durch eine ganzrationale Funktion 3. Grades bestimmt. Der Verlauf des Erlöses ist linear. Die Tablle enthält die Gesamtkosten $K$ in GE für $x$ ME (1 ME ≙ 1000 Stück; 1 GE ≙ 1000,00 €).

| | | | | | |
|---|---|---|---|---|---|
| **ME** | $x$ | 0 | 2 | 6 | 8 |
| **GE** | $K(x)$ | 40 | 56 | 76 | 104 |

a) Berechnen Sie die Funktionsgleichung für die Gesamtkosten $K$. (Lösung: $K(x) = 0{,}25x^3 - 25x^2 + 12x + 40$).

b) Die Nutzenschwelle $N_s$ liegt bei 4000 Stück. Bestimmen Sie die Gleichung der Erlösfunktion, die Nutzengrenze $N_g$ und den maximalen Gesamtgewinn.

c) Wie viel Euro betragen die minimalen variablen Stückkosten und die minimalen Stückkosten?

d) Die hergestellten Bauteile sind technisch überholt und können nur zu einem stark herabgesetzten Preis abgesetzt werden. Stellen Sie fest, ob vorübergehend die Produktion von 5000 Stück unter Verzicht des Ersatzes der fixen Kosten aufrechterhalten werden soll. Wie wirkt sich ein Verkaufspreis von 5,00 € je Stück bzw. von 7,00 € je Stück auf den Gewinn aus? Welche Auswirkung auf den Gewinn hätte die Produktion von 8000 Stück bei einem Verkaufspreis von 7,00 €?

e) Zeichnen Sie in ein gemeinsames Achsenkreuz die Kurve $K_v$ der variablen Gesamtkosten und die Erlösgeraden $E_1$ für 5,00 € Stückerlös und $E_2$ für 7,00 € Stückerlös. Beurteilen Sie die Lage der Geraden zur Kostenkurve.

**7** Die Holten AG stellt auch Bewegungsmelder her. Hierbei ist die Abhängigkeit der Gesamtkosten $K$ von der erzeugten Menge $x$ durch die Funktionsgleichung $K(x) = 0{,}2x^3 - 2{,}3x^2 + 12x + 48$ bestimmt. Der Erlös je ME beträgt 18 GE. 1 ME ≙ 1000 Stück, 1 GE ≙ 100,00 €.

a) Berechnen Sie die Nurzenschwelle $N_s$, die Nutzengrenze $N_g$ und das Nutzenmaximum $N_m$, Wie viel Euro beträgt der maximale Gesamtgewinn?

b) Wegen Absatzschwierigkeiten wird der Verkaufspreis auf 15,00 € je Stück herabgesetzt. Die fixen Kosten können durch teilweisen Verzicht auf Abschreibungsbeträge um 25 % gesenkt werden. Bei welchen Produktionsmengen liegen jetzt $N_s$, $N_g$ und $N_m$? Wie hoch ist der maximale Gesamtgewinn? Zeichnen Sie in ein gemeinsames Achsenkreuz die alte und die neue Gewinnkurve $G$.

c) Die Produktion soll umgestellt und in ein anderes Werk verlegt werden. Vorübergehend soll im alten Werk weiterproduziert werden. Den Verkaufspreis will man eventuell auf die kurzfristige Preisuntergrenze senken. Bei welcher Produktionsmenge liegt die kurzfristige Preisuntergrenze und wie viel Euro beträgt sie?

d) Der Verkaufspreis wird auf 8,00 € je Stück gesenkt, die Produktionsmenge auf 5750 Stück festgelegt. Wie viel Euro fixe Kosten können unter diesen Bedingungen abgedeckt werden?

**8** Bei einem Hersteller von Elektroteilen fallen nachstehende Gesamtkosten an: 48 000,00 € bei einer Produktionsmenge von 3000 Stück, 54 000,00 € bei 5000 Stück, 72 000,00 € bei 8000 Stück. Die fixen Kosten betragen 24 000,00 €, der Stückerlös 16,00 €. Der Gesamtkostenverlauf ist durch eine Funktionsgleichung der Form $K(\mathrm{x}) = ax^3 + bx^2 + cx + d$ festgelegt.

a) Berechnen Sie die Funktionsgleichungen der Gesamtkosten $K$ und des Gesamterlöses $E$ und zeichnen Sie deren Funktionsgraphen in ein gemeinsames Achsenkreuz (1 ME = 1000 Stück, 1 GE = 1000,00 €; Teilung der $x$-Achse: 1 ME ≙ 1 cm; Teilung der $y$-Achse: 20 GE ≙ 1 cm).
(Lösung für $K(x)$: $K(x) = 0{,}2x^3 - 2{,}6x^2 + 14x + 24$)

b) In welchem Bereich wird mit Gewinn produziert und bei welcher Produktionsmenge wird der maximale Gesamtgewinn erzielt? Wie viel Euro beträgt der maximale Gesamtgewinn?

c) Wegen großer Absatzschwierigkeiten soll der Stückerlös auf 10,80 € gesenkt werden. Wie hoch wird der maximale Gesamtgewinn und bei welcher Produktionsmenge wird er erzielt?

d) Um gegenüber Teilaufgabe c) einen höheren Gewinn auszuweisen, wird der Stückerlös auf 12,00 € festgelegt und die fixen Kosten mit 12 000,00 € verrechnet. Bei welcher Produktionsmenge wird welcher Gesamtgewinn erzielt?

e) Zeichnen Sie in ein gemeinsames Achsenkreuz die drei Gewinnkurven $G_1$, $G_2$ und $G_3$, deren Funktionsgleichungen in den Teilaufgaben b) bis d) ermittelt wurden.

f) Vor Umstellung der Produktion zur Herstellung moderner Teile soll vorübergehend der Verkaufspreis eventuell auf die kurzfristige Preisuntergrenze gesenkt werden. Bei welcher Produktionsmenge sind die variablen Stückkosten am niedrigsten?

g) Wie viel Euro fixe Kosten können abgedeckt werden, wenn bei einer Produktionsmenge von 5500 Stück der Verkaufspreis auf 7,50 € je Stück festgesetzt wird?

h) Berechnen Sie das Betriebsoptimum $O$ (langfristige Preisuntergrenze).

**9** Ein Unternehmen stellt ein Produkt zu Kosten her, die sich gemäß der neoklassischen Kostenfunktion $K(x) = e^x + 4$ entwickeln. Am Markt kann das Produkt zum Preis von 10 GE je ME abgesetzt werden. Die Abbildung zeigt die Graphen der Grenzkosten, der Stückkosten, der variablen Stückkosten sowie der fixen Stückkosten.

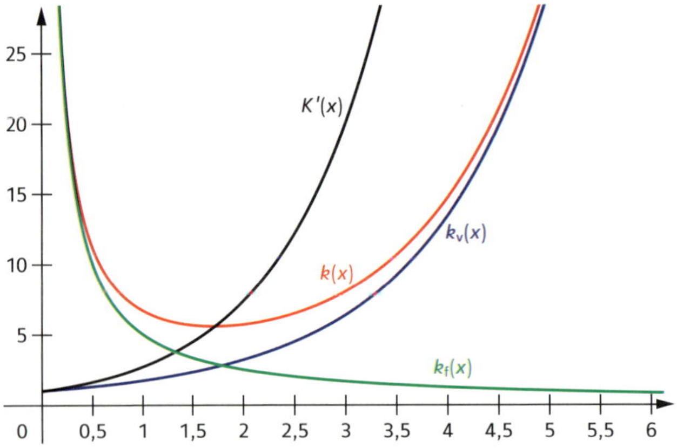


a) Berechnen Sie die Fixkosten und geben Sie die Funktion der fixen Stückkosten an.
b) Beurteilen Sie die folgenden Aussagen:
   - *„Das Betriebsminimum liegt zwischen 1 und 1,5 ME."*
   - *„Die Grenzkostenfunktion hat kein lokales Extremum."*
   - *„Die Kostenfunktion verläuft progressiv steigend".*
   - *„Das Betriebsoptimum liegt zwischen 1,5 und 2 ME."*
c) Berechnen Sie, welche Menge produziert werden kann, wenn die Kosten 20 GE nicht übersteigen sollen. Wie hoch ist dann der Gewinn?
d) Stellen Sie die Gewinnfunktion auf und berechnen Sie das Gewinnmaximum und die Gewinnzone.

**10** Die Controllingabteilung eines metallverarbeitenden Betriebs hat festgestellt, dass die Kosten für ein edles Kaminbesteck aufgrund eines Engpasses in der Galvanik durch die Exponentialfunktion $K(x) = 2e^{0,1x} + 3$ bestimmt sind. Das Kaminbesteck kann zum Preis 1,2 GE je ME verkauft werden.

a) Bestimmen Sie die Gewinnfunktion und das Gewinnmaximum.
b) Ermitteln Sie die Gewinnzone mit einem geeigneten Verfahren.
c) Erläutern Sie welche Auswirkungen eine Senkung der Fixkosten auf die Gewinnzone und auf das Gewinnmaximum hätte.

**11** Ein Unternehmen stellt ein Produkt zu Kosten von $K(x) = 1{,}4^x + 9$ her. Der Marktpreis für das Produkt liegt bei 3 GE je ME.

a) Berechnen Sie die Gewinnzone und das Gewinnmaximum.
b) Untersuchen Sie, welche Auswirkung ein Sinken des Marktpreises auf 2,5 GE je ME auf das Gewinnmaximum hätte.
c) Als Reaktion auf den neuen Marktpreis von 2,5 GE je ME werden die Fixkosten um 4 GE gesenkt. Analysieren Sie die neue Gewinnsituation.

**12** Ein Unternehmen stellt ein Produkt, für das es eine Alleinstellung auf dem Markt innehat, zu Kosten von $K(x) = 1{,}5^x + 16$ her. Die Abbildung zeigt die Graphen von Kosten-, Erlös-, Gewinn- und Preis-Absatzfunktion.

a) Entscheiden Sie begründet, welcher Graph zu welcher Funktion gehört.
b) Lesen Sie Sättigungsmenge und Prohibitivpreis ab und berechnen Sie die Funktionsgleichung der Preis-Absatzfunktion.
c) Bestimmen Sie Erlös- und Gewinnfunktion, wenn $p(x) = -2x + 20$ ist.
d) Lesen Sie Näherungswerte für Gewinnschwelle und Gewinngrenze ab.
e) Lesen Sie einen Näherungswert für die gewinnmaximale Menge ab.
f) Bestimmen Sie den cournotschen Punkt.

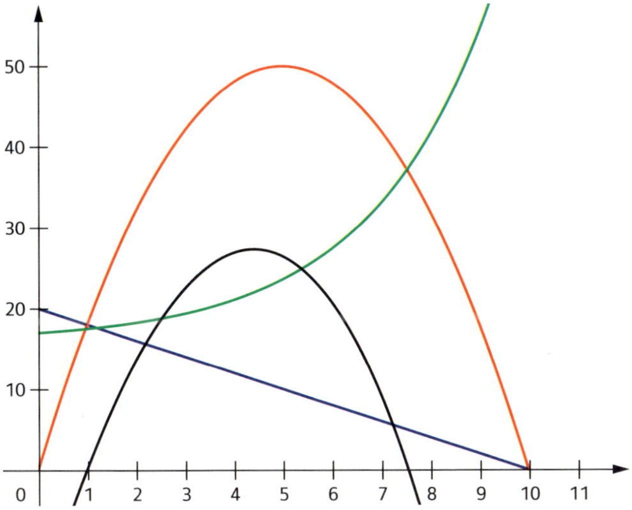


**13** Ein Monopolist stellt ein Produkt zu Kosten von $K(x) = 1{,}2^x + 4$ her. Die Marketingabteilung hat festgestellt dass bei einem Stückpreis von 4 GE/ME 2 ME verkauft werden und bei einem Preis von 2 GE/ME können 6 ME abgesetzt werden.

a) Stellen Sie die lineare Preis-Absatzfunktion auf.
b) Berechnen Sie das Gewinnmaximum und den cournotschen Punkt.

# 4 Integralrechnung

Bereits in der Antike beschäftigten sich Mathematiker wie Eudoxos von Knidos damit, Flächeninhalte mithilfe von einbeschriebenen oder überdeckenden Polygonen, also Vielecken, abzuschätzen. Mit diesem Vorläufer der Integralrechnung befassten sich im Mittelalter auch Gelehrte wie Bonaventura Cavalieri und Johannes Kepler.

Allerdings konnte bis dahin niemand eine Methode beschreiben, mit der sich widerspruchsfrei eine Verbindung zwischen der Integralrechnung und der Differenzialrechnung herstellen ließ. Dies gelang erst den beiden Universalgelehrten Isaac Newton und Gottfried Wilhelm Leibniz am Ende des 17. Jahrhunderts: Unabhängig voneinander legten beide die Grundlage für den heute als *Hauptsatz der Differenzial- und Integralrechnung* bekannten Fundamentalsatz der Analysis.

Die Anwendungsbereiche der Integralrechnung sind vielfältig: Sie kommt noch immer bei der Berechnung von krummlinigen Flächen zum Einsatz, wird aber zum Beispiel häufig auch in der Physik genutzt – zum Beispiel, um eine Wassermenge bei gegebener Durchflussrate pro Minute zu berechnen. In der Wirtschaft werden etwa kontinuierliche Wertströme durch Integrale zusammengefasst oder deren Mittelwert pro Zeiteinheit berechnet.

In diesem Kapitel soll zunächst der auf Leibniz zurückzuführende Begriff des Integrals definiert und als Flächenbilanz dargestellt werden. Im Anschluss daran werden Flächen unter Funktionsgraphen mithilfe der Unter- und Obersumme abgeschätzt. Wird die Breite der Rechtecke, die für die Unter- und Obersumme verwendet werden, so verringert, dass daraus eine Grenzwertbetrachtung wird, bei der die Rechteckbreite gegen Null strebt, kann das bestimmte Integral ermittelt werden. Auf der exemplarischen Grundlage einzelner bestimmter Integrale wird im darauffolgenden Unterkapitel ein funktionaler Zusammenhang zwischen der Differenzial- und der Integralrechnung hergestellt. Mit dieser grundlegenden Erkenntnis werden in den letzten Unterkapiteln unterschiedliche Anwendungsbereiche der Integralrechnung vorgestellt.

Nach dem Bearbeiten dieses Kapitels sind Sie in der Lage

- das bestimmte Integral als Flächenbilanz aufzufassen und abzuschätzen,
- sich mithilfe der Unter- und Obersumme an die Fläche unterhalb einer krummlinigen Kurve anzunähern,
- mit der Grenzwertbetrachtung zur Unter- und Obersumme das bestimmte Integral zu ermitteln,
- gesuchte Größen aus Anfangswerten und Änderungsraten mithilfe der Integralfunktion zu bestimmen,
- eine Stammfunktion von bekannten Funktionenklassen zu bilden,
- mithilfe des Hauptsatzes der Differenzial- und Integralrechnung den Zusammenhang zwischen der Integral- und Differenzialrechnung herzustellen,
- Flächeninhalte krummlinig begrenzter Flächen mithilfe der Integralrechnung zu berechnen und
- unterschiedliche Anwendungsbereiche der Integralrechnung zu kennen und diesbezüglich Problemstellungen mathematisch zu lösen.

## 4.1 Das Integral als Flächenbilanz

Greift man den Grundgedanken der Gelehrten Ende des 17. Jahrhunderts auf, so sollten sich krummlinige Flächen mithilfe einer vereinheitlichten Systematik widerspruchsfrei berechnen lassen. Diesem Gedanken folgte auch Leibniz, auf den sich die heutige Schreibweise des Integrals zurückführen lässt.

Formal versteht man unter **Integration** eine Rechenoperation, die einer Funktion entweder einen Zahlenwert oder eine Funktion zuordnet. Für letzteren Fall erhält man das unbestimmte Integral. Dies ist die Summe aller Stammfunktionen; der Begriff einer Stammfunktion wird ab Kapitel 4.2.2 erläutert.

Wird bei der Integration einer Funktion ein Zahlenwert zugeordnet, erhält man das bestimmte Integral, das zum Beispiel eine begrenzte Fläche sein kann. Die Abbildung zeigt etwa eine in einem Koordinatensystem eingegrenzte Grasfläche, die durch die $x$-Achse, die $y$-Achse und die krummlinige, rote Kurve begrenzt wird. Kann man diesem Graphen eine Funktion zuordnen, lässt sich durch das bestimmte Integral der Funktion in den Grenzen $x_1 = a$ und $x_2 = b$ der Flächeninhalt des Rasengrundstücks berechnen.

Zum besseren Verständnis und für eine einheitliche Schreibweise folgt nun eine Definition des bestimmten Integrals.

### Definition Das bestimmte Integral

Für eine auf $[a; b]$ definierte Funktion $f$ ordnet das bestimmte Integral

$$\int_a^b f(x)\,\mathrm{d}x$$

der Funktion $f$ einen Zahlenwert zu, den man als Summe der orientierten Flächen, d. h. es kann sowohl positive als auch negative Flächeninhalte geben, interpretieren kann. Das Integral wird durch den Graphen von $f$, durch die beiden senkrechten Grenzen $x_1 = a$ und $x_2 = b$ und durch die $x$-Achse eingeschlossen.

Die Funktion $f(x)$ wird als **Integrandenfunktion**, das Intervall $[a; b]$ als **Integrationsbereich** und die Variable $x$ als **Integrationsvariable** bezeichnet. Das Kürzel d$x$ hat keine mathematische Bedeutung; es deutet das Differenzial auf der $x$-Achse an.

Das bestimmte Integral kann auch eine andere Integrationsvariable haben. Dies macht insbesondere dann Sinn, wenn zeitliche Anwendungen betrachtet werden. Die Integrationsvariable $t$ (abgekürzt für *time*) würde zur folgenden Schreibweise führen:

$$\int_a^b f(t)\,\mathrm{d}t$$

Interpretiert man das Integralzeichen als langgezogenes $S$, so deutet das Integral auf die Summierung einzelner Werte hin, die sich aus schmalen Flächenstücken, bestimmt durch die Höhe und einer gegen Null strebenden (= infinitesimalen) Breite, ergeben.
Da die Höhe der Flächenstücke durch den Funktionswert von $f$ bestimmt wird, ist rechnerisch ein negatives bestimmtes Integral möglich. Mit dem bestimmten Integral wird der negative Anteil des bestimmten Integrals mit dem positiven Anteil verrechnet. Das Ergebnis des bestimmten Integrals ist dann weniger der tatsächlich eingeschlossene Flächeninhalt als vielmehr eine sogenannte Flächenbilanz, die im nun folgenden Unterkapitel an einem einfachen Beispiel in Form einer Lernsituation dargestellt wird.

### 4.1.1 Die Flächenbilanz am einfachen Beispiel

Ein bestimmtes Integral kann also sowohl negativ als auch positiv sein. Diese Tatsache führt zu dem geometrischen Problem, dass sich Flächen, die in der Integralrechnung unterschiedliche Vorzeichen haben, gegenseitig aufheben. Um dies zu vermeiden, unterscheidet man bei der sogenannten **Flächenbilanz** zwischen positiv und negativ orientierten Flächen. Zum besseren Verständnis soll die folgende Lernsituation den Sachverhalt verdeutlichen:

#### Lernsituation: Der tägliche Gewinn eines Pumpspeicherkraftwerks

Der rheinland-pfälzische Energieversorger MEV stellt Überlegungen an, die Stromversorgung der Bevölkerung bedarfsgerecht anzupassen. Dies ist notwendig, weil die produzierte Strommenge nicht immer mit der benötigten Menge übereinstimmt. Zu besonderen Zeiten, wie z. B. bei der Übertragung der Spiele der Fußballweltmeisterschaft, kann der Stromverbrauch höher sein als die produzierte Strommenge. Umgekehrt gibt es Zeiten, bei denen insbesondere durch die Nutzung erneuerbarer Energiequellen wie bei Windenergieanlagen mehr Strom produziert als verbraucht wird.

Eine Möglichkeit, Strom zu speichern, sieht die Unternehmensleitung in der Nutzung eines Pumpspeicherkraftwerks. Ein Pumpspeicherkraftwerk kann in Zeiten, in denen mehr Strom produziert als gebraucht wird, diesen überschüssigen Strom nutzen, um Wasser aus einem unteren Becken in ein höher liegendes Speicherbecken zu pumpen. Die Kosten für den Pumpstrom sind aufgrund der geringeren Netzbelastung häufig günstig.

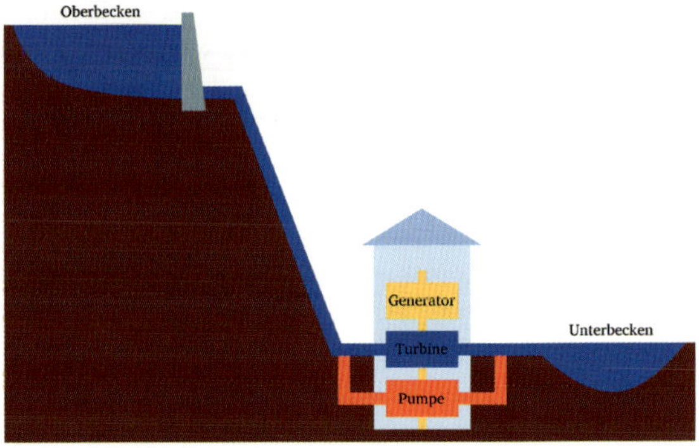


Wird von der Bevölkerung mehr Strom benötigt, lässt man das Wasser ablaufen. Das Wasser fließt dann durch ein Rohr nach unten und treibt dabei Turbinen an, die elektrische Energie erzeugen. Der so gewonnene Spitzenlast-Strom kann meist zu hohen Preisen verkauft werden. Die von der Geschäftsleitung in Auftrag gegebene Kosten-Nutzen-Analyse ergab nach ersten Hochrechnungen, dass die Hochleistungspumpen das vorhandene Wasser aus dem Unterbecken in etwa neun Stunden nach oben pumpen. Lässt man dann das Wasser ablaufen, entleert sich das obere Becken in rund 15 Stunden.

Die Abbildung gibt Aufschluss über die prognostizierten Pumpleistungen im Tagesverlauf:

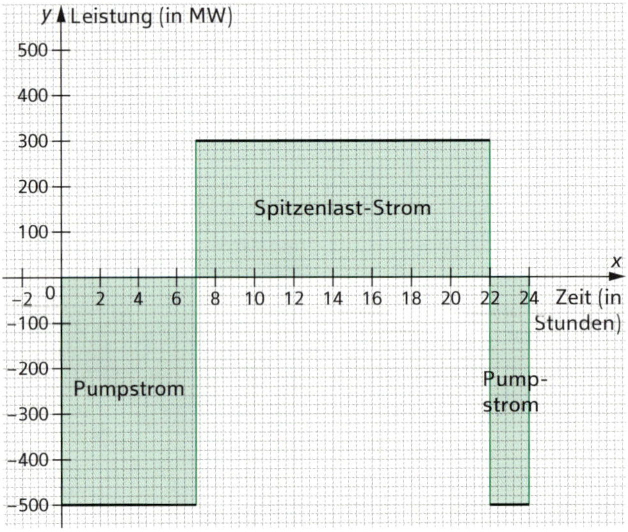


Für den Pumpstrom rechnet MEV mit einem durchschnittlichen Einkaufspreis von 29,00 € pro MWh. Der durch den Verkauf des Spitzenlast-Stroms erzielbare Erlös wird mit durchschnittlich 54,00 € pro MWh kalkuliert. Die restlichen täglichen Kosten beziffert MEV mit 100 000,00 €.

a) Bestimmen Sie den gesamten Spitzenlast-Strom in MWh an einem Tag. Nutzen Sie dabei die Integralschreibweise mit der Integrationsvariablen *t*.

b) Bestimmen Sie die Höhe des Pumpstroms zu Beginn des Tages und am Ende des Tages. Fassen Sie die beiden Ergebnisse mit der Integralschreibweise zusammen.

c) Bestimmen Sie $\int_0^{24} f(t)\,dt$ und interpretieren Sie Ihr Ergebnis im Sachzusammenhang.

d) Berechnen Sie den täglichen Gewinn von MEV, den das Unternehmen durch das Pumpspeicherkraftwerk erzielen würde.

## Lösungen

a) Der Spitzenlast-Strom wird laut Abbildung ab dem Zeitpunkt $t = 7$ bis zum Zeitpunkt $t = 22$ erwirtschaftet. Der Energieertrag lässt sich berechnen durch das bestimmte Integral

$$\int_{7}^{22} f(\mathrm{t})\,\mathrm{d}t = \int_{7}^{22} 300\,\mathrm{d}t = (22-7)\cdot 300\,\mathrm{MWh} = 4500\,\mathrm{MWh}.$$

b) Da laut Abbildung das Umschalten von Pumpstrom auf Spitzenlast-Strom im selben Moment geschieht, sollen hier die Zeitpunkte $t = 7$ und $t = 22$ beiden Stromarten zugerechnet werden.

Pumpstrom zu Beginn des Tages:

$$\int_{0}^{7} f(t)\,\mathrm{d}t = \int_{0}^{7} -500\,\mathrm{d}t = (7-0)\cdot(-500)\,\mathrm{MWh} = -3500\,\mathrm{MWh}$$

Pumpstrom am Ende des Tages:

$$\int_{22}^{24} f(t)\,\mathrm{d}t = \int_{22}^{24} -500\,\mathrm{d}t = (24-22)\cdot(-500)\,\mathrm{MWh} = -1000\,\mathrm{MWh}$$

Das Unternehmen muss für den Betrieb des Pumpspeicherkraftwerks pro Tag Energie in Höhe von 4500 MWh aufwenden.

c) Mit dem bestimmten Integral $\int_{0}^{24} f(t)\,\mathrm{d}t$ werden die Flächen unterhalb der $x$-Achse und oberhalb der $x$-Achse von $t = 0$ bis $t = 24$ vollständig verrechnet. Im Sachzusammenhang ist dies die Energiebilanz, die aufzeigt, wie viel Energie das Unternehmen täglich durch das Auf- und Abpumpen von Wasser gewinnt oder investieren muss. Im vorliegenden Fall ergibt sich:

$$\int_{0}^{24} f(t)\,\mathrm{d}t = \int_{0}^{7} f(t)\,\mathrm{d}t + \int_{7}^{22} f(t)\,\mathrm{d}t + \int_{22}^{24} f(t)\,\mathrm{d}t$$
$$= -3500\,\mathrm{MWh} + 4500\,\mathrm{MWh} - 1000\,\mathrm{MWh} = 0\,\mathrm{MWh}$$

Theoretisch wäre dieser Fall optimal, aber nicht wirklich realistisch. Durch Reibungsverluste u. Ä. ist die Energiebilanz eines Pumpspeicherkraftwerks eher negativ; der finanzielle Gewinn wird durch den Unterschied zwischen dem Preis des Pumpstroms und des Spitzenlast-Stroms erzielt.

d) Für die Berechnung des täglichen Gewinns muss aufgrund der unterschiedlichen Preise zwischen dem Pumpstrom und dem Spitzenlast-Strom unterschieden werden:

Der Preis für 1 MWh Pumpstrom beträgt durchschnittlich $29{,}00\,\frac{€}{\text{MWh}}$.

Entsprechend entstehen Stromkosten, die sich bestimmen lassen durch:

$$29\,\frac{€}{\text{MWh}} \cdot \int_0^7 f(t)\,dt + 29\,\frac{€}{\text{MWh}} \cdot \int_{22}^{24} f(t)\,dt$$

$$= 29\,\frac{€}{\text{MWh}} \cdot \left( \int_0^7 -500\,dt + \int_{22}^{24} -500\,dt \right)$$

$$= 29\,\frac{€}{\text{MWh}} \cdot (-3500 - 1000) = -130\,500\,€$$

Unter Berücksichtigung der Restkosten sind täglich
130 500,00 € + 100 000,00 € = 230 500,00 € vom Erlös abzuziehen.
Der Erlös wird durch den Verkauf des Spitzenlast-Stroms erzielt:

$$54\,\frac{€}{\text{MWh}} \cdot \int_7^{22} f(t)\,dt = 54\,\frac{€}{\text{MWh}} \cdot \int_7^{22} 300\,dt = 54\,\frac{€}{\text{MWh}} \cdot 4500\,\text{MWh} = 243\,000\,€$$

Der tägliche Gewinn beträgt somit
243 000,00 € – 230 500,00 € = 12 500,00 €.

Spätestens in Teilaufgabe c) der Lernsituation wird deutlich, dass das Ergebnis des bestimmten Integrals trotz geometrischer Herkunft sowohl positiv als auch negativ sein kann. Daher ist es also möglich, dass durch das bestimmte Integral in den gegebenen Grenzen nicht der Wert des gesamten abgebildeten Flächeninhalts berechnet wird, sondern die **Flächenbilanz**, die sich durch das gegenseitige Verrechnen der einzelnen Flächenstücke ergibt.

Dies macht in der Lernsituation auch Sinn, da abgesehen von den Kosten der Energieaufwand (Pumpstrom) mit dem Energieertrag (Spitzenlast-Strom) unter umweltfreundlichen Aspekten miteinander im Einklang stehen sollte.

### Definition: Orientierte Flächeninhalte und Flächenbilanz

Ist bei der Berechnung eines Flächenstücks das bestimmte Integral negativ, so spricht man von einem **negativ orientierten Flächeninhalt**.

Ist bei der Berechnung eines Flächenstücks das bestimmte Integral positiv, so spricht man von einem **positiv orientierten Flächeninhalt**.

Das bestimmte Integral ist eine **Flächenbilanz** von möglichen positiv und negativ orientierten Flächen.

Möchte man nun die Energiebilanz bis zu einem bestimmten Zeitpunkt berechnen, beispielsweise bis $t = 12$, könnten zum einen die beiden bestimmten Integrale $\int_0^7 f(t)\,dt$ und $\int_7^{12} f(t)\,dt$ getrennt bestimmt und anschließend unter Berücksichtigung der Vorzeichen verrechnet werden, zum anderen könnte auch direkt $\int_0^{12} f(t)\,dt$ bestimmt werden. Das bestimmte Integral von $t = 0$ bis $t = 12$ wird wie bei der Energiebilanz in der Lernsituation als Flächenbilanz verstanden.

Diese und eine weitere Rechenregel zur Integration sollen nun im folgenden Satz festgehalten werden:

## Satz

Für eine auf $[a; b]$ mit $a < c < b$, $k$ beliebig, definierte Funktion $f$ gilt:

$$\int_a^c f(x)\,dx + \int_c^b f(x)\,dx = \int_a^b f(x)\,dx$$

$$k \cdot \int_a^b f(x)\,dx = \int_a^b k \cdot f(x)\,dx$$

Der letzte Teil des Satzes kann mithilfe von Teilaufgabe d) der Lernsituation verdeutlicht werden. Möchte man für $t = 7$ bis $t = 22$ den erzielbaren Erlös des Pumpstroms bestimmen, so gibt es zwei Möglichkeiten der Berechnung:

Zum einen kann zunächst der Energieertrag in der Zeit durch das bestimmte Integral $\int_7^{22} f(t)\,dt$ bestimmt werden. Anschließend wird dann der Stromverkaufspreis mit dem Ergebnis multipliziert:

$$54\frac{€}{\text{MWh}} \cdot \int_7^{22} f(t)\,dt = 54\frac{€}{\text{MWh}} \cdot \int_7^{22} 300\,\text{MW}\,dt = 54\frac{€}{\text{MWh}} \cdot 4500\,\text{MWh} = 243\,000\,€$$

Das heißt, für den Zeitraum erwirtschaftet das Unternehmen einen Erlös in Höhe von 243 000,00 €.

Das gleiche Ergebnis erhält man, wenn für die Berechnung nicht der Energieertrag, der in der ursprünglichen Abbildung zu sehen ist, genutzt wird, sondern der erzielbare Erlös in Euro pro Stunde. Das Ergebnis ist

$$\int_7^{22} 54\frac{€}{\text{MWh}} \cdot 300\,\text{MW}\,dt = \int_7^{22} 16\,200\frac{€}{\text{h}}\,dt = 243\,000\,€,$$

da 15 Stunden lang ein stündlicher Erlös in Höhe von 16 200,00 € zu berücksichtigen ist.

## AUFGABEN

**1** Die Funktion $f$ zu den folgenden Graphen ist jeweils abschnittsweise auf dem Intervall $[a; b]$ definiert.

a) Bestimmen Sie jeweils den Wert des Integrals $\int_{-3}^{3} f(x)\,dx$.

b) Ermitteln Sie jeweils das bestimmte Integral $\int_{a}^{b} f(x)\,dx$.

c) Bestimmen Sie jeweils den Inhalt der gefärbten Flächen. Schreiben Sie dazu die bestimmten Integrale geordnet nach negativ und positiv orientierten Flächen auf.

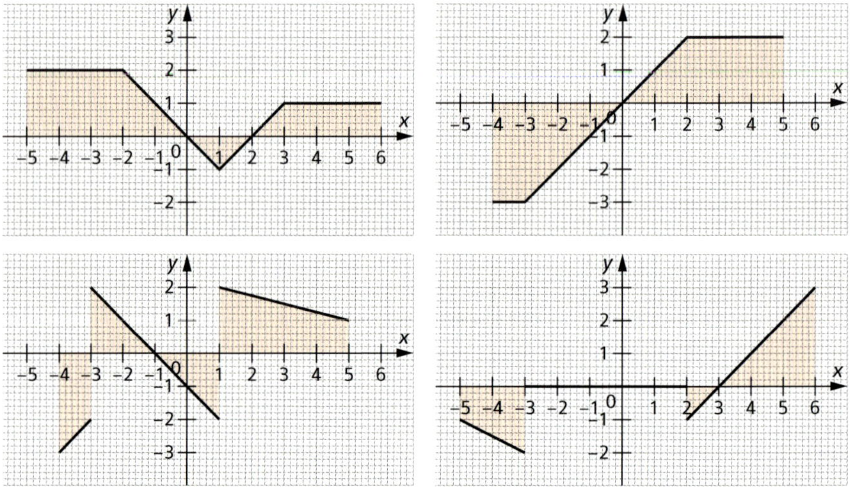


**2** In den Abbildungen ist jeweils der Graph einer auf $[-2; 2]$ definierten Funktion $f$ zu sehen. Entscheiden Sie, ob das bestimmte Integral $\int_{-2}^{2} f(x)\,dx$ positiv, negativ oder 0 ist.

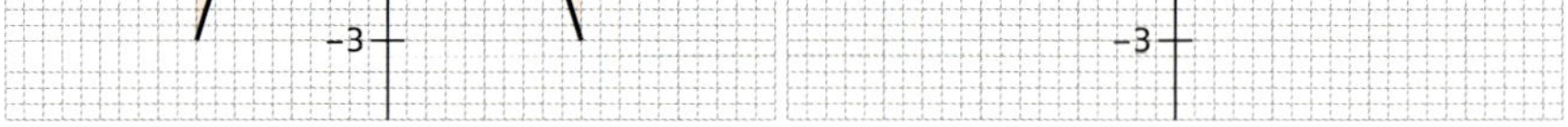

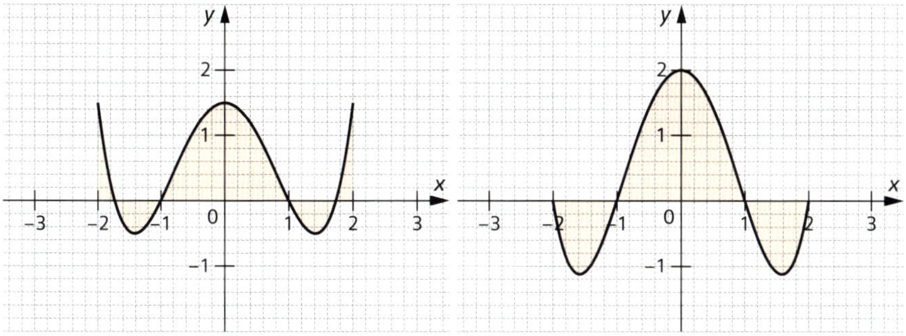


**3** Der Fahrtenschreiber eines Lkw zeigt einen Ausschnitt des abgebildeten Geschwindigkeits-Zeit-Diagramms an. Ab 12:00 Uhr reduzierte der Fahrer die Geschwindigkeit innerhalb von zwei Minuten gleichmäßig von 90 km/h auf 30 km/h, da er auf eine Baustelle zufuhr. Diese konnte er nach acht Minuten bzw. um 12:10 Uhr wieder verlassen.

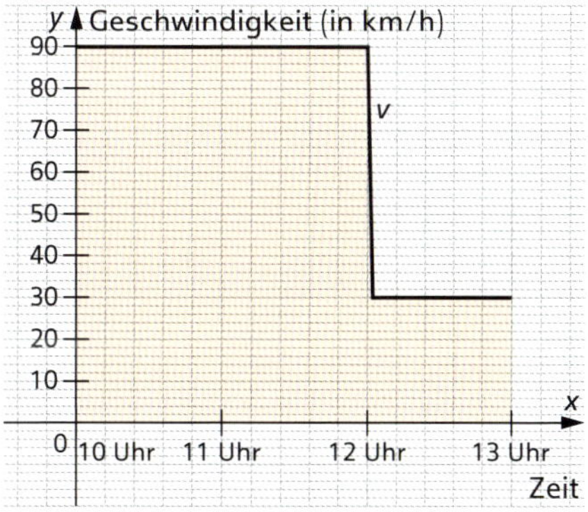


a) Bestimmen Sie die Strecke, die der Fahrer mit seinem Lkw von 10:00 Uhr bis 12:00 Uhr zurückgelegt hat. Notieren Sie dazu das bestimmte Integral mit der Integrationsvariablen $t$ ($t = 10$ entspricht einer Uhrzeit von 10:00 Uhr).

b) Bestimmen Sie die Strecke, die der Fahrer während der Geschwindigkeitsverzögerung zurückgelegt hat. Schreiben Sie auch hier die Lösung in Integralschreibweise.

c) Ermitteln Sie $\int_{12\frac{1}{30}}^{12\frac{1}{6}} v(t)\,dt$ und interpretieren Sie Ihr Ergebnis im Sachzusammenhang.

**4.** Der Wasserverbrauch eines durchschnittlichen Haushaltes liegt bei ca. 123 Litern pro Person und Tag. Zeichnen Sie für 24 Stunden einen realistischen Funktionsgraphen, der in Abhängigkeit von der Zeit (in Stunden) die verbrauchte Wassermenge (in Liter pro Stunde) angibt.

**5** Die Meyer GmbH hat in ihrem Hochregallager zur Automatisierung der Ein- und Auslagerung ein Regalbediengerät installiert. Täglich fährt das Gerät die einzelnen Lagerplätze ab und lagert entweder Ware ein oder aus. Auf diese Weise wurde die benötigte Zeit gegenüber der manuellen Lagerarbeit erheblich gesenkt. Außerdem können mit einer Fahrt des Geräts mehrere Auslagerungen bzw. Einlagerungen durchgeführt werden, ohne dass das Gefährt zum Ausgangspunkt zurückkehren muss.

Regelmäßig muss das Regalbediengerät gewartet werden, um die Sicherheit und eine geringe Fehlerquote zu garantieren. Bevor das Bediengerät vordefinierte Teststrecken abfährt, muss es zuerst auf den sogenannten Checkpoint gesetzt werden. Über eine App kann der verantwortliche Mitarbeiter sich zudem die verschiedenen Parameter des Bediengeräts, wie z. B. die Geschwindigkeit zu einem beliebigen Zeitpunkt, anzeigen lassen. In der App ist dabei die Vorwärtsrichtung des Bediengeräts mit einer positiven Geschwindigkeit in Meter pro Sekunde (m/s) und die Rückwärtsrichtung mit einer negativen Geschwindigkeit (in m/s) versehen.

Ein beispielhafter Auszug aus der App zeigt einen Verlauf, bei dem das Bediengerät zum Zeitpunkt $t = 0$ vom Checkpoint gestartet ist.

a) Berechnen Sie, wie weit das Bediengerät zum Zeitpunkt $t = 27$ Sekunden vom Checkpoint entfernt ist.
b) Beurteilen Sie, ob das Bediengerät zum Zeitpunkt $t = 33$ Sekunden hätte inspiziert werden können.
c) Bestimmen Sie die Mindestlänge des Ganges, den das Bediengerät auf- und abfährt.

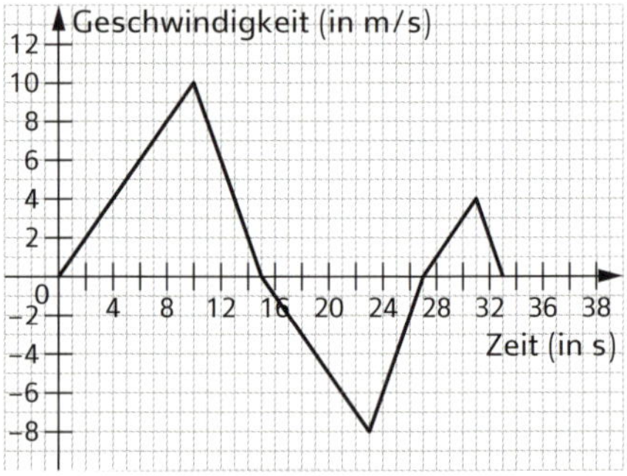


## 4.1.2 Abschätzung einer Flächenbilanz mit der Unter- und Obersumme

In der Lernsituation im letzten Unterkapitel war die Ausgangssituation recht einfach gehalten: Sowohl der Stromaufwand als auch der Stromertrag pro Zeiteinheit waren jeweils konstant, die Graphen verliefen waagerecht zur $x$-Achse. Wie lässt sich aber das bestimmte Integral bei krummlinigen Funktionsgraphen bestimmen? In diesem Unterkapitel soll es zunächst um das Abschätzen mithilfe mathematischer Verfahren gehen. Die konkrete Berechnung wird dann in Kapitel 4.2.1 umgesetzt.

## Lernsituation: Bessere Abschätzung des Energieertrags bei MEV

Der Energieversorger MEV möchte in der nächsten Planungsphase des Pumpspeicherkraftwerks den ersten Hochrechnungen genauere Zahlen und Fakten folgen lassen. Sophie Simon ist die Projektverantwortliche. Ihr ist klar, dass die Generatoren, die durch die Turbinen angetrieben werden, eine Anlaufzeit für die Stromerzeugung brauchen. Zudem vermutet sie, dass sich der Druck des Wassers auf die Turbinen ändert, wenn sich das obere Wasserbecken leert. In der Folge gäbe es unterschiedliche Stromerträge zu unterschiedlichen Zeitpunkten.

Nach einer längeren Analyse kann Frau Simon der Geschäftsleitung genauere Daten zum Energieertrag in Form von Kurvenverläufen präsentieren:

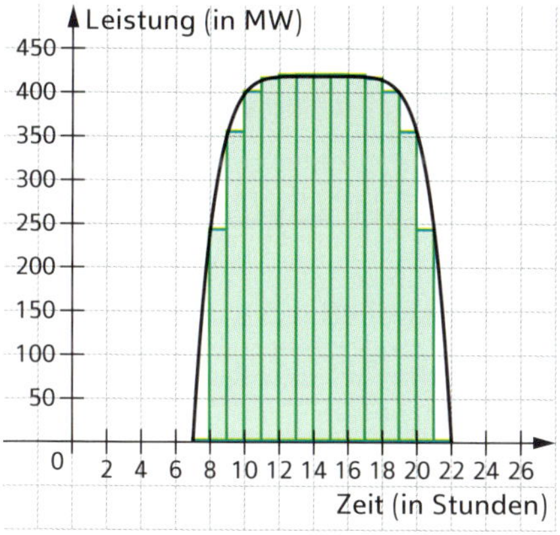


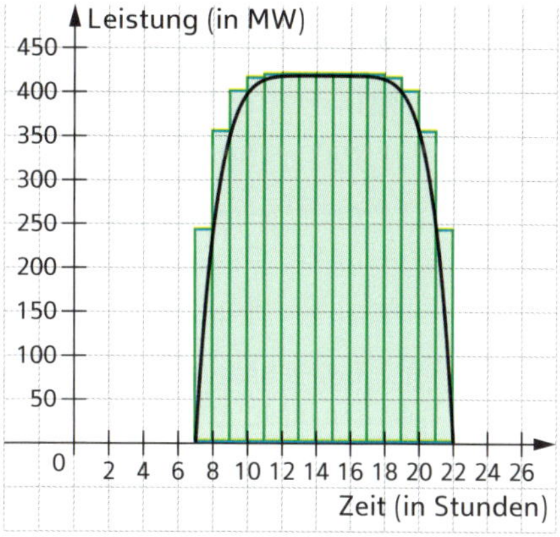


Zur Verdeutlichung des gesamten Stromertrags im dargestellten Zeitraum hat Frau Simon viele schmale Rechtecke in die beiden Abbildungen eingezeichnet. In der linken Abbildung zeichnete sie die schmalen Flächeninhalte so ein, dass bei maximaler Ausnutzung der Rechteckhöhe die Flächen unterhalb der Kurve bleiben. In der rechten Abbildung hingegen sollten bei jeweils niedrigster Rechteckhöhe die Flächeninhalte die Kurve vollständig überdecken.

a) Schätzen Sie den Stromertrag in MWh im Zeitraum von $t = 7$ bis $t = 22$ mithilfe der linken Abbildung ab.

b) Schätzen Sie den Stromertrag in MWh im Zeitraum von $t = 7$ bis $t = 22$ mithilfe der rechten Abbildung ab.

c) Begründen Sie, warum es hier falsch ist, den (arithmetischen) Mittelwert zu bestimmen. Geben Sie dann für die Geschäftsleitung einen geschätzten Wert für den Stromertrag in MWh im Zeitraum von $t = 7$ bis $t = 22$ an.

d) Machen Sie einen Vorschlag zur präziseren Bestimmung des gesamten Stromertrags im genannten Zeitraum.

## Lösungen

a) Der Stromertrag von MEV ist für den Zeitraum von $t = 7$ bis $t = 22$ in 15 Rechtecke unterhalb eines Funktionsgraphen eingeteilt, deren Breiten jeweils eine Stunde des Stromertrags repräsentieren. Die abzuschätzenden Höhen ergeben sich aus dem jeweils kleinsten Funktionswert in einem Teilintervall.

Die zum Graphen gehörende Funktion wird mit $f$ bezeichnet. Berechnet man die Flächeninhalte der einzelnen Rechtecke und summiert diese auf, erhält man einen Wert, von dem man weiß, dass dieser höchstens so groß ist wie der tatsächliche Stromertrag in dem Zeitraum.

Für die kleinsten Rechteckhöhen in dem jeweiligen Teilintervall, die man mithilfe der Kästchen abschätzen kann, ergibt sich:

Für [7; 8] ist die Rechteckhöhe $f(7) \approx 0$; Rechteckfläche $= 1 \cdot 0 = 0$ MWh,

für [8; 9] ist die Rechteckhöhe $f(8) \approx 240$; Rechteckfläche $= 1 \cdot 240 = 240$ MWh,

für [9; 10] ist die Rechteckhöhe $f(9) \approx 353$; Rechteckfläche $= 1 \cdot 353 = 353$ MWh,

für [10; 11] ist die Rechteckhöhe $f(10) \approx 399$; Rechteckfläche $= 1 \cdot 399 = 399$ MWh,

für [11; 12] ist die Rechteckhöhe $f(11) \approx 415$; Rechteckfläche $= 1 \cdot 415 = 415$ MWh,

für [12; 13] ist die Rechteckhöhe $f(12) \approx 418$; Rechteckfläche $= 1 \cdot 418 = 418$ MWh,

für [13; 14] ist die Rechteckhöhe $f(13) \approx 419$; Rechteckfläche $= 1 \cdot 419 = 419$ MWh und

für [14; 15] ist die Rechteckhöhe $f(14) \approx 420$; Rechteckfläche $= 1 \cdot 420 = 420$ MWh.

Bei genauerer Betrachtung der Rechtecke fällt auf, dass die Höhen im Intervall [7; 14] in umgekehrter Reihenfolge denen entsprechen, die im Intervall [15; 22] liegen. Die Summe des Mindeststromertrags im Intervall [7; 14] – es sind 2244 MWh – lässt sich somit auch auf das Intervall [15; 22] übertragen. Nun muss noch der Stromertrag für das Intervall [14; 15] berücksichtigt werden. Der tatsächliche Stromertrag durch den Verkauf von Spitzenlast-Strom, den MEV erwirtschaften kann, ist mindestens so hoch wie:

$$\overbrace{2244\,\text{MWh}}^{\text{für } [7;\,14]} + \overbrace{420\,\text{MWh}}^{\text{für } [14;\,15]} + \overbrace{2244\,\text{MWh}}^{\text{für } [15;\,22]} = 4908\,\text{MWh}$$

In diesem Sachverhalt ist der Stromertrag tatsächlich höher, da die kleinen weißen Flächen zwischen den Rechtecken und dem Graphen von $f$ vernachlässigt wurden.

b) Liest man auch hier die Rechteckhöhen mithilfe der Kästchen ab, erhält man für folgende Intervalle die abgeschätzten Höhen, indem jeweils die geringsten Höhen für eine Überdeckung des Funktionsgraphen ermittelt werden:

Für [7; 8] ist die Rechteckhöhe $f(8) \approx 240$; Rechteckfläche $= 1 \cdot 240 = 240$ MWh,

für [8; 9] ist die Rechteckhöhe $f(9) \approx 353$; Rechteckfläche $= 1 \cdot 353 = 353$ MWh,

für [9; 10] ist die Rechteckhöhe $f(10) \approx 399$; Rechteckfläche $= 1 \cdot 399 = 399$ MWh,

für [10; 11] ist die Rechteckhöhe $f(11) \approx 415$; Rechteckfläche $= 1 \cdot 415 = 415$ MWh,

für [11; 12] ist die Rechteckhöhe $f(12) \approx 419$; Rechteckfläche $= 1 \cdot 418 = 418$ MWh, für [12; 13] ist die Rechteckhöhe $f(13) \approx 419$; Rechteckfläche $= 1 \cdot 419 = 419\,\text{MWh}$,

für [13; 14] ist die Rechteckhöhe $f(14) \approx 420$; Rechteckfläche $= 1 \cdot 420 = 420\,\text{MWh}$ und
für [14; 15] ist die Rechteckhöhe $f(14) \approx 420$; Rechteckfläche $= 1 \cdot 420 = 420\,\text{MWh}$.

Aufgrund der in Teilaufgabe b) beschriebenen Symmetrieeigenschaft lässt sich die Berechnung für den Wert auch hier vereinfachen:

$$\overbrace{2664\,\text{MWh}}^{\text{für } [7;\,14]} + \overbrace{420\,\text{MWh}}^{\text{für } [14;\,15]} + \overbrace{2664\,\text{MWh}}^{\text{für } [15;\,22]} = 5748\,\text{MWh}$$

Der tatsächliche Stromertrag kann höchstens einen Wert von 5748 MWh annehmen. Dieser wird aber hier nicht erreicht, da kleine überstehende Reste der Rechtecke über dem Graphen von $f$ zu viel berücksichtigt wurden.

c) Würde man beispielhaft ein Rechteck nach dem Prinzip der linken Abbildung und eines nach dem Prinzip der rechten Abbildung nehmen, so wäre das arithmetische Mittel als Trapezfläche zu interpretieren.

Für den Sachverhalt wird dies beispielhaft für das Teilintervall [9; 10] mithilfe der nebenstehenden Abbildung verdeutlicht.

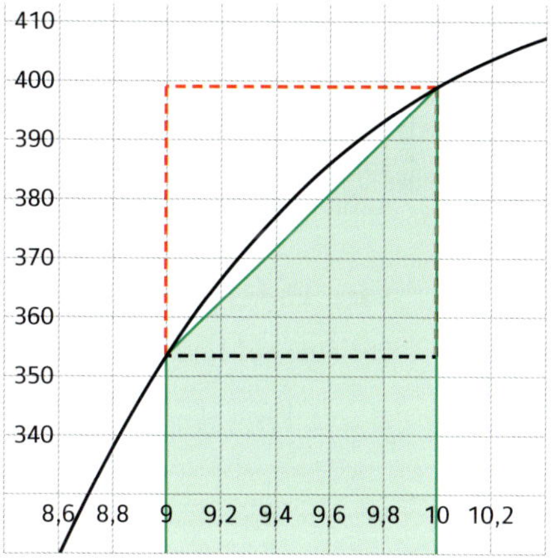


In Teilaufgabe a) wurde im Intervall [9; 10] ein Rechteck bestimmt, dessen Höhe durch die schwarz gestrichelte Linie begrenzt wurde. In Teilaufgabe b) wurde das rot-schwarz umrahmte Quadrat zusätzlich zur in a) berechneten Fläche berücksichtigt. Werden beide Flächeninhalte gemittelt, erhält man den Inhalt des grün gefärbten Trapezes. Auf diese Weise würde man das weiße Flächenstück, das in [9; 10] zwischen Funktionsgraph und Trapez liegt, für die eigentlich abzuschätzende Fläche vernachlässigen. Der arithmetische Mittelwert wäre in diesem Fall geringer als der tatsächlich zu erwartende Stromertrag.

Möchte man nun den gesamten Spitzenlast-Strom zwischen $t = 7$ und $t = 22$ abschätzen, so sollte dieser ein wenig größer sein als der arithmetische Mittelwert:

$$\varnothing\ \text{Strom} = \frac{4908\,\text{MWh} + 5748\,\text{MWh}}{2} = 5328\,\text{MWh}$$

Eine verhältnismäßig gute Abschätzung könnte ein Stromertrag in Höhe von 5400 MWh sein; mit diesem Wert wird das Verhältnis zwischen vernachlässigter (weißer) Fläche und Trapezfläche relativ gut berücksichtigt.

d) Damit der tatsächliche Stromertrag zwischen $t = 7$ und $t = 22$ genauer abgeschätzt werden kann, müsste man die Rechteckbreiten schmaler machen. Für den Sachverhalt müsste der Stromertrag dann nicht im Stundentakt abgegrenzt werden, sondern beispielsweise im Minuten- oder Sekundentakt.

Die unterschiedlichen Vorgehensweisen, die in den Teilaufgaben a) und b) der Lernsituation vorgestellt wurden, führen bei einer auf $[a; b]$ definierten Funktion $f$ dazu, dass man das bestimmte Integral $\int_a^b f(x)\,\mathrm{d}x$ eingrenzen kann. Für weitere Überlegungen werden die in den ersten beiden Abbildungen der Lernsituation dargestellten Verfahren zunächst einmal definiert:

## Definition Unter- und Obersumme

Die **Untersumme** $U_n(f)$ einer Funktion $f$ in einem Intervall $[a; b]$ ist die Summe aller nebeneinander gereihten $n$ Rechteckflächen, die auf dem Intervall $[a; b]$ aufgeteilt sind und alle unterhalb der Kurve von $f$ die jeweils maximale Höhe annehmen.

Die **Obersumme** $O_n(f)$ einer Funktion $f$ in einem Intervall $[a; b]$ ist die Summe aller nebeneinander gereihten $n$ Rechteckflächen, die auf dem Intervall $[a; b]$ aufgeteilt sind und alle oberhalb der Kurve von $f$ die jeweils minimale Höhe annehmen.

Das bestimmte Integral auf einem gegebenen Intervall liegt immer zwischen der entsprechenden Unter- und Obersumme, unabhängig davon, wie das gegebene Intervall aufgeteilt wird. Der folgende Satz hält diesen Sachverhalt fest:

### Satz: Einschachtelung durch die Unter- und Obersumme

Für eine auf $[a; b]$ definierte Funktion $f$ und $n \in \mathbb{N}$ gilt:

$$U_n(f) \leq \int_a^b f(x)\,\mathrm{d}x \leq O_n(f)$$

Wie in Teilaufgabe d) der Lernsituation bereits beispielhaft verdeutlicht wurde, lässt sich bei größer werdendem $n \in \mathbb{N}$, d. h. bei gleichmäßiger Aufteilung werden die Rechteckbreiten immer schmaler, das bestimmte Integral immer genauer eingrenzen. Die Berechnung des exakten Wertes des bestimmten Integrals ist Gegenstand des nächsten Unterkapitels.

## AUFGABEN

**1** In jeder Teilaufgabe zeigen jeweils die linke und die rechte Abbildung den gleichen, in schwarz eingezeichneten Graphen der Funktion $f$. Bestimmen Sie jeweils die Unter- sowie die Obersumme und verwenden Sie dafür die definierte Schreibweise. Schätzen Sie die durch den Funktionsgraphen, die $x$-Achse und gegebenenfalls durch $x = a$ und $x = b$ begrenzte krummlinige Fläche ab.

a)

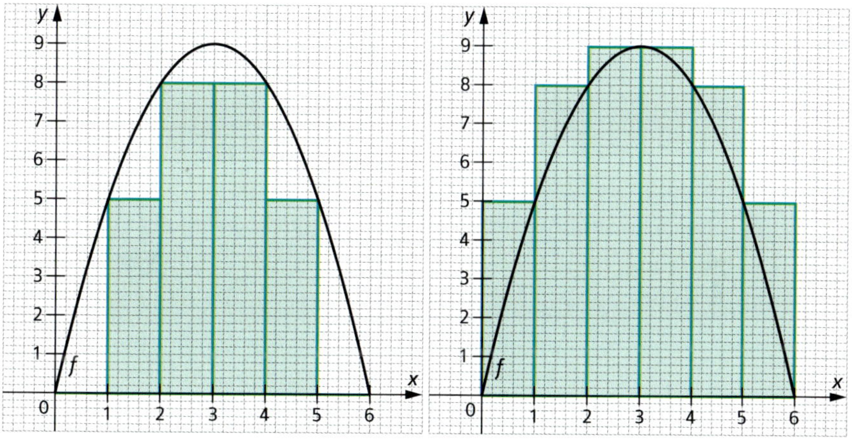


b)

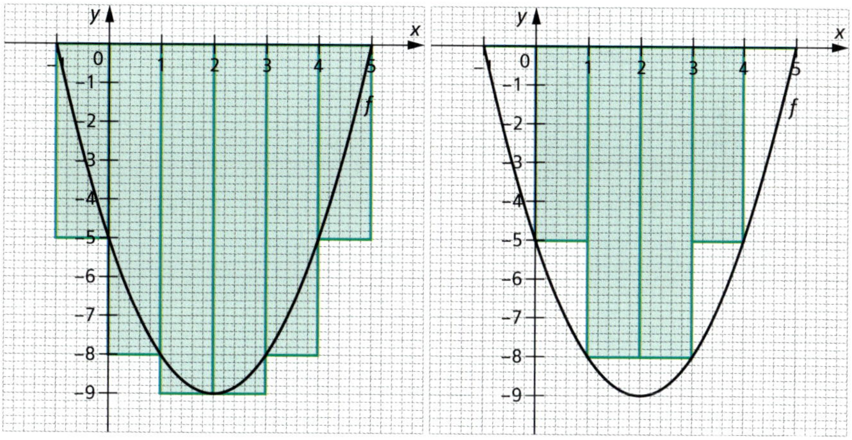

c)

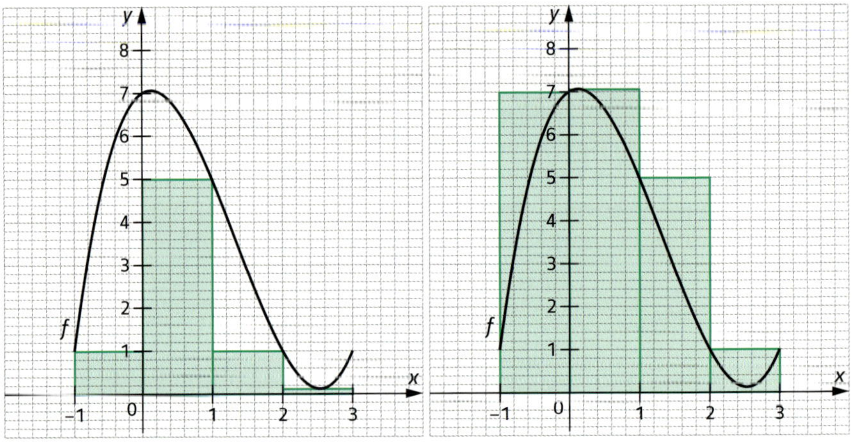


**2** Berechnen Sie die Untersumme $U_4(f)$ und die Obersumme $O_4(f)$ der Funktion $f$ im jeweiligen Intervall.

a)

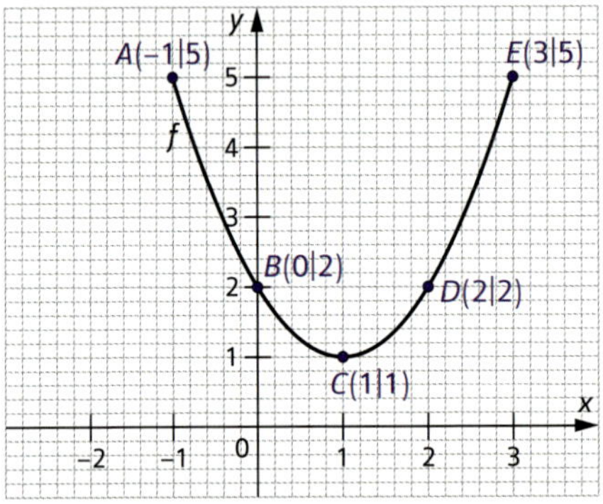


b)

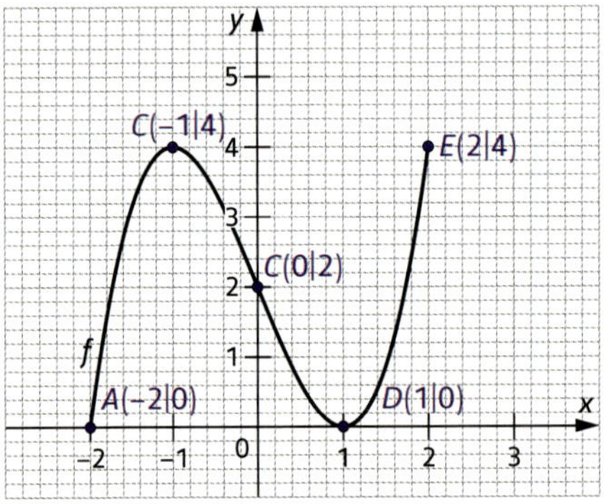

**3** Herr Weber hat einen außergewöhnlich schönen Garten. Er ist davon überzeugt, dass er seine üppige Blütenpracht dem Regenwasser zu verdanken hat, das er mithilfe einer Wasserpumpe aus seiner zwei Meter tief gelegenen Zisterne pumpt. Allerdings ist Herr Weber mittlerweile nicht mehr zufrieden mit der angeschafften Wasserpumpe. Er hat das Gefühl, dass der Werbespruch *„Mit dieser Pumpe wird innerhalb der ersten acht Sekunden bis zehn Meter Pumphöhe mindestens 30 dm³ (≙ 30 Liter) Wasser gefördert“* nicht mehr zutrifft. Eine von ihm durchgeführte Messung zur Leistung seiner Gartenpumpe soll Klarheit schaffen. Die Messergebnisse sind der linken Abbildung zu entnehmen.

Beurteilen Sie, ob der Werbespruch für die Pumpe von Herrn Weber noch zutrifft. Berechnen Sie dazu die Unter- und die Obersumme von $f$, indem Sie die Messwerte im Sekundentakt aufteilen.

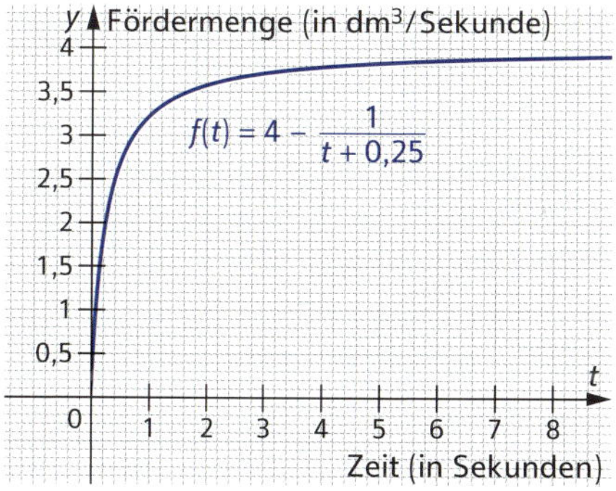

**4** Das Unternehmen BestToys verkauft Spielgeräte für den Garten ausschließlich über das Internet. Der Onlinehandel bietet für BestToys nicht nur einen Kostenvorteil gegenüber dem herkömmlichen Handel, sondern auch den bestmöglichen Informationsfluss. Daher kann das Unternehmen schnell auf Änderungen der Marktgegebenheiten reagieren. So konnte beispielsweise fünf Tage nach der Markteinführung des Produkts Spielturm2020 schnell eine größere Menge nachgeordert werden, da man den Verlauf der täglichen Erlöse (in Euro pro Tag) bis $t = 5$ in Echtzeit erfassen konnte. In der Abbildung ist der tägliche Erlös (in Euro pro Tag) in Abhängigkeit von der Zeit als Funktionsgraph dargestellt.

Schätzen Sie für jeden Tagesabschluss den bis dahin seit Markteinführung erzielten Gesamterlös für Spielturm2020 mithilfe der Untersumme und der Obersumme. Geben Sie danach für die jeweiligen Zeiträume eine Abschätzung für den eigentlichen Gesamterlös ab.

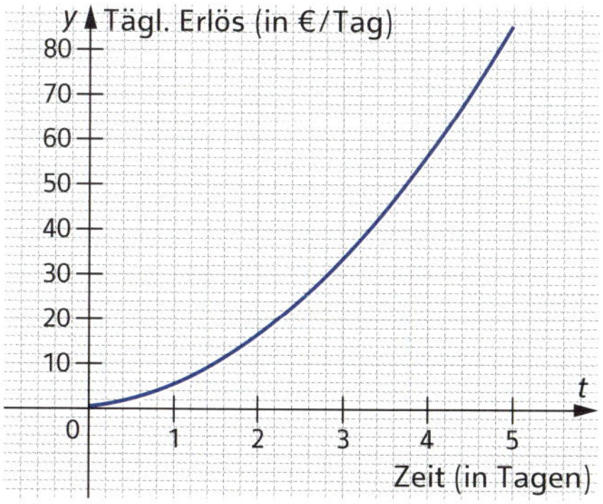

# 4.2 Der Hauptsatz der Differenzial- und Integralrechnung und seine Anwendung

Während in Kapitel 4.1 das bestimmte Integral durch grobe Rechnungen abgeschätzt wurde, wird in diesem Unterkapitel gezeigt, wie das bestimmte Integral mit Näherungsverfahren so eingegrenzt werden kann, dass man seinen exakten Wert erhält. Zudem soll ein funktionaler Zusammenhang hergestellt werden zwischen der Funktion, deren Graph die Fläche begrenzt, und der Funktion, die bei festgelegter Untergrenze $a$ jeder beliebigen Obergrenze $x$ einen positiv- oder negativ-orientierten Flächeninhalt zuordnet.

Mithilfe dieses funktionalen Zusammenhangs kann dann der Fundamentalsatz der Analysis hergeleitet werden: der Hauptsatz der Differenzial- und Integralrechnung.

Anschließende Anwendungen zeigen die facettenreichen Möglichkeiten, wie die Integralrechnung auf unterschiedliche Arten zur Anwendung kommen kann.

## 4.2.1 Das bestimmte Integral als Grenzwert einer Summe von Teilflächen

Für die exakte Bestimmung des bestimmten Integrals einer Funktion gibt es unterschiedliche Näherungsverfahren:

Bei der **Sehnentrapezregel** wird die Fläche, die unterhalb der Kurve einer Funktion liegt, durch eine oder mehrere Trapezflächen angenähert. Soll etwa wie in der folgenden Abbildung auf dem Intervall $[a; b]$ die Fläche unterhalb einer Funktion $f$ angenähert werden, so kann dies durch eine Trapezfläche erfolgen, die die Eckpunkte $(a|0)$, $(b|0)$, $(a|f(a))$ und $(b|f(b))$ besitzt.

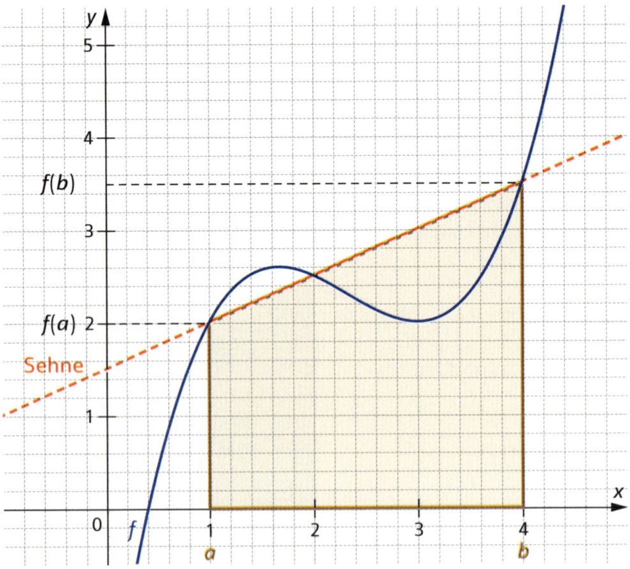


Abbildung 1: Sehnentrapezregel

Bei der **Tangententrapezregel** wird eine krummlinige Fläche ebenfalls durch eine oder mehrere Trapezflächen angenähert. Diese werden jedoch konstruiert – anders als bei der Sehnentrapezregel. Geht man wieder beispielhaft von einer Fläche aus, die unterhalb von einem Graphen einer Funktion $f$ von $x = a$ bis $x = b$ angenähert werden soll, so wird ein Punkt M auf dem Graphen von $f$ bestimmt, dessen Abszissenwert exakt in der Mitte des Intervalls $[a; b]$ liegt (siehe Abbildung). Die Annäherung der krummlinigen Fläche erfolgt nun durch das Trapez, das nach oben durch die Tangente im Punkt M am Graphen von $f$ begrenzt wird.

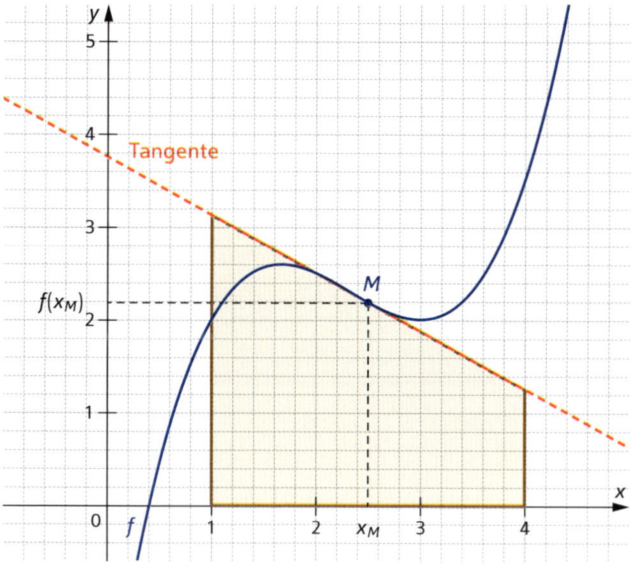


Abbildung 2: Tangententrapezregel

Ein weiteres, häufig verwendetes Verfahren für die Ermittlung des bestimmten Integrals ist das der **Einteilung in Ober- und Untersumme**, wie es in Kapitel 4.1 beschrieben wurde. Dieses Vorgehen wird auch Streifenmethode genannt: Dabei werden Rechtecke so eingeschrieben, dass die Rechteckhöhe sich entweder am kleinsten Funktionswert oder am größten Funktionswert im jeweiligen Teilintervall orientiert. Erhöht man die Anzahl der Rechtecke, die bei gleicher Einteilung folglich immer schmaler werden, nähert man sich an das bestimmte Integral als Grenzwert einer Summe von Teilflächen an.

In Kapitel 4.1 ist bereits eine Definition der Unter- und Obersumme erfolgt. Dies war jedoch eine eher verbale Erläuterung. Die nun folgende Definition soll das Verfahren mathematisch präzise beschreiben.

## Definition

Sei das Intervall $[a; b]$ in $n$ gleiche Teile aufgeteilt. Die sich ergebenden gleich großen Teilintervalle seien $I_1, I_2, \dots, I_n$.

Dann gilt für die **Untersumme $U_n(f)$** einer auf $[a; b]$ definierten Funktion $f$:

$$U_n(f) = \underbrace{\frac{b-a}{n}}_{\text{Rechteckbreite}} \cdot \underbrace{\left(\min_{x \in I_1} f(x) + \min_{x \in I_2} f(x) + \dots + \min_{x \in I_n} f(x)\right)}_{\text{Rechteckhöhen}}$$

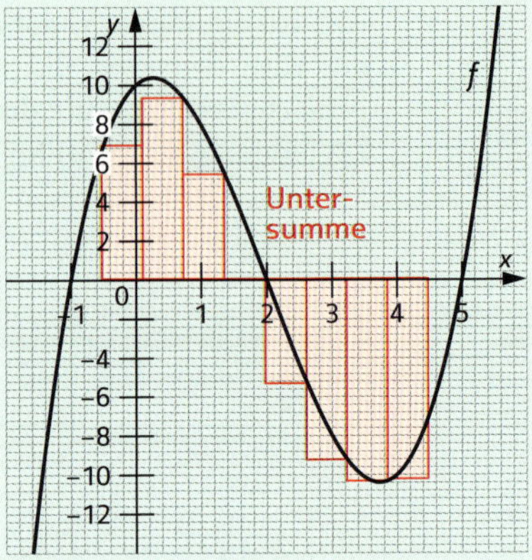


Zur Verdeutlichung: Der Ausdruck $\min_{x \in I} f(x)$ liefert den kleinsten Funktionswert von $f$ für alle Abszissenwerte $x$, die im Intervall $I$ liegen.

Für die **Obersumme $O_n(f)$** einer auf $[a; b]$ definierten Funktion $f$ gilt:

$$O_n(f) = \frac{b-a}{n} \cdot \left(\max_{x \in I_1} f(x) + \max_{x \in I_2} f(x) + \dots + \max_{x \in I_n} f(x)\right)$$

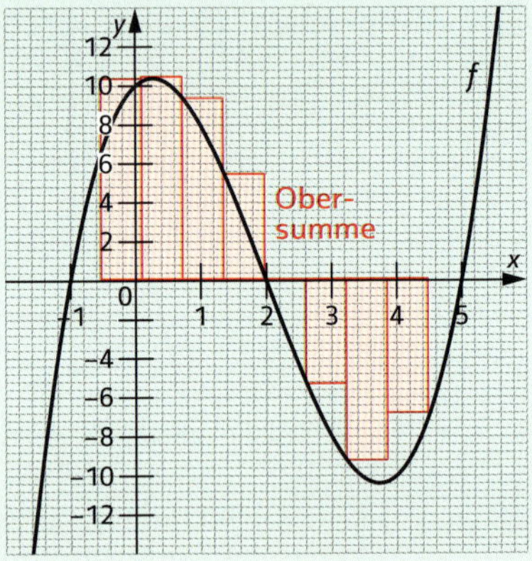


Die Definition der Untersumme bedeutet, dass in den jeweiligen Teilintervallen von $[a; b]$ die Rechteckhöhe durch das Minimum der Funktion $f$ auf dem betrachteten Intervall bestimmt wird. Analog gilt für die Obersumme, dass die Rechteckhöhe durch das Maximum der Funktion fauf dem untersuchten Teilintervall ermittelt wird.
Die folgende Lernsituation verdeutlicht diesen Sachverhalt.

## Lernsituation: Pumpleistung einer einzelnen Pumpe

Der Energieversorger MEV geht bei der Errichtung des Pumpspeicherkraftwerks nun in die dritte Planungsphase. Dabei beschäftigt sich die Projektverantwortliche Sophie Simon zusammen mit ihrer Kollegin mit der Auswahl der richtigen Pumpen, die das Wasser nach der Stromerzeugung wieder nach oben pumpen sollen. Der aktuelle Favorit von Frau Simon ist die Pumpe Orex. Diese Pumpe benötigt drei Minuten, um ihre Pumphöchstleistung von 2700 m³ Wasser pro Minute $\left(\hat{=}\, 45\,000\,\frac{\text{l}}{\text{s}}\right)$ zu erreichen.

Die Pumpleistung pro Minute während des Hochfahrens wird in der Abbildung durch den Funktionsgraph von $f$ mit $f(t) = 3t^2$ dargestellt (Ordinatenwerte in 100 m³). Die Variable $t$ steht auch hier für *time*.

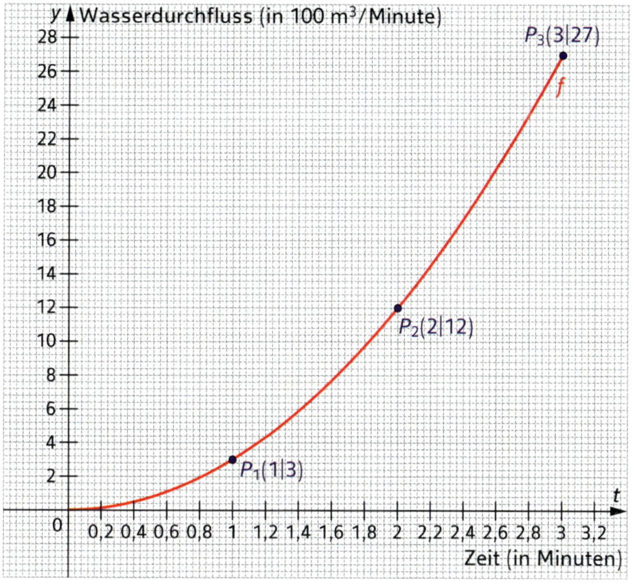


Es soll nun abgeschätzt werden, wie viel Kubikmeter Wasser die Pumpe Orex innerhalb der ersten drei Minuten insgesamt hochpumpen kann.

a) Berechnen Sie die Untersumme $U_3(f)$ und die Obersumme $O_3(f)$ von $f$ für das Intervall [0; 3].

b) Berechnen Sie die Untersumme $U_{12}(f)$ und die Obersumme $O_{12}(f)$ von $f$ für das Intervall [0; 3].

c) Berechnen Sie die Untersumme $U_{300}(f)$ und die Obersumme $O_{300}(f)$ von $f$ für das Intervall [0; 3].

d) Schätzen Sie das bestimmte Integral $\int_0^3 f(t)\,dt$ ab und interpretieren Sie Ihr Ergebnis im Sachzusammenhang.

## Lösungen

a) Laut Definition gilt für die **Untersumme** $U_3(f)$ auf $[a; b]$:

$$U_3(f) = \frac{3-0}{3} \cdot \min_{t \in [0;\,1]} f(t) + \min_{t \in [1;\,2]} f(t) + \min_{t \in [2;\,3]} f(t)$$

$$= \underbrace{1}_{\text{Rechteck-breite}} \cdot \underbrace{(0 + 3 + 12)}_{\text{jeweils Min. von } f \text{ (siehe Abbildung)}} = 1 \cdot 15 = 15$$

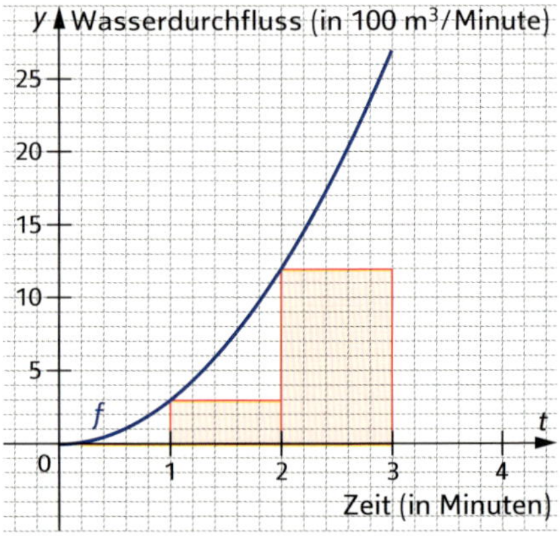


Analog folgt für die **Obersumme**:

$$O_3(f) = \frac{3-0}{3} \cdot \left( \max_{t \in [0;\,1]} f(t) + \max_{t \in [1;\,2]} f(t) + \max_{t \in [2;\,3]} f(t)\right)$$

$$= \underbrace{1}_{\text{Rechteck-breite}} \cdot \underbrace{(3 + 12 + 27)}_{\text{jeweils Max. von } f \text{ (siehe Abbildung)}} = 1 \cdot 42 = 42$$

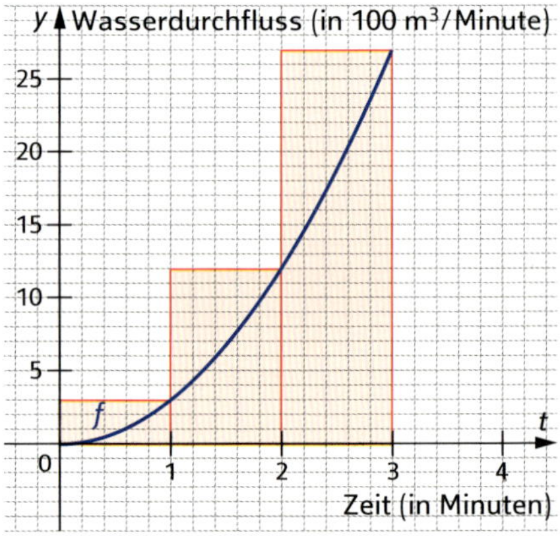


b) Die Untersumme $U_{12}(f)$ teilt das Intervall [0; 3] in zwölf Teile auf, sodass das erste Teilintervall nun $I_1 = [0; 0{,}25]$, das zweite $I_2 = [0{,}25; 0{,}5]$ usw. ist. Folglich gilt:

$$U_{12}(f) = \frac{3-0}{12} \cdot \left( \min_{t \in [0;\,0,25]} f(t) + \min_{t \in [0,25;\,0,5]} f(t) + \min_{t \in [0,5;\,0,75]} f(t) + \ldots + \min_{t \in [2,75;\,3]} f(t)\right)$$

Wie man am Graphen erkennen kann, ist dieser streng monoton steigend. Das Minimum der Funktion auf einem Intervall ist also immer links zu finden. Den Wert des Minimums erhält man, indem die kleinste Stelle des jeweiligen Intervalls in die Funktion eingesetzt wird:

$$U_{12}(f) = \frac{1}{4} \cdot (f(0) + f(0{,}25) + f(0{,}5) + \ldots + f(2{,}75))$$

$$U_{12}(f) = \frac{1}{4} \cdot \left(3 \cdot 0^2 + 3 \cdot \left(\frac{1}{4}\right)^2 + 3 \cdot \left(\frac{2}{4}\right)^2 + \ldots + 3 \cdot \left(\frac{11}{4}\right)^2\right)$$

Der Wechsel von der Dezimal- in die Bruchschreibweise macht an dieser Stelle Sinn, da nun leicht erkennbar ist, dass in jedem Nenner das Quadrat der Zahl 4 vorkommt. Dieses und der Faktor 3 werden nun ausgeklammert:

$$U_{12}(f) = \frac{1}{4} \cdot 3 \cdot \frac{1}{4^2} \cdot (0^2 + 1^2 + 2^2 + \ldots + 11^2)$$

Jetzt folgt ein mathematischer „Kunstgriff“: Die Quadratsumme in der rechten Klammer kann mithilfe einer Formel zusammengefasst werden, denn es gilt:

$$0^2 + 1^2 + 2^2 + \ldots + n^2 = \frac{1}{6} n \cdot (n+1) \cdot (2n+1)$$

Mit $n = 11$ folgt:

$$U_{12}(f) = \frac{1}{4} \cdot 3 \cdot \frac{1}{4^2} \cdot (0^2 + 1^2 + 2^2 + \ldots + 11^2) = \frac{3}{4^3} \cdot \left[\frac{1}{6} \cdot 11 \cdot 12 \cdot (2 \cdot 11 + 1)\right]$$
$$= \frac{3}{4^3} \cdot 506 \approx 23{,}7188$$

Für die **Obersumme** werden die bisherigen Erkenntnisse entsprechend übernommen:

$$O_{12}(f) = \frac{3-0}{12} \cdot \left(\max_{t \in [0;\,0{,}25]} f(t) + \max_{t \in [0{,}25;\,0{,}5]} f(t) + \max_{t \in [0{,}5;\,0{,}75]} f(t) + \ldots + \max_{t \in [2{,}75;\,3]} f(t)\right)$$
$$= \frac{1}{4} \cdot (f(0{,}25) + f(0{,}5) + f(0{,}75) + \ldots + f(3))$$
$$= \frac{1}{4} \cdot \left(3 \cdot \left(\frac{1}{4}\right)^2 + 3 \cdot \left(\frac{2}{4}\right)^2 + 3 \cdot \left(\frac{3}{4}\right)^2 \ldots + 3 \cdot \left(\frac{12}{4}\right)^2\right)$$
$$= \frac{1}{4} \cdot 3 \cdot \frac{1}{4^2} \cdot (1^2 + 2^2 + 3^2 + \ldots + 12^2)$$
$$= \frac{3}{4^3} \cdot \left[\frac{1}{6} \cdot 12 \cdot 13 \cdot (2 \cdot 12 + 1)\right]$$
$$= \frac{3}{4^3} \cdot 650 \approx 30{,}4688$$

c) Da in Teilaufgabe b) bereits mehrgliedrige Summen verrechnet wurden, kann die Aufteilung des Intervalls [0; 3] nun beliebig fortgesetzt werden. Für $U_{300}(f)$ wird das genannte Intervall in 300 gleich große Teile aufgeteilt, sodass jedes Teilintervall eine Breite von $\frac{b-a}{n} = \frac{3}{300} = \frac{1}{100} = 0{,}01$ hat.

Die **Untersumme** ist:

$$U_{300}(f) = \frac{3-0}{300} \cdot \left( \min_{t \in [0;\,0{,}01]} f(t) + \min_{t \in [0{,}01;\,0{,}02]} f(t) + \min_{t \in [0{,}02;\,0{,}03]} f(t) + \ldots + \min_{t \in [2{,}99;\,3]} f(t) \right)$$

$$= \frac{1}{100} \cdot \left( f\left(\frac{0}{100}\right) + f\left(\frac{1}{100}\right) + f\left(\frac{2}{100}\right) + \ldots + f\left(\frac{299}{100}\right) \right)$$

$$= \frac{1}{100} \cdot \left( 3 \cdot \left(\frac{0}{100}\right)^2 + 3 \cdot \left(\frac{1}{100}\right)^2 + 3 \cdot \left(\frac{2}{100}\right)^2 \ldots + 3 \cdot \left(\frac{299}{100}\right)^2 \right)$$

$$= \frac{1}{100} \cdot 3 \cdot \frac{1}{100^2} \cdot (0^2 + 1^2 + 2^2 + \ldots + 299^2)$$

$$= \frac{3}{1\,000\,000} \cdot \left[ \frac{1}{6} \cdot 299 \cdot 300 \cdot (2 \cdot 299 + 1) \right]$$

$$= \frac{3}{1\,000\,000} \cdot 8\,955\,050 \approx 26{,}8652$$

Die **Obersumme** ist:

$$O_{300}(f) = \frac{3-0}{300} \cdot \left( \max_{t \in [0;\,0{,}01]} f(t) + \max_{t \in [0{,}01;\,0{,}02]} f(t) + \max_{t \in [0{,}02;\,0{,}03]} f(t) + \ldots + \max_{t \in [2{,}99;\,3]} f(t) \right)$$

$$= \frac{1}{100} \cdot \left( f\left(\frac{1}{100}\right) + f\left(\frac{2}{100}\right) + f\left(\frac{3}{100}\right) + \ldots + f\left(\frac{300}{100}\right) \right)$$

$$= \frac{1}{100} \cdot \left( 3 \cdot \left(\frac{1}{100}\right)^2 + 3 \cdot \left(\frac{2}{100}\right)^2 + 3 \cdot \left(\frac{3}{100}\right)^2 \ldots + 3 \cdot \left(\frac{300}{100}\right)^2 \right)$$

$$= \frac{1}{100} \cdot 3 \cdot \frac{1}{100^2} \cdot (1^2 + 2^2 + 3^2 + \ldots + 300^2)$$

$$= \frac{3}{1\,000\,000} \cdot \left[ \frac{1}{6} \cdot 300 \cdot 301 \cdot (2 \cdot 300 + 1) \right]$$

$$= \frac{3}{1\,000\,000} \cdot 9\,045\,050 \approx 27{,}1352$$

d) Zum einen gilt für die Untersumme:

$U_3(f) \leq U_{12}(f) \leq U_{300}(f)$

Zum anderen gilt für die Obersumme die folgende Beziehung:

$O_{300}(f) \leq O_{12}(f) \leq O_3(f)$

Nach dem *„Satz der Einschachtelung durch die Unter- und Obersumme“* (siehe Seite 224) gilt für ein beliebiges $n \in \mathbb{N}$ die Beziehung:

$$U_n(f) \leq \int_a^b f(t)\,\mathrm{d}t \leq O_n(f),$$

sodass das bestimmte Integral $\int_0^3 f(t)\,\mathrm{d}t = \int_0^3 3\,t^2\,\mathrm{d}t$ mindestens so groß sein muss wie $U_{300}(f)$ und höchstens so groß sein kann wie $O_{300}(f)$. Also gilt:

$$26{,}8652 \leq \int_0^3 3\,t^2\,\mathrm{d}t \leq 27{,}1352$$

Unterteilt man nun das Intervall „unendlich“ häufig, so ist der Grenzwert der Untersumme für dieses Beispiel gleich dem Grenzwert der Obersumme, nämlich 27. Da das bestimmte Integral durch die Unter- und Obersumme eingegrenzt wird, ist:

$$27 = \lim_{n \to \infty} U_n(f) = \int_0^3 3t^2 \, dt = \lim_{n \to \infty} O_n(f) = 27$$

Im Sachzusammenhang bedeutet das Ergebnis, dass die Pumpe vom Beginn bis zum Ende der dritten Minute insgesamt $27 \cdot 100\,m^3$ Wasser nach oben pumpen kann.

In Teilaufgabe d) der Lernsituation konnte das bestimmte Integral von $f$ von $t = a$ bis $t = b$ durch die Einschachtelung mittels der Unter- und Obersumme für $n$ Rechtecke mit $n \to \infty$ bestimmt werden.

Dieser Zusammenhang wird im folgenden Satz festgehalten:

**Satz: Das bestimmte Integral als Grenzwert von Unter- und Obersumme**

Ist für eine auf $[a; b]$ definierte Funktion $f$ der Grenzwert der Untersumme gleich dem Grenzwert der Obersumme für $n$ Rechtecke mit $n \to \infty$, so gilt für das bestimmte Integral von $f$ in den Grenzen von $x = a$ bis $x = \text{b}$:

$$\lim_{n \to \infty} U_n(f) = \int_a^b f(x)\,dx = \lim_{n \to \infty} O_n(f)$$

**Beweis**

Der Satz ist schnell mithilfe des „*Satzes der Einschachtelung durch die Unter- und Obersumme*“ gezeigt, da danach für ein beliebiges $n \in \mathbb{N}$ gilt: $U_n(f) \leq \int_a^b f(x)\,dx \leq O_n(f)$.
Wenn nun $\lim_{n \to \infty} U_n(f) = \lim_{n \to \infty} O_n(f)$ gilt, folgt die Behauptung.

## AUFGABEN

**1** Berechnen Sie für ein bestimmtes $n \in \mathbb{N}$ die Untersumme $U_n(f)$ für folgende Funktionen im Intervall $[a; b]$:

a) $f(x) = x^2$ in $[1; 2]$ für $n = 5$
b) $f(x) = x^2$ in $[3; 5]$ für $n = 4$
c) $f(x) = 2x^2$ in $[0; 5]$ für $n = 10$
d) $f(x) = -x^2$ in $[0; 0]$ für $n = 5$
e) $f(x) = -x^2$ in $[1; 2]$ für $n = 5$
f) $f(x) = 4{,}5x^2$ in $[0; 2]$ für $n = 10$

Hinweis: $\sum_{i=1}^{n} i^2 = 1^2 + 2^2 + 3^2 + \ldots + n^2 = \frac{1}{6} n \cdot (n+1) \cdot (2n+1)$

**2** Berechnen Sie für ein bestimmtes $n \in \mathbb{N}$ die Obersumme $O_n(f)$ für folgende Funktionen im Intervall $[a; b]$:

a) $f(x) = x^2$ in $[1; 2]$ für $n = 5$
b) $f(x) = x^2$ in $[3; 5]$ für $n = 4$
c) $f(x) = 2x^2$ in $[0; 5]$ für $n = 10$
d) $f(x) = -x^2$ in $[0; 0]$ für $n = 5$
e) $f(x) = -x^2$ in $[1; 2]$ für $n = 5$
f) $f(x) = 4{,}5x^2$ in $[0; 2]$ für $n = 10$

Hinweis: $\sum_{i=1}^{n} i^2 = 1^2 + 2^2 + 3^2 + \ldots + n^2 = \frac{1}{6} n \cdot (n+1) \cdot (2n+1)$

**3** Berechnen Sie für ein bestimmtes $n \in \mathbb{N}$ die Untersumme $U_n(f)$ für folgende Funktionen im Intervall $[a; b]$:

a) $f(x) = x^3$ in $[0; 1]$ für $n = 5$
b) $f(x) = -x^3$ in $[0; 2]$ für $n = 8$
c) $f(x) = 4x^3$ in $[0; 4]$ für $n = 4$
d) $f(x) = x^3$ in $[-1; 1]$ für $n = 10$

Hinweis: $\sum_{i=1}^{n} i^3 = 1^3 + 2^3 + 3^3 + \ldots + n^3 = \frac{1}{4} \cdot n^2 \cdot (n+1)^2$

**4** Berechnen Sie für ein bestimmtes $n \in \mathbb{N}$ die Obersumme $O_n(f)$ für folgende Funktionen im Intervall $[a; b]$:

a) $f(x) = x^3$ in $[0; 1]$ für $n = 5$
b) $f(x) = -x^3$ in $[0; 2]$ für $n = 8$
c) $f(x) = 4x^3$ in $[0; 4]$ für $n = 4$
d) $f(x) = x^3$ in $[-1; 1]$ für $n = 10$

Hinweis: $\sum_{i=1}^{n} i^3 = 1^3 + 2^3 + 3^3 + \ldots + n^3 = \frac{1}{4} \cdot n^2 \cdot (n+1)^2$

**5.** Das Unternehmen BestToys (siehe Aufgabe 4 auf Seite 227), das Garten-Spielgeräte ausschließlich über das Internet verkauft, möchte für den Tagesabschluss eine genauere Abschätzung des Gesamterlöses von Spielturm2020.

Zur Erinnerung: Aufgrund des guten Informationsflusses konnte die Geschäftsführung den täglichen Erlös (in Euro pro Tag) bis fünf Tage nach der Markteinführung graphisch nachvollziehen.

Nun kann auch die zum Graphen passende Funktion angegeben werden, die in Abhängigkeit von der Zeit (in Tagen) den täglichen Erlös (in Euro pro Tag) angibt. Die Funktion lässt sich durch die Gleichung $e(t) = 3t^2 + 2t$ beschreiben.

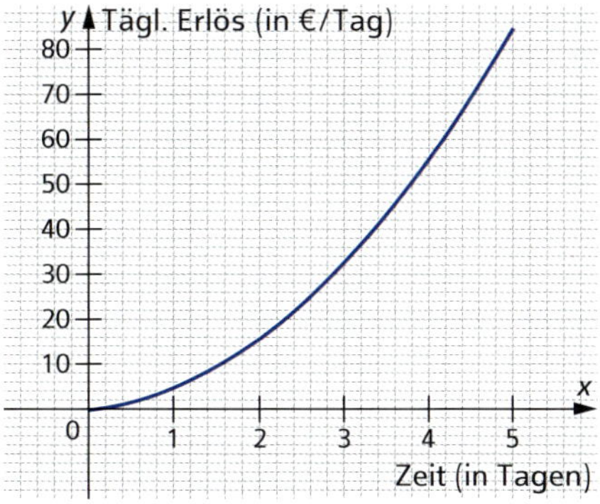


a) Berechnen Sie für $n = 5$ die Untersumme $O_n(e)$ im Intervall [0; 5].
b) Berechnen Sie für $n = 10$ die Untersumme $O_n(e)$ im Intervall [0; 5].
c) Berechnen Sie für $n = 5$ die Obersumme $O_n(e)$ im Intervall [0; 5].
d) Berechnen Sie für $n = 10$ die Obersumme $O_n(e)$ im Intervall [0; 5].
e) Geben Sie an, wie hoch die Gesamterlöse der ersten fünf Tage nach Markteintritt waren.

## 4.2.2 Der Hauptsatz der Differenzial- und Integralrechnung

Im vorangegangenen Unterkapitel wurde das bestimmte Integral einer Funktion $f$ mithilfe der Unter- und Obersumme eingegrenzt und als Grenzwert bestimmt. Es stellt sich nun die Frage, ob es einen funktionalen Zusammenhang zwischen der Funktion $f$ und dem bestimmten Integral von $f$ gibt, sodass man sich die Grenzwertbildung der Unter- und Obersummen ersparen kann. Es wird also eine Funktion gesucht, die bei gegebener Untergrenze $a$ jeder Obergrenze $x$ den Wert des bestimmten Integrals von $f$ in den Grenzen von $a$ bis $x$ zuordnet. Diese Funktion wird zunächst definiert:

### Definition Integralfunktion

Für eine auf $[a; b]$ definierte Funktion $f$ heißt $I_a$ eine Integralfunktion von $f$ zur unteren Grenze $a$, wenn sie jeder Stelle $x$ den Wert des bestimmten Integrals $\int_a^x f(t)\,dt$ zuordnet, $a \leq x \leq b$.

Der Nutzen der Integralfunktion soll in der nun folgenden Lernsituation verdeutlicht werden. Dabei werden ausgehend von der Untergrenze $t = 0$ zunächst einzelne Funktionswerte der Integralfunktion an ausgewählten Stellen (= Obergrenzen) mithilfe einer Grenzwertbetrachtung von Unter- und Obersumme bestimmt. Die Ausgangssituation ist die Lernsituation zum Energieversorger MEV aus Kapitel 4.2.1.

## Lernsituation: Pumpenvergleich beim Energieversorger MEV

Die Geschäftsführung des rheinland-pfälzischen Energieversorgers MEV ist noch immer auf der Suche nach der passenden Pumpe für das neue Pumpspeicherkraftwerk. Neben der Pumpe Orex, mit deren Leistungsfähigkeit sich die Projektverantwortliche Sophie Simon bereits auseinandergesetzt hat, steht auch die Pumpe Brex zur Auswahl.

Zur Erinnerung: Beim Hochfahren benötigt die Pumpe Orex drei Minuten, um ihre Pumphöchstleistung von $2700\,m^3$ Wasser pro Minute zu erreichen. Die Pumpleistung gemessen in $100\,m^3$ in Abhängigkeit von der Zeit kann durch die Funktion $f$ mit der Gleichung $f(t) = 3t^2$ beschrieben werden.

Die Geschäftsführung bittet Sophie Simon um einen Vergleich der Pumpe Orex mit der Pumpe Brex. Der Hersteller der Pumpe Brex verspricht, dass die Pumpleistung gemessen in $100\,m^3$ in Abhängigkeit von der Zeit durch die Funktion $f_B$ mit $f_B(t) = 5t$ beschrieben werden kann.

Die Geschäftsführung von MEV möchte sich nach dieser Planungsphase für eine der beiden Pumpen entscheiden. Dazu sollen die Wassermengen, die durch das Hochpumpen der jeweiligen Pumpe in das obere Becken gelangen, in Abhängigkeit von der Zeit als Funktion bestimmt werden.

a) Die gesamte Wassermenge, die Orex innerhalb von drei Minuten nach oben pumpen kann, ist bereits durch die vorangegangene Lernsituation bekannt: Es gelangten $2700\,m^3$ Wasser in dieser Zeitspanne in das obere Becken. Bestimmen Sie nun mittels der bekannten Grenzwertbetrachtung von Unter- und Obersumme die Gesamtmenge an Wasser, die von Orex nach 0 Minuten, nach 1 Minute und nach 2 Minuten hochgepumpt werden kann. Nutzen Sie für Ihre Berechnungen elektronische Hilfsmittel (GTR/CAS-Rechner) oder Software (z. B. GeoGebra).

b) Bestimmen Sie für die Pumpe Orex eine Funktion, die in Abhängigkeit von der Zeit die gesamte Füllmenge des oberen Beckens in $100\,m^3$ abbildet.

c) Der Hersteller der Pumpe Orex wirbt damit, dass die Pumpleistung beim Hochfahren auch dann dieselbe ist, wenn im oberen Becken bereits Wasser vorhanden ist. Ermitteln Sie für den Fall, dass sich im oberen Becken bereits $1000\,m^3$ Wasser befinden, eine Funktion, die in Abhängigkeit von der Zeit die gesamte Füllmenge des oberen Beckens in $100\,m^3$ abbildet.

d) Berechnen Sie mithilfe der ermittelten Funktion aus Teilaufgabe b) sowie zusätzlich mit der Funktion aus Teilaufgabe c) die Wassermenge, die die Pumpe Orex von Beginn der 2. Minute bis zum Ende der 3. Minute nach oben pumpen kann.

e) Zeigen Sie, dass die Pumpe Orex bereits nach 2,5 Minuten mehr Wasser hochpumpt als die Pumpe Brex. Bestimmen Sie dafür die Integralfunktion von $f_{Brex}$ mit der unteren Grenze $t = 0$.

## Lösungen

a) Banal ist die Bestimmung der Wassermenge, die Orex von $t = 0$ bis $t = 0$ leisten kann; sie beträgt $0\,m^3$.

Für die hochgepumpte Wassermenge von $t = 0$ bis $t = 1$ soll laut Aufgabenstellung ein GTR/CAS-Rechner oder eine Software (GeoGebra) verwendet werden. Damit kann das bestimmte Integral $\int_0^1 3t^2\,dt$ gut abgeschätzt werden, wie es den Abbildungen zu entnehmen ist:

### Pumpleistung der Pumpe Orex innerhalb der ersten Minute

**Beispiele für mögliche Untersummen:**

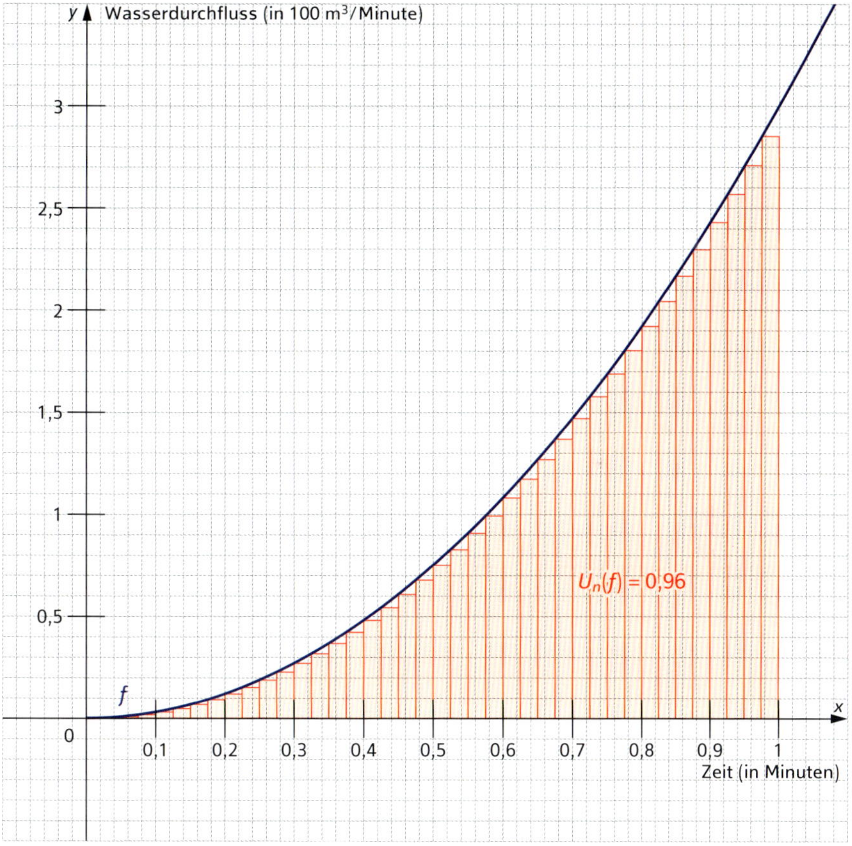

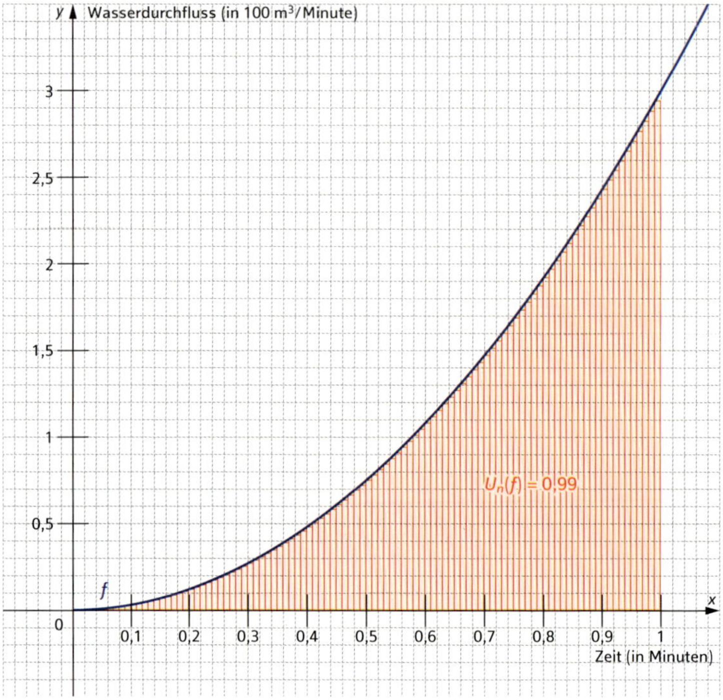
Wasserdurchfluss (in 100 m³/Minute)
3
2,5
2
1,5
1
0,5
0
f
$U_n(f) = 0,99$
0,1
0,2
0,3
0,4
0,5
0,6
0,7
0,8
0,9
1
Zeit (in Minuten)

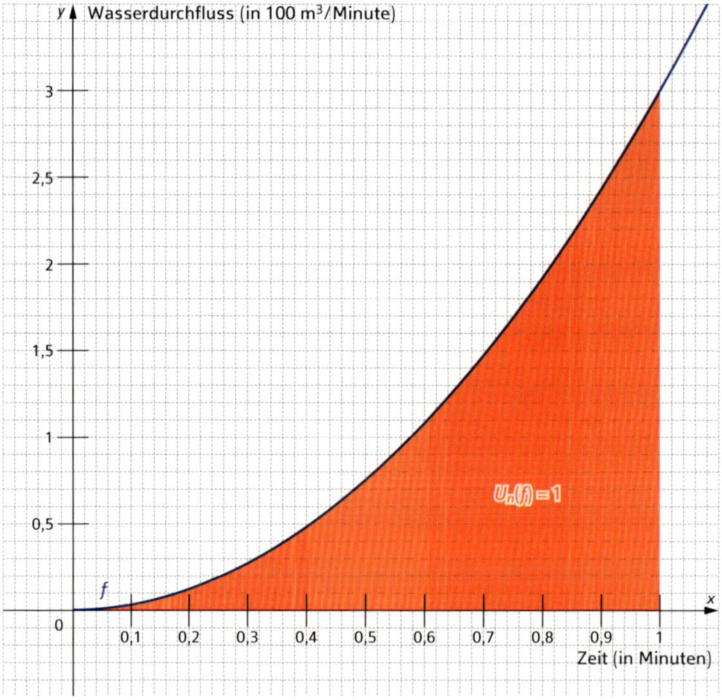
Wasserdurchfluss (in 100 m³/Minute)
3
2,5
2
1,5
1
0,5
0
f
$U_n(f) = 1$
0,1
0,2
0,3
0,4
0,5
0,6
0,7
0,8
0,9
1
Zeit (in Minuten)

**Beispiele für mögliche Obersummen:**

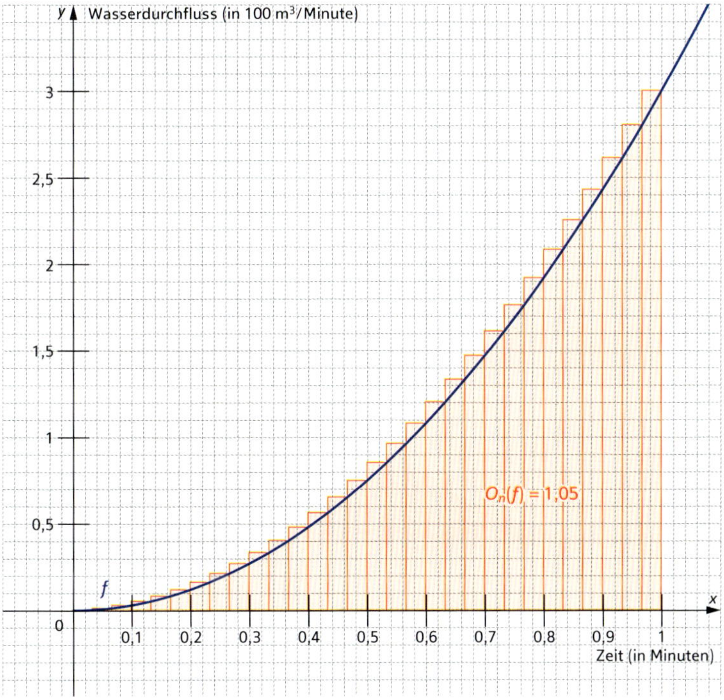


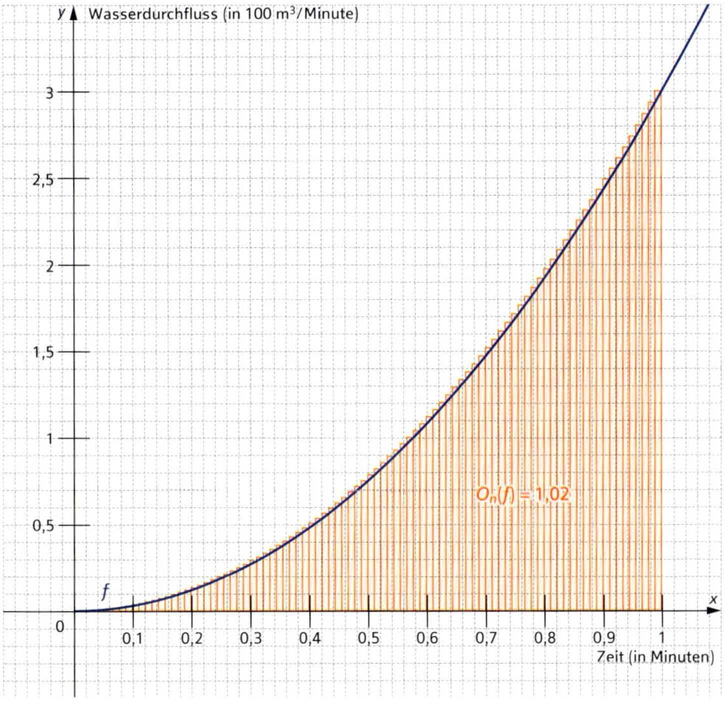

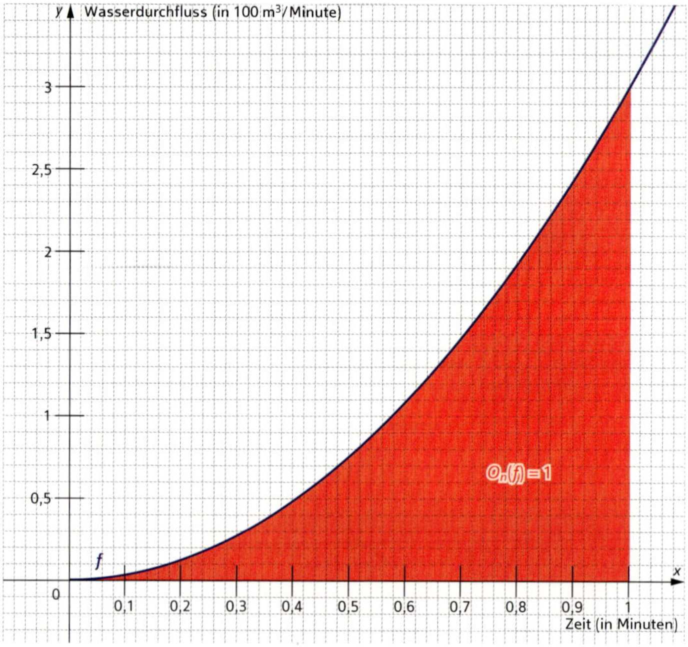


Die Vermutung liegt nahe, dass $\int_0^1 3t^2\,dt = 1$ gilt. Ähnlich wie in der Lernsituation „Pumpleistung einer einzelnen Pumpe“ könnte hier der Beweis der gestellten Vermutung mit beliebiger Unterteilung des Intervalls geführt werden. An dieser Stelle wird dies nur mit der Untersumme und der Aufteilung des Intervalls [0; 1] in $n$ Teile nachgewiesen:

$$U_n(f) = \frac{1-0}{n} \cdot \left( \min_{t \in \left[0; \frac{1}{n}\right]} f(t) + \min_{t \in \left[\frac{1}{n}; \frac{2}{n}\right]} f(t) + \min_{t \in \left[\frac{2}{n}; \frac{3}{n}\right]} f(t) + \ldots + \min_{t \in \left[\frac{n-1}{n}; 1\right]} f(t) \right)$$

$$= \frac{1}{n} \cdot \left( f\left(\frac{0}{n}\right) + f\left(\frac{1}{n}\right) + f\left(\frac{2}{n}\right) + \ldots + f\left(\frac{n-1}{n}\right) \right)$$

$$= \frac{1}{n} \cdot \left( 3 \cdot \left(\frac{0}{n}\right)^2 + 3 \cdot \left(\frac{1}{n}\right)^2 + 3 \cdot \left(\frac{2}{n}\right)^2 \ldots + 3 \cdot \left(\frac{n-1}{n}\right)^2 \right)$$

$$= \frac{1}{n} \cdot 3 \cdot \frac{1}{n^2} \cdot (0^2 + 1^2 + 2^2 + \ldots + (n-1)^2)$$

laut Formel, es wird statt $n$ nun $(n - 1)$ eingesetzt

$$= \frac{3}{n^3} \cdot \left[ \frac{1}{6}(n-1) \cdot n \cdot (2(n-1)+1) \right] \qquad = \frac{3}{n^3} \cdot \left( \frac{1}{3}n^3 - \frac{1}{2}n^2 + \frac{1}{6}n \right)$$

Nach dem Ausmultiplizieren und der Grenzwertbildung der Untersumme für $n \to \infty$ bestätigt sich die Vermutung:

$$\lim_{n \to \infty} U_n(f) = \lim_{n \to \infty} \frac{3}{n^3} \cdot \left( \frac{1}{3}n^3 - \frac{1}{2}n^2 + \frac{1}{6}n \right) = \lim_{n \to \infty} 1 - \frac{3}{2n} + \frac{1}{2n^2} = 1$$

Tatsächlich ist $\lim_{n \to \infty} U_n(f) = \lim_{n \to \infty} O_n(f)$, sodass $\int_0^1 3t^2\,dt = 1$ gilt.

## Pumpleistung der Pumpe Orex innerhalb der ersten beiden Minuten

Die Wassermenge, die die Pumpe Orex innerhalb der ersten beiden Minuten nach oben pumpt, kann durch die folgenden Abbildungen abgeschätzt werden.

**Beispiele für mögliche Untersummen:**

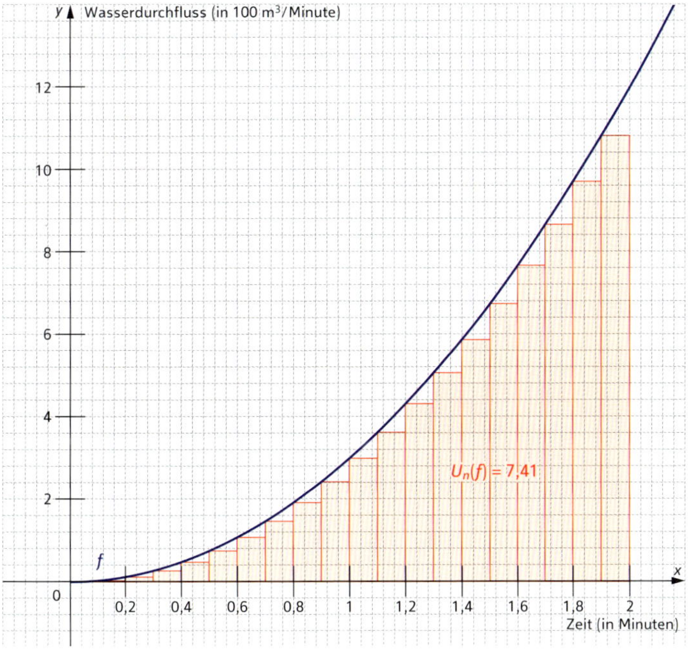


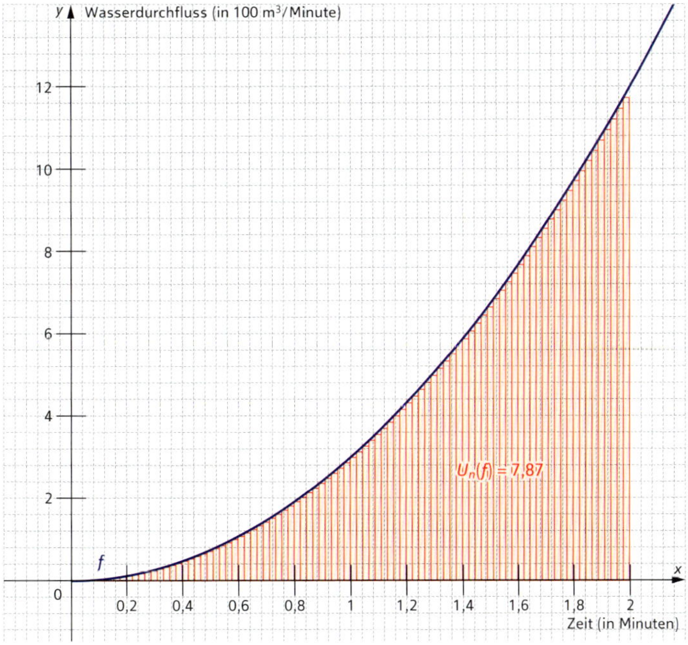

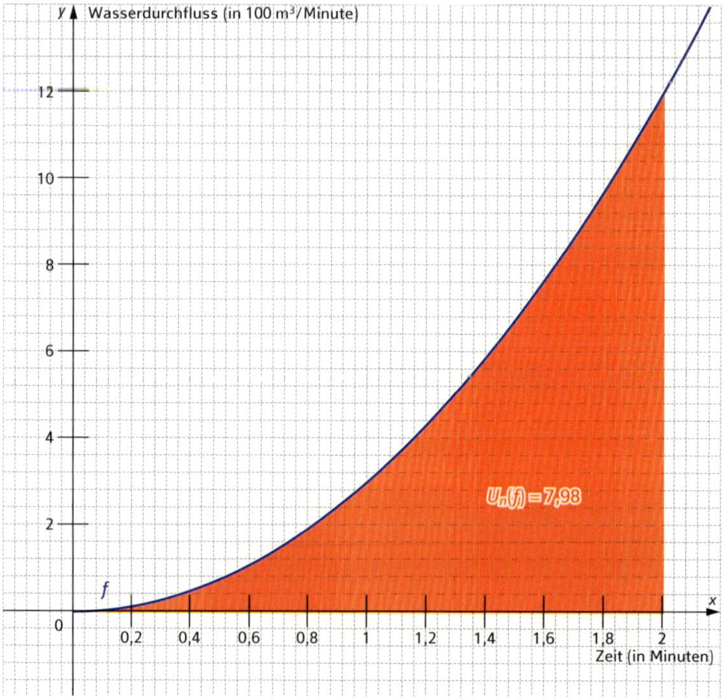


**Beispiele für mögliche Obersummen:**

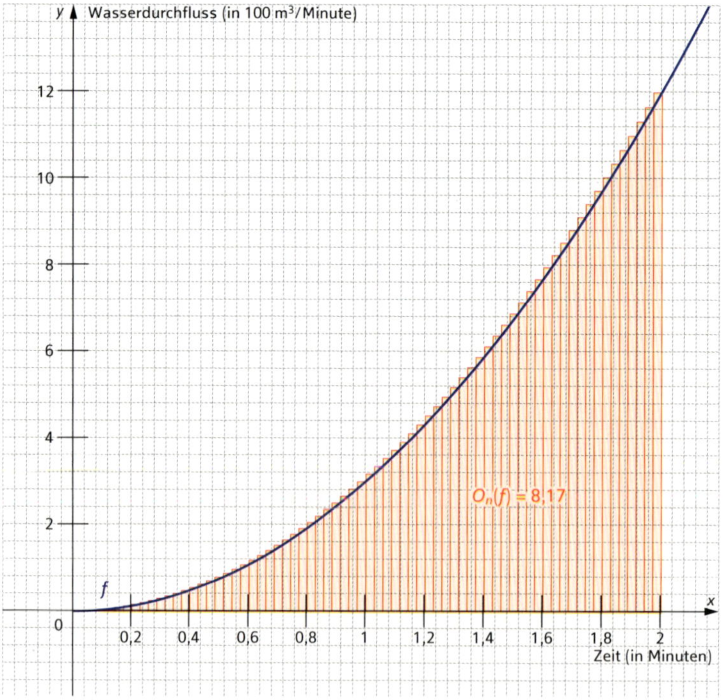

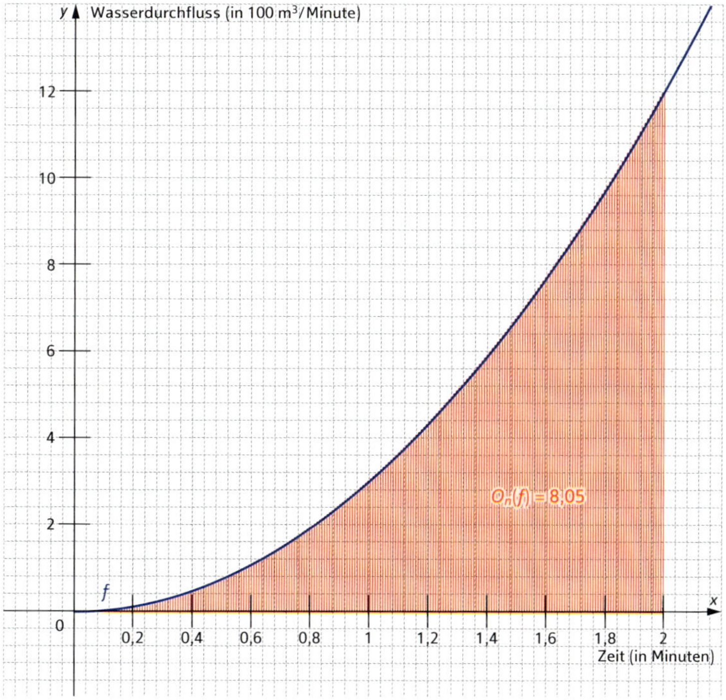
y
Wasserdurchfluss (in 100 m³/Minute)
12
10
8
6
4
2
0
f
$O_n(f) = 8,05$
0,2
0,4
0,6
0,8
1
1,2
1,4
1,6
1,8
2
x
Zeit (in Minuten)

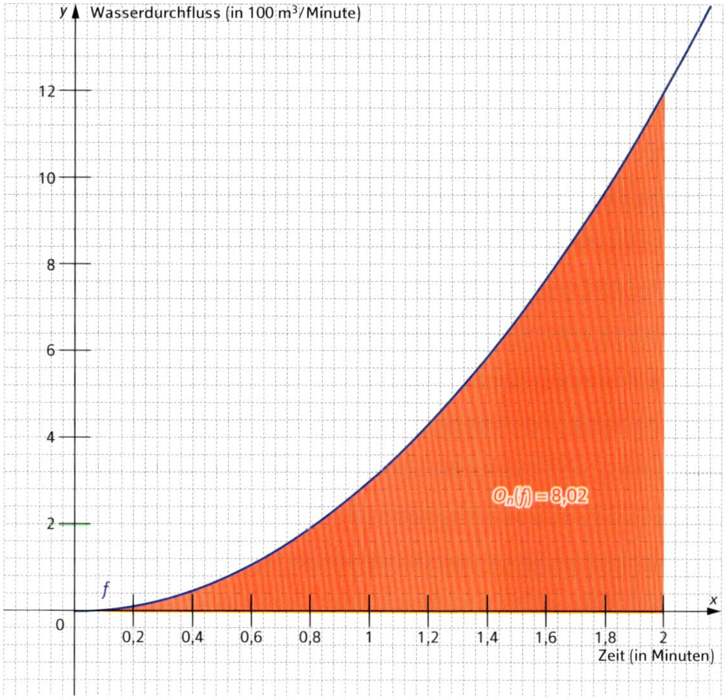
y
Wasserdurchfluss (in 100 m³/Minute)
12
10
8
6
4
2
0
f
$O_n(f) = 8,02$
0,2
0,4
0,6
0,8
1
1,2
1,4
1,6
1,8
2
x
Zeit (in Minuten)

Die Abbildungen lassen die Vermutung aufkommen, dass das bestimmte Integral $\int_0^2 3t^2 dt = 8$ ist.

Die Vermutung lässt sich mithilfe einer Intervallbreite von $\frac{2}{n}$ nachweisen:

$$U_n(f) = \frac{2-0}{n} \cdot \left( \min_{t \in \left[0; \frac{2}{n}\right]} f(t) + \min_{t \in \left[\frac{2}{n}; \frac{4}{n}\right]} f(t) + \min_{t \in \left[\frac{4}{n}; \frac{6}{n}\right]} f(t) + \ldots + \min_{t \in \left[\frac{2(n-1)}{n}; 2\right]} f(t) \right)$$

$$= \frac{2}{n} \cdot \left( f\left(\frac{0}{n}\right) + f\left(\frac{2}{n}\right) + f\left(\frac{4}{n}\right) + \ldots + f\left(\frac{2(n-1)}{n}\right) \right)$$

$$= \frac{2}{n} \cdot \left( 3 \cdot \left(\frac{0}{n}\right)^2 + 3 \cdot \left(\frac{2}{n}\right)^2 + 3 \cdot \left(\frac{4}{n}\right)^2 \ldots + 3 \cdot \left(\frac{2(n-1)}{n}\right)^2 \right)$$

$$= \frac{2}{n} \cdot 3 \cdot \frac{1}{n^2} \cdot (0^2 + 2^2 + 4^2 + \ldots + 2^2 \cdot (n-1)^2)$$

$$= \frac{2}{n} \cdot 3 \cdot \frac{1}{n^2} \cdot 2^2 \cdot (0^2 + 1^2 + 2^2 + \ldots + (n-1)^2)$$

$2^2$ wurde ausgeklammert

$$= \frac{24}{n^3} \cdot \left[ \frac{1}{6}(n-1) \cdot n \cdot (2(n-1)+1) \right]$$

laut Formel, es wird statt $n$ nun $(n-1)$ eingesetzt

$$= \frac{24}{n^3} \cdot \left( \frac{1}{3}n^3 - \frac{1}{2}n^2 + \frac{1}{6}n \right) = 8 - \frac{12}{n} + \frac{4}{n^2}$$

Nach der Grenzwertbildung der Untersumme für $n \to \infty$ bestätigt sich die Vermutung:

$$\lim_{n \to \infty} U_n(f) = \lim_{n \to \infty} \frac{24}{n^3} \cdot \left( \frac{1}{3}n^3 - \frac{1}{2}n^2 + \frac{1}{6}n \right) = \lim_{n \to \infty} 8 - \frac{12}{n} + \frac{4}{n^2} = 8$$

Tatsächlich ist $\lim_{n \to \infty} U_n(f) = \lim_{n \to \infty} O_n(f)$, sodass $\int_0^2 3t^2 dt = 8$ gilt.

b) Für die Pumpe Orex soll eine Funktion bestimmt werden, die in Abhängigkeit von der Zeit die gesamte Füllmenge des oberen Beckens in $100\,m^3$ abbildet. Diese Funktion setzt sich zusammen aus einer Anfangsfüllmenge (des oberen Beckens) von $0\,m^3$ und der aufsummierten Pumpleistung bis zum Zeitpunkt $t$.

Die aufsummierte Pumpleistung lässt sich durch die Integralfunktion von $f$ (mit $f(t) = 3t^2$) mit der unteren Grenze $t = 0$ bestimmen. Für die Ermittlung dieser Integralfunktion $I_0$ wird hier zunächst die Wertetabelle mit den Ergebnissen aus der Teilaufgabe a) angeführt:

| **Zeit von $t = 0$ bis ...** | $t = 0$ | $t = 1$ | $t = 2$ | $t = 3$ |
|---|---|---|---|---|
| **Füllmenge in $100\,m^3$** | $I_0(0) = 0$ | $I_0(1) = 1$ | $I_0(2) = 8$ | $I_0(3) = 27$ |

Bei genauerer Betrachtung der jeweiligen Füllmengen fällt auf, dass die Integrationsobergrenzen dafür jeweils dreimal mit sich selbst multipliziert wurden. Die Vermutung, dass die Funktionsgleichung von $I_0$ durch $I_0(t) = t^3$ angegeben werden kann, lässt sich ähnlich wie mit konkret vorgegebenen Obergrenzen nun auch für eine Obergrenze $t = b$ allgemein am Beispiel der Untersumme zeigen:

$$U_n(f) = \frac{b-0}{n} \cdot \left( \min_{t \in \left[0; \frac{b}{n}\right]} f(t) + \min_{t \in \left[\frac{b}{n}; \frac{2b}{n}\right]} f(t) + \min_{t \in \left[\frac{2b}{n}; \frac{3b}{n}\right]} f(t) + \ldots + \min_{t \in \left[\frac{b(n-1)}{n}; b\right]} f(t) \right)$$

$$= \frac{b}{n} \cdot \left( f\left(\frac{0}{n}\right) + f\left(\frac{b}{n}\right) + f\left(\frac{2b}{n}\right) + \ldots + f\left(\frac{b(n-1)}{n}\right) \right)$$

$$= \frac{b}{n} \cdot \left( 3 \cdot \left(\frac{0}{n}\right)^2 + 3 \cdot \left(\frac{b}{n}\right)^2 + 3 \cdot \left(\frac{2b}{n}\right)^2 \ldots + 3 \cdot \left(\frac{b \cdot (n-1)}{n}\right)^2 \right)$$

$$= \frac{b}{n} \cdot 3 \cdot \frac{1}{n^2} \cdot (0^2 + b^2 + 2^2 \cdot b^2 + \ldots + b^2 \cdot (n-1)^2)$$

$b^2$ kann ausgeklammert werden

$$= \frac{b}{n} \cdot 3 \cdot \frac{1}{n^2} \cdot b^2 \cdot (0^2 + 1^2 + 2^2 + \ldots + (n-1)^2)$$

$$= \frac{3b^3}{n^3} \cdot \left[\frac{1}{6}(n-1) \cdot n \cdot (2(n-1)+1)\right]$$

laut Formel, es wird statt $n$ nun $(n-1)$ eingesetzt

$$= \frac{3b^3}{n^3} \cdot \left(\frac{1}{3}n^3 - \frac{1}{2}n^2 + \frac{1}{6}n\right) = b^3 - \frac{3b^3}{2n} + \frac{b^3}{2n^2}$$

Nach der Grenzwertbildung der Untersumme für $n \to \infty$ folgt:

$$\lim_{n \to \infty} U_n(f) = \lim_{n \to \infty} b^3 - \frac{3b^3}{2n} + \frac{b^3}{2n^2} = b^3$$

Analog geht man mit der Obersumme $O_n(f)$ vor; es folgt

$$\lim_{n \to \infty} U_n(f) = \lim_{n \to \infty} O_n(f) = b^3$$

Die Füllmenge des oberen Beckens in Abhängigkeit von der Zeit lässt sich also durch die Funktion $F$ (wie Füllmenge) mit $F(t) = t^3 + 0 = t^3$ beschreiben.

c) Der Hersteller der Pumpe Orex wirbt damit, dass die Pumpleistung beim Hochfahren auch dann dieselbe ist, wenn im oberen Becken bereits Wasser vorhanden ist. Die aufsummierte Pumpleistung ist somit dieselbe wie in Teilaufgabe b). Lediglich der Anfangsbestand ändert sich von $0\,m^3$ auf $10 \cdot 100\,m^3$ Wasser. Entsprechend setzt sich die Gleichung der Funktion $F_c$ (wie Füllmenge bzgl. der Teilaufgabe c)) zusammen aus dem Anfangsbestand in $100\,m^3$ und der Summe der Änderungswerte:

$$F_c(t) = 10 + I_0(t) = 10 + t^3$$

d) Für die Berechnung der Wassermenge, die die Pumpe Orex von Beginn der 2. Minute bis zum Ende der 3. Minute nach oben pumpen kann, ist das bestimmte Integral

$$\int_1^3 3t^2\,dt$$

zu berechnen. Diese aufsummierte Pumpleistung lässt sich auch bestimmen, indem die Füllmenge zum Zeitpunkt $t = 1$ von der Füllmenge zum Zeitpunkt $t = 3$ subtrahiert wird. Die Differenzmenge der beiden Füllmengen muss die aufsummierte Pumpleistung von Orex sein. Entsprechend führt die Gleichung

$$\int_1^3 3t^2\,dt = F(3) - F(1)$$

zur gewünschten Aufgabenlösung.

Also:

$$\int_1^3 3t^2\,dt = F(3) - F(1) = 27 - 1 = 26$$

Die ermittelte Funktion $F_c$ aus Teilaufgabe c) berücksichtigt zwar eine Anfangsfüllmenge im oberen Becken, dennoch lässt sich die Aufgabe auch mit der Differenzmenge lösen:

$$\int_1^3 3t^2\,dt = F_c(3) - F_c(1) = (27 + 10) - (1 + 10) = 37 - 11 = 26$$

Es scheint für die Berechnung der aufsummierten Pumpleistungen innerhalb eines Zeitraums also egal zu sein, welche der beiden ermittelten Funktionen $F$ oder $F_c$ verwendet wird.

e) Zum Vergleich der beiden Pumpen Orex und Brex sollen nun die beiden bestimmten Integrale von $t = 0$ bis $t = 2{,}5$ verglichen werden.

Für Orex gilt:

$$\int_0^{2{,}5} 3t^2\,dt = I_0(2{,}5) = 2{,}5^3 = 15{,}625$$

oder

$$\int_0^{2{,}5} 3t^2\,dt = F(2{,}5) - F(0) = F_c(2{,}5) - F_c(0) = 2{,}5^3 - 0^3 = (2{,}5^3 + 10) - (0^3 + 10) = 15{,}625$$

Orex pumpt also von $t = 0$ bis zum Zeitpunkt $t = 2{,}5$ insgesamt $15{,}625 \cdot 100\text{ m}^3 = 1562{,}50\text{ m}^3$ Wasser nach oben.

Da die Pumpleistung für Brex linear verläuft ($f_{\text{Brex}}(t) = 5t$), ist bei diesem Sonderfall keine Grenzwertbildung der Unter- und Obersummen notwendig. Verdeutlicht man sich, dass der Graph von $f_{\text{Brex}}$ die positive $x$-Achse und die Senkrechte zu $x = b$ ein Dreieck mit dem Flächeninhalt

$$A = \frac{g \cdot h}{2} = \frac{b \cdot f(b)}{2} = \frac{b \cdot 5b}{2} = \frac{5}{2}b^2$$

umschließt, ist das Aufstellen einer Gleichung der Integralfunktion mit unterer Grenze $t = 0$ einfach:

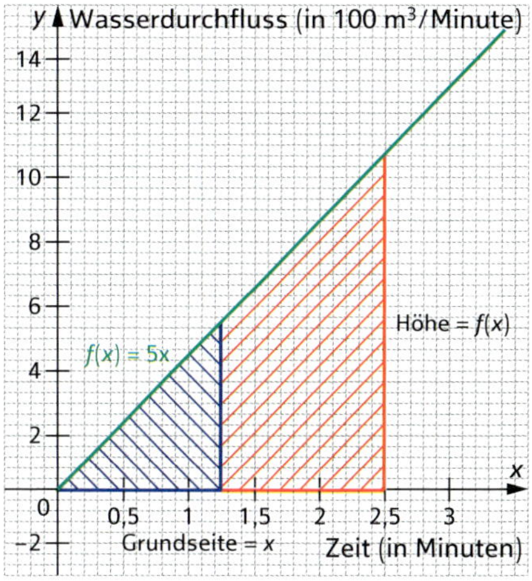


Mit der unterstellten Integrationsuntergrenze $t = 0$ sowie einer beliebigen Integrationsobergrenze $b$ ist die Gleichung der Integralfunktion durch $I_{0;\text{Brex}}(b) = \frac{5}{2}b^2$ gegeben.

Nun kann das bestimmte Integral von $t = 0$ bis $t = 2{,}5$ für Brex berechnet werden:

$$\int_0^{2,5} 5t\,dt = I_{0;\text{Brex}}(2{,}5) = \frac{5}{2} \cdot 2{,}5^2 = 15{,}625$$

Damit ist gezeigt, dass zum Zeitpunkt $t = 2{,}5$ beide Pumpen $15{,}625 \cdot 100\ \text{m}^3 = 1562{,}50\ \text{m}^3$ Wasser nach oben pumpen können.

Für den vollständigen Nachweis der in Teilaufgabe e) aufgestellten Behauptung, dass die Pumpe Orex bereits nach 2,5 Minuten mehr Wasser hochpumpt als die Pumpe Brex, sollte die Lösung der folgenden Ungleichung nach t bestimmt werden:

$$I_{0,\text{Brex}}(t) \leq I_0(t)$$

$$\Leftrightarrow \frac{5}{2}t^2 \leq t^3$$

Nach diversen Äquivalenzumformungen der Ungleichung ergibt sich:

$$\frac{5}{2}t^2 \leq t^3 \Leftrightarrow 0 \leq t^3 - \frac{5}{2}t^2 \Leftrightarrow 0 \leq t^2 \cdot \left(t - \frac{5}{2}\right) \Leftrightarrow 0 \leq t^2 \text{ und } 0 \leq t - \frac{5}{2}$$

Da der Sachverhalt nur $t > 0$ zulässt, ist die relevante Lösung für die Aufgabenstellung $\frac{5}{2} \leq t$ bzw. $t \geq \frac{5}{2}$. Nach $t = 2{,}5$ Minuten ist die obere Ungleichung erfüllt, d. h., die Pumpe Orex pumpt nach diesem Zeitpunkt insgesamt mehr Wasser in das obere Becken als die Pumpe Brex.

Fasst man die Ergebnisse der Teilaufgaben zusammen, so erhält man folgende Übersicht zu den Integralfunktionen sowie zu den Funktionen F, die in Abhängigkeit von der Zeit die Füllmenge des Beckens in $100\,m^3$ abbilden:

| Teilaufgabe der Lernsituation | b) | c) | e) |
|---|---|---|---|
| Integralfunktion | $I_0(t) = t^3$ | $I_0(t) = t^3$ | $I_{0;Brex}(t) = 2{,}5t^2$ |
| Funktion der Füllmenge | $F(t) = t^3$ | $F_c(t) = t^3 + 10$ | nicht ermittelt |
| Integrandenfunktion $f$ | $f(t) = 3t^2$ | $f_c(t) = 3t^2$ | $f_{Brex}(t) = 5t$ |

Bei genauerer Betrachtung der Ergebnisse fällt auf, dass die 1. Ableitung zur gewählten Integralfunktion $I_0$ die Integrandenfunktion $f$ ergibt. Selbst bei einer beliebigen Untergrenze $a$ lässt sich dieser Sachverhalt bestätigen, der zu folgendem Satz führt:

**Satz: Beziehung einer Integralfunktion zu seiner Integrandenfunktion**

Für die Integralfunktion von $f$ zur unteren Grenze $a$ gilt:

$I_a'(x) = f(x)$ bzw. $I_a'(t) = f(t)$.

**Beweis**

Die Aussage, dass $I_0'(x) = f(x)$ gilt, wurde bereits für die Integrationsvariable $t$ in der Lösung der Lernsituation exemplarisch gezeigt. Mit diesem Ergebnis kann leicht nachgewiesen werden, dass die Aussage des Satzes auch für eine beliebige Untergrenze $a$ gilt.

Für $a < 0$ ist: $I_a(x) = I_a(0) + I_0(x)$ und

für $a > 0$ gilt: $I_0(x) = I_0(a) + I_a(x)$; dies ist äquivalent zu $I_a(x) = I_0(x) - I_0(a)$.

Da $c = I_a(0)$ ein konstanter, von der Variablen $x$ unabhängiger Wert ist, muss folglich die Ableitung $(c)' = 0$ sein.

Zusammengefasst bedeutet dies für $a < 0$: $I_a'(x) = (I_a(0) + I_0(x))' = 0 + I_0'(x) = I_0'(x)$

und für $a > 0$: $I_a'(x) = (I_0(x) - I_0(a))' = I_0'(x) - 0 = I_0'(x)$.

Somit gilt also: $I_a'(x) = I_0'(x) = f(x)$.

Wie ist nun die Beziehung zur Funktion $F$, die in Abhängigkeit von der Zeit $t$ die Füllmenge des oberen Beckens in $100\,m^3$ Wasser abbildet?

In der Lösung zur Teilaufgabe b) heißt es: *„Für die Pumpe Orex soll eine Funktion bestimmt werden, die in Abhängigkeit von der Zeit die gesamte Füllmenge des oberen Beckens in $100\,m^3$ abbildet. Diese Funktion setzt sich zusammen aus einer Anfangsfüllmenge (des oberen Beckens) von $0\,m^3$ und der aufsummierten Pumpleistung bis zum Zeitpunkt t.“*

Da ähnlich wie im Beweis des vorangegangenen Satzes *„Beziehung einer Integralfunktion zu seiner Integrandenfunktion“* der Anfangsbestand eine konstante Größe ist und sich die Pumpleistung mit der Integralfunktion bestimmen lässt, kann die Aussage des obigen Satzes übertragen werden:

$F'(x) = I_a'(x) = f(x)$

Im Folgenden wird die Funktion $F$ verwendet und soll daher einen eigenen Namen erhalten:

## Definition Stammfunktionen

Eine auf $[a; b]$ differenzierbare Funktion $F$ heißt Stammfunktion von $f$, wenn gilt:

$F'(x) = f(x)$

Nach dieser Definition ist jede Integralfunktion $I_a$ von $f$ eine Stammfunktion dieser Funktion $f$.
Der folgende Merksatz bietet eine Hilfestellung für die Ermittlung von Stammfunktionen bei unterschiedlichen Funktionenklassen:

## Merke

### Ermittlung von Stammfunktionen bei ausgewählten Funktionenklassen

Für eine auf $[a; b]$ definierte Funktion $f$ bildet man eine Stammfunktion $F$, indem man

- die Differenzierung umkehrt und
- eine Konstante $c$, die dem Sachverhalt nach einen konkreten Wert annehmen kann, addiert.

Für eine beliebige Konstante $c$ gibt die Tabelle Beispiele an:

| | |
|---|---|
| Für eine **ganzrationale Funktion *f*** mit | $f(x) = a \cdot x^n;\ n \in \mathbb{N};$ |
| erhält man eine **Stammfunktion** der Form: | $F(x) = a \cdot \frac{1}{n+1} x^{n+1} + c$ |
| Für eine **gebrochen-rationale Funktion *f*** mit der Gleichung | $f(x) = \frac{a}{x^z} = a \cdot x^{-z};\ z \in \mathbb{N};$ |
| erhält man für $z = 1$ eine **Stammfunktion** der Form: | $F(x) = a \cdot \ln\lvert x\rvert + c$ |
| und für $z \geq 2$ eine **Stammfunktion** der Form: | $F(x) = a \cdot \frac{1}{1-z} \cdot x^{1-z} + c$ |
| Für eine **Exponentialfunktion *f*** der Gleichung | $f(x) = a \cdot e^x$ |
| erhält man eine **Stammfunktion** der Form: | $F(x) = a \cdot e^x + c$ |
| Für eine **trigonometrische Funktion *f*** bzw. ***g*** mit | $f(x) = a \cdot \sin x$ bzw.<br>$g(x) = a \cdot \cos x$ |
| erhält man eine **Stammfunktion** der Form: | $F(x) = -a \cdot \cos x + c$ bzw.<br>$G(x) = a \cdot \sin x + c$ |

Fasst man alle bisherigen Ergebnisse der Lernsituation zusammen, kann nun eine zentrale Aussage zur Differenzial- und Integralrechnung getroffen werden:

**Satz: Hauptsatz der Differenzial- und Integralrechnung**

Ist $F$ eine Stammfunktion einer auf $[a; b]$ definierten Funktion $f$, so gilt:

$$\int_a^b f(x)\,\mathrm{d}x = F(b) - F(a)$$

Für die Teilaufgabe d) der Lernsituation ließe sich damit die von der Pumpe Orex nach oben gepumpte Wassermenge ab Beginn der 2. Minute bis zum Ende der 3. Minute wie folgt berechnen:

Für ein beliebiges $c$ ist $F(t) = t^3 + c$ eine Stammfunktion von $f$ mit $f(t) = 3t^2$. Es gilt dann:

$$\int_1^3 3t^2\,\mathrm{d}t = F(3) - F(1) = (3^3 + c) - (1^3 + c) \underset{\text{Achtung: Minusklammer}}{=} 27 + c - 1 - c = 26$$

Dieses Ergebnis bestätigt die Lösung von Teilaufgabe d) der Lernsituation; innerhalb des angegebenen Zeitraums werden $26 \cdot 100\,\mathrm{m}^3$ Wasser von der Pumpe Orex nach oben gepumpt.

## AUFGABEN:

**1** Berechnen Sie mithilfe des Hauptsatzes der Differenzial- und Integralrechnung die Funktionswerte der folgenden Integralfunktionen.

a) $I_0(5)$ mit $f(x) = 5x$

b) $I_0(6)$ mit $f(x) = 3x^2$

c) $I_{-1}(4)$ mit $f(x) = 5x$

d) $I_{-2}(3)$ mit $f(x) = 3x^2$

e) $I_1(4)$ mit $f(x) = \frac{1}{2}x^3$

f) $I_2(5)$ mit $f(x) = 3x^4$

g) $I_{-3}(3)$ mit $f(x) = x$

**2** Berechnen Sie jeweils das bestimmte Integral.

a) $\int_0^2 3x^2\,\mathrm{d}x$ b) $\int_1^4 3x^2\,\mathrm{d}x$ c) $\int_2^4 5x\,\mathrm{d}x$ d) $\int_{-1}^1 5x\,\mathrm{d}x$

e) $\int_{-2}^5 6x^2\,\mathrm{d}x$ f) $\int_0^2 9x^2\,\mathrm{d}x$ g) $\int_1^5 x^4\,\mathrm{d}x$ h) $\int_2^4 2x^4\,\mathrm{d}x$

**3** Berechnen Sie jeweils das bestimmte Integral.

a) $\int_{-1}^2 12x^5\,\mathrm{d}x$ b) $\int_1^3 \frac{1}{x^2}\,\mathrm{d}x$ c) $\int_2^3 \frac{1}{x}\,\mathrm{d}x$ d) $\int_1^3 4 \cdot e^x\,\mathrm{d}x$

e) $\int_0^2 -2e^x\,\mathrm{d}x$ f) $\int_0^\pi 2\sin x\,\mathrm{d}x$ g) $\int_{-\frac{\pi}{2}}^{\frac{\pi}{2}} \cos x\,\mathrm{d}x$ h) $\int_1^2 49x^6\,\mathrm{d}x$

**4** Die Meyer GmbH aus Aufgabe 5 in Kapitel 4.1.1 (siehe Seite 220) muss ihr Regalbediengerät aus dem Hochregallager sowie auch die dafür verwendete App turnusgemäß überprüfen. Zu gefährlich wären Situationen, bei dem das Regalbediengerät nicht rechtzeitig abgebremst würde. Das fahrbare Bediengerät wird für die vielen Testfahrten vom Checkpoint aus gestartet, die App zeichnet währenddessen die Fahrtgeschwindigkeit in Abhängigkeit von der Zeit auf. Die Abbildung zeigt die Aufzeichnung einer Fahrt, bei der das automatische Regalbediengerät beim Regalanfang (Checkpoint) gestartet ist und nach 15 Sekunden bis zum Regalende auf 0 m/s abbremsen konnte.

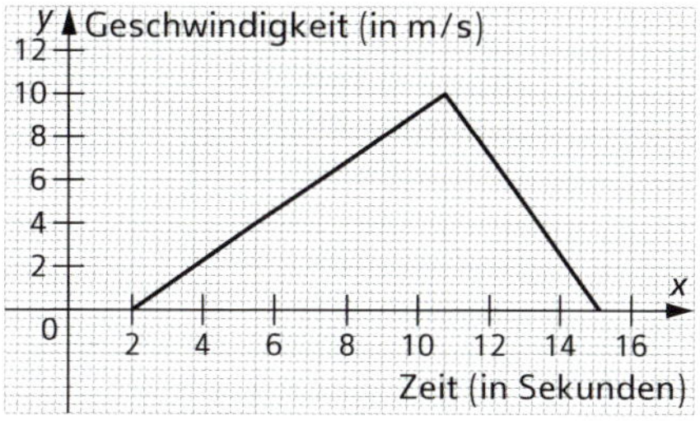


a) Bestimmen Sie die beiden Funktionsgleichungen zu den abschnittsweise abgebildeten Graphen.
b) Berechnen Sie mithilfe des Hauptsatzes der Differenzial- und Integralrechnung die Länge des Regals.

**5** Der Parkplatz eines Supermarktes soll gepflastert werden. Um Angebote für diese Arbeiten einzuholen, wurde die untenstehende Abbildung angefertigt. Nun soll die Größe der zu pflasternden Fläche berechnet werden.

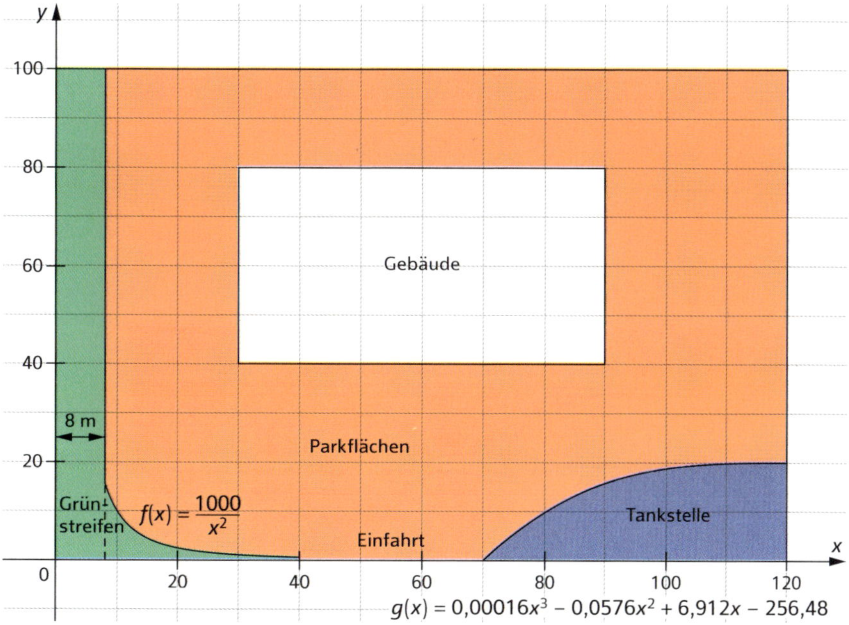


Das gesamte Gelände des Supermarktes hat die Form eines Rechtecks der Größe 100 m × 120 m. Nicht gepflastert wird der acht Meter breite Grünstreifen der sich entlang der Westseite erstreckt und im Südwesten bis zur Einfahrt gebogen ausläuft.

Die Rundung wird beschrieben ducch den Graphen der Funktion $f(x) = \frac{1000}{x^2}$.

Im Südosten des Geländes befindet sich eine Tankstelle. Die durch den Graphen der Funktion $g(x) = 0{,}00016x^3 - 0{,}0576x^2 + 6{,}912x - 256{,}48$ und die $x$-Achse eingeschlossene Fläche darf aus Umweltschutzgründen nicht gepflastert werden.

Die Grundfläche des Gebäudes die selbstverständlich auch nicht mit Steinen belegt wird, beträgt $2400\,m^2$ ($60\,m \times 40\,m$).

Wie groß ist die zu pflasternde Fläche?

### 4.2.3 Geometrische Anwendungen der Integralrechnung

Die Integralrechnung ist ursprünglich aus dem Gedanken heraus entstanden, den Inhalt krummliniger Flächen zu bestimmen. Dies ist auch heute noch ein alltägliches Problem, das uns etwa bei der Berechnung von Grundstücksgrößen im Zuge von Immobilienverkäufen begegnet.

In den letzten beiden Lernsituationen wurden die Leistungen unterschiedlicher Pumpen, die sich in Abhängigkeit von der Zeit durch eine Funktion abbilden ließen, behandelt. Zur Berechnung einer Füllmenge innerhalb eines bestimmten Zeitintervalls wurde dann die Funktion der jeweiligen Pumpleistung integriert. Dabei entsprach die Füllmenge der positiv orientierten Fläche, die zwischen dem Graphen der Funktion und der $x$-Achse eingeschlossen wird. Aber was ist, wenn die untere Begrenzung der Fläche nicht die $x$-Achse sondern ein weiterer Funktionsgraph ist? Diesen geometrischen Gedanken greift die folgende Lernsituation auf; dort sollen Flächenstücke zwischen zwei Funktionsgraphen bestimmt werden.

## Lernsituation: Krummlinig begrenzte Grundstücksflächen

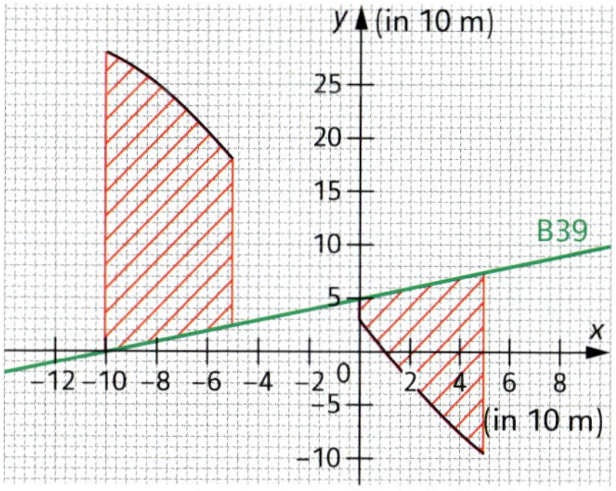


Der Energieversorger MEV kommt mit den Planungen zur Errichtung des Pumpspeicherkraftwerks gut voran. Im Moment kümmern sich die zuständigen Mitarbeiter insbesondere darum, passende Grundstücke für zwei zu errichtende Strommasten zu erwerben. Der abgebildete Auszug aus dem ortsansässigen Katasteramt zeigt zwei infrage kommende, krummlinig begrenzte Grundstücke, die in einem Koordinatensystem maßstabsgetreu skaliert wurden. Das linke Grundstück ist nach oben krummlinig, das rechte nach unten krummlinig begrenzt (siehe schwarze Teilgraphen in der Abbildung). Ursprünglich hingen die Grundstücke mit anderen zusammen. Die krummlinigen Begrenzungen können deshalb durch nur einen Graphen beschrieben werden. Die Funktionsgleichung, deren Graph die Grundstücke mit der Bundesstraße 39 jeweils einschließt, kann durch $f(x) = 0{,}01x^3 + 0{,}05x^2 - 3x + 3$ angegeben werden. Die Bundesstraße 39 hat einen geradlinigen Verlauf (siehe grüne Gerade in der Abbildung); dieser lässt sich aufgrund der Skalierung durch die Gleichung $g(x) = 0{,}5x + 5$ beschreiben.

Die senkrechten Seitenbegrenzungen der Grundstücke ergeben sich durch angrenzende Grundstücke, die der Energieversorger MEV nicht benötigt. Für den Kauf der beiden Grundstücke rechnet MEV mit einem Preis in Höhe von 250,00 €/m².

a) Berechnen Sie die Fläche des linken Grundstücks.

b) Berechnen Sie die Grundstücksfläche für das rechte Areal.

c) Berechnen Sie die Anschaffungskosten der beiden Grundstücke für MEV.

## Lösungen

a) Für das linke schraffierte Grundstück bietet es sich an, zunächst über das bestimmte Integral $\int_{-10}^{-5} f(x)\,dx$ absichtlich eine zu große Fläche zu berechnen. Stellt man sich dann die Frage, welches Flächenstück zu viel berücksichtigt wurde, wird deutlich, dass es sich dabei um die Fläche zwischen der $x$-Achse und dem Graphen von $g$ handelt. Es sollte somit im Nachhinein das bestimmte Integral $\int_{-10}^{-5} g(x)\,dx$ subtrahiert werden. Damit gilt für die linke schraffierte Fläche $A_{\text{links}}$:

$$A_{\text{links}} = \int_{-10}^{-5} f(x)\,dx - \int_{-10}^{-5} g(x)\,dx$$

Für $f$ mit $f(x) = 0{,}01\,x^3 + 0{,}05\,x^2 - 3x + 3$ ist $F$ mit $F(x) = \frac{1}{400}x^4 + \frac{1}{60}x^3 - \frac{3}{2}x^2 + 3x + c$ eine Stammfunktion und $G$ mit $G(x) = 0{,}25\,x^2 + 5x + e$ eine Stammfunktion von $g$. Die Parameter $c$ und $e$ sind frei wählbare Konstanten.

Mithilfe des Hauptsatzes der Differenzial- und Integralrechnung folgt dann:

$$\int_{-10}^{-5} f(x)\,dx = F(-5) - F(-10) = -\frac{2545}{48} + c - \left(-\frac{515}{3} + c\right) = \frac{5695}{48} \approx 118{,}6458$$

sowie

$$\int_{-10}^{-5} g(x)\,dx = G(-5) - G(-10) = -18{,}75 + e - (-25 + e) = 6{,}25$$

und zusammengefasst:

$$A_{\text{links}} = \int_{-10}^{-5} f(x)\,dx - \int_{-10}^{-5} g(x)\,dx = \frac{5695}{48} - 6{,}25 = \frac{5395}{48} \approx 112{,}3958$$

Das linke Grundstück ist ca. $112{,}3958\,\text{m}^2$ groß.

b) Bei der Berechnung des rechten Areals gibt es scheinbar das Problem, dass ein Teil der Fläche oberhalb und ein anderer Teil unterhalb der $x$-Achse liegt. Bestimmt man nun die Differenz zwischen der oberen Flächenbegrenzung – hier ist es die B39 bzw. der Graph von $g$ – und der unteren Grenze (Graph von $f$), so lässt sich feststellen, dass das vermeintliche Problem behoben ist. Für alle Abszissenwerte $x \in [0;\,5]$ ist $g(x) \geq f(x)$ und somit $g(x) - f(x) \geq 0$.

Wird die Funktion zur Differenz mit h bezeichnet, so ist:

$$h(x) = g(x) - f(x) = 0{,}5\,x + 5 - (0{,}01\,x^3 + 0{,}05\,x^2 - 3x + 3)$$
$$= -0{,}01\,x^3 - 0{,}05\,x^2 + 3{,}5\,x + 2$$

Mit $H(x) = -\frac{1}{400}x^4 - \frac{1}{60}x^3 + \frac{7}{4}x^2 + 2x + r$, $r$ beliebig, als eine Stammfunktion von $h$ lässt sich das rechte Areal durch das folgende bestimmte Integral berechnen:

$$\int_{0}^{5} h(x)\,dx = H(5) - \mathrm{H}(0) = \frac{2405}{48} + r - (0 + r) = \frac{2405}{48} \approx 50{,}1042$$

Das rechte Areal hat eine Größe von $50{,}1042\,\text{m}^2$.

c) Für die Anschaffungskosten muss die Größe der gesamten Fläche beider Grundstücke bestimmt werden:

$A_{\text{ges}} = \frac{5395}{48} + \frac{2405}{48} = 162{,}5$,

d. h., beide Grundstücke haben zusammen einen Flächeninhalt von 162,5 m².

Da der Quadratmeterpreis bei $250 \frac{€}{\text{m}^2}$ liegt, würde die Anschaffung $162{,}5\ \text{m}^2 \cdot 250 \frac{€}{\text{m}^2}$ = 40 625,00 € kosten.

Es gibt mehrere Möglichkeiten, um eine Fläche zu berechnen, die nach oben durch den Funktionsgraphen von $f$ und nach unten durch den Graphen von g begrenzt wird. Für diese Betrachtung wird zur Vereinfachung zunächst von der Situation $0 \leq g(x) \leq f(x)$ für alle $x \in [a; b]$ ausgegangen.

Berechnet man die Fläche unterhalb des Graphen von $f$, wird genau die Fläche unterhalb des Graphen von $g$ zu viel berechnet. Das bestimmte Integral $\int_a^b g(x)\,\mathrm{d}x$, das den Wert des Flächeninhalts unterhalb der Kurve von $g$ angibt, muss von der Fläche unterhalb des Graphen von $f$ (berechnet durch das bestimmte Integral $\int_a^b f(x)\,\mathrm{d}x$) abgezogen werden (siehe Teilaufgabe a) in der Lernsituation.

Ein anderer Rechenweg ist, die Differenz der beiden Funktionen zu bestimmen. Stellt man sich das Prinzip der Unter- und Obersumme nochmals vor, so weiß man, dass dabei (infinitesimal[1]) schmale Rechteckflächen addiert werden. Die Höhe wurde bislang durch die Integrandenfunktion bestimmt. Übertragen auf die Lernsituation müssen bei der eingeschlossenen Grundstücksfläche Rechteckhöhen berücksichtigt werden, die sich durch die Differenz der beiden Funktionswerte ergeben. Dies ist auf das bestimmte Integral übertragbar. So muss für die Flächeninhaltsbestimmung in Teilaufgabe b) der Lernsituation zwischen den Graphen von $f$ und $g$ die Rechnung $\int_a^b h(x)\,\mathrm{d}x = \int_a^b f(x) - g(x)\,\mathrm{d}x$ mit $h(x) = f(x) - g(x)$ durchgeführt werden.

Verläuft die Kurve von g unterhalb der $x$-Achse wie es in Teilaufgabe b) für $x \in [1; 5]$ der Fall ist, muss die entsprechende Fläche zur Fläche unterhalb des Funktionsgraphen von $f$ addiert werden. Dies erfolgt bei $\int_a^b f(x)\mathrm{d}x - \int_a^b g(x)\mathrm{d}x$. Da die von der $x$-Achse und dem Graphen von $g$ eingeschlossene Fläche negativ orientiert ist, gilt $\int_a^b g(x)\,\mathrm{d}x < 0$ bzw. $-\int_a^b g(x)\,\mathrm{d}x > 0$.

Für die Differenz $f(x) - g(x)$ folgt mit der gleichen Überlegung wie zuvor, dass $-g(x) > 0$.

Entsprechend gilt auch für $g(x) < 0$ für alle $x \in I$ die Gleichheit von $\int_a^b f(x)\,\mathrm{d}x - \int_a^b g(x)\,\mathrm{d}x = \int_a^b f(x) - g(x)\,\mathrm{d}x$.

[1] infinitesimal = beliebig (unendlich) klein

Auch für andere Fälle, wie zum Beispiel $g(x) \leq f(x) \leq 0$ für alle $x \in [a; b]$, kann nachgewiesen werden, dass beide Berechnungsmöglichkeiten zum gleichen Ergebnis führen. Daher soll diese Erkenntnis in einem Satz festgehalten werden:

### Satz

Für zwei auf $[a; b]$ definierte Funktionen $f$ und $g$ gilt:

$$\int_a^b f(x)\,dx - \int_a^b g(x)\,dx = \int_a^b f(x) - g(x)\,dx$$

Ein Problem bei der Flächenberechnung ergibt sich allerdings dann, wenn $f(x) \leq g(x)$ und $\int_a^b f(x) - g(x)\,dx$ zu berechnen ist. Subtrahiert man wie im Satz die Funktion $g$ von $f$, sind die Differenzen negativ und die resultierende Fläche ist negativ orientiert. Wenn dies vermieden werden soll, ist ein „Kunstgriff" notwendig: Zunächst werden positiv und negativ orientierte Flächen getrennt voneinander berechnet. Gegebenenfalls müssen die Schnittstellen von $f$ und $g$ berechnet werden. Anschließend bestimmt man für jedes einzelne Flächenstück den Wert des Betrags, sodass ein negatives Ergebnis eines bestimmten Integrals ins Positive verkehrt wird.

### Merke

**Flächeninhaltsberechnung**

Schließen die Graphen der Funktionen $f$ und $g$ auf $[a; b]$ mehrere Flächenstücke ein, so sind diese getrennt voneinander durch die Integration zu bestimmen. Gegebenenfalls sind die Schnittstellen $x_{s_1}, \ldots, x_{s_n}$ der beiden Funktionen für die Integrationsgrenzen zu berechnen.

Die positiv und die negativ orientierten Flächen sind jeweils getrennt voneinander in Betrag zu setzen.

$$\text{Flächeninhalt} = \left|\int_a^{x_{s_1}} f(x) - g(x)\,dx\right| + \ldots + \left|\int_{x_{s_n}}^b f(x) - g(x)\,dx\right|$$

## AUFGABEN

**1** Berechnen Sie jeweils die Fläche, die von den Graphen von $f$ und $g$ eingeschlossen wird. Bestimmen Sie dafür die Schnittstellen der beiden Funktionen.

a) $f(x) = x^2 - 2x + 2$ und $g(x) = -2x^2 + 4x + 2$
b) $f(x) = 0{,}75x^2 - 1{,}5x - 0{,}25$ und $g(x) = -0{,}5x^2 + x + 3{,}5$
c) $f(x) = -x^2 + 5x - 2$ und $g(x) = -1{,}5x^2 + 7{,}5x - 4$
d) $f(x) = 0{,}5x^2 - 2{,}5x + 5$ und $g(x) = 1{,}5x^2 - 5{,}5x + 7$

**2** Das Unternehmen Nano möchte am Eingang des Firmengeländes einen riesigen, neugestalteten Torbogen in der Form eines modernen „*n*" errichten lassen. Der Bogen wird nach oben durch den Graphen der Funktion $f$ mit $f(x) = -\frac{3}{4}(x-2)^2 + 3{,}5$ begrenzt, nach unten durch den Graphen von $g$ mit $g(x) = -0{,}75x^2 + 3x + 0{,}5$. Der Bogen hat eine Tiefe von 0,80 Metern. Für die Kostenkalkulation möchte die Geschäftsleitung Informationen über die benötigte Betonmenge und die notwendige Farbmenge für die zu streichende Frontseite erhalten. Pro Kubikmeter Beton muss das Unternehmen mit 300,00 € rechnen; um einen Quadratmeter des Torbogens zu streichen, sind 0,6 Liter Farbe nötig; jeder Liter kostet 66,00 €.

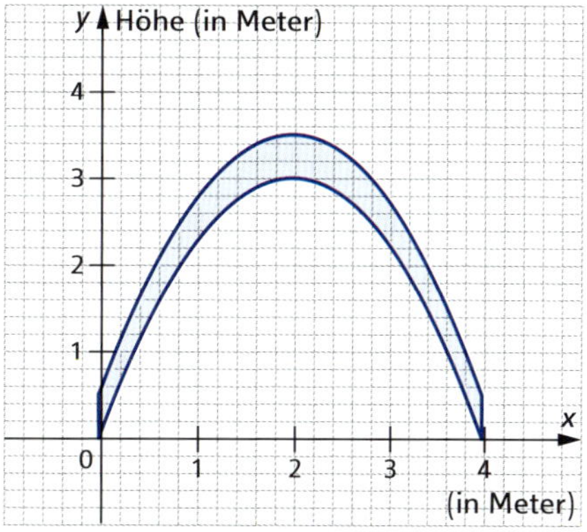


a) Berechnen Sie die Frontfläche des Torbogens, der in der Abbildung blau eingezeichnet ist.
b) Berechnen Sie, wie viel Beton (in $m^3$) für den Torbogen benötigt wird.
c) Bestimmen Sie die Kosten für den Torbogen, die durch den Kauf von Farbe und Beton verursacht werden.

**3** Das Architektenbüro W. Stein und Partner hat sich auf die Planung und Errichtung besonderer Kirchenbauten spezialisiert. Vor allem beim Bau von Kirchen mit parabelförmigem Grundriss ist das Unternehmen deutschlandweit gefragt. Aktuell hat W. Stein und Partner den Auftrag, eine Kirche in einer rheinland-pfälzischen Stadt nach dem abgebildeten Grundriss zu planen und zu bauen.

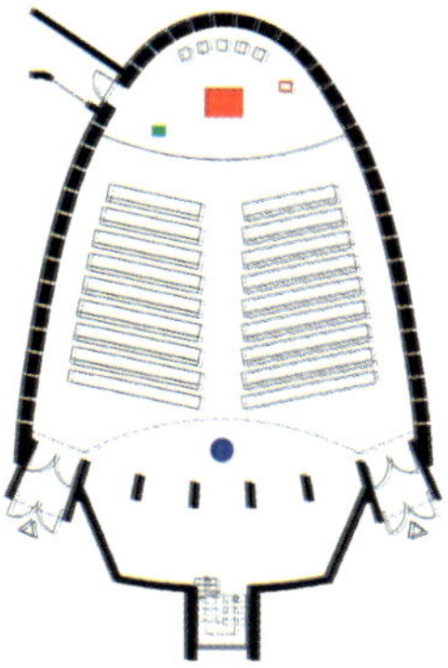

Der Boden des Altarraums soll mit besonders aufwendigen Fliesen belegt werde. Die beiden unteren Abbildungen zeigen die zu fliesenden Flächen.

Stephanie Glaske ist eine besonders ambitionierte Mitarbeiterin im Architektenbüro. Sie hat von ihrem Vorgesetzten die linke Abbildung erhalten mit der Angabe, dass der modellierte obere Parabelbogen durch die Funktionsgleichung $f(x) = -\frac{1}{2}x^2 + 5x + 10$ beschrieben werden kann. Für die untere Begrenzung des Bereichs wurde von der Geschäftsleitung eine Funktion $g$ ermittelt, die durch $g(x) = 0{,}125x^2 - 1{,}25x + 10$ darstellbar ist.

Frau Glaske hat sich zu den Angaben des Vorgesetzten ein eigenes Bild gemacht und den Altarraum ebenfalls modelliert. Mithilfe der rechten Skizze kam sie zu dem Schluss, dass sich der obere Parabelbogen durch die Funktion $a$ mit $a(x) = -0{,}5x^2 + 12{,}5$ und der untere durch $b$ mit $b(x) = \frac{1}{8}x^2 - \frac{25}{8}$ beschreiben lässt.

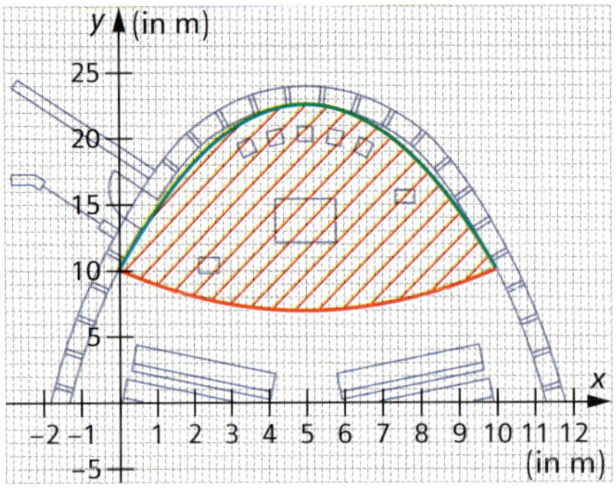


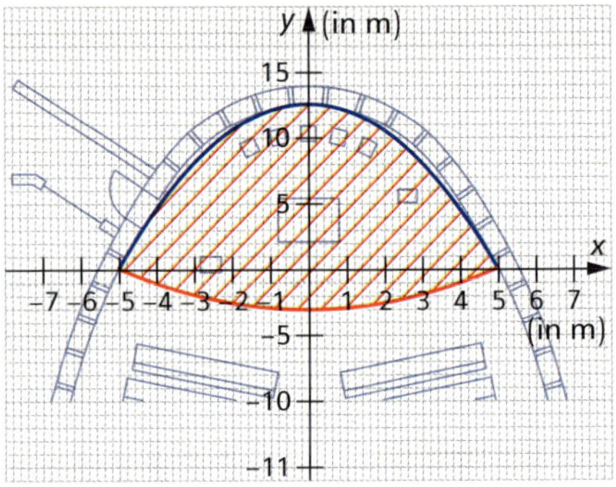


a) Berechnen Sie die Schnittstellen der beiden Funktionen $f$ und $g$.

b) Berechnen Sie $\int_0^{10} f(x)\,\mathrm{d}x$ sowie $\int_0^{10} g(x)\,\mathrm{d}x$.

c) Bestimmen Sie die schraffierte Fläche in der linken Abbildung.

d) Stephanie Glaske behauptet, die zuvor ermittelten Kurven lediglich um zehn Einheiten nach unten und um fünf Einheiten nach links verschoben zu haben. Zeigen Sie dies beispielhaft für den oberen Parabelbogen.

e) Zeigen Sie mithilfe der Integralrechnung, dass auch die Modellierung von Frau Glaske zur gleichen Flächengröße führt.

### 4.2.4 Der Nutzen der Integralfunktion bei technischen Problemstellungen

Neben dem Aufsummieren von sich permanent ändernden Erträgen oder der Berechnung von krummlinig begrenzten Flächen findet die Integralrechnung häufig auch Anwendung in der Physik.

Genauso wie sich mithilfe der Integralrechnung eine bestimmte Wasserfüllmenge eines Beckens bestimmen lässt, kann zum Beispiel auch die elektrische Ladung eines Kondensators ermittelt werden, indem das Integral des durch ihn fließenden Stroms über die Zeit bestimmt wird. Damit wird die Bedeutung der Integralrechnung für die Elektrotechnik schnell deutlich. Ebenso kann mithilfe der Integration bei gegebener Geschwindigkeit der zurückgelegte Weg eines Fahrzeuges ermittelt werden. Andersherum kann zu jedem Bremsabschnitt auf den zugehörigen Zeitpunkt und damit auf die jeweilige Geschwindigkeit geschlossen werden, indem die Integralfunktion geeignet genutzt wird.

In der folgenden Lernsituation werden die von einem Testfahrzeug zurückgelegten Strecken mithilfe der Integralrechnung berechnet. Dabei wird auch der Nutzen der Integralfunktion verdeutlicht.

## Lernsituation: Fahrtests bei MEV

Viele Unternehmen gehen dazu über, neben ihren Kernprodukten auch komplementäre[2] Güter zu verkaufen. So hat sich die Geschäftsleitung von MEV überlegt, zusätzlich zu elektrischem Strom auch E-Autos auf dem Markt anzubieten. Dazu möchte das Unternehmen Elektroautos von einem Fremdhersteller in kleinen Fertigungszahlen produzieren lassen. Die Geschäftsleitung von MEV verspricht sich davon ein Zusatzgeschäft mit einem hohen Jahresgewinn.

Der Fremdhersteller hat bereits die ersten Elektromotoren gefertigt und geprüft: Die Beschleunigung der Motoren scheint besser zu sein als bei manchem Verbrennungsmotor. Nach mehrfachen Testdurchläufen geht die Geschäftsleitung von MEV davon aus, dass zusammen mit dem künftigen Fahrzeugaufbau folgendes Zeit-Geschwindigkeits-Diagramm der Elektroautos realistisch ist:

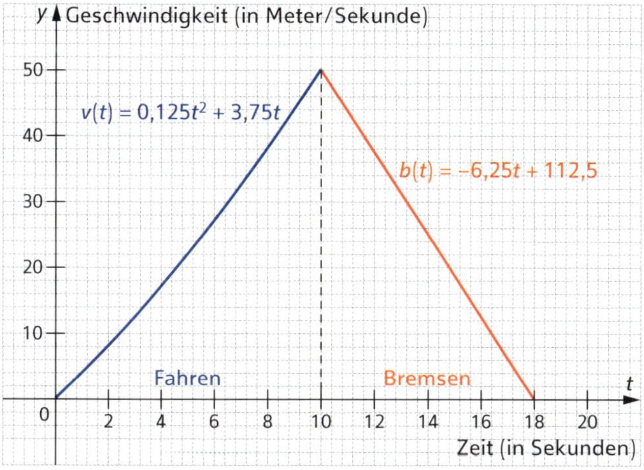


Bei Testfahrten auf einer angemieteten Teststrecke werden nach dem Start alle 100 Meter Messgeräte in der Nähe der Fahrbahn installiert. Diese sollen genauere Messwerte über das Kurvenfahrverhalten, die Beschleunigung und die Höchstgeschwindigkeit des Elektrofahrzeugs liefern.

a) Berechnen Sie die Strecke in Metern, die das Elektroauto zurücklegt, bis es eine Geschwindigkeit von 180 km/h erreicht hat.

b) Berechnen Sie für eine Geschwindigkeit von 180 km/h den gesamten Bremsweg (in Metern) des Elektrofahrzeugs.

c) Bestimmen Sie den Zeitpunkt, an dem das Fahrzeug während des Anfahrens das zweite Messgerät erreicht hat.

[2] komplementär = sich ergänzen

## Lösungen

a) Es soll die Strecke in Metern ermittelt werden, die das Elektroauto zurückgelegt hat, bis es eine Geschwindigkeit von 180 km/h erreicht hat. Dafür muss zunächst die Geschwindigkeit in Meter pro Sekunde (m/s) umgerechnet werden. Dazu:

$$180\,\frac{\text{km}}{\text{h}} = 180 \cdot \frac{1000\text{ m}}{3600\text{ s}} = 50\,\frac{\text{m}}{\text{s}}$$

Für die weitere Berechnung wird dann der Zeitpunkt ermittelt, an dem das Fahrzeug die betreffende Geschwindigkeit erreicht hat. Dafür ist die Gleichung $v(t) = 50$ zu lösen. Das Ergebnis lautet $t = -40$ oder $t = 10$. Da der Zeitpunkt in diesem Fall nur positiv sein kann, ist die relevante Lösungsmenge der Gleichung durch $L = \{10\}$ gegeben.

Mithilfe der Integralrechnung kann nun der Weg berechnet werden, da die Geschwindigkeit in m/s die Änderung des Bestandes bzw. des zurückgelegten Weges (in Metern) darstellt.

Eine Stammfunktion von $v$ ist:

$$V(t) = \frac{1}{24}t^3 + \frac{15}{8}t^2 + c,\ c \text{ beliebig}$$

Über den Hauptsatz der Differenzial- und Integralrechnung lässt sich nun der Anfahrtsweg berechnen:

$$\text{Anfahrtsweg} = \int_0^{10} v(t)\,\mathrm{d}t = V(10) - V(0) = \frac{1375}{6} + c - (0 + c) \approx 229{,}1667$$

Analog könnte die Aufgabe mithilfe der Integralfunktion $I_0$ mit

$$I_0(t) = \int_0^t \frac{1}{8}x^2 + \frac{15}{4}x\,\mathrm{d}x = \frac{1}{24}t^3 + \frac{15}{8}t^2$$

durch Einsetzen von $t = 10$ gelöst werden: $I_0(10) \approx 229{,}1667$.

Das Fahrzeug benötigt bei dem unterstellten Geschwindigkeits-Zeit-Diagramm eine Strecke von ca. 229,17 m, um auf 50 m/s bzw. 180 km/h zu beschleunigen.

b) Durch Teilaufgabe a) ist klar, dass die vorgegebene Funktion $b$ ab dem Zeitpunkt $t = 10$ zu integrieren ist. Die Integrationsobergrenze ist die Nullstelle von $b$, sodass für die Ermittlung des Bremsweges zunächst $b(t) = 0$ gelöst werden muss. Es ergibt sich, dass $t = 18$ die Lösung der Gleichung ist. Entsprechend kann nun mit $B(t) = -3{,}125\,t^2 + 112{,}5\,t + c$, $c$ beliebig, das folgende bestimmte Integral berechnet werden:

$$\text{Bremsweg} = \int_{10}^{18} b(t)\,\mathrm{d}t = B(18) - B(10) = 1012{,}5 + c - (812{,}5 + c) = 200$$

Nach dem unterstellten Diagramm hat das Fahrzeug einen Bremsweg von 200 Metern.

c) Für die Bestimmung des Zeitpunktes $b$, an dem das Fahrzeug das zweite Messgerät erreicht, muss die Integralfunktion $I_0$ von $v$ mit der gegebenen Strecke gleichgesetzt werden.

$I_0(b) = 200$

Mit der in Teilaufgabe a) gewählten Stammfunktion $V$ von $v$ und dem Hauptsatz der Differenzial- und Integralrechnung folgt:

$$I_0(b) = \int_0^b v(t)\,dt = V(b) - V(0) = 200$$

$$\Leftrightarrow \frac{1}{24}b^3 + \frac{15}{8}b^2 + c - (0 + c) = 200$$

$$\Leftrightarrow \frac{1}{24}b^3 + \frac{15}{8}b^2 - 200 = 0$$

An dieser Stelle ist die Gleichung nur mithilfe eines GTR-/CAS-Rechners oder einer Software zu lösen. Die Gleichung ist durch $b_1 = -42{,}3199$ oder $b_2 = -12{,}0740$ oder $b_3 = 9{,}3939$ mathematisch gelöst. Die Lösungen $b_1$ sowie $b_2$ sind für den Sachverhalt nicht relevant. Folglich erreicht das Elektrofahrzeug zum Zeitpunkt $b_3 = 9{,}3939$ Sekunden das zweite Messgerät.

Durch die Geschwindigkeit eines Objekts ändert sich die zurückgelegte Strecke ständig. Möchte man nun also von der Änderung $\left(\text{in } \frac{\text{m}}{\text{s}}\right)$ auf die gefahrene Strecke (in m) schließen, so kann dies durch die Integration erfolgen. Bei bekanntem Start- und Zielzeitpunkt lässt sich die zurückzulegende Strecke im Vorfeld ermitteln (siehe Lernsituation).

Ist der Zeitpunkt unbekannt, an dem ein Fahrzeug einen festgelegten Ort erreicht, so kann dieser mithilfe der bekannten Integralfunktion bestimmt werden. Beispielhaft ist dieses Vorgehen in Teilaufgabe c) der Lernsituation dargestellt worden; an dieser Stelle wird eine mögliche Vorgehensweise als Merksatz festgehalten:

**Merke**

Sind der Wert $w$ eines bestimmten Integrals und die Untergrenze $a$ bekannt, nicht jedoch die Obergrenze $b$, so kann die Obergrenze $b$ mithilfe der Integralfunktion ermittelt werden.

Dazu setzt man die Integralfunktion $I_a$ zur Integrandenfunktion $f$ mit dem Wert des bestimmten Integrals gleich:

$I_a(b) = w$

Mithilfe des Hauptsatzes der Differenzial- und Integralrechnung folgt mit einer Stammfunktion $F$:

$I_a(b) = F(b) - F(a) = w$

Nun ist lediglich die Gleichung nach $b$ aufzulösen.

## AUFGABEN

**1** Berechnen Sie für die folgenden Integralfunktionen $I_a$ zur Funktion $f$ die Stelle, an der die Integralfunktion $I_a$ den vorgegebenen Funktionswert annimmt.

a) $I_{-1}(x) = 20$ mit $f(x) = 2x + 3$
b) $I_0(x) = 21$ mit $f(x) = x^2 + 4x - 2$
c) $I_1(x) = 5{,}25$ mit $f(x) = x^3 + x$
d) $I_2(x) = 126$ mit $f(x) = 2x^3 + x$

**2** Ein Pkw-Hersteller testet seine Fahrzeuge auf einem großen Testgelände. Jedes Fahrzeug fährt mehrere Runden; eine Runde hat eine Länge von 4 km. Das abgebildete Geschwindigkeits-Zeit-Diagramm stammt aus einem Auto, bei dem der Geschwindigkeitsregler überprüft werden sollte.

a) Bestimmen Sie mithilfe der Integralschreibweise die Strecke, die das Fahrzeug in der ersten Stunde zurückgelegt hat.
b) Bestimmen Sie die Strecke, die das Fahrzeug in den vier Stunden insgesamt zurückgelegt hat.
c) Bestimmen Sie, wie viele Runden das Fahrzeug auf dem Testgelände gefahren ist.

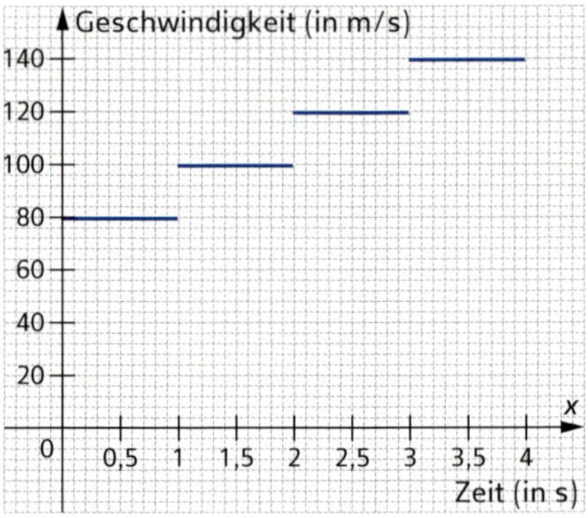


**3** Ein Hersteller von Elektroautos testet zurzeit auf einer Teststrecke die Bremsanlagen seiner Fahrzeuge. Dazu werden die Autos auf eine Geschwindigkeit von 26 Meter pro Sekunde (≙ ca. 94 km/h) hochgefahren. Bei einer Markierung werden die Fahrzeuge durch eine Vollbremsung zum Stehen gebracht. Der Testverlauf des ersten Fahrzeugs ist dem abgebildeten Geschwindigkeits-Zeit-Diagramm zu entnehmen. Zum Zeitpunkt $t = 3$ stand das Elektroauto erstmals.

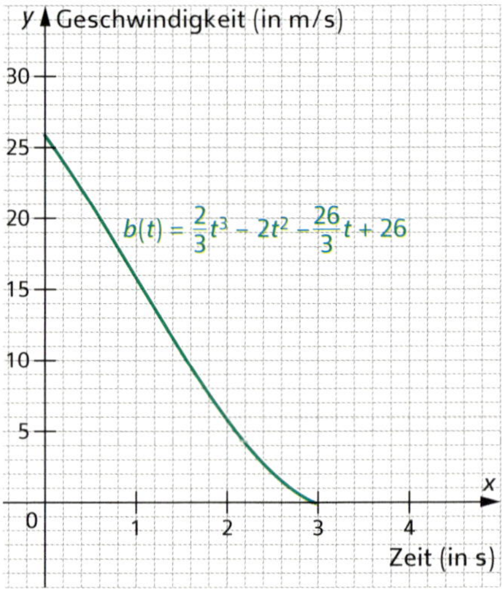


a) Berechnen Sie den Bremsweg des Elektrofahrzeugs.
b) Berechnen Sie den Bremsweg der ersten Sekunde.
c) Berechnen Sie den Zeitpunkt, an dem das Fahrzeug 32 Meter zurückgelegt hat.

### 4.2.5 Anwendung der Integralrechnung bei ökonomischen Aufgabenstellungen

Im letzten Unterkapitel wurde beispielhaft gezeigt, wie sich technische Problemstellungen mithilfe der Integralrechnung lösen lassen. Darüber hinaus findet die Integralrechnung auch in vielen anderen Bereichen wie z. B. in den Naturwissenschaften Anwendung: Bildet man beispielsweise die Temperatur in Abhängigkeit von der Zeit durch die Funktion $c$ (Celsius) ab, so lässt sich die Durchschnittstemperatur $\overline{c}$ in einem beliebigen Zeitintervall $[a; b]$ durch $\overline{c} = \frac{1}{b-a} \int_a^b c(t)\,\mathrm{d}t$ ermitteln.

Auch für die Lösung komplexer wirtschaftlicher Problemstellungen wird die Integralrechnung genutzt. Ob beim Aufsummieren einzelner Ein- und Auszahlungen oder beim Kumulieren[3] von Ersparnissen ist die Integralrechnung auch in wirtschaftlichen Zusammenhängen von Nutzen. Letzteres Beispiel beschreibt die Konsumentenrente. Der Preis eines Produktes pendelt sich auf einem Polypol[4] auf den Gleichgewichtspreis $p_G$ ein; dort stimmt die gesamtwirtschaftliche Nachfrage mit dem gesamtwirtschaftlichen Angebot überein. Alle Konsumenten, die bereit waren, mehr als den Gleichgewichtspreis zu zahlen, sparen dadurch. Summiert man alle diese Ersparnisse, erhält man die Konsumentenrente. Da dieser Begriff und die sogenannte Produzentenrente für die folgende Lernsituation relevant sind, folgt zunächst eine Definition:

#### Definition Konsumentenrente und Produzentenrente

Summiert man die Ersparnisse aller Konsumenten, die bereit wären, mehr als den Gleichgewichtspreis $p_G$ zu zahlen, erhält man die **Konsumentenrente**.

Fasst man alle Mehreinnahmen der Produzenten zusammen, die das Gut für weniger als den Gleichgewichtspreis $p_G$ angeboten hätten, erhält man die **Produzentenrente**.

In der folgenden Lernsituation werden die Konsumenten- und die Produzentenrente an einem Beispiel verdeutlicht:

[3] kumulieren (lat.) = anhäufen, ansammeln
[4] Polypol = Marktform, bei der viele Anbieter vielen Nachfragern gegenüberstehen

## Lernsituation: Vorteile für Anbieter und Nachfrager bei bestimmten Preisvorstellungen

Die Planungen für das Elektroauto von MEV schreiten gut voran. Kerstin Sander ist die Projektverantwortliche bei MEV. Sie möchte betriebswirtschaftlich genauer einschätzen, ob die Vorstellungen zum Marktpreis zutreffen oder gar übertroffen werden. Aus einer von ihr in Auftrag gegebenen Studie geht hervor, welcher Preis bei dem geplanten Fahrzeug für potenzielle Kunden infrage kommt. Diese Information kann Frau Sander der Nachfragefunktion $p_N$ mit $p_N(x) = -0{,}375x^2 - 0{,}25x + 40$ entnehmen; die Angaben für den Preis erfolgen in 1000,00 € pro Stück, die der Menge in 1000 Stück. Fasst man die Preisvorstellungen von MEV und die der Konkurrenz für baugleiche E-Autos zusammen, so erhält man die Angebotsfunktion $p_A$, die durch $p_A(x) = \frac{1}{12}x^2 + \frac{1}{3}x + 20$ gegeben ist. Die Angaben erfolgen auch hier in 1000,00 € pro Stück bzw. in 1000 Stück. Um den Sachverhalt zu veranschaulichen, hat Frau Sander die folgenden Dokumente erstellt:

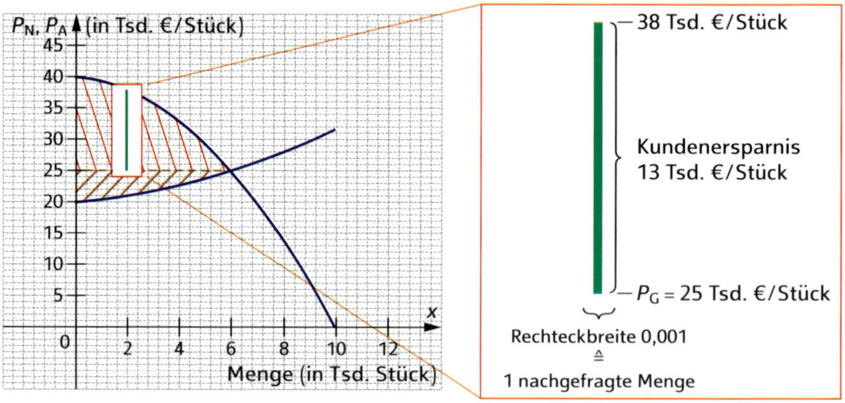


a) Berechnen Sie den Schnittpunkt von $p_N$ mit $p_A$, dessen Abszissenwert im ökonomischen Definitionsbereich liegt, und interpretieren Sie Ihr Ergebnis im Sachzusammenhang.

b) Erläutern Sie im Sachzusammenhang, welche ökonomische Bedeutungen die rot schraffierte Fläche und die Fläche des schmalen Rechtecks (siehe Vergrößerung) haben.

c) Berechnen Sie die Konsumentenrente für das Elektroauto.

d) Berechnen Sie die braun schraffierte Fläche und interpretieren Sie Ihr Ergebnis im Sachzusammenhang.

## Lösungen

a) Bevor Berechnungen auf dem ökonomischen Definitionsbereich $D_{\text{ök}}$ durchgeführt werden können, muss dieser zunächst bestimmt werden. Es gilt $x \geq 0$, weil Mengen nicht negativ sein können. Da $p_N(x) < 0$ ökonomisch nicht sinnvoll ist (es gibt keinen negativ orientierten Preis), ist die Nullstelle von $p_N$ die Obergrenze von $D_{\text{ök}}$. Es muss also zunächst $p_N(x) = 0$ berechnet werden:

$$p_N(x) = 0 \Leftrightarrow -0{,}375x^2 - 0{,}25x + 40 \overset{a-b-c\text{-Formel}}{\Leftrightarrow} x_1 = -\frac{32}{3} \text{ oder } x_2 = 10$$

Folglich ist der ökonomische Definitionsbereich durch $D_{\text{ök}} = [0; 10]$ gegeben.

Für die Schnittstelle von $p_N$ mit $p_A$ muss die Gleichung von $p_N(x) = p_A(x)$ bzw. $p_N(x) - p_A(x) = 0$ gelöst werden:

$$p_N(x) - p_A(x) = -0{,}375x^2 - 0{,}25x + 40 - \left(\frac{1}{12}x^2 + \frac{1}{3}x + 20\right) = 0$$

$$\Leftrightarrow -\frac{11}{24}x^2 - \frac{7}{12}x + 20 = 0 \Leftrightarrow x_1 = -\frac{80}{11} \notin D_{\text{ök}} \text{ oder } x_2 = 6$$

Um den relevanten Schnittpunkt zu ermitteln, muss $x_2 = 6$ in $p_N$ oder $p_A$ eingesetzt werden. Mit $p_N(6) = 25$ folgt der Schnittpunkt $MG(6|25)$. Die Abkürzung $MG$ steht für Marktgleichgewicht. Dieser besagt, dass sich der Markt bei einem Preis von 25 Tsd. € pro Stück im Gleichgewicht befindet; die gesamtwirtschaftliche Nachfrage ist dann gleich dem gesamtwirtschaftlichen Angebot.

b) Das hervorgehobene Rechteck besagt, dass die Person, die bei einem Preis von 38 Tsd. € pro Stück ein Fahrzeug nachfragt, gegenüber dem Gleichgewichtspreis 13 Tsd. € pro Stück gespart hat. Für jedes einzelne Stück, das zu einem bestimmten Preis $p$ mit $p \geq p_G$ nachgefragt wird, kann die Ersparnis durch die Fläche eines hauchdünnen Rechtecks dargestellt werden. Summiert man die einzelnen Rechteckflächen beispielsweise mithilfe der Integralrechnung auf, erhält man die Konsumentenrente; in der Abbildung ist sie durch die rot schraffierte Fläche dargestellt.

c) Zur Berechnung der Konsumentenrente müssen die begrenzenden Funktionsgraphen bekannt sein. Nach oben wird die Konsumentenrente durch den Graphen von $p_N$, nach unten durch die Waagerechte $p_G = 25$ begrenzt. Beginnend bei $x = 0$ soll nun die Fläche bis $x_G = 6$ bestimmt werden:

$$\int_0^6 p_N(x) - p_G \,dx = \int_0^6 p_N(x)\,dx - \int_0^6 p_G\,dx$$

Mit $P_N(x) = -0{,}125x^3 - 0{,}125x^2 + 40x + c$, $c$ beliebig, als eine Stammfunktion von $p_N$ sowie mit $\int_0^6 p_G\,dx = \int_0^6 25\,dx = 6 \cdot 25 + e - (0 + e) = 150 = x_G \cdot p_G$ folgt:

$$\int_0^6 p_N(x)\,dx - \int_0^6 p_G\,dx = P_N(6) - P_N(0) - 150 = 208{,}5 + c - (0 + c) - 150 = 58{,}5$$

Die **Konsumentenrente**, also die Summe aller Ersparnisse derjenigen, die bereit gewesen wären, für das Produkt mehr als den Gleichgewichtspreis zu zahlen, beträgt 58,5 Millionen €. Die Einheit „Millionen Euro" ergibt sich, da der Preis in „Tausend Euro pro Stück" und die Menge in „Tausend Stück" betrachtet wurde.

d) Zur Berechnung der braun schraffierten Fläche muss bekannt sein, was die begrenzenden Funktionsgraphen sind, und welches Intervall die Fläche nach rechts und links begrenzt. Nach oben wird die schraffierte Fläche durch die Waagerechte $p_G = 25$ begrenzt, nach unten durch den Graphen von $p_A$. Beginnend bei $x = 0$ soll die Fläche bis $x_G = 6$ bestimmt werden:

$$\int_0^6 p_G - p_A(x)\,dx = \int_0^6 p_G\,dx - \int_0^6 p_A(x)\,dx$$

Mit $P_A(x) = \frac{1}{36}x^3 + \frac{1}{6}x^2 + 20x + c$, $c$ beliebig, als eine Stammfunktion von $p_A$ sowie mit

$$\int_0^6 p_G\,dx = \int_0^6 25\,dx = 6 \cdot 25 + e - (0 + e) = 150 = x_G \cdot p_G \text{ folgt:}$$

$$\int_0^6 p_G\,dx - \int_0^6 p_A(x)\,dx = 150 - (P_A(6) - P_A(0)) = 150 - (132 + c - (0 + c)) = 18$$

In diesem Fall werden alle zusätzlichen Erlöse der Anbieter, die zuvor bereit gewesen sind, das Produkt für weniger als den Gleichgewichtspreis anzubieten, summiert. Ökonomisch spricht man von der **Produzentenrente**. Im vorliegenden Fall würden die Produzenten, die ihr Produkt für weniger als den Gleichgewichtspreis $p_G = 25\,000{,}00$ € pro Stück angeboten hätten, zusammengenommen insgesamt 18 Mio. € zusätzlich erwirtschaften.

In der Lernsituation wird deutlich, dass die Integration als Rechenoperation die Ersparnisse sämtlicher infrage kommender Kunden, die ursprünglich mehr gezahlt hätten, aufsummiert. Dabei stellt jedes einzeln nachgefragte Stück des Produktes als Anteil der gesamten möglichen Kundschaft die hauchdünne Breite eines Rechtecks dar. Die Ersparnisse werden durch die Höhe des entsprechenden Rechtecks repräsentiert.

Für die Berechnung der ökonomischen Größen der Konsumenten- und Produzentenrente wird der folgende Merksatz formuliert.

## Merke

### Berechnung der Konsumenten- und Produzentenrente

Die Konsumentenrente (KR) lässt sich ermitteln durch:

$$KR = \int_0^{x_G} p_N(x) - p_G\,dx \underbrace{=}_{\text{oder}} \int_0^{x_G} p_N(x)\,dx - x_G \cdot p_G$$

Die Produzentenrente (PR) lässt sich ermitteln durch:

$$PR = \int_0^{x_G} p_G - p_A(x)\,dx \underbrace{=}_{\text{oder}} x_G \cdot p_G - \int_0^{x_G} p_A(x)\,dx$$

Der Umstand, dass es sowohl bei der Konsumentenrente als auch bei der Produzentenrente zwei mögliche Berechnungsvarianten gibt, ist einfach erklärt:

Nach den in einem Satz festgehaltenen Überlegungen zur Integralrechnung gilt:

$$\int_a^b f(x) - g(x)\,dx = \int_a^b f(x)\,dx - \int_a^b g(x)\,dx$$

Da $\int_0^{x_G} p_G\,dx = x_G \cdot p_G$ ist, folgt entsprechend die Gleichheit.

Eine geometrische Deutung ist auch möglich, wenn man sich vorstellt, dass durch $x_G \cdot p_G$ die Fläche eines Rechtecks mit der Breite $x_G$ und der Höhe $p_G$ berechnet wird.

## AUFGABEN

**1** Figuren aus Überraschungspackungen für Kinder werden gerne auf Börsen gehandelt. Bei der Figur Flum stehen sich viele Anbieter und ebenso viele Nachfrager gegenüber. Für die Nachfrage nach Flum in Mengeneinheiten (1 ME ≙ 100 Stück) ergibt sich der folgende beispielhafte Tabellenauszug:

| Nachgefragte Menge in ME | 1 | 2 | 3 | 4 | 5 |
|---|---|---|---|---|---|
| Preis[5] in GE/ME | 25 | 22 | 17 | 10 | 1 |

Die Anbieter reagieren deutlich intensiver, der Verlauf der Angebotskurve ist überproportional wie bei einer Parabel zweiter Ordnung. Entsprechend ist die Gleichung der Angebotsfunktion $p_A$ von Flum durch $p_A(x) = 0{,}5x^2 + 2$ gegeben. In der Abbildung sind die Graphen der Nachfrage- und der Angebotsfunktion zu sehen.

Die Börsenbetreiber haben Interesse daran, dass möglichst viele Figuren verkauft werden. Auch die Anbieter sollen zufrieden gestellt werden, damit sie bei der nächsten Veranstaltung erneut Figuren anbieten.

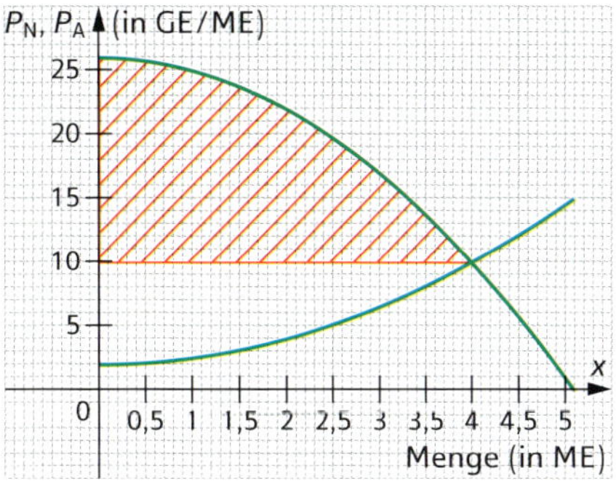


a) Bestätigen Sie durch Einsetzen der gegebenen Abszissenwerte, dass die Gleichung der Nachfragefunktion $p_N$ durch $p_N(x) = 26 - x^2$ gegeben ist.
b) Erläutern Sie die Bedeutung der schraffierten Fläche in der Abbildung im Sachzusammenhang.
c) Berechnen Sie die Konsumentenrente.
d) Berechnen Sie die Produzentenrente.

[5] GE/ME = Geldeinheit pro Mengeneinheit

**2** Ein Hersteller für Schreibgeräte plant, eine limitierte Gold-Edition des beliebten Kugelschreibers PEN herzustellen und diese kostenlos als Werbung an eine ausgewählte Kundschaft zu verschicken. Unterschiedliche Kundenreaktionen auf die alte Edition sowie eine Umfrage haben ergeben, dass die Gold-Edition auf eine Nachfrage stößt, die sich in Abhängigkeit von der Menge in Mengeneinheiten (ME) an der Nachfragefunktion $p_N$ mit $p_N(x) = -0{,}5x^2 + 98$ orientiert, $p_N$ in Geldeinheiten pro Mengeneinheit (GE/ME). Der Funktionsgraph $p_N$ sowie die Ersparnis der ausgewählten Kunden ist in der Abbildung dargestellt.

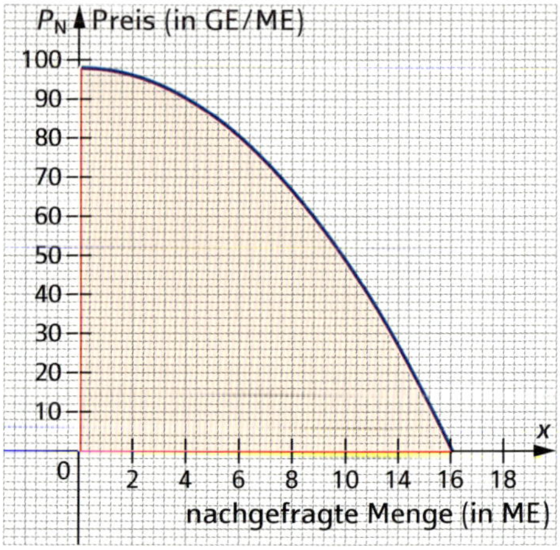


a) Bestimmen Sie die gesamte Ersparnis der Kunden, die bereit gewesen wären, für die Gold-Edition zu zahlen.

Der Hersteller kann die entstehenden Kosten für die Gold-Edition aufgrund einer schwierigen wirtschaftlichen Lage nicht kompensieren. Daher hat sich die Unternehmensleitung dazu entschieden, die Kugelschreiber der Gold-Edition für $p = 26$ GE/ME zu verkaufen. Einige Kunden werden das Produkt zwar nicht mehr für diesen Preis haben wollen, andere Kunden wären aber bereit, sogar noch mehr zu bezahlen. Die Situation wird mit dem Graphen der ursprünglichen Nachfragefunktion $p_N$ in der unteren Abbildung veranschaulicht.

b) Bestimmen Sie die gesamten Ersparnisse der Kunden, die bereit gewesen wären, für die Gold-Edition mindestens 26 GE/ME zu zahlen.

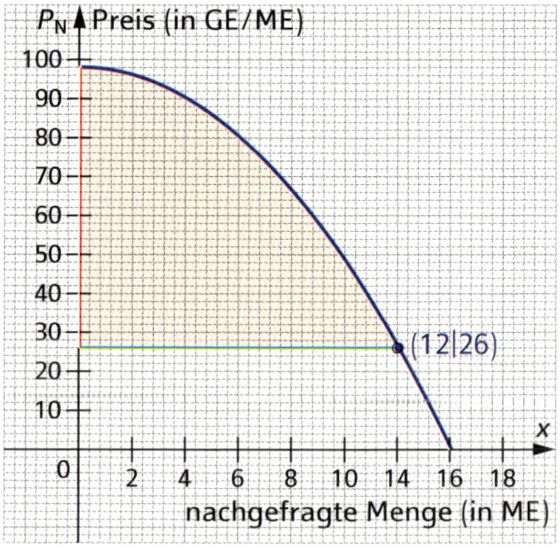

**3** Europaweit ist der Markt für HD-Monitore hart umkämpft. Fasst man das Angebot aller Produzenten dieser Monitore zusammen, so erhält man für Osteuropa die kumulierte[6] Angebotskurve $p_A$ mit $p_A(x) = 0{,}2\ (x + 1)^2 + 7$. Die kumulierte Kundennachfrage in Osteuropa lässt sich durch $p_N$ mit $p_N(x) = 16 - 0{,}25\ x^2$ annähern.

a) Zeigen Sie, dass sich auf dem Markt ein Gleichgewichtspreis von 12 Geldeinheiten pro Mengeneinheit (GE/ME) einstellt.

b) Zeichnen Sie in ein gemeinsames Koordinatensystem die Kurven der Angebots- und der Nachfragefunktion in [0; 8] ein. Kennzeichnen Sie in Ihrer Zeichnung die Konsumentenrente und die Produzentenrente.

c) Berechnen Sie die Konsumenten- und die Produzentenrente. Erläutern Sie, für wen (Produzenten oder Konsumenten) der Nutzen des Marktpreises am größten ist.

[6] kumulieren (lat.) = anhäufen, ansammeln

## 4.3 Zusammenfassung

- Für eine auf *[a; b]* definierte Funktion *f* ordnet das **bestimmte Integral**

  $$\int_a^b f(x)\mathrm{d}x$$

  der Funktion *f* einen Zahlenwert zu, den man als Summe der orientierten Flächen, d. h. es kann sowohl positive als auch negative Flächeninhalte geben, interpretieren kann. Das Integral wird durch den Graphen von *f*, durch die beiden senkrechten Grenzen $x_1 = a$ und $x_2 = b$ und durch die *x*-Achse eingeschlossen.

  Die Funktion $f(x)$ wird als **Integrandenfunktion**, das Intervall $[a; b]$ als **Integrationsbereich** und die Variable *x* als **Integrationsvariable** bezeichnet. Das Kürzel d*x* hat keine mathematische Bedeutung; es deutet das Differenzial auf der *x*-Achse an.

- Ist bei der Berechnung eines Flächenstücks das bestimmte Integral negativ, so spricht man von einem **negativ orientierten Flächeninhalt**.

  Ist bei der Berechnung eines Flächenstücks das bestimmte Integral positiv, so spricht man von einem **positiv orientierten Flächeninhalt**.

  Das bestimmte Integral ist eine **Flächenbilanz** von möglichen positiv und negativ orientierten Flächen.

- Für eine auf $[a; b]$ mit $a < c < b$, *k* beliebig, definierte Funktion *f* gilt:

  $$\int_a^c f(x)\,\mathrm{d}x + \int_c^b f(x)\,\mathrm{d}x = \int_a^b f(x)\,\mathrm{d}x$$

  $$k \cdot \int_a^b f(x)\,\mathrm{d}x = \int_a^b k \cdot f(x)\,\mathrm{d}x$$

- Die **Untersumme**[3] $\boldsymbol{U_n(f)}$ einer Funktion *f* in einem Intervall $[a; b]$ ist die Summe aller nebeneinander gereihten *n* Rechteckflächen, die auf dem Intervall $[a; b]$ aufgeteilt sind und alle unterhalb der Kurve von *f* die jeweils maximale Höhe annehmen.

  Und:

  Sei das Intervall $[a; b]$ in *n* gleiche Teile aufgeteilt. Die sich ergebenden gleich großen Teilintervalle seien $I_1, I_2, \ldots, I_n$.
  Dann gilt für die **Untersumme** $\boldsymbol{U_n(f)}$ einer auf $[a; b]$ definierten Funktion *f*:

  $$U_n(f) = \underbrace{\frac{b-a}{n}}_{\text{Rechteckbreite}} \cdot \underbrace{\left(\min_{x \in I_1} f(x) + \min_{x \in I_2} f(x) + \ldots + \min_{x \in I_n} f(x)\right)}_{\text{Rechteckhöhen}}$$

---

[7] Der Ausdruck $\min_{x \in I} f(x)$ liefert den kleinesten Funktionswert von *f* für alle Abszissenwerte *x*, die in dem Intervall *I* liegen.

- Die **Obersumme $O_n(f)$** einer Funktion $f$ in einem Intervall $[a; b]$ ist die Summe aller nebeneinander gereihten $n$ Rechteckflächen, die auf dem Intervall $[a; b]$ aufgeteilt sind und alle oberhalb der Kurve von $f$ die jeweils minimale Höhe annehmen.

  Und:

  Sei das Intervall $[a; b]$ in $n$ gleiche Teile aufgeteilt. Die sich ergebenden gleich großen Teilintervalle seien $I_1, I_2, ..., I_n$.

  Für die **Obersumme $O_n(f)$** einer auf $[a; b]$ definierten Funktion $f$ gilt:[4]

  $$O_n(f) = \frac{b-a}{n} \cdot \left(\max_{x \in I_1} f(x) + \max_{x \in I_2} f(x) + \ldots + \max_{x \in I_n} f(x)\right)$$

- **Einschachtelung durch die Unter- und Obersumme:**

  Für eine auf $[a; b]$ definierte Funktion $f$ und $n \in \mathbb{N}$ gilt:

  $$U_n(f) \leq \int_a^b f(x)\,\mathrm{d}x \leq O_n(f)$$

- **Das bestimmte Integral als Grenzwert von Unter- und Obersumme:**

  Ist für eine auf $[a; b]$ definierte Funktion $f$ der Grenzwert der Untersumme gleich dem Grenzwert der Obersumme für $n$ Rechtecke mit $n \to \infty$, so gilt für das bestimmte Integral von $f$ in den Grenzen von $x = a$ bis $x = b$:

  $$\lim_{n \to \infty} U_n(f) = \int_a^b f(x)\,\mathrm{d}x = \lim_{n \to \infty} O_n(f)$$

- Für eine auf $[a; b]$ definierte Funktion $f$ heißt $I_a$ eine **Integralfunktion** von $f$ zur unteren Grenze $a$, wenn sie jeder Stelle $x$ den Wert des bestimmten Integrals $\int_a^x f(t)\,\mathrm{d}t$ zuordnet, $a \leq x \leq b$.

- **Beziehung einer Integralfunktion zu seiner Integrandenfunktion:**

  Für die Integralfunktion von $f$ zur unteren Grenze $a$ gilt:

  $I_a'(x) = f(x)$ bzw. $I_a'(t) = f(t)$.

- Eine auf $[a; b]$ differenzierbare Funktion $F$ heißt **Stammfunktion** von $f$, wenn gilt:

  $F'(x) = f(x)$

---

[8] Der Ausdruck $\max\limits_{x \in I} f(x)$ liefert den größten Funktionswert von $f$ für alle Abszissenwerte $x$, die in dem Intervall $I$ liegen.

- **Ermittlung von Stammfunktionen bei ausgewählten Funktionenklassen:**
  Für eine auf $[a; b]$ definierte Funktion $f$ bildet man eine Stammfunktion $F$, indem man
  - die Differenzierung umkehrt und
  - eine Konstante $c$, die dem Sachverhalt nach einen konkreten Wert annehmen kann, addiert.

  Für eine beliebige Konstante $c$ gibt die Tabelle Beispiele an:

| | |
|---|---|
| Für eine **ganzrationale Funktion *f*** mit<br>erhält man eine **Stammfunktion** der Form: | $f(x) = a \cdot x^n;\ n \in \mathbb{N}$<br>$F(x) = a \cdot \frac{1}{n+1} x^{n+1} + c$ |
| Für eine **gebrochen-rationale Funktion *f*** mit der Gleichung<br>erhält man für $z = 1$ eine **Stammfunktion** der Form:<br>und für $z \geq 2$ eine **Stammfunktion** der Form: | $f(x) = \frac{a}{x^z} = a \cdot x^{-z};\ z \in \mathbb{N}$<br>$F(x) = a \cdot \ln\lvert x\rvert + c$<br>$F(x) = a \cdot \frac{1}{1-z} \cdot x^{1-z} + c$ |
| Für eine **Exponentialfunktion *f*** der Gleichung<br>erhält man eine **Stammfunktion** der Form: | $f(x) = a \cdot e^x$<br>$F(x) = a \cdot e^x + c$ |
| Für eine **trigonometrische Funktion *f*** bzw. ***g*** mit<br>erhält man eine **Stammfunktion** der Form: | $f(x) = a \cdot \sin x$ bzw. $g(x) = a \cdot \cos x$<br>$F(x) = -a \cdot \cos x + c$ bzw. $G(x) = a \cdot \sin x + c$ |

- **Hauptsatz der Differenzial- und Integralrechnung:**
  Ist $F$ eine Stammfunktion einer auf $[a; b]$ definierten Funktion $f$, so gilt:
  $$\int_a^b f(x)\,dx = F(b) - F(a)$$

- Für zwei auf $[a; b]$ definierte Funktionen $f$ und $g$ gilt:
  $$\int_a^b f(x)\,dx - \int_a^b g(x)\,dx = \int_a^b f(x) - g(x)\,dx$$

- **Flächeninhaltsberechnung:**

  Schließen die Graphen der Funktionen $f$ und $g$ auf $[a; b]$ mehrere Flächenstücke ein, so sind diese getrennt voneinander durch die Integration zu bestimmen. Gegebenenfalls sind die Schnittstellen $x_{s_1}, \ldots, x_{s_n}$ der beiden Funktionen für die Integrationsgrenzen zu berechnen.

  Die positiv und die negativ orientierten Flächen sind jeweils getrennt voneinander in Betrag zu setzen.
  $$\text{Flächeninhalt} = \left| \int_a^{x_{s_1}} f(x) - g(x)\,dx \right| + \ldots + \left| \int_{x_{s_n}}^b f(x) - g(x)\,dx \right|$$

- Die **Konsumentenrente** (KR) lässt sich ermitteln durch:

$$KR = \int_0^{x_G} p_N(x) - p_G \, dx \overset{\text{oder}}{=} \int_0^{x_G} p_N(x) \, dx - x_G \cdot p_G$$

- Die **Produzentenrente** (PR) lässt sich ermitteln durch:

$$PR = \int_0^{x_G} p_G - p_A(x) \, dx \overset{\text{oder}}{=} x_G \cdot p_G - \int_0^{x_G} p_A(x) \, dx$$

## 4.4 Vermischte Aufgaben

**1** Bestimmen Sie für die Abbildung die folgenden bestimmten Integrale.

a) $\int_{1}^{3} f(x)\,dx$  b) $\int_{-1}^{1} f(x)\,dx$

c) $\int_{-1}^{4} f(x)\,dx$  d) $\int_{0}^{2} g(x)\,dx$

e) $\int_{2}^{3} g(x)\,dx$  f) $\int_{-1}^{1} g(x)\,dx$

g) $\int_{2}^{4} f(x) - g(x)\,dx$  h) $\int_{-1}^{0} f(x) - g(x)\,dx$

i) $\int_{1}^{3} f(x) - g(x)\,dx$

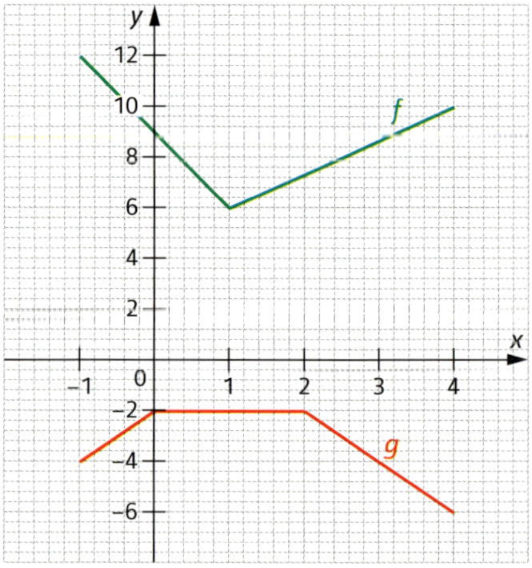


**2** Geben Sie zwei bestimmte Integrale zur abgebildeten Funktion $f$ an, deren Flächenbilanz 0 ist.

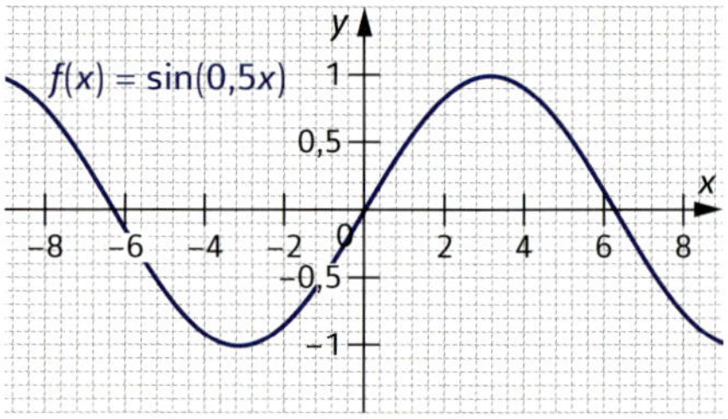


**3** Bestimmen Sie mithilfe der Abbildungen die Untersumme $U_8(f)$ sowie die Obersumme $O_8(f)$.

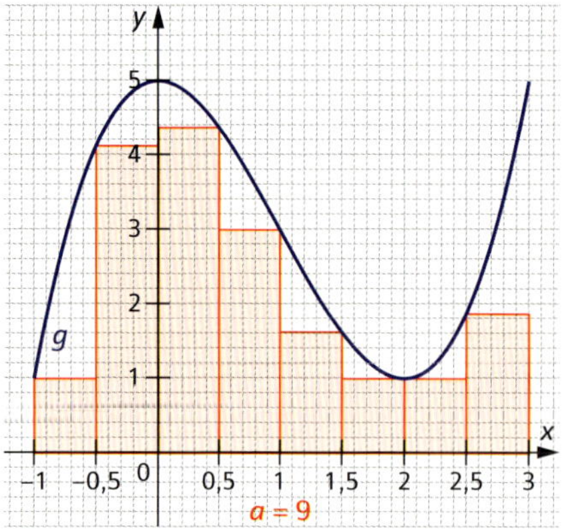


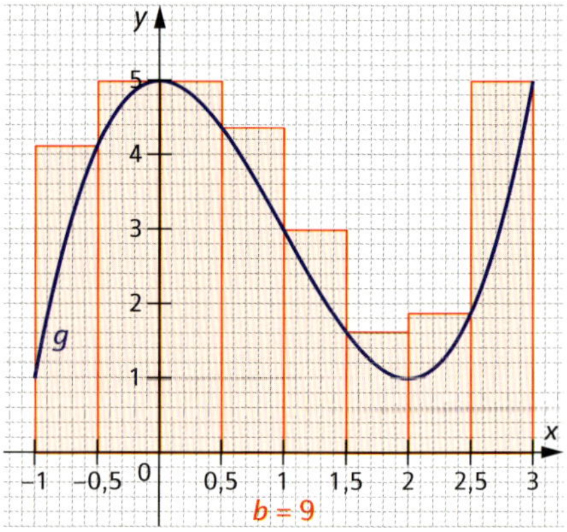

**4** In der Abbildung von Aufgabe 3 ist der Graph der Funktion $f$ mit $f(x) = x^3 - 3x^2 + 5$ dargestellt. Berechnen Sie nun mithilfe der Funktion $f$ die Untersumme $U_8(f)$ sowie die Obersumme $O_8(f)$.

**5** Zeigen Sie jeweils, dass F eine Stammfunktion von $f$ ist.

a) $F(x) = 12x^3 - 2x^2 + 3x + 1$; $\quad f(x) = 36x^2 - 4x + 3$
b) $F(x) = 3x^4 + 5$; $\quad f(x) = 12x^3$
c) $F(x) = 30x^2 + 7x - 3$; $\quad f(x) = 60x + 7$
d) $F(x) = -14x^5 - 3x^3 - 17$; $\quad f(x) = -70x^4 - 9x^2$
e) $F(x) = \frac{2}{x} + 3$; $\quad f(x) = -\frac{2}{x^2}$
f) $F(x) = -\frac{4}{x^2} + \frac{3}{x} - 5x - 7$; $\quad f(x) = \frac{8}{x^3} - \frac{3}{x^2} - 5$
g) $F(x) = -\sin x + 4x - 5$; $\quad f(x) = -\cos x + 4$
h) $F(x) = 2\cos x - 50$; $\quad f(x) = -2\sin x$

**6** Ermitteln Sie für jede Funktion $f$ eine Stammfunktion $F$.

a) $f(x) = 3x^2 - 4x + 5$
b) $f(x) = 4x^4 - 3x^2 + 7x - 1$
c) $f(x) = -5x^7 + 3x^4 - 2$
d) $f(x) = 12x^5 - x^3 + 7$
e) $f(x) = -5x^9 - 6x^2 + 2x + 2$
f) $f(x) = \frac{2}{x^2}$
g) $f(x) = -\frac{3}{x^4} + 3$
h) $f(x) = -3\sin x$

**7** Marie ist Ingenieurin bei einem namhaften Autohersteller. Eine ihrer Aufgaben ist es, sogenannte Erlkönige Probe zu fahren und zu testen. Erlkönige sind neu entwickelte Fahrzeuge, die der Öffentlichkeit noch nicht vorgestellt wurden. Für die Testfahrten sind die Fahrzeuge mit unterschiedlichen Messgeräten, die beispielsweise die Geschwindigkeit in Abhängigkeit von der Zeit messen, ausgestattet.

Das abgebildete Geschwindigkeits-Zeit-Diagramm wurde aufgezeichnet, als Marie mit einem neuen Testfahrzeug nach dem Stopp vor der Einfahrtsschranke in ein Parkhaus einfuhr. Es zeigt die Geschwindigkeit ihres Fahrzeugs, bis sie es zum Zeitpunkt $t = 8$ Sekunden auf einem naheliegenden Parkplatz abstellen konnte.

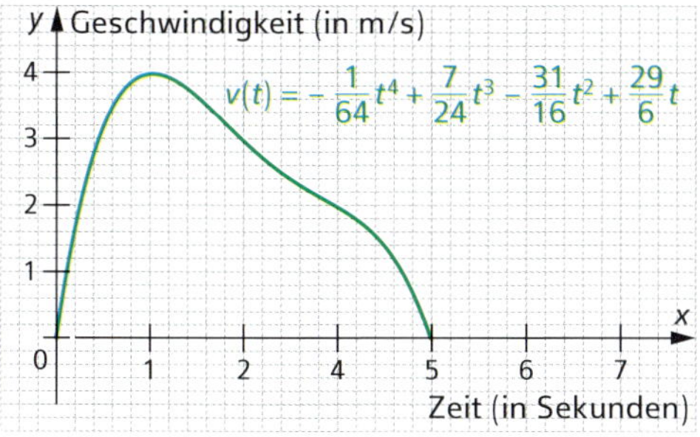

a) Berechnen Sie den Weg des Erlkönigs von der Einfahrt in das Parkhaus bis zum Finden des Parkplatzes nach acht Sekunden.
b) Das Fahrzeug hat einen von der Einfahrt zehn Meter entfernten Pfeiler gerammt. Berechnen Sie, mit welcher Geschwindigkeit (in Metern pro Sekunde) das Fahrzeug das Hindernis gerammt hat.

**8** Die Jewellery GmbH stellt modischen Schmuck her. Das Premiumprodukt, die Perlenkette „Shine“, erfreut sich großer Beliebtheit. Für das Produkt werden unterschiedlich große Perlen verarbeitet, die aus kontrollierten Zuchtbetrieben stammen.

Die Nachfrage nach der Kette „Shine“ richtet sich nach der Funktion $p_N$, wobei jeder nachgefragten Menge $x_N$ in Mengeneinheiten (ME) ein zugehöriger Preis $p_N(x_N)$ in Geldeinheiten pro Mengeneinheit (GE/ME) zugeordnet wird. Bevor sich die Marktverhältnisse für „Shine“ bei einem Preis von $p_G = 9$ GE/ME stabilisiert haben, orientierte sich die Geschäftsführung der Jewellery GmbH an der Gleichung von $p_N$, die durch $p_N(x) = -\frac{1}{4}(x + 2)^2 + 25$ gegeben ist.

a) Bestimmen Sie $D_{ök}(p_N)$ und berechnen Sie die Gleichgewichtsmenge für die Kette „Shine“.

b) Zeigen Sie, dass die Konsumenten, die bereit gewesen wären, mehr für die Kette „Shine“ zu zahlen, insgesamt 54 GE gespart haben.

Den internationalen Markt konnte die Jewellery GmbH für die Kette „Shine“ in zwei Teilmärkte aufteilen. Auf diese Weise können Nachfrager bedient werden, die bereit sind, einen höheren Preis als den Gleichgewichtspreis für „Shine“ zu zahlen. Dies sind insbesondere Nachfrager aus englischen Adelshäusern, die einen Preis von 18,75 GE/ME bezahlen würden.

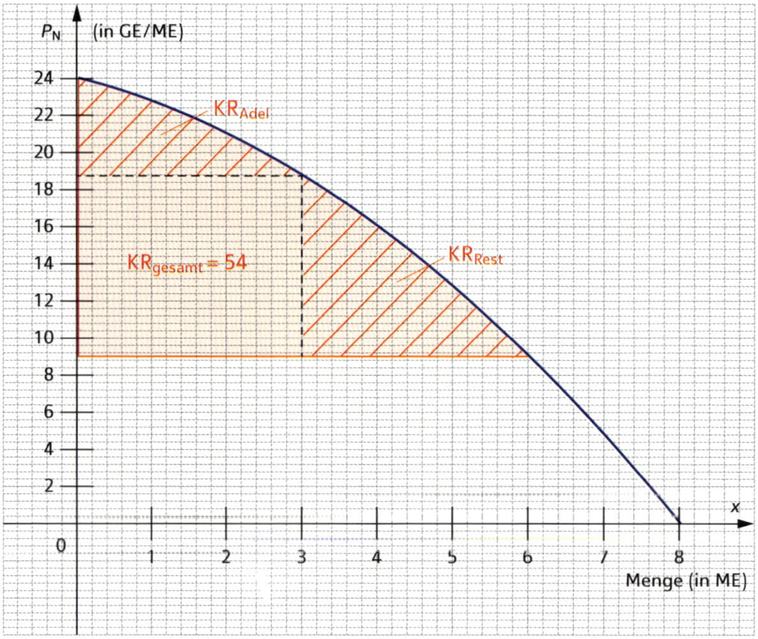


c) Bestimmen Sie für die Kette „Shine“ die Menge, die bei einem Preis von 18,75 GE/ME nachgefragt wird.

d) Bestimmen Sie die neue gesamte Konsumentenrente, die sich durch die Aufteilung des Marktes ergeben hat (siehe schraffierte Fläche in der Abbildung).

**9** Eine Brücke über einen Fluss soll auf einem parabelförmigen Bogen aus Stahlbeton ruhen. Der Bogen wird durch die Funktionen $f(x) = -0{,}2x^2 + 3{,}2x - 5{,}6$ und $g(x) = -\frac{1}{8}x^2 + 2x$ begrenzt (vgl. Abbildung, eine Einheit = 1 m). Wie viele Kubikmeter Beton werden benötigt, um den Bogen zu fertigen wenn der Bogen 4 Meter breit sein soll? Schätzen Sie die Fläche zunächst durch Abzählen der Quadrate ab.

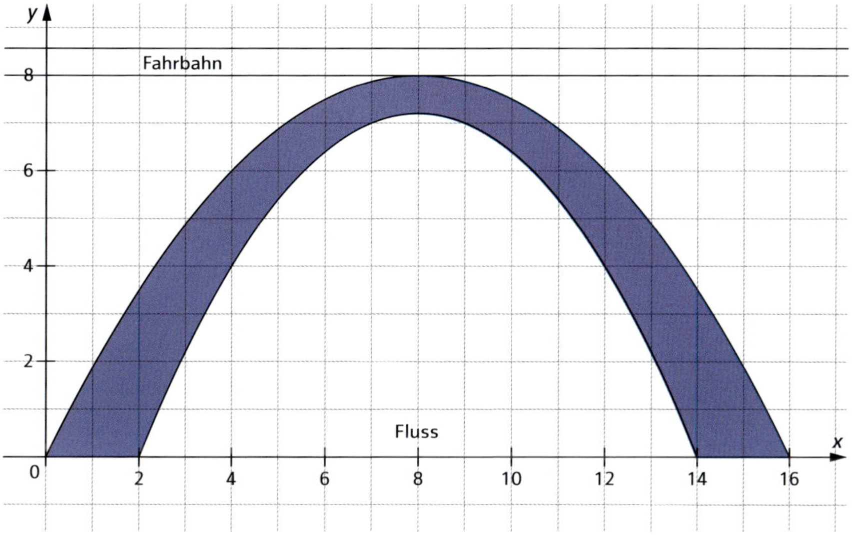


**10** Um Baumaterial zu sparen, bauten die Römer ihre Aquädukte nicht auf massiven Mauern, sondern bogenförmig (Kreisbögen bzw. Parabelbögen). Im unten dargestellten Beispiel sind die Bögen beschrieben durch die Funktionen $f_1(x) = -\frac{2}{3}x^2 + 8$, $f_2(x) = -\frac{2}{3}(x-7)^2 + 8$ und $f_3(x) = -\frac{2}{3}(x-14)^2 + 8$. Wie viel Material (in Prozent) wird in diesem Fall gespart?

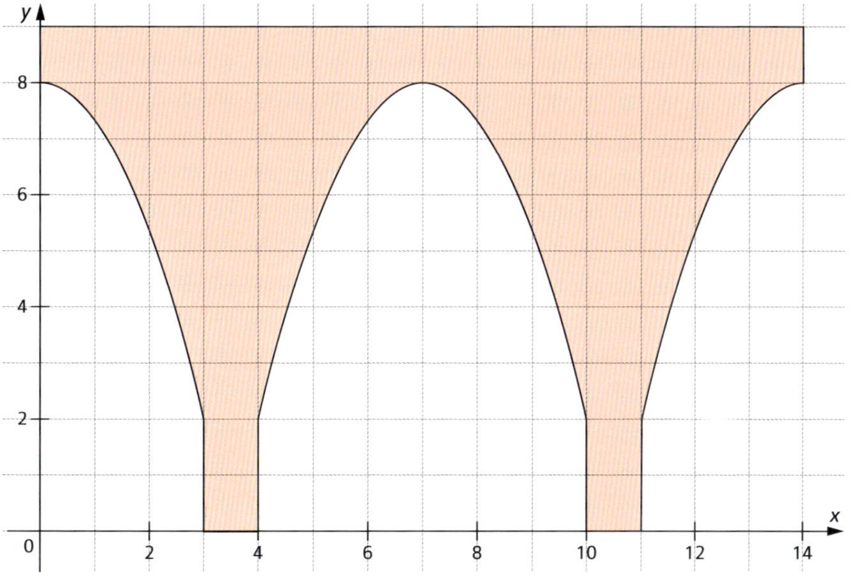

**11** Der Absatz eines bestimmten Produktes entwickelte sich gemäß der Produktlebenszyklusfunktion $A(x) = 0{,}25x^4 - 4x^3 + 16x^2$ wobei $x$ die Zeit in Jahren und $A(x)$ die Absatzmenge pro Jahr angeben.

a) Wie hoch war der gesamte Absatz während der acht Jahre bis zum Ausscheiden aus dem Markt?
b) Wie hoch war der jährliche Absatz im Durchschnitt?
c) Warum gibt $A(1)$ nicht den Absatz des ersten Jahres an? Wie hoch war der Absatz im ersten Jahr?
d) Geben Sie den durchschnittlichen jährlichen Absatz der letzten drei Jahre vor dem Ausscheiden aus dem Markt an.

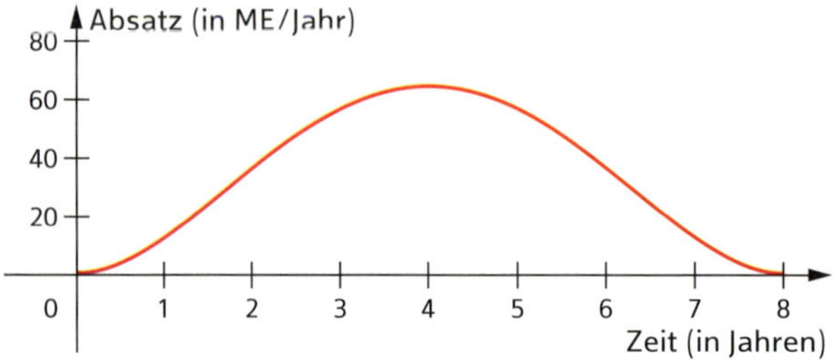


**12** Herr Walter hat auf dem Dach seiner Garage eine Photovoltaik-Anlage installiert, die aus der Sonneneinstrahlung Strom erzeugt. Je senkrechter die Sonnenstrahlen auf die Kollektoren treffen, desto größer ist der Energieertrag. Den produzierten Strom speist der Hausbesitzer ins öffentliche Stromnetz ein und bekommt dafür eine Vergütung von 43,01 Cent pro Kilowattstunde.

An einem wolkenlosen Sommertag produzierte die Anlage Strom gemäß der Funktion $f(x) = \frac{125}{128}x^4 - \frac{125}{4}x^3 + 250x^2$. Dabei gibt $x$ die Zeit nach Sonnenaufgang (in Stunden) an und $f(x)$ die momentane Leistung der Anlage zum Zeitpunkt $x$ (in Watt).

a) Berechnen Sie, wie viel Strom in den 16 Stunden bis Sonnenuntergang produziert wird. Mit welchen Betrag wird diese Strommenge vergütet?
b) Der Stromertrag kann optimiert werden, wenn die Halterungen der Kollektoren automatisch auf die Sonne ausgerichtet werden. Der Ertrag wäre dann durch die Funktion $g(x) = 1{,}368x^4 - 43{,}8x^3 + 350x^2 + 400$ beschrieben.
Wie viel Euro mehr könnte Herr Walter an einem wolkenlosen Sommertag verdienen, wenn er die oben beschriebenen nachführenden Halterungen installieren würde?

**13** Die Geschwindigkeit eines Flugzeugs zwischen dem Start (Zeitpunkt 0) und der Landung (Zeitpunkt 1,9) ist durch die folgende stückweise definierte Funktion gegeben:

$$f(x) = \begin{cases} -14\,500x^2 + 5800x + 200 & 0 \le x < 0{,}2 \\ 780 & 0{,}2 \le x < 1{,}5 \\ -3625x^2 + 10\,875x - 7376 & 1{,}5 \le x < 1{,}9 \end{cases}$$

Die Funktion gibt an mit welcher Geschwindigkeit $f(x)$ (in km/h) sich die Maschine zum Zeitpunkt $x$ (in Stunden nach dem Start) bewegt.
Welchen Weg legt das Flugzeug zurück?

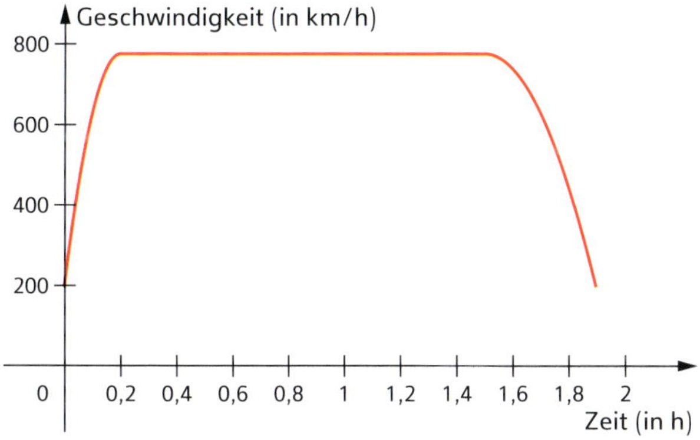

# Glossar ökonomischer Begriffe

| | |
|---|---|
| (Angebots-)Monopol | Marktform mit nur einem Anbieter. |
| Angebotsfunktion | $p_a(x)$; beschreibt das Verhalten der Anbieter im Polypol. |
| Betriebsminimum | Menge, bei der die variablen Stückkosten minimal sind, bzw. Schnittstelle von $k_v(x)$ und $K'(x)$. |
| Betriebsoptimum | Menge, bei der die Stückkosten minimal sind bzw. Schnittstelle von $k(x)$ und $K'(x)$. |
| Cournotscher Punkt | Gibt an, bei welcher Menge und welchem Stückpreis der Monopolist den maximalen Gewinn erzielt. |
| Degressiver Kostenverlauf | Die Kostenfunktion ist rechtsgekrümmt, die Grenzkosten fallen, Kosten steigen unterproportional |
| Differenzialkosten | Siehe Grenzkosten |
| Erlöse, Erlösfunktion | $E(x)$; Erlöse („Einnahmen") beim Verkauf eines Produktes, berechnet als Produkt von Menge und Stückpreis. |
| Erlösmaximum | Maximum der Erlösfunktion |
| Ertragsgesetzliche Kostenfunktion | Kostenfunktion mit einem besonderen (s-förmigen)Verlauf. Funktion dritten Grades mit Wendepunkt, aber ohne Extrema |
| Fixe Stückkosten | $k_f(x) = \frac{K_f}{x}$; Fixkosten auf die Menge $x$ bezogen. |
| Fixkosten | $K_f$; Anteil der Kosten, die unabhängig von der Menge sind. |
| Geldeinheiten | GE; Oberbegriff, kann stehen für: Euro, Dollar, Yen etc. Oftmals zur Vereinfachung: z.B. 1 GE entspricht 10.000 €. |
| Geldeinheiten pro Mengeneinheit | GE/ME; GE bezogen auf eine ME. Wird benötigt bei der Angabe von Preisen oder auch den Kosten pro Stück. Kann z.B. Euro pro Stück bedeuten. |
| Gewinne, Gewinnfunktion | $G(x) = E(x) - K(x)$; Gewinne beim Verkauf eines Produktes; Differenz von Erlös und Kosten |
| Gewinngrenze | Produktionsmenge, bis zu der noch kein Verlust erzielt wird. Nullstelle der Gewinnfunktion. |
| Gewinnmaximale Menge | Produktionsmenge, bei der der Gewinn am höchsten ist. $x$-Wert des Hochpunktes von $G(x)$. |
| Gewinnmaximum | Maximum der Gewinnfunktion |
| Gewinnschwelle | Produktionsmenge, ab kein Verlust mehr erzielt wird. Nullstelle der Gewinnfunktion. |
| Gewinnzone | Bereich zwischen Gewinnschwelle und Gewinngrenze |
| Gleichgewichtsmenge | $x$-Wert des Marktgleichgewichts |
| Gleichgewichtspreis | $y$-Wert des Marktgleichgewichts |
| Grenzkosten | $K'(x)$; „Steigung" der Kosten. Veränderung der Kosten, wenn die Produktionsmenge minimal verändert wird. |
| Grenzkostenminimum | Flachste Stelle der Kostenfunktion, d.h. geringster Kostenanstieg; Übergang vom degressiven zum progressiven Kostenverlauf |
| Isokostenfunktion | Die Isokostenfunktion beschreibt alle Faktormengenkombinationen $(x; y)$, die zu bestimmten Kosten $K$ realisiert werden können. $y = I_K(x)$. |
| Isoquante | Auf der Isoquante liegen alle Faktormengenkombinationen $(x; y)$, die zu einen bestimmten Ertrag führen, $y = I(x)$. |

| | |
|---|---|
| Kapazitätsgrenze | Maximal mögliche Stückzahl. Hilft bei der Festlegung des ökonomischen Definitionsbereiches. Beschreibt, welcher $x$-Wert maximal angenommen werden kann. |
| Konsumentenrente | Summe aller Ersparnisse von Konsumenten, die bereit gewesen wären, für das Produkt mehr als den Gleichgewichtspreis zu zahlen. |
| Kostenfunktion, Gesamtkosten | $K(x)$; Funktion, die den Zusammenhang angibt zwischen der produzierten Stückzahl ($x$) und den dabei entstehenden Kosten ($K(x)$). |
| Kurzfristige Preisuntergrenze | Tiefster Preis, den das Unternehmen für das Produkt verlangen kann. Kurzfristig, da Verluste in Höhe der Fixkosten in Kauf genommen werden. $y$-Wert zum Betriebsminimum. |
| Langfristige Preisuntergrenze | Tiefster Preis, den das Unternehmen für das Produkt verlangen kann. Langfristig, da die Fixkosten auch gedeckt werden. $y$-Wert zum Betriebsoptimum. |
| Marktgleichgewicht | Schnittpunkt von Angebots- und Nachfragefunktion. Der $x$-Wert wird als Gleichgewichtsmenge und der $y$-Wert als Gleichgewichtspreis bezeichnet. Hier stimmen Angebot und Nachfrage überein. |
| Maximaler Gesamtgewinn | Der höchste Gewinn der erzielt werden kann. $y$-Wert zur gewinnmaximalen Menge. |
| Mengeneinheiten | ME; Oberbegriff für die Mengenbeschreibung. Kann stehen für: Stück, Liter, Kilogramm etc. Oftmals auch zur Vereinfachung: 1 ME kann z. B. für 1.000 Stück stehen. |
| Monopolist | Alleiniger Anbieter im (Angebots-)Monopol. Kann den Preis wählen, muss aber seine Kosten und das Verhalten der Nachfrager berücksichtigen. |
| Nachfragefunktion | $p_n(x)$; Beschreibt das Verhalten der Nachfrager. |
| Nutzengrenze | Siehe Gewinngrenze. |
| Nutzenschwelle | Siehe Gewinnschwelle. |
| ökonomischer Definitionsbereich | Menge der ökonomisch sinnvollen $x$-Werte. Falls $x$ für Mengeneinheiten steht, beginnt der ökonomische Definitionsbereich bei 0 (negative Mengen werden ausgeschlossen) und geht bis zur Kapazitätsgrenze (falls gegeben) oder zur Sättigungsmenge. |
| Polypol | Marktform mit vielen Anbietern und vielen Nachfragern. |
| Preis-Absatz-Funktion | $p(x)$; Beschreibt das Verhalten der Nachfrager nach einem Produkt, mit der der Anbieter eine monopolistische Marktstellung hat. $x$: abgesetzte Menge und $p(x)$: Preis pro ME eines Gutes. |
| Produzentenrente | Summe aller zusätzlichen Erlöse der Produzenten, die bereit gewesen wären, das Produkt zu einem niedrigeren als dem Gleichgewichtspreis zu verkaufen. |
| Progressiver Kostenverlauf | Die Kostenfunktion ist linksgekrümmt, die Grenzkosten steigen, Kosten steigen überproportional. |
| Prohibitivpreis | Der Preis, der so hoch ist, dass niemand das Produkt kauft. $y$-Achsenabschnitt der Nachfrage- bzw. Preis-Absatz-Funktion. |
| Sättigungsmenge | Menge, die höchstens nachgefragt wird, wenn das Produkt verschenkt wird; Nullstelle der Nachfrage bzw. Preis-Absatz-Funktion. |
| Stückkosten | $k(x) = \frac{K(x)}{x}$; Kosten pro Stück oder auch „Durchschnittskosten“ |
| Variable Kosten | $K_v(x)$; Anteil der Kosten, die von der Produktionsmenge abhängen |
| Variable Stückkosten | $k_v(x) = \frac{K_v(x)}{x}$ Auch: variable Kosten pro Stück. |

# Sachwortverzeichnis

# Bildquellenverzeichnis

**akg-images GmbH,** Berlin: 171.1.

**Brauner, Angelika,** Hohenpeißenberg: 76.2.

**fotolia.com,** New York: Fotofreundin 194.1; macrovector 190.2.

**Glasebach, Werner (Dipl.-Ing.) – Glasebach Architekten,** Erfurt: Modifizierte Fassung genehmigt und erhalten durch www.strasse-der-moderne.de 259.1.

**iStockphoto.com,** Calgary: Morsa Images 207.1; smaehl Titel, 150.1.

**Shutterstock.com,** New York: Kwangmoozaa 188.1.

**stock.adobe.com,** Dublin: .shock 51.1; 3dmavr 107.1, 112.1, 116.1, 116.2; AA+W 63.1; aarstudio 128.1; ake 176.2; Aleksei 176.1; Alexander, U. J. 278.1; Babakin, Roman 179.1; benjaminec 89.2; bgton 40.1; Bildwerk 261.1; BK_graphic 135.1; blambca 10.1, 10.1, 11.1, 20.2; bryanpollard 20.1; cherezoff 9.1; christianchan 41.1; Christopher 269.1; contrastwerkstatt 266.1; Coprid 270.1; cunaplus 125.1; DimaBerlin 93.1; Divizia, Claudio 277.1; Dmitry Bezrukov 142.1; dream79 26.1; Dykun, Andriy 204.1; EdNurg 46.1; Eisenhans 205.1; elypse 31.1; Fancellu, Sebastiano 44.1; fizkes 68.1; fotomek 203.1; fotomine 227.1; fym1321 264.1; Félix, Hugo 122.1; galitskaya 35.1; georgejmclittle 27.1; georgerod 30.2; Gina Sanders 219.1; Glaser 195.1; Gorodenkoff 97.1; Grandini, Alessandro 89.1; gwt52h-kxd8z 138.1; Hanasaki 199.3; industrieblick 196.1; Jason 105.1; JRJfin 183.1; karepa 184.1; Kneschke, Robert 40.2, 280.1; Koch, Raphael 212.1; Kzenon 76.1, 81.1, 90.1, 152.1; laranik 103.1; learchitecto 198.2; Leon, Ewa 206.2; Lund, Jacob 143.1, 157.1, 213.1, 221.1, 231.1, 238.1; MarekPhotoDesign.com 81.2; mat 110.1; MATTHIAS BUEHNER 32.2; megakunstfoto 137.1; mjaud 57.1; MoiraM 121.2; Monkey Business 18.1; Mopap 166.1; NaMaKuKi 59.1; Natallia 103.2; Naumov, Dmitry 88.1; New Africa 104.1; Nishihama 93.2; Odua Images 186.1; oldpixel 72.1; pedropel1 227.2; Pfluegl, Franz 184.2; Philipimage 66.1; photollurg 19.1; PhotoSG 121.1; pilipphoto 136.1; Plutmaverick 5.1; Popov, Andrey 190.1; Printemps 199.1; Rawf8 206.1; RioPatuca Images 210.1; rohmdesign 77.1; Röhrich, Michael 32.1; ronstik 271.1; ruslan_khismatov 60.1; Ryzhov, Sergey 30.1; Schlecht, Martin 173.1; science photo 80.1; Seventyfour 156.1; SGr 194.2; siam4510 33.1; SINNBILD Design 198.1; Spiber.de 62.1; Stanislav 94.1; Stocker 208.1; StockPhotoPro 100.1; StockRocket 191.1; Syda Productions 189.1; Tatty 220.1; thingamajiggs 214.1; TIMDAVIDCOLLECTION 83.1; Tsuboya 281.1; WoGi 13.1; Wohlrab, Cornelia 199.2.
Umschlagfoto: iStockphoto.com (smaehl), Calgary

Wir arbeiten sehr sorgfältig daran, für alle verwendeten Abbildungen die Rechteinhaberinnen und Rechteinhaber zu ermitteln. Sollte uns dies im Einzelfall nicht vollständig gelungen sein, werden berechtigte Ansprüche selbstverständlich im Rahmen der üblichen Vereinbarungen abgegolten.